U0604361

中华文化立场·全球传播视野

华夏传播研究

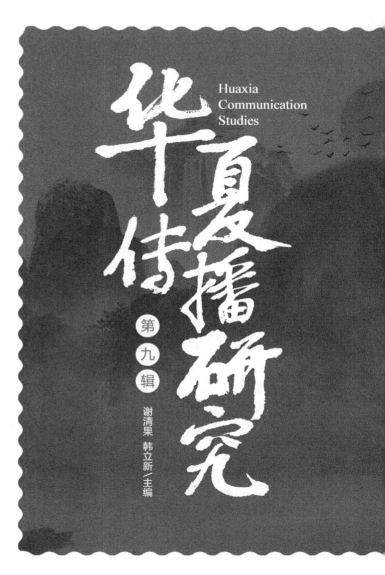

华夏传播研究

Huaxia
Communication
Studies

第九辑

谢清果 韩立新/主编

九州出版社
JIUZHOUPRESS

全国百佳图书出版单位

图书在版编目（CIP）数据

华夏传播研究. 第九辑 / 谢清果，韩立新主编. --
北京 ：九州出版社，2022.9
ISBN 978-7-5225-1143-6

Ⅰ. ①华… Ⅱ. ①谢… ②韩… Ⅲ. ①新闻学—传播
学—中国—文集 Ⅳ. ①G219.2-53

中国版本图书馆CIP数据核字(2022)第159350号

华夏传播研究（第九辑）

作　　者	谢清果　韩立新　主编
出版发行	九州出版社
责任编辑	肖润楷
地　　址	北京市西城区阜外大街甲 35 号 (100037)
发行电话	(010)68992190/3/5/6
网　　址	www.jiuzhoupress.com
印　　刷	北京九州迅驰传媒文化有限公司
开　　本	720 毫米 ×1020 毫米　16 开
印　　张	24
字　　数	360 千字
版　　次	2022 年 9 月第 1 版
印　　次	2022 年 9 月第 1 次印刷
书　　号	ISBN 978-7-5225-1143-6
定　　价	68.00 元

★版权所有　侵权必究★

学术委员会

（以姓氏笔画为序）

马成龙（中国香港）	尹韵公	白　贵	田建平
吕　行	刘海龙	李　彬	肖小穗（中国香港）
吴　飞	吴予敏	汪　琪（中国台湾）	陈国明（美国）
陈韬文	陈嬿如	张惠晶（美国）	邵培仁
林升栋	罗　萍	岳　淼	郑学檬
居延安（美国）	单　波	卓南生（新加坡）	宫承波
赵月枝（加拿大）	赵振祥	赵晶晶（美国）	胡翼青
郝　雨	贾文山（美国）	郭肖华	郭金彬
阎立峰	黄　旦	黄合水	黄鸣奋
黄星民	程曼丽	董天策	詹石窗
戴元光			

编辑委员会

主　任：余清楚　管国兴
主　编：谢清果　韩立新
副主编：叶　虎　史冬冬　钟海连　商建辉　彭焕萍
策　划：肖润楷
编　委（以姓氏笔画为序）：

王仙子	毛章清	叶　虎	史冬冬	白文刚	朱至刚	刘忠博	孙欣欣
苏俊斌	李　红	李　漫	李德霞	杨金花	张　放	张　骋	陈　谦
陈巧玲	陈先才	洪长晖	祝　东	姚锦云	贾　兵	高献红	黄永锋
黄春平	韩立新	曾一果	谢清果	潘祥辉	戴美玲	魏海岩	

书名题字：郑学檬

项目资助及成果

河北大学燕赵文化高等研究院重大委托项目"燕赵传播思想史研究"

国家社科基金资助项目："华夏文明传播的观念基础、理论体系与当代实践研究"（项目编号：19BXW056）

福建省高校人文社会科学研究基地"中华文化传播研究中心"建设成果

福建省学位办研究生导师团队"华夏文明传播研究团队"建设成果

福建省本科高校教育教学改革研究项目"华夏文明传播新理论体系、教学模式与实践探索综合改革研究"成果

厦门大学研究生课程思政"中国传播理论研究"课题立项建设成果

厦门大学一流本科课程"华夏传播概论"建设成果

厦门大学美育与通识教育中心重点课程"华夏文明传播"建设成果

厦门大学研究生教育精品课程"史论精解—传播（华夏传播史论）"建设成果

江苏宏德文化出版基金会资助

福建省首届网络教学名师支持计划建设成果

卷首语

华夏传播研究的本土问题意识与本土方法探索

潘祥辉 *

Pan Xianghui

任何学术研究都要具有问题意识与方法意识，华夏传播研究也一样。北京大学邓小南教授曾指出："所谓问题意识，实际上是一种'眼光'。它所反映的，是一种追求历史识见的研究取向；所要求的，是洞察敏锐而言之有物。它探索事物发展的内在逻辑。"我们从事华夏传播研究，也要有这种"眼光"，首先就是要抓住中国传播现象或传播问题的特殊性。但特殊性来自哪？我们如何知道它是特殊的？这就需要有比较研究的意识。实际上，很多研究问题是需要我们在历史和文化比较中去发现、去提炼的。当我们把一个研究问题放到一个跨文化的比较视域中去，才能发现它的差异性和独特性：哪些是我们本土的、哪些是移植过来的、哪些是混杂的。没有比较，就无所谓特色。我的《华夏传播新探》一书，副标题就叫"一种跨文化比较的视角"，就是试图在比较中揭示华夏传播的本土性与特殊性。在全球化的背景下，今天中国的很多东西看起来和西方没有什么区别，但是你越往前追溯，中西方的社会与文化差异就越大。这里面就有许多本土性的问题需要我们去挖掘和解释。

我做过一个关于青铜器的政治传播功能的研究。青铜器在中国上古三代非常重要，所谓"器以藏礼"，青铜器就是一种"藏礼"的重要媒介，这是非常"本土的"。以青铜鼎为例，中国人讲"问鼎中原""一言九鼎"，足以看出"鼎"在中国政治中的分量。但是西方人对这个东西没有什么概念。西方的青铜器主要是用于制造武器或生产用途的器具，不像中国青铜器那样主要用作礼器。所以伊尼斯在

* 潘祥辉，南京大学新闻传播学院教授，博士生导师、福建省"闽江学者"讲座教授，教育部青年长江学者（2020），主要研究方向为华夏传播学、传播考古学、中国媒介与社会等。

他的《帝国与传播》里面根本就没有提到青铜器媒介。但商周的政治离开了青铜器，它就很难运作。因为所有的重大仪式，包括祭祀、征战、朝聘、结盟、册命、庆功、封赏等，都要用到鼎。这些重大的仪式过程要记载下来，而且直接刻在青铜器上，这种"文字模铸技术"还直接启发了后世的活字印刷。我对这个"鼎"做了一个政治传播视角的分析，并且提出了中国传播史上的"青铜时代"这一命题，这是一个非常本土的研究和命题。

我还研究过一个中国本土的沟通仪式，即"对天发誓"这一沟通现象。"盟誓"是中国古代非常重要的一种仪式，那个时代没有我们现在这样完善的法律，因此发誓对于社会合作就显得十分重要。可是中国人为什么是对天发誓呢？它的政治传播功能又在哪里，和西方人有什么不同？我在比较当中找到了自己的研究问题，并进行了一个本土化的解读和诠释。

实际上"比较研究"不仅是找到研究问题的路径，它本身也是一种研究方法。葛兆光先生在评论余英时先生的《论天人之际》这本书的时候，他讲到余英时的研究一个特色就是"能够把思想史的问题放到文化史中去，尤其是在比较的世界文化史的背景中去讨论"，所以就显得特别新颖。我们今天很多人做历史学的研究，缺乏一个文化比较的意识，所以视野比较窄。比较研究无疑可以开阔我们的研究视野，余英时是这样，葛兆光自己其实也是这样。他做的中国思想史的研究，也是有世界眼光的，这一点我非常欣赏。

那么除了本土的研究问题之外，有没有中国本土的研究方法？我认为答案是肯定。今天讲到研究方法，特别是实证研究方法，我们想当然地认为这都是西方来的。但事实未必如此。沟口雄三先生有本书叫《作为方法的中国》，他讲到我们要怎么从内部来研究中国，而不是把它作为欧洲历史的附庸。我非常喜欢他讲的一句话，叫"以中国为方法，就是以世界为目的"。那么中国有没有自己本土的研究方法呢？我认为是有的，我自己也在尝试和发展这样的研究方法。我这些年在对华夏传播的研究过程当中，探索出来一种叫作"传播考古学"的研究方法，我希望它能为华夏传播研究在本土方法上做一些奠基和开拓。

我提出的传播考古学是对中国古代传播媒介和传播现象进行的一种正本清源的研究。从方法上而言，实际上是传统"考据学"在传播史研究领域中的一种应用和发展。我是学古代汉语出身的，对金石学、考据学一直都非常感兴趣。我发现在中国传统学问里面考据学不容忽视，它是源自中国本土的一种学问，而且是一种非常实证的研究。比方说清代考据学家戴震主张"无一字无来历"。作为清代考据学里面皖派的代表，戴震认为宋学太差劲了，喜欢过度发挥、脱离文本，是一种空疏之学。戴震非常推崇汉代人做学问的方式，主张考据音韵、文字，正本清源。梁启超形容考据学是"实事求是""无征不信""引证取材多集于两汉"。胡适也讲，在中国旧有的学术里面，只有清代的朴学（考据学）是最有科学精神的。可见，中国古代不是没有实证研究方法，只是我们没有发现罢了。我自己的研究就致力于把本土学问里面的实证研究方法引入到传播学里面来。正是在这个基础上，我提出了我的传播考古学这样一种研究方法。这几年我自己也做了一些研究和尝试，即"一个字的传播史"研究。我研究了跟我们传播有关的一些字，比方说圣人的"圣"，宣传的"宣"，对天发誓的"誓"等等。按照陈寅恪的说法，解释一个字就是一部文化史，中国的汉字里面包含了很多古代人的思想文化的密码。我从文字考据入手，追溯其背后的传播思想。将汉学的传统和宋学的传统相结合，希望摸索出一种研究中国本土传播史的新思路、新方法。

当然，我的传播考古学研究其实也是一种综合研究，综合吸收了许多相关的研究方法。比如说"两重证据法"。王国维先生提出了"两重证据法"，在他看来，做研究不能光看纸上的材料，在考古学出来以后，我们又有了地下出土的材料，所以要把纸上材料和地下材料结合起来，这就是两重证据法。"两重证据法"后来又有很多人对它进行了拓展。综合起来，我讲的传播考古学，至少可以用"五重证据法"来说明，除了文字的，我们也要注重历史文献的记录，同时还有一些口传文化，比方说流传在民间的歌谣、神话传说、祭祀、民俗材料等。另外还要把器物材料也放进来，比如考古发掘的器物。我们看到三星堆里面出土的面具，为什么他的耳朵特别大？很明显这个人可能就是一个巫。巫也好，圣也好，对听力的要求是非常高的。我们可以从器物入手去探索古代人对"听"的文化密码。此外出土的文物，它上面会有些纹饰，这个也是非常重要的证据。传播考古学研究把这些证据结合起来，我们就可以去推导古人的一些传播观念。

可见，"传播考古学"是一种综合性的研究方法，我们不能把它封闭化。事实上，我对很多其他相关学科的研究方法都有所借鉴。像叶舒宪先生做的文学考古学、神话考古学的研究。叶舒宪先生非常重视通过文学传说及神话等去考证古人的精神世界。他有一本书叫《玉石之路》，对古代玉石的考证就对我非常有启发。另外一个来源是"精神文化考古学"。精神文化考古学也叫认知考古学，讲的是如何还原古代人怎么想、怎么思考、怎么对待一些事物，这种研究对我也是有直接启发的。

考古学研究其实给我们的传播研究提供了很多研究方法。比方说类型学的方法。你考察一个器物，你要看文化的类型或者扩散，或者有没有过不同文化间的交流？这就需要进行类型学的比较，例如把两种出土的东西比较一下看看有什么样的差异或变化？如果是一样的东西，我们就把它归为一个类型。如果你在另外一个地方也发现这种类型的东西，那么就说明它们之间一定是有文化接触的。我们通过这种"物质比较"的方式去重建古代的文化交流史与传播史，因此考古学的很多方法都值得我们借鉴。当然，除了这些之外，我还借鉴了很多西方的理论资源，比方说福柯的知识考古学，以及西方的媒介考古学等。严格来说，福柯的知识考古学不能叫考古学，它主要是一种思辨性的思想资源。西方的媒介考古学，如齐林斯基或基特勒等人做的东西，显然受到福柯知识考古学的影响，也具有很强的思辨性，实证色彩不是很鲜明。但也不能否认，这种思辨性的思想资源对我们从事古代中国古代传播史的研究，同样有很多帮助，所以我也兼收并蓄。

值得一提的是，概念史的研究方法对我们做华夏传播研究也是非常有助益的。北师大方维规教授写过《概念史研究方法要旨》一文，他指出，概念史旨在查考不同文化中的重要概念及其发展变化，并揭示特定词语的不同语境和联想。所谓概念史的研究方法，就是我们怎么样把这个概念放到文化语境下去考察，其实也可以称为一种"历史语义学"研究。金观涛和刘青峰的观念史研究则与此不同。他们发明了一种概念史研究的新的方法，就是"以例句为中心"，通过对近现代思想史，包括所有的报刊的数据库进行关键词检索，然后统计分析。对近代思想发展的阶段以及近代以来重要的政治术语的意义演变进行深入分析。这一研究方法被中国思想史大家王尔敏先生称为"当今哲学界的统计学派"。这种研究方法同样值得我们借鉴。

此外，对我们古代传播史研究有启发的还有陈志武他们做的量化历史研究。这种研究非常实证，其本质是用大数据来研究古代历史，非常具有创新性。在集刊《量化历史研究》中有个研究就很有趣，他考察的问题是：古代社会地位高的人他的子孙数量是否就更多？运用科举考试的一个数据库，他发现这个规律确实是存在的，叫"富者生存"规律：古代社会地位高的人他的子孙数量也更多。我的传播考古学其实也不排斥这样的量化分析，相反，我主动吸收。实际上，我自己在《"宣之于众"：汉语"宣"字的传播思想史》一文中，也运用了一些量化的研究方法。在中国古代，"宣"本身就包含了传播的意思。我想考察"宣"字在二十五史里面，跟哪些搭配是比较高的。通过检索数据库，我发现"宣德""宣和""宣化"出现的频率是最高的，而"宣传"这个组合出现的频率其实并不高。我由此得出一个结论：中国古代的宣传更加强调的是"德""和"这种儒家主导的政治伦理的东西，更强调宣传的象征性意义。"宣"的主要目的不是要说服你，甚至也不是要传达一个信息，而是强调一种道德上的感化。这就和今天我们所理解的宣传，以及西方的宣传概念，含义很不一样。所以我通过一个字的分析，就把中国古代独特的宣传思想揭示出来了。

因此，华夏传播研究方法的选择可以多样，关键看哪种方法适合你自己的研究问题。我想以我的另一项研究，即《秦晋之好：女性作为媒介及其政治传播功能考》为例，再谈一谈如何把研究问题和研究方法相结合的问题。我所谓的"秦晋之好"，指的就是政治婚姻。政治婚姻就是把女性当作一个媒介去进行联姻，这在古代政治中非常普遍，对中国古代政治运作的影响也非常深，但是这个东西我们传播学、历史学的人很少关注。我从女性作为媒介的视角去考察古代的政治传播，有所发现。第一个发现是，中国的宗法制度使得以女为媒的政治沟通模式比西方的运用远为普遍和成熟。那么它有什么影响呢？我认为它可能强化了宗法制度的存在和重要性。宗法制度和"秦晋之好"式的政治联姻是互为因果的。第二个发现是，中国的政治其实不是君主专制，而是一种君臣共治。我的理解不是钱穆先生讲的那种君臣之间的"得君行道"政治，而是通过女性来进行联姻的"亲家政治"。我们知道古代的皇帝也好、宰相也好，官僚也好，他们除了科层等级的身份之外，其实还有另外一层关系，即相互通婚，因此君臣之间大多数情况下都是亲家，臣僚之间也是如此。这种"亲家政治"可以保证中国古代的政治在一种非制度化的方式下还能够运作，还能够实现政治互信和政治合作。第三个发现是，"秦晋之好"式联姻的普遍性和重要性，直接影响到了古代的婚姻制度。我认为政治联姻的普遍性有力地支撑了一夫多妻制度。中国古代是一夫多妻（妾）制，这和西方不一样，西方的皇帝是一夫一妻制。这种婚姻制度的不同对中西方政治有没有造成影响？我的答案是肯定的。古代的婚姻制度对政治稳定有非常大的影响。我们通常认为古代皇帝那么多老婆，是其荒淫无道的表现，很不文明，但实际上，这无关道德，而是一种制度设计。完全可能正是这样一种制度设计，保证了中国政治的稳定性。换句话说，中国皇帝的一夫多妻，可能有力地维系了中国古代政治的稳定性。尽管西方人也玩"以女为媒"的政治游戏，但联姻常常难为继。之所以无法持续地交换女性，是因为西方皇帝的子嗣实在是太少了，一夫一妻的后果就是皇帝死了以后，往往面临后继无人的局面。后继无人的话，就可能导致继承人之争，因而往往带来政治乱局（也导致了西方女皇的上位比中国普遍）。当然，中国皇帝子嗣过多的话也会带来继位时的纷争，但相对而言，西方的政治更替比中国更加频繁。这是否和中西方的婚姻制度为关系呢，我认为是有关联的。当然，这只是一个假说。我们需要去验证。可以怎么设计实证研究？比方说中西方的皇帝妻子有多少，子女有多少，这都是有记载的。政治稳定性怎么测量呢？比方说皇帝在位多少年，政治动荡的次数，这个也是有记载的。因此这个完全可以用量化历史的方法进行相关性验证。这个时候我们就不能排斥量化统计。量化统计研究也是可以很好地服务于政治传播史研究的。

总而言之，我认为我们做华夏传播研究，一定要把问题与方法统一起来。我提倡一种"以问题为导向的方法论意识"，没有研究问题是不行的，没有研究方法也走不远，所以在华夏传播学或中国传播史的研究中我认为应该是以问题为导向，以方法为依托的。方法为问题服务，但独特的研究问题与历史文化语境，也需要我们去探索中国特色的研究方法，我的"传播考古学"研究就是这样一种本土化的探索，也需要在未来的研究实践中不断发展和完善。

（本文据 2019 年 10 月 26 日中国社会科学院大学和北京师范大学联合主办的第六届"政治传播与社会发展"论坛上的潘祥辉主旨发言改写而成）

目　录

华夏传播年度综述

2021 年华夏传播学研究综述

谢清果　包文静 *

Xie Qingguo　Bao Wenjing

摘　要： 2021 年是华夏传播学研究持续向纵深发展的一年，在坚持民族性和本土化理论建构的同时，努力以开放包容的态度回应现代语境，在跨学科的多元视角下连接传统与现代，构建本土话语体系。本文围绕华夏传播学研究的核心议题，将 2021 年出版的具有代表性的期刊论文以及研究著作形成六个专题进行简要论述，分别为：华夏传播范式研究、华夏圣贤与礼乐文化传播研究、华夏政治传播研究、华夏传播考古学研究、华夏新闻出版实践研究、华夏文明传播研究。

关键词： 华夏传播研究范式；圣贤与礼乐文化；华夏政治传播；传播考古学研究；新闻出版实践；华夏文明传播

2021 年是中国共产党成立一百周年，党的十九届六中全会通过的《中共中央关于党的百年奋斗重大成就和历史经验的决议》，深刻总结了百年奋斗历程中我们党在文化建设上的战略部署和突出成就，强调"推动中华优秀传统文化创造性转化、创新性发展"[②]。中华优秀传统文化既代表着中华文明的精神内核，也凝练着其自身独特的气质，立足中华文明归纳并提炼中国人的传播智慧是华夏传播学的题中之义，力争统摄全球传播视野，在中西传播思想对话中实现综合创新，打造出体现民族性、时代性、先进性、全球性的传播理论是华夏传播学把握当代、面向未来的活力所在。

本年度华夏传播学研究一方面坚持自身具有民族性和本土化立场的理论建构，尝试从中国历史实践中提炼出具有普适性的传播规律；另一方面则用开放包容的

---

* 作者简介：谢清果，男，厦门大学新闻传播学院副院长，教授，博士生导师，华夏传播研究会会长，厦门大学传播研究所所长；包文静，女，厦门大学 2021 级博士研究生，研究方向：华夏传播。
② 《中共中央关于党的百年奋斗重大成就和历史经验的决议》，《人民日报》2021 年 11 月 17 日。

态度回应现代语境，在跨学科的多元视角下连接传统与现代，构建本土话语体系。本文围绕华夏传播学研究的核心议题，将 2021 年出版的具有代表性的期刊论文以及研究著作形成以下六个专题进行简要论述，分别为：华夏传播范式研究、华夏圣贤与礼乐文化传播研究、华夏政治传播研究、华夏传播考古学研究、华夏新闻出版实践研究、华夏文明传播研究。

一、华夏传播范式研究

2021 年华夏传播范式研究的成果集中体现在华夏内向传播和华夏人际传播的理论建构方面，并且在对中国古代传播观念与传播机制的深入挖掘中取得了诸多研究进展。

（一）华夏传播理论研究

华夏内向传播是华夏传播学理论建构的重要组成部分，其中儒家思想为华夏传播学理论与西方传播学相关概念的对话提供了丰厚的观念遗产。"自我"是内向传播的起点，"自我观"的不同意味着内向传播理论的差异。学者赵妍妍从中西比较的视角入手，认为芝加哥传播学派的自我观强调现实经验中的他人和社会在构成"自我"中的决定作用，这种由外而内形成的以"他人—自我"二分架构为基础的自我观，导致了意识和行为在一定程度上缺乏道德驱动力及道德可辩护性，同时消解了自我的社会责任和道德责任。[1]而在注重个体道德修养与社会关系维护的中国文化语境之下，通过考察"身""吾""我""自""己"等先秦儒家文本中与自我有关的概念，她认为从传播学意义上来看，儒家观念中的"自我"有能力选择他人对自我施加的影响，其关注点主要在于如何保持"心"的自我省察和提升的能力，并且这种能力同时包含着帮助他人进行自我省察和提升的需要，从而"达至通达他人和外物的境界"。[2]这些特征为消解芝加哥传播学派自我观的理论困境提供了可资借鉴的思想资源，并为阐明华夏传播学基本概念提供了思考路径。

谢清果教授曾在《华夏自我传播的理论建构》一书中指出，华夏传播理论具有"心传天下"的理论特质，华夏内向传播理论就是基于儒释道的心性论建构而成。[3]在此基础上，谢清果教授和陈瑞博士以《周易·革》卦为切入点，进一步探

---

① 赵妍妍：《一种儒家传播学思想中的自我观：兼与芝加哥传播学派自我观比较》，《现代传播（中国传媒大学学报）》，2021 年第 2 期，第 67—68 页。

② 赵妍妍：《一种儒家传播学思想中的自我观：兼与芝加哥传播学派自我观比较》，《现代传播（中国传媒大学学报）》，2021 年第 2 期，第 69—70 页。

③ 谢清果：《华夏自我传播的理论建构》，厦门：厦门大学出版社，2020 年。

讨了"心"在华夏人际传播中的重要作用。他们着眼于中国古代王权社会中君、臣、民三者构成的政治关系网络，通过考察三者之间的传播活动，提出华夏人际交往中蕴含着"以心交心"的传播观念。其中"交"具有连接政治社会不同等级的意义，通过交心的过程，使言、行与认知实现不同等级之间的同心同德。① "以心交心"的观念又根植于中国传统文化的深层结构——共生交往观之中，通过具体如诚心、同心、抚心的"革"之举，使君、臣、民之间在人际交往的渐进过程中，最终实现共生交往的目标。②

学者姚锦云和邵培仁教授沿着"差序格局""人情与面子"的等既有理论，通过梳理礼物、人情与主体间关系尝试对华夏人际传播理论进行重新整合。他们将礼物视作建构并维系主体间关系的媒介，其不仅涉及人际关系与社会文化的问题，更引入了"人情"这一富有文化意义的复杂变量。他们选取《红楼梦》中"刘姥姥进大观园"这一十分接近中国传统社会生活逻辑与情理真实性的场景，展开相关理论的"辩论式交谈"。他们提出，界定和维系亲属关系的最重要的"语义装置"就是仪式化场合的"礼上往来"。③ 而"人情"能够赋予礼物馈赠、人际往来以文化意义，从而将仪式化场景和实物内容组织为一整套社会实践，以此发挥着长期维系关系的功能。区别于"礼尚往来"同时涉及表达性礼物与交易性质的工具性礼物，"礼上往来"则通常发生于亲属或亲密关系之间，兼具表达情感与道德义务的功能。④ 该研究通过将人际交往中体现对等互惠的"礼尚往来"修订为表现差等互惠的"礼上往来"，凸显了中国社会生活中道德义务的重要性，并为华夏人际传播的理论建构提供了建设性思考。

"避讳"作为人类社会交往中一种独特的文化现象，普遍存在于各个文化系统之中。胡易容教授和康亚飞尝试将"避讳"现象纳入传播学视域考察，认为其"展现出的'信息回避'特征区别于信息论传播模型所指向的'信息传输'"⑤，而是包含着"沉默"这一特殊传播机制。他们分别从历时与共时维度对"讳文化"进行了符用论阐释，认为此类传播行为是由受传双方通过自觉遵循特定社会文化规约

① 谢清果，陈瑞：《以心交心：华夏共生交往观念的社会治理基础》，《中国新闻传播研究》，2021 年第 4 辑，第 65 页。
② 谢清果，陈瑞：《以心交心：华夏共生交往观念的社会治理基础》，《中国新闻传播研究》，2021 年第 4 辑，第 66—67 页。
③ 姚锦云，邵培仁：《"礼尚往来"还是"礼上往来"？——从跨学科对话（1939—2013）到中国人际传播的经典模式》，《浙江大学学报（人文社会科学版）》，2021 年第 5 期，第 91 页。
④ 姚锦云，邵培仁：《"礼尚往来"还是"礼上往来"？——从跨学科对话（1939—2013）到中国人际传播的经典模式》，《浙江大学学报（人文社会科学版）》，2021 年第 5 期，第 92—93 页。
⑤ 胡易容，康亚飞：《"'沉默'传播"：中国古代"讳文化"的普遍符用学阐释》，《国际新闻界》，2021 年第 9 期，第 102 页。

而合作制造，符号的"不在场"是实现成功交流的关键；并通过改进格雷马斯符号矩阵发现"避讳"的表意过程以"是—非似"的结构体现，"沉默"所指向的"否定性传播策略"使意义的生成高度依赖于其所处的社会语义场。①研究所提炼的"'沉默'传播"机制实际普遍存在与不同文化语境中，为构建具有普适性的传播学理论提供了有益启示。

始于 2020 年岁首的新冠肺炎疫情在过去的两年中持续限制着人在地理空间的流动，与之相对照的则是全球范围内几乎无限制的信息流动。两种截然不同的现象似乎提示着传播与道路交通实际并未分离的事实。②郭建斌教授和王丽娜基于对现实境况的思考，对西方传播研究中"交通"与"传播"的分离过程予以回溯和反思，进而将中国传播研究的逻辑起点引向了"路"这一更为基础的层面。他们通过词源学的角度对"路""道""交通"在中文语境下的意涵演变进行了梳理，指出"传播"与"交通"再度融合的必要性，并强调"通"作为"路"与"道"之间暗含的根本隐喻，是从中国文化入手来探讨传播问题的"传播之道"。③"通"作为中国古代哲学范畴的重要概念，蕴藏着丰富的内涵与外延。从传播学的视角考察"通"之概念，其包含着交通、传播、物理和意义四个层面上的连通，即"通"本身也是一种"道"，是"传播理论"的另一种表达。提出"以'路'为'媒'"的思考方向旨在通过重新思考中国文化语境中"路"与"道"的深层关联，实现中西方话语的有效对接，形成以"通"为核心的中文"传播之道"的表达。④

（二）华夏传播观念研究

华夏传播观念研究是传播学本土化理论体系建构的另一核心领域。杨柏岭教授借由"化"这一中国古代哲学概念入手，认为儒道释文化均由此概念建构了各自富有本体论意义的传播观念，"化"的观念也因此贯穿于中国古代传播活动的全过程。"化"作为中国文化对宇宙万物基本规律的认识，"是一种以时间为条件的形有差异而实无差别的转化过程，这种量变的转化观一直是中国古代有关信息传

---

① 胡易容，康亚飞：《"'沉默'传播"：中国古代"讳文化"的普遍符用学阐释》，《国际新闻界》，2021 年第 9 期，第 104—113 页。

② 郭建斌，王丽娜：《由"路"及"道"：中国传播研究的一种新的可能》，《国际新闻界》，2021 年第 11 期，第 24 页。

③ 郭建斌，王丽娜：《由"路"及"道"：中国传播研究的一种新的可能》，《国际新闻界》，2021 年第 11 期，第 30 页。

④ 郭建斌，王丽娜：《由"路"及"道"：中国传播研究的一种新的可能》，《国际新闻界》，2021 年第 11 期，第 39 页。

播的基本哲学观念"。①杨柏岭教授指出,"化"的观念可作为关联"天道"与"人道"之中介,由此来看"化"就具有了媒介学及认识论的意义,只不过此种媒介是以形而上的观念性"关系"存在,需要借助形而下之器物媒介使之有所寓。②以"化"为原点,经由"格物致知"的认识论与"心物一体"的思维模式而建构的中国媒介哲学观念,深度揭示了中国文化"尽物性而参天化育"的终极追求。并通过"自化""教化""过化"的传播模式使传受双方在心灵上认同信息的价值并内化为自己的本质,最终达到"育新民"的传播效果与价值旨归。③

谢清果教授和王婕聚焦于《周易》文本,深入挖掘了其中所蕴含的时空传播观念。他们认为,《周易》将"时"(时间)与"位"(空间)合二为一,以"变"为根本原则来把握天地万物发展之总体规律,最终形成了以"时空一体""动态平衡"和"朴素唯物"为特征的时空观念。④中国古代先民"与时偕行"的时空观念以"常"和"变"为内涵,强调人应在不断变化的时空环境中把握"变通"之规律,凸显人在传播过程中的主体性。《周易》向来被视作华夏文明的源头,其所展现的时空观"奠定了华夏文明传播的时间偏向"。谢清果教授和王婕据此对比了中西文明中时空观念的差异,认为西方带有空间偏向的传播时空观注重媒介自身特性对文明传播的影响,而长久浸润于礼乐传播的东方时空观则更关注仪式对时间和空间的延续与扩展,以实现"和"的理想传播效果为最终目的。⑤在对《周易》"时空观"的研究基础之上,他们进一步探究了时间作为人类交往媒介在构建中国古代社会文化与生活空间中的作用。在《与时偕行:华夏文明传播的时间偏向》一文中他们指出,华夏文明的时间系统由儒释道文化共同铸就,其中儒家偏重社会时间,道家偏重生命时间,佛家偏重境界时间,呈现出交融互补的状态,实现了中华文化跨越千年的文明传承,从而鲜明地呈现出华夏文明传播的时间偏向特质。⑥

学者束秀芳基于近年来人文社科领域情感转向的范式,将研究聚焦于以儒家

---

① 杨柏岭:《本体、认识与价值:中国古代"化"观念传播论》,《新闻与传播研究》,2021 年第 8 期,第 111 页。

② 杨柏岭:《本体、认识与价值:中国古代"化"观念传播论》,《新闻与传播研究》,2021 年第 8 期,第 115 页。

③ 杨柏岭:《本体、认识与价值:中国古代"化"观念传播论》,《新闻与传播研究》,2021 年第 8 期,第 118—124 页。

④ 谢清果,王婕:《趣时以和:〈周易〉的时空传播观》,《贵州社会科学》,2021 年第 7 期,第 66 页。

⑤ 谢清果,王婕:《趣时以和:〈周易〉的时空传播观》,《贵州社会科学》,2021 年第 7 期,第 68—70 页。

⑥ 谢清果,王婕:《与时偕行:华夏文明传播的时间偏向》,《现代传播(中国传媒大学学报)》,2021 年第 3 期,第 41—47、53 页。

为代表的先秦士人的道德生活。她在《试问情为何物：先秦士人"情理交融"传播价值取向》一文中分别从理性追求、情感取向、无情境界三个方面对当时士人的道德传播活动进行分析，认为他们在思想观念上偏好"情理交融"的传播价值取向。以"礼"约"情"和依"礼"而治的实践路径整体上赋予人的情感一种道德之美，并在对个体情感进行约束的同时，协调个体与他人之间的关系，最终在"义"这一符合"礼"之规范的理性情感的促进下实现对百姓的德性教化，达到维系社会结构稳定性的根本目的。[①] 考察这一时期的情感传播活动及其所蕴含的传播观念有助于我们以更为全面的视角认识先秦社会情况，并为当下情感传播研究提供一定启示。

二、华夏圣贤与礼乐文化传播研究

圣贤文化与礼乐传播是华夏传播学的重要构成部分，在华夏传播学发展的几十余年间不断得到学界关注，并引入了多种跨学科视角予以完善，为理解中国文化的深层结构提供了思想基础。

（一）华夏圣贤文化传播研究

董熠博士在《代天言说：作为媒介的圣人》一文中考察了儒家价值体系中的"圣人"形象，她认为"圣人"是在历史发展进程中被不断构建起来的认同，其不仅作为具体物质实体的人出现，还以一种"拟人格"的方式成为理想人格的象征。"圣人"作为建立群体普遍共识的媒介，承载着儒家核心价值观符号，在构建传播群体身份认同的过程中既可能成为"文化社群区隔的标识"，也兼具"圣人与我同类"的日常可操作性。以"圣人"为媒介的传播本质上是一种文化传播，其目的在于推行传播者所奉行的价值体系以形成传播话语。该研究指出，"圣人"作为沟通天人的媒介，并不先于它所要传递的内容而存在，而是在历史的演进过程中被不断建构和重新阐释，最终经由人们建立的"共识"与"信任"成为价值世界中"天道"最具政治合法性的代言人。[②]

由厦门大学谢清果教授主编的《作为媒介的圣贤——中华文化理想人格的传播学研究》由九州出版社于 2021 年 12 月出版。该书进一步梳理了圣贤人格和圣贤文化相关理论体系的发展脉络，提炼出以圣贤为媒介的传播理论范式框架。"圣贤"在中国古代文化中既是媒介又是讯息，形成了以"六经注我，我注六经"为特

---

① 束秀芳：《试问情为何物：先秦士人"情理交融"传播价值取向》，《现代传播（中国传媒大学学报）》，2021 年第 2 期，第 57—62 页。

② 董熠：《代天言说：作为媒介的圣人》，《宏德学刊》，2021 年第 1 辑，第 147—157 页。

征的独特传播模式。通过借鉴媒介学思考路径与结构主义符号学理论方法，该书尝试建构以圣贤（理想人格）为媒介的华夏传播特色理论体系与传播范式，以期在拓宽研究视角的同时，探讨圣贤文化实现当代社会价值的可行路径。

（二）华夏礼乐文化传播研究

"礼乐传"的概念自黄星民教授提出以来便成为华夏传播研究最具标志性的本土传播理论之一。相关研究历年来都是华夏传播学人的重点关注领域。其中张兵娟教授及其团队近年来在"礼文化"领域持续深耕，为华夏礼乐传播体系的完善提供了诸多优秀研究成果。

"礼"作为中国文化的根本特征和标志，以其完备的表意系统影响着中国人的人际交往，并形成了以亲情传播为特征、强调君子作为道德榜样的示范传播模式。由此，礼文化渗透进日常人伦关系之中，体现出中国人际交往中"德礼一体"的价值诉求。[1] 以血缘关系建构的宗族制度是中国古代最重要的社会组织，士族宗族的衰落使宋代迎来平民宗族的发展阶段。张兵娟教授和崔莹莹以宗族制度这一变化为切入点，深入探讨了宋代宗族组织传播、祠堂和家礼文化。她们将宗族组织传播概括为"一种自上而下的以教化说服、灌输式为主的传播活动"[2]，而血缘性、权威性与情感性则共同构成了其传播特征。祠堂作为礼制建筑媒介，是宗族组织传播活动的主要场所，承载着文化信息与伦理内涵。她们进一步概括了祠堂呈现的三种组织传播方法：以宗族祭祀活动展开的仪式传播、以家谱家规为内容的文本传播和以楹联雕刻为视觉信息的符号传播，并提倡借助传统的家礼文化所蕴含的道德精神与内涵推动社会价值观的积极发展。[3]

此外，张兵娟教授和李涵博士从传播学视角对宋代传统书院学礼展开研究。书院是中国古代教育组织的重要形式，其背后承载着以儒家思想为代表的教育理念，并发展出一套完整的传播规范。该研究选取两宋时期"四大书院"作为具体案例，认为书院学礼注重"分享""参与""共享"等含义，体现了"传播的仪式观"。她们指出，学礼传播在传播方式上具有"践行性"，在传播内容上强调德智并重的"非功利性"，对书院学礼传播的思考可以为现代教育转型提供历史文化资

---

① 张兵娟，刘佳静：《中国礼文化传播的特点与价值诉求》，《华夏传播研究》，2021 年第 2 辑，第 127—141 页。

② 张兵娟，崔莹莹：《宋代以来宗族组织传播与祠堂、家礼文化》，《新闻爱好者》，2021 年第 4 期，第 66 页。

③ 张兵娟，崔莹莹：《宋代以来宗族组织传播与祠堂、家礼文化》，《新闻爱好者》，2021 年第 4 期，第 68—69 页。

源，为引导新时代青年价值观提供价值导向。①

鼓作为承载华夏礼乐文明的器物媒介，在中国古代社会生活中扮演着重要角色。刘丽媛借鉴德布雷的媒介学方法对"中国鼓"在古代的传播功能进行分析，概括总结出其作为"声音媒介"兼具时间与空间传播偏向，能够在祭祀、军事、仪式等多种传播活动中传递诸多信息和意义，并进一步分析其在古代社会的传播价值，以期促进中国鼓文化在当代的传承与发展。②

《华夏礼乐传播论》是华夏传播学文丛本年度的另一重要成果。该书从传播学视角切入，以"华夏""礼乐"两个核心概念观照中国传统礼乐文化中的传播智慧，分别从传播范式与功能、传播观念、社会整合逻辑、情感与文化认同等方面进行了深入解读，系统地阐发了古代先贤如何创造性地利用礼乐这一传播形式塑造个体道德品格与社会交往规范，为中国礼乐传播与西方仪式传播理论提供了对话契机。

三、华夏政治传播研究

本年度华夏政治传播的相关研究主要从以下两个方面展开：一是围绕官方信息传播机制的建构及其背后所映射的政治权力争夺展开讨论，二是聚焦于社会舆论带来的民间话语博弈现象，两者共同勾勒出中国古代政治传播实践的样貌，将相关研究问题引向深入。

学者魏海岩、韩立新和陈建群将研究聚焦于宋代邸报定本制度，总结了其自北宋至南宋后期存世的数百年间，至少经历了六次模式调整，即枢密院人员定本，进奏院监官定本，宰相（进奏院监官、宰相）定本，左右司郎官、宰执定本，给事中、宰执定本，给事中定本。而每一次定本模式的变化背后都体现了皇权专制体制下帝王与宰相的权力之争，定本的实质则是当权者借助对邸报的内容控制权进而影响官场舆情的政治传播工具，邸报读者的需求也并未在几次调整过程中得到充分重视。他们认为定本制度作为中国最早发展出的新闻报道事前审查制度，对中国古代新闻事业发展的阻碍性要大于促进性，即其演变最终仍以维护统治阶级的政治利益为主要取向。③

而从更为宏观的视角出发，学者赵云泽和董翊宸围绕宋代进奏院对其政府信

---

① 张兵娟，李涵：《传播学视角下中国传统书院学礼研究——以宋代为例》，《郑州大学学报（哲学社会科学版）》，2021年第2期，第116—121、128页。

② 刘丽媛：《中国鼓的传播功能及当代价值研究》，硕士学位论文，河北大学，2021年。

③ 魏海岩，韩立新，陈建群：《皇权和相权争夺中的信息控制：宋代邸报定本模式演变考》，《新闻与传播研究》，2021年第8期，第95—109、128页。

息传播机制进行了深入探究。他们指出，进奏院作为连接地方与中央的政治传播中枢，"实际上是集信息处理与传播功能于一体的综合性机构"，然而其在百余年间不断调整的过程中，经历了从地方权力楔入中央政府，到中央权力向地方延伸的转变，进奏院也随着专制集权的强化而使其传播质量与效果愈发低下。他们又进一步对中国古代历史上最早面向社会的中央政府官报——进奏院状加以考察，认为随着宋朝科举制的普及和政府对邸报控制趋于严格，促进了民间小报的诞生与兴盛。而统治者为确保皇权对信息的垄断而禁小报的政策，最终抑制了宋朝民间新闻传播事业的发展。① 该研究揭示了宋代政治制衡思维影响之下，其政治传播机制内生性矛盾带来的信息不平衡现象，为全面认识宋代政治传播活动提供了有益思考。

"舆论作为一种广泛的公共意见存在方式，对古代社会国家治理、政治时局、朝代更替等方面皆有重要的影响力。"② 与其相伴而生的如谣言、讹言等真实性存疑的信息内容在同官方信息传播机制进行话语博弈时，也在一定程度上反映出 公众面对现实社会环境的心理状态。学者刘力和吴寰对发生在西汉末年的"传行西王母筹"这一群体性事件进行了传播学视角的解读。与既往从民族学或宗教信仰路径的考辨不同，该研究尝试发掘被视为"百姓讹言"的这一群体性事件能够得到人们广泛接受与传播的深层原因，以此管窥两汉之交的社会、政治与文化生态。"传行西王母筹"发生于西汉王朝政治衰落、灾害频发的社会背景之下，社会的动荡不安使得民众生活缺乏安全感，对信息的需求量的增加，为了将情绪合理化并对当前处境做出合理解释，民众将希望寄托于具有"得长生""避灾祸""赐吉祥"等象征义的"西王母"形象。然而不同政治集团却对这一公共事件做出了"灾异预警"或"祥瑞符应"的不同解读，其总体上将民众信仰与诉求视之为"讹言"的深层原因实际是出于各自的利益诉求与政治环境的权力纷争。③

对"谣言"的定义历来以其信息的"非真实性"为核心，然而其在人类社会的不同历史阶段却始终作为一种语言媒介影响着人们的观念与实际行动。米湘月认为中国古代有关谣言的观念与实践存在脱节：古人一方面秉持精英主义态度对谣言深恶痛诊，另一方面却又无法忽视其代言天意的政治功能。她以古代谣言治理的制度史切入，通过考察谣言制度的设计与实际治理效果两个方面，认为古代

---

①　赵云泽，董翊宸：《宋代政府信息传播机制的内生性矛盾——以进奏院为中心的分析》，《新闻大学》，2021 年第 2 期，第 1—15、121 页。

②　谢清果等：《华夏文明与舆论学中国化研究》，北京：九州出版社，2018 年，第 170 页。

③　刘力，吴寰：《讹言何以惑众——以西汉朝"传行西王母筹"为中心的探讨》，《新闻与传播研究》，2021 年第 12 期，第 107—120、128 页。

谣言是基于社会结构性矛盾和社会事件共同作用下的产物。将其作为多元主体寻求社会问题解释、信息沟通的媒介来看待，可以提供一种中立的视角来理解谣言，对其社会整合之功用予以重新审视。①

四、华夏传播考古学研究

自潘祥辉教授提出"传播考古学"路径以来，该研究领域得到了学界的持续关注。本年度的华夏传播考古学研究涌现出诸多优秀成果。细分来看，其中包括侧重于"媒介物质性"的媒介考古研究，同时也包含以仪式、行为为考察对象的传播考古研究，体现出学界尝试在本土语境中寻找本民族独特的研究问题和对象的努力。

造纸工艺技术在魏晋南北朝趋于成熟并得到广泛应用，为后世留下了诸多优秀的书籍、绘画、书法等作品，其优于青铜器、简帛的特点也使得媒介纸质化成为该时期媒介进化的一大特征。谢清果教授和学者林凯从传播学视角考察了媒介纸质化对该时期的社会交往和发展变革的积极影响与意义。他们指出媒介纸质化主要从两方面创设了新的社会交往和传播方式：其一是拓展了当时文人士族通过纸质文艺作品或日常书信进行社会交往的途径，有助于他们获得社会地位和群体认同；其二则是魏晋南北朝私学在当时的兴盛带动了对书籍资源的需求，其结果既促进了世家大族的家学传承，也为社会底层提供了读书识字这一改变阶层身份的渠道。②纸张作为魏晋南北朝时期的"变革性媒介"，不但软化了固有的社会阶层结构，为隋唐科举制创造了推行条件，更在传播的过程之中以知识传播的方式维系起社会关系网络，其推广和传播因而被赋予了明显的政治功能。

学者陈阳立足视觉性与中西比较视野，借助晚清酷刑图像探究其生产传播的过程和机制，以此揭示中西交流中媒介流转对观念流变的影响。晚清的酷刑图像所依托的媒介种类日趋多元，并在摄影技术的推动下被加速模式化。陈阳指出，酷刑在19世纪重回西方视野与西人的活动轨迹有关，他们对于酷刑图像的文本生产基于西方对中国的"他者化凝视"，向西方单向传播的晚清刑罚信息反映并建构着西方观看中国的立场与方式，是一种"去语境化"的视觉再造。尽管这一"视觉政治"现象是将特定社会现象脱离本土文化语境建构出的西方中心主义话语，但其背后体现的中西方刑法观念差异法又反向转化成推动中国近代刑罚改革的

---

① 米湘月：《解释与沟通：作为媒介的古代谣言》，《新闻与传播研究》，2021年第12期，第92—106、128页。

② 谢清果，林凯：《魏晋南北朝媒介纸质化的社会功能探析》，《现代出版》，2021第4期，第75—80页。

引擎。①

人脸是综合反映人与社会关系的社会化器官，谢清果教授和王婷在《人脸：身体传播中文化与社会的媒介化表征》一文中通过反思西方后现代主义与现象学的诠释方法，尝试从中国文化实践中挖掘脸面传播、身体传播的构成要素。他们认为人脸作为连通自我与他人以及万物的主体间性媒介，在中国传统文化中具有符号隐喻和非语言传播特征，在具身传播中体现着社会性、道德性与符号性。② 在此研究基础之上，学者王婷进一步深入探讨了中西方"面子"符号所呈现出的文化异同。以"面子"符号为媒介实现社会人际互动是中西方"面子"观念得以对话的前提，人情关系、宗法礼教是中国"面子"观的基础，西方则重视社交印象与社会情境下的心理互动。她指出，若以更为基础性的层面考量，"'面子'符号的广泛意义在关系秩序中或许可以走向大同：在人类命运共同体中，'面子'或其他能反映人类共有文化特质的符号都可以在关系结构之中进行意义的协商与共建"③。

谢清果教授和学者林凯对"结绳记事"这一信息记载和传播机制进行了考察。他们认为，这一传播活动是传者之"意"通过绳结所创之"象"来使他者获取信息并交流情感，其在原始社会生活中具有明显的情感交往功能。在结绳记事的过程中，绳结不仅是人体官能的延伸，更是一种体外媒介，其整合了身体与情感而使人获得一种"通感式体验"，是推动原始部落传播和交往的重要媒介技术。④

学者张振宇对先秦两汉期间"禳灾"这一社会活动进行了传播考古学分析，论证了禳灾仪式在表层、中层和深层三个层面的传播学内涵。表层来看，禳灾是一种内嵌于古代先民日常生活中的仪式传播，然而当统治阶层和普通民众对这一仪式进行不同主体视角的解读，禳灾更是一种训诫统治者以"恤民之心"安抚民众的危机传播策略，其本质是借助"以禳维稳"的政治传播机制来整合不同利益集团之间的一场权力博弈，最终达到维护统治合法性的根本目的。⑤ 面对近几年国内外灾异频发的社会现状，重新对禳灾仪式的传播价值进行发掘可以为理解并应

① 陈阳：《中西交流视野下晚清酷刑的图像传播研究》，《新闻大学》，2021 年第 3 期，第 99—109、120—121 页。
② 谢清果，王婷：《人脸：身体传播中文化与社会的媒介化表征》，《齐鲁学刊》，2021 年第 2 期，第 82—91 页。
③ 王婷：《面传心授：中西"面子"符号的分野与对话》，《符号与传媒》，2021 年第 2 期，第 165—181 页。
④ 林凯，谢清果：《重返部落化：结绳记事的传播模式、机理与功能探赜》，《国际新闻界》，2021 年第 2 期，第 159—176 页。
⑤ 张振宇：《危机、仪式与权力：先秦两汉禳灾活动的传播学考察》，《新闻与传播研究》，2021 第 7 期，第 92—108、128 页。

对当今社会危机提供一定启示。

家训在中国历史上对个人的修身、齐家等道德观念发挥着重要的作用。谢清果教授和王皓然博士引入媒介学视角和解释学方法，将家训视作一种传播控制实践来进行重新阐释。在对家训进行概念厘定和方法阐释的基础之上，他们对家训自先秦以降的发展脉络进行了梳理，认为家训的内容是对时代语境或意识形态的主动适应，既包含着物质化的直观训诫文本，也围绕于该文本的阐释、执行和文本再生产的一系列家庭传播实践活动和家庭内的传播制度本身。家训随着宗族社会的发展逐渐演变为一种能够施加剥削和依附关系的媒介性要素，最终成为具有中国历史特色的传播控制实践。①

五、华夏新闻出版实践研究

有关明清时期的新闻出版实践也是本年度华夏传播学研究的一大特色。诸多学者将研究视点聚焦于社会处于剧烈变革状态的晚明与晚清，透过对官方新闻出版和民间办报实践的探讨，较为全面地呈现了当时的社会信息流动情况。

明清易代之际在历史上被称为"甲乙鼎革之际"，剧烈的社会变革推动了人们对时事信息的需求。学者胡丹和李花蕾将研究聚焦于这一历史截面，发现期间涌现的大量纪实作品兼具史料与新闻出版物的特点，她们将其称之为"时事书"。其作为时事作品，具有纪实性和篇幅短小等特点，并且常以某一新闻事件为中心构成详尽报道。"时事书"的作者多处于社会中下阶层，写作主要记述个人见闻的方式达到传递信息的目的。该研究揭示了时事书在甲乙之际的信息功能及其作为新闻作品的根本性质，提供了一种考察此类纸质媒介的纪实性与新闻性的微观视角，为研究古代时事书写与传播现象提供了可行路径。②

学者卞冬磊以《申报》全国化进程对清代新闻出版实践进行探讨。他指出，1872 年创办于上海的《申报》创立不久展望了"虽设于上海而立意于遍供天下之览"的抱负，其发行网络依靠于江南水系网络的紧密连接，为报纸的流通提供了物质基础。通过对《申报》走向全国的 4 个关键时间节点进行分析，可以看出其充分借助中下层文人力量培养了江南地区稳定的读者群，并通过中外交涉、开拓京师市场顺势抓住政治基于，介入朝廷政治，从而拓展了中国精英读者市场。③

---

① 谢清果，王皓然：《以"训"传家：作为一种传播控制实践的家训》，《新闻与传播研究》，2021 年第 9 期，第 75—92、127—128 页。

② 胡丹，李花蕾：《明清"甲乙鼎革之际"的时事书——兼及明末时事记录与历史书写的关系》，《新闻与传播研究》，2021 年第 5 期，第 115—125、128 页。

③ 卞冬磊：《从江南到京师：主流政治、精英读者与〈申报〉的全国化（1872—1879）》，《新闻与传播研究》，2021 年第 9 期，第 93—107、128 页。

蒋建国教授从晚清报刊所报道的科举新闻入手，将研究着眼于现代报刊媒介对士人信息获取与思想观念的影响。由于 1905 年之前的晚清社会仍存留着广阔的科考书籍市场，以《申报》为代表的商业报刊借其资讯优势，在科举新闻与科场生意的"互动"与"互构"中，使"应试之书"与"必读之报"之间产生了密切联系，形成了诸如"新闻化的西学""时务体""新民体"等应试思想资源与范本。纵然科举新闻的兴盛与科举制的没落看似是一种矛盾的发展轨迹，前者在当时的社会背景之下，仍在一定程度上促进了报刊的推广与普及。①

学者唐海江和丁捷围绕"上下相通"这一中国古代政治传播实践的核心命题，从媒介史角度对清末"新式官报"的发行予以重新梳理。晚清社会内外部的剧烈变革带来了信息流动的急剧增加，暴露了清政府原有传播体系中的"空间"问题。1901 年，以各级地方政府为主体开办的新式官报群体应运而生，这是清政府晚期为应对帝国传播危局而在时空关系上进行的一次调整。他们指出，"空间"同时牵涉到地理空间与权力空间两个方面，使新式官报不仅重新建构了纵横交错的信息传播制度，也在一定程度上促进了帝国传播体系的开放、多元和互动，为中国媒介史提供了一种独特的媒介样式和实践。②

中国近代社会丰富多元的本土报刊活动为新闻传播史研究提供了诸多资源。学者李滨、龙绵绵和陈立平认为近代报刊话语模式与传统史书书写表现出许多相似特征，他们将其概括为"以史阐报"的本土化路径，指"借用传统史学观念或实践解释、类比现代报刊活动的现象"③。这一路径使报刊作为外来事物能够自然地融入中国社会与文化语境，使报刊在中国发展之初便建构起了区别于西方报刊理念的话语特征。在报刊中融入"史"的观念不但具有强烈的中国文化色彩，同时可以启发对中国早期新闻从业者思想观念进行阐释的相关研究。

六、华夏文明传播研究

华夏文明传播研究是华夏传播学研究领域的重要支撑，当代我们要传播的"中国"观念是强调"人类命运共同体"观念，以"中"通天下的新型"文明型中

---

① 蒋建国:《晚清报刊的科举新闻、科场生意与读者感知》,《新闻与传播研究》,2021 年第 6 期,第 94—110、128 页。

② 唐海江,丁捷:《重构"上下之通":清末新式官报与帝国传播体系的变革》,《新闻大学》,2021 年第 4 期,第 42—56、120 页。

③ 李滨,龙绵绵,陈立平:《以史阐报:中国近现代报刊观念发展的一种本土化路径》,《新闻与传播研究》,2021 年第 5 期,第 100—114、128 页。

国"。①在当代中国对世界文明提出的"新文明主义"主张背景之下，如何在避免"冲突"的过程中逐渐消弭分歧，在追求"和谐"中不断促进融合是华夏文明传播的核心目标。本年度华夏文明传播立足于当前世界复杂多变的整体环境，将研究视点聚焦于跨文化传播研究与传统文化传承两个部分，以期为世界文明进步提供可借鉴的中国智慧与中国方案。

（一）华夏跨文化传播研究

跨文化传播的过程中始终伴随着冲突与融合两大主题，中华民族在发展进程中曾积极促进儒释道文化从冲突对立走向多元融合，重新从文明传播视域发掘其中蕴含的传播观念与策略，可以为当下跨文化传播实践提供有益启示。

魏晋南北朝时期是中国民族大融合时期。学者赵立敏以北方少数民族的多元认同进程为考察对象，探讨了南北朝时期佛教在当时为化解少数民族的多元认同问题提供的可操作路径。他认为以儒家为代表的中原文化虽然以"天下观念"为感召少数民族形成"华夏认同"提供了思想基础，但其同时可能造成少数民族内部将其认知为抑制民族认同的举措，出现"反汉化"的分裂抵抗力量。佛教以其与少数民族所共有的"外来身份"成为调和多元认同困境的重要媒介，其中帝王为民众造像、供民礼佛等政治举措在连接中央与地方的过程中强化了国家认同，而佛教教义自身的超越性在汇通儒道思想的过程中，潜移默化地促使少数民族群体最终自觉走向了"华夏认同"的道路。②

学者李欣人和李承志以儒家文化中"和"这一核心价值取向切入，强调了在跨文化传播中重建文化主体性的必要性与可行性，并指出"和而不同"是比"求同存异"更符合当前全球传播环境的指导观念，其需要我们在囊括文化多样性的民族性（nationality）维度之基础上，向文化的现代性"讲和"。他们认为当代跨文化传播的根本动力在于实现"现代性诉求的民族性表达"，各个文化主体应在追求共同价值的过程中实现有机整合，使传播主体最终在交往中达到"共同进化"（co-evolution）的理想效果。③

回顾中华文明的发展进路，其过程由于外源性力量的介入经历了曲折、变异、停滞、复兴等不均衡变化，同时因内源性所特有的开放性、包容性和创造性使其

① 谢清果：《共生交往观的阐扬——作为传播观念的"中国"》，《西北师大学报（社会科学版）》，2019年第2期，第6页。
② 赵立敏：《从"民族认同"到"国家认同"再到"华夏认同"——论北朝佛教如何化解少数民族的多元认同跨越难题》，《新疆大学学报（哲学·人文社会科学版）》，2021年第5期，第55—62页。
③ 李欣人、李承志：《儒家文化视域下跨文化传播观念的重构》，《现代传播（中国传媒大学学报）》，2021年第7期，第34—39、49页。

在面对外部冲击时依然保有生命力，体现了一种新进化论视野下螺旋式上升的文明发展观。① 在人类命运共同体时代，"和而不同"是实现文明对话的有效逻辑起点，促进交流互鉴、美美与共文明对话格局的形成，是当代传播学为世界贡献中国智慧、促进共同发展的文明对话目标。②

此外，2021 年度立项的国家社科基金课题中，还包括诸多与跨文化传播议题有关的项目：如林莉"中国对外传播的跨文化转向及其路径研究"（项目号：21CXW002），赵鹏升"'一带一路'背景下'万里茶道'跨文化研究"（项目号：21BXW051），王燕"人类命运共同体理念的海外传播和国际认同研究"（项目号：21BKS133）等。

（二）文化传播研究

中华优秀传统文化的传承对实现文化自信、推动文明交流互鉴具有重要意义。如何根据时代特征实现其创造性转化与创新性发展，激活传统文化在新时代的生命力是当前有关传统文化传承议题的主要关注点。

1. 文化典籍传播研究

典籍是中国优秀传统文化的载体，是"讲好中国故事"和"中华文化走出去"依靠的重要历史资源。在新媒体背景下，传统文化的传播既需要在内容上顺应时代语境，也需借助数字技术的应用优化传播效果。《典籍里的中国》是中央广播电视总台 2021 年初推出的大型文化类电视节目，其以古今对话的形式讲述华夏典籍内容颇具新意，在开播后引起广泛讨论，学界同样对文化经典的创新呈现予以关注。张兵娟教授从典籍活化、影像活化和故事活化三个角度对该节目进行探讨。认为典籍活化实际是将典籍文本所蕴含的精神内涵置于当代社会价值规范体系之中，有助于重构受众对典籍的文化记忆。节目创新地通过"典读会"将后台剧本进行前台化和公开化，增进国人的文化自觉与文化自信。③

除国内对传统文化典籍予以重视外，中华文化的海外传播领域同样形成了诸多有关典籍外译的研究成果。学者高源对儒家典籍在欧洲的首次译介进行考辨，梳理了东学西渐中儒家典籍首次西译的版本源流。他认为儒学西传的真正开拓者实为罗明坚，其"突出贡献在于开创了儒家典籍的跨语际外译事业"，并在其译文

---

① 赵立敏：《传承与嬗变：中华文明螺旋式上升的崛起之路——一种新进化论视野下的文明发展观》，《华夏传播研究》，2021 年第 1 辑，第 3—12 页。

② 杨柏岭：《文明对话：跨文化视野下当代传播学的研究进路》，《现代传播（中国传媒大学学报）》，2021 年第 12 期，第 7—13 页。

③ 张兵娟，邵高明：《创新活化、文化记忆与传播共同体建构——谈文化类电视节目〈典籍里的中国〉》，《当代电视》，2021 年第 8 期，第 42—46 页。

中展现出一种平等理性、相互尊重之精神，为当代发展并深化海上丝绸之路文化交流留下了多元文化间平等对话的精神遗产。[①] 在此次基础上，他将研究视野进一步拓展至对中国哲学经典在芬兰的早期译介与传播活动，从传译脉络和发展路径来看，先道家后儒家的翻译顺序，"反映出芬兰译者重视宗教与哲学的形而上维度并自觉与本土路德新教相参照的特征。其中，将儒释道文本进行基督教神学诠释的做法，反映出'芬兰化'视阈下的处境化调适，不仅建构起文本背后的两种异质信仰精神的对话，也从客观上推动了汉学在芬兰社会的传播"[②]。

此外，学者周琼和颜欣彤还对丝绸文化典籍的对外传播历史与现状进行总结，她们认为应从推动典籍数字化、强化符号价值认同、完善翻译策略与出版模式等几种策略优化典籍对外传播路径，以此开展典籍的多样态传播，推动中华文化走向世界。[③]

2. 非遗传播研究

非物质文化遗产是中华文明成就的重要见证，弘扬其当代价值有助于切实提升本民族文化自信。近年来我国非遗保护工作已经取得显著进步，在此基础上，中共中央办公厅、国务院办公厅于 2021 年 8 月印发了《关于进一步加强非物质文化遗产保护工作的意见》，其中包括健全非物质文化遗产保护传承体系、加大非物质文化遗产传播普及力度等总体要求。

学者谢春将研究视点聚焦于非遗传承人及其传播实践活动中，尝试从传播学角度来考察非物质文化遗产的传承问题。她认为非遗的传承同样是一个传播的过程，可被视为连接历史与现代、面向整个人类社会的跨时空传播，而非遗传承人不但是非遗文化建构的主导者，也是非遗文化实现时空转换的媒介。以被列入第一批国家级非物质文化遗产名录的"绵竹年画"为例，非遗传承人的传播实践活动实际在文化传承的过程中，影响着文化的表达与建构。其身份由一元走向多元，非物质文化遗产的传承方式与形态也随着数字媒体的普遍应用被重新书写，最终实现其在日常生活、文化意识与市场经济三个方面的资源转化，达到再造精神文化空间的目的。[④]

非物质文化遗产大多孕育于地方和乡村文化，与人们的日常生活息息相关。

① 高源：《儒家典籍在欧洲首次译介考辨》，《历史研究》，2021 年第 1 期，第 207—218 页。
② 高源：《中国哲学经典在芬兰的早期译介与传播》，《文史哲》，2021 年第 6 期，第 126—135、164—165 页。
③ 周琼，颜欣彤：《中国丝绸文化典籍传播：历史脉络、传承现状和数字创新》，《华夏传播研究》，2021 年第 2 辑，第 176—189 页。
④ 谢春：《非遗传承人的传播实践与文化空间再造——以绵竹年画为例》，《现代传播（中国传媒大学学报）》，2021 年第 9 期，第 98 页。

从更为宽泛的意义上来说，我国非物质文化遗产的丰富性与多样性依托于多元的地域文化。学者李海文便以地域文化的传播为切入点，从宏观视角对文化空间的价值塑造提出了可行策略。他将地域文化的特点总结为多样性、贴近性和经济性，认为地域文化传播是中华文化对内传承和对外传播的根基，可以为文化自信战略的实现提供可接近资源。①

与非遗传播相关的学术会议还有 2021 年 11 月由中国新闻史学会、中华多民族文化凝聚与全球传播省部共建协同创新中心——"丝绸之路"与中华民族共同体研究分中心、中国新闻史学会符号传播学研究委员会、华夏传播研究会主办，西北民族大学新闻传播学院承办的"铸牢中华民族共同体意识背景下华夏'丝路符号'传播论坛"在线上召开。本届论坛的主题演讲内容涉及："丝路话语""艺术与人类文明交融""中国传播研究的学术话语建设""秦腔""全球传播""巴蜀符号"等诸多围绕非物质文化遗产传播话题，针对铸牢中华民族共同体意识并推动"华夏'丝路符号'传播"展开了学术研讨与对话。

此外，在本年度国家社科基金课题中也有诸多学科涉及非物质文化遗产研究立项，如沈珉"中国非物质文化遗产多维度场景传播模式与策略研究"（项目号：21BXW118），刘军林"数字化战略下少数民族非遗创造性转化和创新性发展研究"（项目号：21BMZ040），魏雷"非物质文化遗产的利用对乡村振兴的促进机制研究"（项目号：21BGL259），显示出非遗传播在当代的文化价值。

值得一提的是，国家社科基金年度立项课题方面，除前文已提及的项目，还包括南京大学潘祥辉的"传播学视角下儒家经典的'经典化'过程研究"（项目号：21BXW095），河南大学郭桥的"传播学视域下的近现代汉传因明复兴研究"（项目号：21BZX102），武汉大学黄浩波的"秦汉文书传递制度研究"（项目号：21BZS048），三峡大学胡丹的"明代时事书写与政治信息传播研究"（项目号：21BZS063）等课题，预示着华夏传播研究将会在未来涌现更多令人期待的成果。

结语

2021 年是华夏传播学研究持续向纵深发展的一年，可以看到，在多年来与西方经典传播学对话所积累的研究基础上，本土学术研究的主体性不断得到彰显。其不仅将研究视点聚焦于中国古代传播实践的阐释，同时还尝试从中提炼出具有普适性的传播规律，以期为传播学贡献出更加多元的理论路径。此外，2021 年《华夏传播研究》第六、七辑和《中华文化与传播研究》第九、十辑由九州出版

---

① 谢清果，李海文：《地域文化传播视角下文化自信的实现逻辑》，《中国文化与管理》，2021 年第 2 辑，第 20—26、173—174 页。

社正式出版，两本出版物自出版以来印发了众多学者在华夏传播领域的有益成果，是华夏传播研究重要的学术交流平台。其中，《华夏传播研究》正着重建设"华夏传播学人志"专栏，希望能够让读者概览为这一领域提供诸多贡献的优秀学者及其成果，推动华夏传播学研究的持续发展。

华夏传播研究年度专题报告

物质转向、诸众书写与记忆研究的路径反思

——2021 年记忆研究综述

褚金勇　李易霖[*]

Chu Jinyong　Li Yilin

摘　要： 伴随着数字技术与媒介强势介入人类记忆系统，中国知识界的记忆研究日益呈现多点开花的多元复杂样貌。本文借助于 citespace 软件对中国知网 2021 年有关记忆研究的文献进行计量分析和可视化处理，认为 2021 年记忆研究出现国族记忆、社群记忆与空间记忆等多元视角，呈现出学科跨界、物质转向和诸众书写等多重特性，最后基于 2021 年记忆研究，提出警惕记忆研究的路径依赖、关注记忆形态的流变等建议。

关键词： 记忆研究；物质转向；诸众记忆

引言：记忆研究的兴起与发展

记忆，连接着过去、现在和未来，连接着个体、社群与国家。中国人自古关注历史，关注记忆，关注我们的过往如何被建构、整合与延续。但中国知识界关于记忆的自觉研究却是在西方记忆研究影响下才逐渐出现的。自晚清以降，中国社会便开启了现代化转型，一百多年来的中国在崇新、求快的现代化思潮影响下经历着快速的转型，此中既为国人带来了经济、生活的巨大改观，也催生了伤今怀旧的集体情绪，由此记忆研究的意义也正日渐凸显。如何检视我们的生命过往，如何反思我们的记忆建构，以更好地理解我们所处的社会现实，是学界需要思考研究的学术命题。本文将回溯记忆研究的历史兴起，检视记忆研究的当下发展，进而梳理 2021 年记忆研究的视角、特征与学术路径。

---

　　* 作者简介：褚金勇，男，禹城人，郑州大学新闻与传播学院副教授，硕士生导师，研究方向：媒介文化研究；李易霖，女，南阳人，郑州大学新闻传播学院，新闻学硕士。研究方向：新闻史。

（一）回溯历史

"记忆"作为人类一种天生的生存技能，既具有本体的生理属性，也因人所独有的社会互动而具有社会属性，正因记忆本体的重要性和巨大的社会影响力，以及各国历史性政治背景，"记忆"在 20 世纪 20 年代成为重要的学术研究对象，最早研究记忆的是法国社会学家涂尔干，后莫里斯·哈布瓦赫在《记忆的社会性结构》中首次提出"集体记忆"概念，这是现代记忆研究的伊始，奠定了记忆研究的理论基础。80 年代，西方学界出现了"记忆潮"时期，社会学、历史学、心理学、人类学等不同学科领域关注起社会和历史记忆现象，用以反思欧洲人民的战争与政治的集体性记忆是如何被建构的，法国年鉴学派历史学家诺拉提出了"记忆之场"，阿斯曼夫妇开创了"文化记忆"研究传统，保罗·康纳顿梳理了记忆与社会的关系等。

20 世纪 90 年代后，西方记忆研究理论逐步传入中国学界，"由于中国社会本身的变迁，特别是东欧社会转型的影响，中国学界也开始更为严肃地思考过去对于未来的意义，思考记忆对于社会、政治和文化的影响"[①]。1995 年，景军将社会记忆理论引介中国问题研究，对西北农村政治云左倾政策所造成的苦难记忆进行研究。2000 年，钟年、纳日碧力戈将社会记忆理论与瑶族的族群认同、信仰仪式结合起来考察，2003 年刘亚秋和郭于华从民间口述的维度考察了知青群体和女性群体的社会群体记忆。2004 年，社会心理学领域的何莹、赵永乐撰写国外群体记忆的研究成果综述，并称自己的研究对象为"边缘性课题的群体记忆研究"，指出我国内地对群体记忆不足，群体记忆资源的流失现状亟须尽早重视并开展群体记忆研究[②]。郑广怀则以文献综述的形式梳理社会记忆理论和研究。2009 年教育学李兴军综述集体记忆的研究文献，并将集体记忆研究视角分为功能主义视角和建构主义研究视角，并梳理了国内集体记忆的理论应用现状，大多集中于重大历史时间如抗日和"文革"的人民苦难记忆[③]。随后伴随着中国记忆研究得到重视，各类系统和半系统记忆的研究综述也开始增多，王灿、李技文综述了近十年我国族群认同和历史记忆研究，黄鹏等综述档案与社会记忆研究，娄晶晶与朱云峰综述了我国城市记忆研究，钱力成、张翮翾对迄时为止的西方记忆研究脉络与中国记忆研究图景和方法实践进行了系统性的综述，刘亚秋立足于社会学领域的记忆关注，总结出中国社会记忆研究的两种取向等等不胜枚举。

---

① 钱力成，张翮翾：《社会记忆研究：西方脉络、中国图景与方法实践》，《社会学研究杂志》，2015 年第 6 期，第 216 页。

② 何莹、赵永乐：《国外群体记忆研究概述》，《宜宾学院学报》，2004 年第 5 期，第 149—150 页。

③ 李兴军：《集体记忆研究文献综述》，《上海教育科研》，2009 年第 4 期，第 9 页。

（二）检视当下

有鉴于中国记忆研究历年不减的增速，而"互联网正在剧烈改造社会发展现实，深度干预人类文明的未来图景，同时也从'当下'出发重写历史、传统和集体记忆"①。面对社会记忆机制被媒介技术深度介入而急遽变化的现实情况，记忆研究历年所增新的研究特征、方法实践等新的学术增长点都亟待整合，年度学者的研究成果亟待综合分析，其都有利于未来记忆研究学者创新学术视野，适应飞速变化的媒介社会记忆环境，采纳实用且新颖的研究方法，规避迄今为止记忆研究的不足，寻找未来在媒介技术深度干预下的社会记忆的未来图景，为本专业领域的记忆研究提供清晰的发展脉络与未来方向，具有重要的基础性意义。故而本文特对 2021 年这一完整时期的记忆研究文献进行新闻与传播学科视角的综合分析和综述，以整合当前记忆研究最新的学术增长点和探索未来学术增长点的可能性。

在研究方法上采取量化可视化呈现的方式，选取 CiteSpace 可视化分析软件作为工具，CiteSpace 软件是美国德雷克塞尔大学的陈超美教授基于 JAVA 语言开发的一种文献计量建模软件，能够帮助文本挖掘与可视化。数据来源以 2021 年为时间节点，以新闻与传媒学科为类别，以"记忆研究"为关键词，在知网 CNKI 中进行检索，共检索出 194 篇文章，经过对报纸、无关的无效文献筛选剔除，共得到有效文献 183 篇文章，其中核心 C 刊数量占比 48 篇。本文以该 183 篇文献为数据进行 CiteSpace 可视化分析，首先作者据所得有效文献数据进行类型区分，即对"记忆研究"的记忆类别进行细分，得到表 1。随后在知网 CNKI 上将该文献数据以 Refworks 格式导出，在 CiteSpace 软件上进行数据转换、操作和共现分析可视化，得出了 2021 年记忆研究的高频关键词和出现数量，得到图 1，作者据此数据对所统计的关键词进行二次分类，得到表 2，对核心期刊来源与发文数量进行统计和量化，得到表 3。

① 胡百精：《互联网与集体记忆构建》，《中国高校社会科学》，2014 年第 3 期。

表 1　2021 年"记忆研究"类别

主题	次主题	关键词	篇数	总计
媒介记忆	灾难记忆	非典；汶川地震；新冠疫情	14	140
	媒介记忆	文化类节目；仪式；数字记忆；创伤文化	90	
	集体记忆	身份；新媒体；家国认同	32	
	粉丝记忆	网络群体；趣缘	2	
	游戏记忆	民族认同；视觉文化	2	
物质记忆	空间记忆	地标；城市记忆；三维记忆旸域	18	22
	实体记忆	文物；图像；身体	4	
历史记忆	中国历史	非物质文化遗产；抗美援朝；红色记忆；红色精神；民族文化；口述史	20	21
	外国历史	朝鲜报刊	1	
核心期刊				48
总计				183

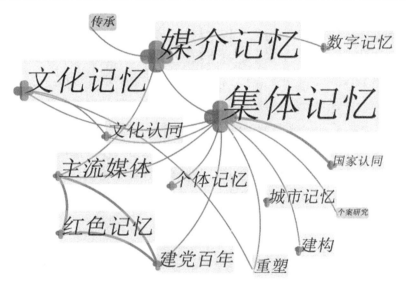

图 1　2021 年记忆研究的高频关键词

表 2　2021 年"记忆研究"关键词二次分类

关键词	分类	出现次数	总计
记忆类	记忆	7	136
	集体记忆	49	
	媒介记忆	29	
	文化记忆	19	
	社会记忆	4	
	个体记忆	8	
	城市记忆	6	
	红色记忆	4	
	数字记忆	3	
	历史记忆	2	
	档案记忆	2	
	乡土记忆	1	
	人工记忆	1	
	人类记忆	1	
媒体类	短视频	7	32
	社交媒体	4	
	新媒体	4	
	主流媒体	4	
	媒介	3	
	人民日报	3	
	媒介学	2	
	微博	2	
	vlog	1	
	人民网	1	
	qq	1	
功能类	建构	3	16
	议程设置	3	
	媒介融合	4	
	记忆建构	2	
	历史建构	2	
	记忆实践	1	
	代际延续	1	
	传承	1	

续表

关键词	分类	出现次数	总计
文化类	红色记忆	4	14
	建党百年	3	
	红色文化	2	
	文化传播	2	
	主旋律	1	
	传统文化	1	
	乡土情怀	1	

表3　2021年核心期刊来源与发文数量

核心期刊	发文量	关键词
传媒	3	城市记忆；文化记忆
新闻界	3	集体记忆；农民社群；私人情感
青年记者	11	媒介记忆；创伤记忆；认同；个人
当代电视	2	集体记忆；国家认同；军队
当代传播	2	集体记忆；网络；乡土情坏
传媒观察	1	三维记忆场域
编辑之友	2	流行病；个体记忆
当代电视	6	仪式；公众记忆；共同体
电视研究	3	文化记忆；国家记忆
现代出版	1	视觉媒介学
江海学刊	1	文化创伤
民族学刊	1	记忆仪式；共同体意识
中国电视	1	听觉叙事；时代记忆
现代传播	1	苗族影响；媒介记忆
新闻爱好者	2	地震记忆；集体记忆
档案学研究	1	档案记忆
新闻与写作	1	物质文化遗产；媒介记忆
广州大学学报	1	创伤历史；跨文化记忆
当代青年研究	1	强国一代；集体记忆
日语学习与研究	1	集体记忆；日本媒体
新闻与传播研究	1	记忆地点；社交媒体
中国广播电视学刊	2	地方记忆；社交媒体记忆

一、多元视角：国族记忆、社群记忆与空间记忆

据有效"记忆研究"文献的侧重内容分类结果来看，可以将 2021 年整体"记忆研究"大致分为三个类别，媒介记忆、物质记忆与历史记忆。在 2021 年记忆研究的高频关键词当中，排名前五位的分别是集体记忆、媒介记忆、文化记忆、主流媒体、红色记忆。据此将 2021 年记忆研究的视角可分为，与主流媒体和红色记忆相关联的国家权力视角、代际、职业、民族三种社会群体视角与注重物质性与主体性的空间物质视角。

（一）国族记忆

国家权力视角是传统记忆研究的主流视角，是一种自上而下的记忆研究视角，主要研究"国家权力对于记忆的塑造作用，特别是国家如何通过记忆来塑造认同与合法性"[①]。具体表现为作为国家权力的官方喉舌工具的主流媒体是如何建构记忆，搭建记忆共同体。自 2021 年记忆研究的高频关键词中，我们可以发现主流媒体与红色记忆、建党百年、文化认同三个词条相联接，这也正能体现主流媒体一以贯之地贯彻着宣传党国形象，建构认同感的主旨所在，其注重从主流媒体的立场出发去研究记忆的构建，但是在具体对象上则又有所分别，主要可以分为文化类电视综艺节目、新媒体、重大灾难事件三类。

姜鹏翔以北京卫视推出的四档文化类节目为例，从地标、仪式、游戏等多个维度分析了北京卫视是如何通过文化类节目建构受众的历史文化与家国认同，传播多元一体的中国文化价值取向。张兵娟等学者就同一档文化类节目《典籍里的中国》分析中央广播电视总台是如何将特定的历史文化内容推向社会文化记忆，二者均从杨·阿斯曼的文化记忆理论出发来解释典籍故事的活化与再媒介化，继而最终达到勾连古今的社会关联与家国情怀的共同体价值构建。龚新琼、李舒、刘媛媛分别针对《国家记忆》《今日中国》《国家宝藏》三档文化类节目解释以中央广播电视总台为代表的国家媒体权力如何构建起国家记忆与国家认同的过程和策略。

在新媒体领域，孙莹将新华社微信公众号"抗疫日记"看作是一种建构家国情怀社会记忆的叙事范式，肯定了新华社微信公众号作为新的数字媒介连通个体记忆与集体记忆的记忆场所的地位。金梦玉，何蓉围绕建党 100 周年庆典直播的

① 钱力成，张翮翾：《社会记忆研究：西方脉络、中国图景与方法实践》，《社会学研究杂志》，2015 年第 6 期，第 223—224 页。

媒体创新揭示出"民众对于国家观念的认同表现出与媒体观念倾向的同构特征"①，直播能够促进集体记忆的观念认同转化。王晓映，刘玉琴，白雪则是根据《新华日报》"号角催征"融媒体系列报道揭示"主流媒体自带红色政治基因，拥有充分的话语权力"的本质特点，并通过其创新的报道特性来构建三维记忆场域，最终实现认同传播的"柔性的、意识形态的文化治理工作"②。

最后，在重大灾难事件上，2021年"记忆研究"也相当重视灾难记忆与创伤记忆的研究，而在其研究成果中总无法脱离国家权力视角的思考，因灾难与创伤事件对人民非比寻常的记忆构建功能，国家权力向来不会放松对于重大灾难事件的灾难记忆与创伤记忆的塑造与控制，龙彦儒，于德山将2020新冠肺炎报道中的非典记忆视作一种重要的过去叙事资源，比较了中央党媒、地方媒体和市场媒体的记忆实践，总体上针对如此特殊的记忆内容，"我国媒体进行了口径统一的集体阐释"③。马蒙以《人民日报》的汶川地震报道为研究对象，揭示主流媒体面临重大灾难事件时采取了仪式性报道强化、报道方向倾向、在场者讲述等多种话语策略来建构民众的集体记忆。黄颖妍则以国家卫健委等官方制作的抗疫剧《在一起》为例，认为其通过象征性的场景、事件、人物来唤醒受众的灾难记忆，并通过仪式复现强化集体性的灾难记忆，使之实现凝聚民族情感、取得民族国家认同的记忆构建效果。刘继忠和霍蓓通过《人民日报》主流媒体与知乎社区自媒体的媒介属性比较探讨了媒介属性对建构记忆的潜在影响，认为《人民日报》作为"肩负塑造国家认同重任"的主流媒体主要坚持宏大叙事框架，形成"感谢中国共产党，赞誉社会主义制度优越性的叙事逻辑"和记忆框架。④

另外，除了国家权力对个体与集体记忆的单向构建，目前"记忆研究"中也揭示出一种依托新媒体属性的群众的自下而上的国家记忆构建，昌隽如，孙清凤，孟庆波将私人微信朋友圈与建党100周年的政治庆典结合起来，揭示了"个体对集体记忆塑造的基础性作用"⑤，表达出个体关于"党—国家"政治体的家国认同与集体记忆。

---

①　金梦玉，何蓉：《政治庆典仪式的集体记忆与国家认同强化——庆祝中国共产党成立100周年大会直播"高燃"片段分析》，《当代电视》，2021年第8期，第13页。

②　王晓映，刘玉琴，白雪：《传媒观察》，2021年第11期，第95—98页。

③　龙彦儒，于德山：《"过去"作为叙事资源：新冠肺炎报道中的非典记忆研究》，《传媒观察》，2021年第2期，第35页。

④　刘继忠，霍蓓：《共识与差异：媒介属性对汶川地震记忆建构的潜在影响》，《新闻爱好者》，2021年第12期，第23—24页。

⑤　孙清凤，孟庆波：《私人情感与集体记忆：朋友圈里的庆祝建党100周年》，《新闻界》，2021年第11期，第68页。

（二）社群记忆

钱力成、张翮翾总结过 2015 年以前中国"记忆研究"的社会群体视角，大体上可以分为"知青研究""阶级或阶层维度""性别维度"以及"人类学关于家族、族群和民族的庆典仪式、神话传说和历史记忆的研究"①四个维度，具有综合性。时至今日，新媒体和互联网时代下的"记忆研究"社会群体进一步更新，新群体大体可以分为代际记忆维度的"90 后群体"与"00 后群体"、媒介记忆维度的"网民群体"、职业记忆维度与民族记忆维度四个维度展开。

首先，在代际记忆维度，伴随我国"90 后"与"00 后"逐步入社会，成为社会主力劳动力与青年群体，其自然而然成为最新一代的研究对象，相比较早前"记忆研究"中以隔代群体——知青群体为研究对象，挖掘过去记忆群体的研究特征，当前的记忆研究明显更为重视当下的记忆群体研究，针对新一代青年群体的记忆研究在 2021 年多次出现，邵鲁闽，莫扬通过研究"90 后"在媒介和地缘社会结构转型中的集体记忆变迁，来分析新媒体时代"90 后"集体记忆大众介入的互动式、高度符号化、碎片化的微小叙事的记忆构建特征，与增强其身份认同、凝聚集体力量的记忆意义。权福军则是研究"被互联网裹挟的千禧一代，00 后群体"，指出"00 后"群体"代单位""生命故事叙说""网络公共话语的建构"，能够帮助"形塑'00 后'一代的集体记忆主题，使'00 后'获得群体归属感与价值认同"最终能够"完成'强国一代'集体记忆的主体建构"②。

其次，在媒介记忆维度，网民记忆群体是诞生于互联网时代的新一代记忆群体，具有社交性、情感互动性、个体性等复杂的记忆特征，故而成为 2021 年"记忆研究"的重点观照对象。杜松平，吴祥子认为互联网时代的人类记忆是一种"以在线协同生产和电子存储为主要特征的电子记忆工业"③。在网络技术装置赋权下，"个体记忆生成状态由原先的转瞬即逝转化为当下的永久刻录"④，个体拥有了集体记忆的书写权。而吴世文，何羽潇便以网友对 QQ 的怀旧性的集体记忆构建为例，揭示了网友通过对 QQ 媒介的自发性怀旧记忆行为而将原属于个体记忆的"微光记忆"转化为集体性怀旧记忆的过程，探讨了网友记忆与技术、媒介之间的复杂的机制互构关系。除此之外，魏风云，王子木更为关注互联网记忆所衍生出网络

---

① 钱力成，张翮翾：《社会记忆研究：西方脉络、中国图景与方法实践》，第 225 页。

② 权福军：《构建新时代青年"强国一代"的集体记忆：生命历程视角》，《当代青年研究》，2021 年第 1 期，第 33—36 页。

③ 杜松平，吴祥子：《互联网时代个人记忆的建构与唤醒》，《青年记者》，2021 年第 12 期，第 33 页。

④ 杜松平，吴祥子：《唤醒，建构与再现：网络抗争中记忆对话语机会的形塑》，《当代传播》，2021 年第 3 期，第 34 页。

抗争的新机制，互联网为网民记忆赋予了更为自由的话语权，自上而下的记忆权力结构发生改变，网民记忆开始以多种形式与集体记忆展开权力博弈，"这种以互联网为媒介或平台所进行的社会抗争，我们均可称之为网络抗争。"①便是其中的核心博弈体现。胡璇则关注当前屏幕作为感知媒介的传播与生活环境下，"人和疾病、经验、社会记忆的关系正在被基于屏幕介质的手机、平板电脑等感知媒介重新塑造"②，其成为流行病感知经验的重要装置与记忆之场。黄慧婧和张曼则是从粉丝网民的角度去考察网络空间中粉丝记忆的构建与书写机制。

最后，在职业记忆维度与民族记忆维度，职业记忆具体考察军队、农民、主持人，邵鹏，姜珊与赵晓萌均以国庆阅兵作为案例探究军队、军人、非战争军事行动等形象塑造和创伤记忆构建对于国家发展的集体记忆和历史文化的重要作用。陈媛媛探究新时代军人形象的塑造机制，即"英雄祛魅和人性化塑造的趋势"③。关于农民和主持人职业记忆的研究，于晶，谢泽杭聚焦于短视频平台上的农民工社群的乡土记忆研究，认为短视频媒介属性有利于唤醒农民群体的乡土记忆和个性化表达地方记忆，进而最终实现强化乡土记忆，调动乡土情感的目的。④李雪丽则观照农村村民的"表演的身体"的身体记忆来研究其怎样建构村庄情感与传播村庄信息。⑤巩晓亮，陈曦认为全媒体时代的主持人公众记忆，可以从印象管理、集体记忆、文化品牌等方面建构其持久性。⑥而在民族记忆维度，曾雪莹以西双版纳傣族的泼水节节庆日为例，系统研究了云南傣族的民族文化记忆的仪式建构、当前节日文化记忆被商业模式侵袭、神圣与凡俗的碰撞导致节庆日仪式与观念的转变等现状。马林则考察靖西农民画中的民族习俗与伦理性社会记忆的在生产和传播路径。郭建斌，程悦通过苗族的"故事步"和苗族影响探察其媒介记忆、民族记忆续写和全球传播路径。⑦

---

① 魏风云，王子木：《唤醒、建构与再现：网络抗争中记忆对话语机会的形塑》，《当代传播》，2021 年第 3 期，第 86 页。

② 胡璇：《感知媒介下的流行病、经验与社会记忆——基于屏幕介质的数字传播实践分析》，《编辑之友》，2021 年第 11 期，第 57 页。

③ 陈媛媛：《集体记忆、英雄祛魅与政治象征：军队宣传微视频中的军人形象与塑造机制》，《当代电视》，2021 年第 12 期。

④ 于晶，谢泽杭：《故乡何处是：短视频平台上的农民工社群建构与乡土记忆——对抖音"福建村"的考察》，《新闻界》，2021 年第 9 期。

⑤ 李雪丽：《表演、记忆与交流：乡村社区的身体传播实践——基于河南省 M 村的田野调查》，《青年记者》，2021 年第 10 期。

⑥ 巩晓亮，陈曦：《全媒体时代主持人公众记忆持久性构建》，《当代电视》，2021 年第 10 期。

⑦ 郭建斌，程悦：《"故事布"与苗语影像：苗族的媒介记忆及全球传播》，《现代传播》，2021 年第 43 期。

（三）空间记忆

据表1，2021年"记忆研究"类别来看，在物质记忆一类中空间记忆占据相当大的比重，以18篇文献数量总排名位居媒介记忆、集体记忆、中国历史记忆之后，而前三位均是"记忆研究"的传统重点研究对象，因此以"地标""城市记忆""场域"为关键词的空间地理视角成为2021年"记忆研究"的贯穿视角之一。在2021年"记忆研究"的空间地理视角中大致可以分为实在的地理空间与虚位地理空间两种，所谓实在地理空间是指实际存在的地理空间，如博物馆、城市、街道、运河等，虚位地理空间是指依托于技术与媒介属性的虚位数字化地理空间，二者均对记忆发挥着独特的空间场域建构作用。

首先，实在地理空间的"记忆研究"较为丰富，具体体现为对"城市记忆"的研究，姜鹏认为文化类节目能够构建国家认同的基础正是在于节目发生地本体的地标建筑和文物本身与空间叙事法，正是在这一空间隐喻的维度实现受众的历史认同、文化认同与家国精神认同。地标建筑能够体现建筑与城/国历史，是国族"精神家园"的体外化。① 王智，邸敬存和穆雨在红色文化记忆的视角下分别对石家庄市和安徽省合肥市的城市记忆进行考察，探索建构城市记忆与培育家国认同之间的关系。郑笑眉，居雅雯、陈月林和谢丹是在新媒体视角下分别对重庆、武汉、山东省临沂市春晚的城市记忆进行基于微博、微信公众号等媒体的深入挖掘，探查出当前城市记忆在众媒时代呈现出了多元化、娱乐化的媒介聚像②，和公众构建、数字化记忆形式的特征③，想要"增强地方辖区内群体的身份认同和文化归属"，则需"注意扩展地域性、深入群众性、突出故事性"④。而郭平兴和汪宁宁则在新闻史视域下考察民国报刊中汕头的集体记忆与引洮工程的社会记忆，梳理除了汕头作为华侨"始发站""回归地"和"信息集散地"⑤的地点集体记忆和引洮工程从"山上运河"到"圆梦工程"的社会记忆变迁。⑥ 在城市建筑物空间方面，刘冬语，张雪和周倩楠等人则分别对上海城市规划展示馆、连云港"果城里"进行了空间

① 姜鹏翔：《地标·记忆·共同体：文化类节目的国家认同建构》，《青年记者》，2021年第24期，第98页。

② 郑笑眉，居雅雯：《重庆城市记忆的媒介聚像——基于微博的数据挖掘》，《新媒体研究》，2021年第7期。

③ 陈月林：《疫情下媒体微信公众号对武汉城市记忆的导向研究》，硕士学位论文，重庆工商大学，2021年。

④ 谢丹：《城市记忆与公共文化景观：地市级春晚的存续思考》，《当代电视》，2021年第4期。

⑤ 郭平兴：《集体记忆与侨乡形象——以〈申报〉为主的民国时期报刊中的汕头》，《闽南师范大学学报》，2021年第35期。

⑥ 汪宁宁：《从"山上运河"到"圆梦工程"：引洮工程的传播话语空间及其社会记忆研究》，硕士学位论文，2021年。

记忆、空间叙事和空间传播路径，以此来分析实体空间记忆场域所能够产生的记忆意义与沟通功能。

其次，在虚位数字化空间视角中，学者们的研究多集中于新媒介空间中的数字化空间记忆建构，卢晓华，李奂、赵哲超，王昕和姚燕婷均以微信小程序中构建的数字化空间为研究对象，对"数字故宫"和"云游敦煌"的空间迁移的数字化建构与数字化传播过程进行深入研究，卢晓华，李奂认为"伴随数字化生存的趋势，记忆之场也从最早的实体物质转向虚拟存在，人们更倾向于在网络的虚拟空间中储存、建构记忆"[①]。"数字故宫"微信小程序实现了文化记忆由实体空间到数字空间的迁移，是未来文化记忆传播的新路径。赵哲超，王昕和姚燕婷则认为"敦煌"数字空间已经成为承载民族和历史集体记忆的记忆之所[②]。

孙信茹，王东林则从社交媒体和地点的关系出发，认为"社交媒体帮助人们建立一种即时性的地点档案，地点呈现与传统空间紧密相联，同时社交媒体又创造出新的记忆之所"[③]。张娜以微信公众平台"STG"为例，研究宁夏市国有煤矿企业社区"单位人"如何将有关"单位共同体"的空间集体记忆迁移到线上社交媒体，从而复寻失落的家园。[④]

二、多重特征：学科跨界、物质转向与诸众记忆

据 2021 年记忆研究的多项数据图看，在"2021 年'记忆研究'类别"来看，记忆研究的物质记忆研究成为新趋势，且具有跨学科特征。在"高频关键词"中也可见"城市记忆、红色记忆、档案记忆"等关键词，在"关键词二次分类"中新媒体类的关键词排名第二，共出现 32 次，物质记忆、公众记忆、社交媒体记忆也是核心期刊的关注热点，据此将记忆研究可以总结出学科互涉、物质转向、诸众记忆等特征。

（一）学科跨界

"记忆研究是一个不具备特定范式、无中心的跨学科研究领域。"[⑤] 从 20 世纪 90

① 卢晓华，李奂：《空间迁徙、形象再造与仪式互动：微信小程序"数字故宫"中的文化记忆建构研究》，《新媒体研究》，2021 年第 7 期，第 84 页。

② 赵哲超，王昕：《媒介记忆视域下物质文化遗产的数字化传播——以微信小程序"云游敦煌"为例》，《新闻与写作》，2021 年第 3 期。

③ 孙信茹，王东林：《作为记忆的地点——数码时代中社交媒体与地点互构研究》，《新闻与传播研究》，2021 年第 28 期，第 66 页。

④ 张娜：《寻找失落的家园：新媒介空间集体记忆的个人书写与共同体的重构——以 STG 公众号为例》，硕士学位论文，2021 年。

⑤ 孟凌霄，夏薇：《追忆与失忆：媒介记忆的反思与批判》，《东南传播》，2021 年第 6 期。

年代开始在中国快速生长的"记忆研究"经历至今约 30 年余年的时间，一直具有显著的跨学科研究特性，不仅各学科对它展开专门研究，而且出现了跨学科结合的研究趋向，新闻与传播专业向处于各专业领域的十字交叉路口，本身便具有跨学科研究的学术前景与背景，将新闻与传播的记忆研究与档案学、文学、社会学、历史学等多学科相连，能够发现具备新意的研究议题。在中国 2021 年的"记忆研究"，将新闻传播与其他学科结合研究占据了相当的比重，这也能反映出记忆研究的跨学科普及与在各学科的普遍价值与交叉价值。

传媒视域下的档案记忆研究，伴随着"档案记忆"首次被档案界学者王德俊提出，档案学界便出现了档案记忆研究热潮，而记忆总是绕不开媒介与传播，记忆研究领域档案学与新闻传播学的结合难以避免，王露露，闫静，周延首先梳理了档案，记忆与数字媒体三者之间的关系，认为当前"国内缺少对于数字媒体与档案艺术、记忆与信息、机器解读与人类解读之间斡旋关系"的研究，认为档案与记忆的辩证统一并不排斥技术，而是应该追求"作为人类智慧的档案艺术与作为机器智慧的数字媒体间协同发展的路径"①。谢啊英，丁华东在档案记忆观理论中试图诠释社交媒体如何建构与传承社会记忆，有利于"增强档案部门影响力，促进档案记忆再生产，实现档案记忆情感价值与突破档案记忆时空界限"。② 邓倩以马克思社会再生产理论为指导，探究现代传媒在档案记忆再生产中的角色与渗透性作用，主要可以体现为档案记忆生产环节的加工者、分配环节的促销者、交换环节的传播者与消费环节的重构者四种角色与身份。③ 陈瑜则研究的更为具体的乡土档案的媒介记忆，其认为影像的乡土档案是一种物化的记忆资源，深描、书写、记录、表达了自然生态的乡土记忆。④ 而在文学中，阿斯特莉特·埃尔，王小米将媒介记忆研究与文学记忆研究结合在一起，提取了三个议题，首先是，"创伤历史的媒介表征"，这个话题将记忆研究指向大屠杀研究以及战争和暴力的文化史研究⑤，其次是历史角度的"文学'命运'"，思考文学作品的媒介网络是如何帮助文学"存活"下来，最后是"跨国记忆与跨文化记忆"关注后殖民研究，以寻求在全球化语境中研究记忆的合适路径。

---

① 王露露，周静，闫延：《数字媒体与档案艺术的记忆问题反思》，《档案学研究》，2021 年第 4 期，第 81 页。

② 谢啊英，丁华东：《社交媒体对社会记忆建构传承的影响与思考》，《山西档案》，2021 年第 1 期，第 15—16 页。

③ 邓倩：《现代传媒视阈下的档案记忆再生产研究》，《档案》，2021 年第 2 期。

④ 陈瑜：《媒介记忆与乡土档案的影像表达》，《新闻研究导刊》，2021 年第 1 期。

⑤ 阿斯特莉特·埃尔，王小米：《创伤历史、文学的命运与跨文化记忆：文学记忆与媒介记忆研究的新方向》，《广州大学学报（社会科学版）》，2021 年第 2 期，第 15 页。

（二）物质转向

记忆研究的物质性体现在三个方面，一是物质性空间，刘冬语以"空间转向"和"可沟通城市"为理论设想，将上海城市规划展示馆视为"记忆之场"，对规划馆地理选址、周边环境等外部空间意象和内部展陈设计、集群互动等空间叙事进行分析，探析规划馆空间自身作为媒介传播的角色与记忆书写路径。[①] 余锦秀则以"连云港果城里"民国建筑群为研究对象，探究其空间物质实体所表征出战争性纪念空间意向、民国文化意象和中外艺术融合审美意象，其中提出了虚拟现实中的身体空间传播路径以继承和加强城市记忆。[②]

二是物质性实在物，潘晓婷，毕伦恺研究文化类历史节目《国家宝藏》中所呈现出的文物实物与文化记忆的互媒性，文物实物除了其物质本体的媒介意义，还能够搭建起新的想象性意义，即"它们既是过去秩序的残存碎片，又被置于一种新的联系和新的秩序中"[③]。云纹铜禁的青铜器物、《千里江山图》画作颜料的研磨制作过程、涡轮叶片的"熔模铸造法"等各种物质性实在体或其制造过程，能够激发起受众基本的五感联想的初级想象与活化文物的次级想象。李双幼从新闻史的维度里探究了物质实体的鱼形建筑物及其营造技艺，如滴水兽、脊兽、悬鱼、雀替、额坊、拱木、水车堵、浮雕、花灯、陶瓷、指南鱼、新悬鱼等闽南鱼图像的记忆传播路径与符号意义。[④] 张明，邵慧，宁艳纳则探索了广西钦州坭兴陶及其传统工艺的记忆传承与塑造。[⑤] 该二者均以物质性实体为研究对象之一，注重研究对象的物质性存在具备一定创新性，但仍然对其物质性的探索有限。

三是物质性身体，在"记忆研究"的物质性中最具特色的便是物质性身体的研究，李雪丽在研究乡村记忆时关注到了身体作为物质本身的记忆功能，从物质性身体的本体性视角出发来研究原初性媒介在乡村场域中的记忆传播实践，李雪丽发现身体媒介在乡村传播中大体可以分为三种，连接乡村社会与呈现乡村生活的表演性身体、传播村庄信息与建构村庄记忆的记忆性身体、建构村庄情感的交

---

① 刘冬语：《记忆之场：上海城市规划展示馆的空间叙事研究》，《科技传播》，2021 年第 6 期。

② 张雪，周倩楠：《作为城市记忆的文化遗产空间传播研究——以连云港"果城里"为例》，《今传媒》，2021 年第 2 期。

③ 潘晓婷，毕伦恺：《从馆藏文物到文化记忆：〈国家宝藏〉的互媒表达、诠释与传播》，《北方传媒研究》，2021 年第 6 期，第 37 页。

④ 李双幼：《鱼图像的符号记忆与视觉传播——以闽南地区为例》，《黎明职业大学学报》，2021 年第 2 期。

⑤ 张明，邵慧，宁艳纳：《从集体记忆到文化认同：一种非遗文化的传播路径解读——基于广西钦州坭兴陶的研究》，《文化与传播》，2021 年第 1 期。

流性身体。[①]

（三）诸众记忆

2021 年的"记忆研究"尤为重视公众个体视角的记忆书写，这与 2021 "记忆研究"的新媒体环境相关，大众媒体与社交网络深刻的刻写着社会的记忆机制，个体在技术网络拥有书写与传播大众记忆的权力，逐步向精英记忆发起挑战，学者们梳理了个体记忆勃兴的原因、特征、群体、以及新记忆机制等，杜松平、吴祥子指出"社交媒体的兴起开启记忆生产主体多元化的趋势……记忆生产主体从媒体机构和专业组织扩散至所有社交媒体用户"[②]，现代进入了龚新琼和邢江定义的"诸众记忆"时期，在这个时期，龚新琼、邢江和孙莹都关注到了数字记忆文本，即以比特和数字二进制形式存储与流通、由个体日常书写并在互联网中予以完全或有限度地公开的自我展示的记忆文本成为互联网记忆的内容，构成了独特的大众记忆文本生产与传播。[③]孙莹探讨了"日记式的新闻报道向文化记忆转化的可能"，也即私人的个体的情感的叙事文本转化为集体性档案历史，由"私人"领域进入"公共"领域的话语过程。[④]

数字时代的"诸众记忆"转向，尽管能够使得被遮蔽的记忆重新浮出地表，是一种"民本立场"的记忆视角，其中吴丹，更是关注到了新时期女性的自传式生育记忆，即以女性为记忆主体的围绕生育的身体记忆在网络空间中如何言说苦难的，结合女性、记忆、网络三种视角，具体体现为三种记忆："难忘的疼痛"的身体记忆、"无尊严感"与"一切都值得"的情感记忆与生育中的"他者"与"自我"的关系记忆。[⑤]

然而这种社会记忆力的第三种革命浪潮：个体化转向也伴生着挑战，吴世文，杜莉华、罗一凡指出个体记忆由私到公的扩张也会催促着人们"参与制造'假肢记忆'，而不再被动接受文化产品提供的'假肢记忆'。"固然，这种"假肢记忆"能够体现一定主体性，然而仍需要警惕其偏见、过度商业化与娱乐化，媒介记忆

---

① 李雪丽：《表演、记忆与交流：乡村社区的身体传播实践——基于河南省 M 村的田野调查》，《青年记者》，2021 年第 10 期。

② 杜松平，吴祥子：《互联网时代个人记忆的建构与唤醒》，《青年记者》，2021 年第 12 期，第 33—34 页。

③ 龚新琼，邢江：《诸众记忆·日常书写·存在安全——疫情期间数字日记的记忆与流行》，《青年记者》，2021 年第 8 期。

④ 孙莹：《数字时代媒体报道中的文化记忆建构——以新华社微信公众号"抗疫日记"为例》，《传媒》，2021 年第 8 期。

⑤ 吴丹：《网络空间的自传式生育记忆研究》，《国际公关》，2021 年第 7 期。

的"碎片化"与集体性"错构性失忆"①等伴生问题。孟凌霄，夏薇也进行了反思与批判，当个体记忆、集体记忆与媒介记忆相交织时，媒介失忆就成为主要矛盾，数字记忆也面临真实性和持久性失落的危险，记忆"区分他者边界"的认同与区隔功能带来了"伪全球化"的风险。②

三、反思与展望：记忆研究如何再出发？

记忆研究潮流自 20 世纪 90 年代进入中国学界，发展至今仍然势头强劲，但在其繁荣的发展趋势背后亦有相当的学者在思索记忆研究的瓶颈与未来发展方向，如钱力成所提出的记忆研究三问及其学界的争论，记忆研究作为一个复杂的研究领域仍留给我们许多的未解课题。据 2021 年记忆研究现状来看，既要对既有的记忆研究在挖掘历史与记忆不连续性的实践中存在的权力中心主义进行反思，正视人类记忆的多面向与权力记忆的支配性，同时也可以从记忆的物质性视野探查有机人脑记忆转向固态文本记忆的流变过程，尝试以人类记忆为目的，以物与环境为方法的新的记忆研究路径。

（一）警惕记忆研究的路径依赖

"除了书写的历史之外还有一个活生生的历史。"③ 历史是集体记忆的明证，福柯在《知识考古学》中关注"历史的断裂与不连续性"价值，也正是当代记忆研究的趋向，李雪丽、曾春莹、马林等学者对农民、少数民族等少数社会群体记忆的研究、吴丹对女性生育记忆的研究、阿斯特莉特·埃尔和王小米对创伤记忆的研究、吴世文、杜莉华、罗一凡等学者对公众个体记忆的研究等等，都是在寻求"整体性记忆"之外的不连续的断裂处的记忆。然而我们在认识一个事物时，往往会看到它最重要最显眼的一面，而忽略了它本质的一面，比如说发掘历史的断裂带，我们乍一见到这一断裂处，便认为让它"出世"面见世人，填补历史空白，甚至于与主流权力的操纵机制相对抗就成为它的使命，它最大的要务。这种认知与表达，是否也是陷入了一种权力中心主义的认知陷阱中呢？在 2021 年记忆研究的视角中可以窥见"国家权力视角"在传统与当代记忆研究中贯穿的一致性，但是当我们以权力（不论是服从还是对抗）为绝对的对象主体的预设认知来描写、分析历史断裂处时，生产出来的话语不仍然在权力的维度中吗？会因此而忽略真正的

---

① 吴世文，杜莉华，罗一凡：《数字时代的媒介记忆：转向与挑战》，《青年记者》，2021 年第 10 期。

② 孟凌霄，夏薇：《追忆与失忆：媒介记忆的反思与批判》，《东南传播》，2021 年第 6 期。

③ [德] 阿斯特莉特·埃尔：《文化记忆理论读本》，丁家宁译，北京：北京大学出版社，2012 年。

记忆主体的情感与记忆内容吗？从记忆的主体性出发去理解记忆本身，用人文情怀与尊重来关照这段记忆，而不是从目的论出发"填补历史的空白""揭露政治操弄的机制"，兴许在考察之后全然尽不相关政治，是一种政治无涉的记忆，也要尊重记忆的本性。不要把它框在"大写历史"和"大写研究方向"中。人类记忆是丰富而多面向的，而记忆的存有是有选择的，在这部分被存有和流传的记忆当中，由于权力深深地影响着我们每一个人，故而关于政治权力的记忆就会被有意与无意识地置于人类的中心记忆，使得现有的人类记忆绝大部分是围绕着权力而运转的，但是这样或会损伤着人类的主体性，人类生活中无数丰富的多元的各个面向的记忆被遗忘，其价值被忽视，最终使得权力记忆的河流来支配记忆的海洋。

而网络时代个体记忆的相对独立性与记忆选择权力的分散现状赋予了公众记忆支流壮大的可能性，个体记忆与集体记忆既有互构性，同时也具有相对独立性，哈布瓦赫在论述记忆的社会框架中提及了个体记忆即使适应于框架，仍然会遵循自己特定的轨道，"当个体记忆——要证实特定的回忆，要使其更为精确并填补某些空白——需要以集体记忆为依据，需要了解它乃至融入它的时候，它仍会遵循自己的轨道，而整个外部的帮助会逐渐与其本质相平衡并被其所吸收"。在新媒体时代，当公众记忆逐步成为记忆群体的主流，在研究公众与个体记忆时，亦要在尊重个体记忆独立性的基础之上考察其与集体记忆的关系，尊重个体记忆与集体记忆方向与内容不融的成分，允许人类记忆独立性的存在与多面向的发掘。

（二）关注记忆形态的流变

奥利克与罗宾斯从历史社会学的维度中说过，"记忆不足以将人类生活的多样性结合在一起"①。这是个人记忆相对于集体记忆，国家记忆相对于世界记忆，民族记忆相对于物种记忆，地球记忆相对于宇宙记忆在不同范畴下记忆有限性的体现，记忆的片面和有限性根植于其物质承载器官——人脑，因为记忆是人脑的机能，而人脑是能动的是变化的是会消失的，一切都处于变动状态中，故而仅仅依赖记忆去联接人类生活的多样性是混乱的、零散的、失焦的、难以成体系的。而文字与历史不同，当文字间与历史间达到相互连接和贯通的状态时人类生活的多样性也能够自然相连，但它需要源源不断地将人脑中非客观、活的有机记忆输出为固化的死的文本记忆的客观存在物。历史就像一个记忆机器，尽可能地比较对比以辨别记忆碎片的真假，把分散的、碎片的记忆连接起来形成一个历史性记忆文本，

---

① 杰弗瑞·奥利克，乔伊斯·罗宾斯，周云水：《社会记忆研究：从"集体记忆"到记忆实践的历史社会学》，《思想战线》，2011 年第 3 期。

而这种记忆文本就是一个系统的产物。而历史之所以是死的，是因为文本记忆是死的，文本具有确定性/凝固性，一旦被生产出来，记忆的活性就被消解了。当人脑的有机记忆转化为客观文本记忆等一切可见的固体形态时，文本定性的特性赋加其上，它自身变动的特性就消失了，就转化成为定论。然而，对于从有机人脑记忆到无机文本记忆的转化过程，也就是没有实体的记忆和实体的文本之间的过程研究缺乏，许多问题亟待思考与解决，人脑记忆与文本记忆完全相通吗？文本特性如何对人脑的记忆产生影响呢？文本的特性和人脑的特性如何相互协调以达求一致呢？且文本记忆的生产者与记忆本体也并非同一个人，这就更值得关注人脑记忆由人脑誊写到纸上的过程，记忆本体是变动的，所以记忆生产出的文本记忆也不应该成为定论禁锢人们的思想与记忆。

（三）记忆研究的路径展望

"记忆研究是一个故事会吗？"[①] 这是记忆研究的疑问之一，因为记忆研究极依赖于叙事，叙事本身是一种描述，因此，问题聚焦于记忆研究存在流于描述的可能性，而描述如何过渡为理论就再次成为关键的问题。对于该记忆研究的困惑与困局，笔者认为既然研究记忆，又如何脱离于描述，而之所以会出现"故事会"的描述困局，则有可能是在于以人类为中心的描述主体与内容过于单一以致理论视野单一，由描述上升为理论的通道狭窄而拥堵，因此加大了描述向理论过渡的难度。人类的研究向以人类为中心，一切围绕于人类的行为实践与思想动机，这种人类中心的视角也贯穿了记忆研究全程，这是难免的，因为我们考察的就是以人类为中心的记忆，然而人类记忆是目的，方法是多种方向、多种维度、多种主客体的，大致可以分为以人类记忆为目的，以人类及其实践为方法；以人类记忆为目的，以物与环境为方法两类。

受启于媒介考古学视域，记忆研究中叙事主体置换，即由以人为主体置换为以环境和物质物为主体的叙事也许能够成为破解困境的人类中心主义思维窠臼的途径之一。如何脱离于该惯性思维却又依然能为人类记忆研究服务呢？这也关乎钱力成所提出的记忆研究的第三个疑问："记忆研究是'软'还是'硬'？记忆研究的对象常包括话语、叙述、符号、象征等内容，记忆研究是否太'软'了？"[②] 受启于该问题，钱力成所关注的"软"与"硬"是"社会现象表征"与"社会深

---

① 钱力成：《记忆研究的未来：文化和历史社会学的联结》，《南京社会科学》，2020年第3期，第139页。

② 钱力成：《记忆研究的未来：文化和历史社会学的联结》，《南京社会科学》，2020年第3期，第139—140页。

层内核"的关系，而我们倘若从物质与意识的关系中出发去再认识话语、叙事、符号、象征等这些事物，自然要将其归结于软性意识，然后我们就会发现对于物质层面及物质与意识二者相互关系的考察缺乏。福柯曾较早的论及记忆的物质性，"记忆依赖于物质的文献以重新获得对自己的过去事情的新鲜感。历史乃是对文献的物质性的研究和使用（书籍、文本、叙述、记载、条例、建筑、机构、规则、技术、物品、习俗等等），这种物质性无时无地不在整个社会中以某些自发的形式或是由记忆暂留构成的形式表现出来"①。探究人类记忆的渠道也许未必必须要考察人类及其行为本体，也可以试图从环境及环境关系，从物质实体的物质构造、物质原理、物质存在的物质性出发去揭示其与记忆之间存在的可能性联结，他山之石，可以攻玉，自然与物质环境中的万事万物都处于相互连接的状态，人类也无法独立于自然与物质环境的网络，以物质与环境为方法同样可以达成人类记忆的目的。2021 年的记忆研究虽已关注于物质实体记忆，然仍属个例且未能对物质进行历时性地、深入彻底地挖掘与分析，只能算是与物质性记忆浅尝辄止地探索。对口述史的研究，"记忆的集体性框架不只是由年代、名字和公式构成的，它还展示了思维和经验的洪流。"记忆的呈现不仅仅在话语上，也呈现于人的面部表情、特定人群和环境的思维和感觉方式，还有地方外观、空间物质等等，人体和周围的物质空间都作为记忆的媒介而发挥着作用。而当前的口述史方法过度关注口述的内容，而对在特定时代中生活下来的人的面部表情，思维习惯和经验情感表达惯习、身体样貌、生命体征等物质性身体记忆信息，以及物质性的维度的口述客体的生活工具，家具环境，空间物质等物质实体记忆信息等的关注匮乏，因此也就不能够全面充分发挥口述史料史人的价值，得到更深层的结果。物质是否存在记忆？物质的物质构造与组合过程中记忆以怎样的媒介角色将其连接？发挥出如何独特的记忆属性？ 2021 年的记忆研究虽已关注于物质实体和身体记忆，然仍属个例且未能对物质进行历时性地、深入彻底地挖掘与分析，只能算是与物质性记忆浅尝辄止地探索，因此该方向仍有待于向前再进一步，许能呈现出"记忆研究"一片新的天地。

结论

记忆研究目前仍是中国学界的热门学术观照对象，同时伴随着数字技术与媒介无孔不入地强势介入人类记忆，为当前时代的记忆研究提供了丰富而多面向的创新记忆实践。记忆实践的复杂性与迅猛发展速度也在反向推促着学界的记忆研

---

① ［法］福柯：《知识考古学》，马月译，北京：生活·读书·新知三联书店，1999 年，第 7 页。

究加快速度与深度，对记忆研究提出了更高更快更高质的要求，但同时我们也需要看到技术媒介时代记忆河海为研究所提供的无限的可能性，以实践研究理论，以理论引领未来实践，新时期的记忆研究仍具有无限未来与发展潜力。钱力成将记忆研究的两个关键词定位为"意义"与"时间性"①，来为记忆研究未来指引方向。除了要将记忆研究与文化社会学和历史社会学结合思考，同时也须得保持对概念本身的批判认知，对记忆本体的实践思考，以此来激发记忆研究的活力。

---

① 钱力成：《记忆研究的未来：文化和历史社会学的联结》，《南京社会科学》，2020 年第 3 期，第 137 页。

创新传统文化 传播中华精神

——2021 年中国传统文化类电视节目综述

张兵娟　杨曦[*]

Zhang Bingjuan　Yang Xi

摘要： 2021 年中国传统文化类电视节目迸发出了极大的创作活力，以央视为引领，各地方卫视推出的原创节目均取得了良好反响。作为传承与弘扬中华优秀传统文化的文艺阵地，电视节目依托媒介技术手段对传统文化进行创造性转化，形成了各具特色的多元图景；融入红色精神与时代发展，补充和完善了传统文化的价值内涵。在媒体融合的时代语境下，对传统文化类纪录片的价值与局限进行总结和反思，有利于不断拓宽传统文化与电视媒介结合发展的新思路。

关键词： 中国传统文化；电视节目；创造性转化；创新性发展

传统文化是民族或国家精神的延续，是一个群体得以发展的精神支柱。党的十八大提出建设"文化强国"的战略目标以来，国家先后出台多个方案：2017 年《关于实施中华优秀传统文化传承发展工程的意见》指出中华文化增添了中华民族内心深处的自信和自豪；十九大上习近平总书记明确了传统文化在中国特色社会主义文化中的地位，重点强调对传统文化要坚持创造性转化、创新性发展^②；《中华优秀传统文化传承发展工程"十四五"重点项目规划》中明确了"国家古籍保护及数字化工程、中华经典诵读工程、中华文化广播电视传播工程、中华文化新媒体传播工程、系列文化经典"等工作部署，显示出党和国家整体推进中国传统文化传承发展的新格局。

---

* 作者简介：张兵娟，女，郑州大学新闻与传播学院教授，博士生导师，华夏传播研究会副会长。杨曦，女，郑州大学新闻与传播学院博士生。

② 十九大报告辅导读本编写组：《党的十九大报告辅导读本》，北京：人民出版社，2017 年，第 41 页。

作为电视媒介文化中的重要组成部分，传统文化类电视节目具有广泛的群众基础和优越的表现力，这类节目往往以中华民族的典籍文化、历史遗产、民俗传统等为题材，集中体现以"讲仁爱、重民本、守诚信、崇正义、尚和合、求大同"①为核心的传统价值理念，具有丰厚的思想内涵和卓越的艺术表达。2021 年，电视节目延续了百花齐放的传播格局，同时呈现出新的时代风采，许多传统文化类电视节目灵活运用媒介技术与视听语言，从形式与内容两个层面对传统文化进行创造性转化与创新性发展，掀起了一股传统文化的热潮。

一、多元图景：传统文化在电视节目中的创造性转化

创造性转化主要是"面向过去"对历史和传统做功课，即"按照时代特点和要求，对那些至今仍有借鉴价值的内涵和陈旧的表现形式加以改造，赋予其新的时代内涵和现代表达形式，激活其生命力"②。2021 年诸多电视节目依托信息技术和多模态媒介手段，设计全新的表现形式，不同节目根据其所表现的传统文化类别，将传统文化中遥远、晦涩、古奥的内容转化为可视、可听、可感的综合艺术形态，形成了各具特色的多元图景。

（一）技术赋能，实现跨媒介传播

"文化共生与技术赋能是培育优质文化类节目作品不可或缺的元路径"③，在"万物皆媒"的泛媒介语境下，多种文化类型杂糅屡见不鲜，而多层次的内容演绎离不开影像技术的发展。传统文化的历史性决定其在当代传播创新的过程中需要进行媒介转化，跨媒介传播旨在"将一种媒介形式的传播对象赋予多种媒介传播形态，在不同的媒介形态中，传播对象经过再生产，生成新的体现特定媒介特性的内容和形式，也形成符合特定媒介传播要求的运作方式和手段"④。

央视于 2021 开年推出的大型文化系列节目《典籍里的中国》是跨媒介传播的典型代表，主要体现在三个方面：首先，节目融合多种艺术媒介形式，在"戏剧、影视、访谈"三种形式的串联中叙述典籍的历史故事与思想内涵。其次，典籍作为一种文化媒介本身便在历史中不断经历跨媒介传播，节目将竹简、纸卷、书册、

① 《习近平在中共中央政治局第十三次集体学习时强调：把培育和弘扬社会主义核心价值观作为凝魂聚气强基固本的基础工程》，《人民日报》2012 年 2 月 26 日，第 1 版。
② 中共中央宣传部：《习近平总书记系列重要讲话读本》，北京：学习出版社、人民出版社，2016 年，第 203 页。
③ 段鹏，宋芹：《文化共生与技术赋能：文化类节目高质量发展的思考》，《中国编辑》，2022 年第 3 期。
④ 刘叶琳：《文学经典跨媒介传播中娱乐消费话题设置》，《学术交流》，2017 年第 4 期。

电子书等媒介形态变迁暗藏于故事线中，例如《尚书》这期中，以敦煌莫高窟藏经洞内发现上古典籍《尚书》切入，相继介绍了大阪市立美术馆藏唐代诗人王维所画《伏生授经图》，明代杜堇、崔子惠各自绘制的《伏生授经图》，最后以戏剧的方式再现清华大学关于《尚书》战国简的展览，同时节目中多个角色反复诵读"禹敷土，随山刊木，奠高山大川"，声音媒介的传播不断加深观众对文本的印象，既交织出了这本典籍的历史故事，也体现了《尚书》作为"政书之祖、史书之源"的崇高地位。再次，典籍文本依托现代化媒介手段进行内涵阐释与意义激活，一是依靠访谈间专家们的深度讲解，二是通过戏剧演绎将典籍义理转化为具体的故事，例如《天工开物》书名出自《易经》中的"开物成务"较为深奥，便由蒙曼教授进行阐释："开创万物、开发万物、成就万物，所以《天工开物》指人要利用自然，用才智、用技术开发出万事万物来"，专业学者的数句言语便能深入浅出地说明其中内涵。此外，结尾处观众随着宋应星"穿越"到现代，以影视化方式目睹高铁、飞机、"长征号"火箭、"奋斗者"号深潜器、高产杂交水稻等中国的现代化成就，直接呈现了《天工开物》之于后世的奠基性科学价值，实现了对典籍思想内涵的跨媒介转化与文化传承。

（二）另辟空间，还原情境化场景

传统文化相对于当下具有时空遥远性，观众对其有先天的距离感，在这种情况下，情景还原便成为电视节目不可或缺的表现手法。以往的电视节目通常"通过演员搬演、模拟当时历史场景等方式'重现历史'"[①]，2021年许多传统文化类电视节目另辟蹊径，运用实地拍摄、图像处理、虚拟现实等技术，专门为场景还原打造情景化空间。

北京广播电视台推出的文化类慢综艺节目《书画里的中国》，采用技术复原、图像处理等手段还原国宝画作中的历史场景。每期节目的开始，都以主持人王刚的声音为旁白，随着对画作呈现景象的叙述，其中的人物、河流、树木也在背景上轻轻摆动，最后主持人的身影也出现在画中，与文物形成历史对话。例如第一期介绍清代《胪欢荟景图》，这幅画反映了清代乾隆皇帝为其母亲贺寿的场景，在《胪欢荟景图之香林千衲》部分，当解说进行至"守在长河南岸，口中不断念诵无量寿经等待着太后的祝寿队伍乘舟前来，长河北岸万寿寺内外，更有各色官吏穿梭往来，忙碌异常"，主持人王刚与两位随行女主持人的身影赫然出现在船头，三

---

① 曾一果：《文献挖掘、情景再现与历史还原——关于几部"长征"题材纪录片的"历史叙事"》，《中国电视》，2017年第1期。

人下船后镜头一转，已然来到二百六十年后的万寿寺门前。数字绘景、3D 复现等技术手段为情景化演绎提供了便利，观众随着主持人在古画中徜徉，真正地"走进历史"，体会传统书画的思想意趣。

央视联合国家文物局、中国社会科学院共同制作的《中国考古大会》，则运用全息影像与"AI+VR 裸眼 3D"演播室技术，依据考古发掘的过程搭建情景化探秘空间，以"剧情式"的方式推动节目进行。例如《探秘甲骨文的故乡——殷墟》这期节目中，探秘空间以虚拟现实的方式营造了甲骨文"石头阵"，并引入历史影像资料叙述了发现甲骨文的经过，3 位嘉宾需要推断甲骨文所对应的现代汉字，在探秘过程中，向观众介绍了"酒、宫、马、中、伐、射"等汉字的起源与演变，以及每个汉字所传承和沿袭的中华文明智慧，随后，还体验了青铜范铸法的制作，引出了河南偃师二里头文化，揭示出"以器藏礼"的中华文明典型特征。节目在进行情景化考古探索中层层递进，将历史与当代有机结合，使田间地头的考古工作与遥不可及的历史遗产从沉睡中"苏醒"过来，转化为身临其境的文化体验。

（三）取长补短，表现形式年轻化

传承与发扬优秀传统文化，必须抓好"后继有人"这个根本大计。移动互联网时代，电视节目不断探索年轻化的表达方式，以期通过符合现代审美方式的电视媒介话语实现对传统文化的创造性转化，引起年轻群体的注意力和情感共鸣。2021 年《最美中国戏》《最美中轴线》《舞千年》等节目将目光聚焦传统戏曲与民族舞蹈，融入多种年轻化表现元素，使阳春白雪的传统文化门类变得趣味横生。

《最美中国戏》首次将真人秀思路引入戏曲文化节目，该节目由人民日报《国家人文历史》杂志社、北京广播电视台联合出品，将户外园林真人秀和戏曲实景创演秀相结合，打破了年轻观众对戏曲行当陌生、无聊、难懂的刻板印象，实现了对戏曲文化的现代戏转化和年轻化表达。例如第六期《梦回红楼》，在"你演我猜"的游戏中，嘉宾们需要依靠眼神表达"悲伤、害羞"等情绪，依次模仿传递给最后一个人，当大家在误会与笑闹中发现难度时，越剧名家黄依群老师趁机演示戏曲中的一招一式，无不精准地体现出特定的情绪，瞬间令人对传统越剧的艺术成就感到骄傲与自豪。在最后的焕新大秀中，袁冰妍与李响合作，共同演绎了《宝黛钗相会》《黛玉葬花》《宝黛终成眷属》三段舞蹈，与黄梅戏《读西厢》、评剧《刘姥姥初进颐和园》、越剧《金玉良缘》穿插呈现，从一出大戏长达数小时的寡白中跳出来，选取多个剧种的经典片段组合成对《红楼梦》的当代解读。既有文学典籍《红楼梦》与诗词、戏曲、舞蹈的艺术融合，也有年轻人喜闻乐见的游戏环节，穿插于教学中，形成了轻松的娱乐氛围。

《舞千年》是河南卫视和 Bilibili（B 站）推出的文化剧情舞蹈节目，创作灵感来自河南电视台"中国节日"系列晚会节目，以河南卫视春晚的《唐宫夜宴》、端午节《洛神水赋》、七夕节《龙门金刚》、重阳节《有凤来仪》为代表的舞蹈节目，均走舞蹈诠释中国传统文化的路线，辅以全新的影像制作方式，在全国范围内引发好评。《舞千年》继续深耕传统舞蹈，为了克服舞蹈长于抒情，拙于叙事的传播弱点，契合当下年轻群体对"揭秘、剧情、奇观"的审美偏好，节目设置了一个充满悬念的故事背景，即为寻回神书《十二风舞志》中失传的内容，五名荐舞官化身为三国时期历史情景剧中的角色，在铜雀台舞会中纷纷向曹操荐舞，带出一段段精彩舞蹈。同时，采取影视剧中故事化的叙事方式实现角色之间的对话与互动，还将当下网络场域中的常用语融入其中，如"元芳，你怎么看"，激起了 B 站年轻观众们的内心共鸣。

二、思路更新：传统文化在电视节目中的创新性发展

创新性发展更多的是"立足当下"把握现实和新变化，"是要按照时代的新进步新进展，对中华优秀传统文化的内涵加以补充、拓展、完善，增强其影响力和感召力"①。2021 年越来越多的电视节目注重将传统文化与时代发展相结合，增加当代中国对传统文化精神的传承实践和具体案例，因此许多节目在创作思路上进行了更新，力图在融合改编、现场运用、实地探访中实现对传统文化的现代性解读与创新性发展。

（一）继往开来，承扬红色精神

就中国传统文化的组成结构而言，有学者将其分为"从孔夫子到孙中山"阶段和近代以来以中国共产党为主体创立的红色文化，也被称为"第二传统"。②红色精神是中国传统文化的继承与发展，也是中国特色社会主义文化的精神基石，这正是"源自于中华民族五千多年文明历史所孕育的中华优秀传统文化，熔铸于党领导人民在革命、建设、改革中创造的革命文化和社会主义先进文化，植根于中国特色社会主义伟大实践"③。时值中国共产党诞生 100 周年，2021 年许多传统文化类电视节目将红色精神传统熔铸在节目内容中，既回应了重大社会议题，也与传统文化形成了跨时空对话。

① 中共中央宣传部：《习近平总书记系列重要讲话读本》，第 203 页。
② 《毛泽东选集（第二卷）》，北京：人民出版社，1991 年，第 534 页。
③ 习近平：《决胜全面建成小康社会夺取新时代中国特色社会主义伟大胜利——在中国共产党第十九次全国代表大会上的报告》，北京：人民出版社，2017 年，第 41 页。

央视推出的《经典咏流传》第四季以"致敬英雄"为主题，追溯和改编千年传统诗词，回顾并演绎百年来红色经典作品，使传统文化中的古典浪漫主义与红色文化中的革命浪漫主义实现了汇合贯通。例如节目第三期，所选题材主要围绕爱国主义精神进行音乐化再现：宋代文天祥的《过零丁洋》充满视死如归的壮志豪情，明代戚继光的《望阙台》包含了作者抗倭报国的赤诚之心，清代张维屏的《木棉》以诗言志，通过歌颂热烈绽放的英雄花，表达抗击外辱的刚毅精神，现代方志敏的《可爱的中国》表达了革命烈士的坚定信念和爱国热情。电视节目通过用旋律改编爱国诗篇的方式，致敬从古至今的英雄人物，在一脉相承的英雄主义中让传统与现代交汇，丰富并更新了传统文化的内涵。

《中国诗词大会》第六季相对于往期对诗词储备量的考验，更注重对诗词文化内蕴的考察，尤其是关于毛主席诗词的题目多次出现，反映了该节目献礼建党百年的人文意识。如第三期节目中，就有题目问及《长征·七律》"三军过后尽开颜"中"三军"的含义，节目据此对诗词的革命背景进行拓展，康震教授讲述了该诗创作背后遵义会议的红色故事，并针对长征精神进行了深度解读，这是中国共产党历史上非常独特的一种精神，长征标志着毛主席重新回到了党和红军的核心领导位置，也整个改变了中国革命的道路和面貌。其后，百人团齐声诵读《长征·七律》，以朗朗读诗声唤起观众内心深处的家国情怀。在对传统诗词进行品读的同时，加入现代红色诗篇，打通中华文化血脉传承的历史理路，实现对传统文化的继往开来。

（二）与时俱进，融入时代发展

随着社会的进步与发展，部分传统文化逐渐落伍，而中华文明绵延不绝的关键，在于传统文化与时俱进的更新机制。许多电视节目秉持开放性与创新性的原则，"以时代精神激活中华优秀传统文化的生命力"①，一方面运用中华优秀传统文化阐释现代社会的新问题与新变化，另一方面对传统文化内涵进行创新性发展。

《中国诗词大会》第六季便涉及了时下与人民群众密切相关的防疫知识。在第9期节目中，"人民英雄"国家荣誉称号获得者张伯礼院士以视频的方式进行"云"出题，选手需要在3个选项中挑选出与防疫风俗相关的诗句，最后揭晓"春风送暖入屠苏"中的"屠苏酒"具有防瘟疫之用。由此，主持人将话题和视线引向了数位在战"疫"期间奉献力量的"百人团"选手，其中包括参与2020年武汉抗疫的女医生、湖北大学知行学院的化学老师、河北省高速收费站的收费员以及在农

---

① 《以时代精神激活中华优秀传统文化生命力》，《光明日报》2021年4月13日，第1版。

村防控疫情的基层干部，随着每个人对自己抗疫故事的短短几句介绍，以及"愿得此身长报国，何须生入玉门关"的铿锵誓言，现场的嘉宾与观众都红了眼眶，这是一种同患难的情感共鸣，也是传统文化精神在当代的现实回响。

《中国国宝大会》积极构建文物与当代社会的关联，节目在第 6 期以一条央视除夕夜春晚"新年钟声"的音频为题，引出了"天下第一钟"——西安碑林博物馆景云钟，雄浑的钟声不但显示了唐代的文化之盛和工业之高，也拉近了历史与现实的距离，千年以前的古钟在新时代依然能响彻中华大地，传递着太平盛世的福音，激荡起属于中国人的民族自豪感。

《典籍里的中国》始终保持与时代发展同频共振的叙事意识，往往将典籍蕴含的精神落脚于现代社会，呈现社会主义建设的新图景。例如《楚辞》这期，跟随"当代读书人"撒贝宁的引领，"屈原"在时空甬道上遇到了南仁东先生，知晓了他主持的"中国天眼工程"建造了世界上最大的单口径射电望远镜。在舞台侧面的屏幕上，观看了中国首个火星探测器"天问一号"发射升空，火星探测器"祝融号"传回的"荧惑星"图片。在环幕投屏上，目睹了"神舟十二号"载人飞船和航天员探索太空，"把诗写在宇宙中"。公元前屈原写下的"路漫漫其修远兮，吾将上下而求索"对后世影响深远，启迪一代代华夏儿女发扬敢于发问的勇气、勇于求索的精神，传统文化正是在一代代的积累中不断充实和刷新着中华文明的精神内涵。

（三）知行合一，解读世遗文化

世界文化遗产是传统文化的实际承载体，是挖掘和探究中华民族思想文化的重要窗口。习近平总书记强调："我们要加强考古工作和历史研究，让收藏在博物馆里的文物、陈列在广阔大地上的遗产、书写在古籍里的文字都活起来，丰富全社会历史文化滋养。"[1]2021 年许多电视节目采用旅游探访的形式，从林林总总的世界文化遗产中发现传统文化，为静态的名胜古迹增添了鲜活气息，也为传统文化赋予了可追可查的地理坐标。

浙江卫视推出的《万里走单骑第一季》定位是世遗揭秘互动纪实节目，由单霁翔带领"万里少年团"探访遍布在神舟大地上的文化遗产，依托实地实景，以大视野呈现每一处文化遗产独特的文化风貌，如：通过与当地专家学者的交流互动，引领观众逐步揭开历史遗址的神秘面纱。如良渚遗址、杭州西湖文化景观、都江堰、龙门石窟等。同时也展示了"走在申遗路上"的景德镇御窑遗址等著名

---

① 王春法：《让文物活起来》，《人民日报》2020 年 12 月 30 日，第 9 版。

文化遗产地，观众随着节目镜头了解当地人的生活和工作状态，去体悟独特的地域传统文化给予居民的不只是一门技艺，更是一种宝贵的精神财富。

《最美中轴线》是北京卫视推出的文化音乐竞演真人秀，北京作为历史文化名城，故宫、天坛、大运河早已是家喻户晓的世界遗产，然而还有许多人对正在努力申遗的"北京中轴线"知之甚少，该节目以年轻人青睐的音乐创作为任务线索，邀请多位歌手组成"中轴拾音团"，每期嘉宾都会沿着中轴线寻找音乐灵感，收集独特的音源，最后将所见所闻所思所想融入音乐演唱中。时尚潮流的节目创意一方面吸引了年轻观众的兴趣，另一方面普及了北京中轴线作为"线性遗产"的稳定性与成长性，通过周边居民们的广场舞、游船、听戏等日常生活，揭示出文化遗产"利在千秋"的活态价值。在"以行促知"的节目叙事中，进一步拓宽了大众对于传统文化的形态认知。

民营视频媒体在对传统文化的创新性表达方面也有不错的表现，《登场了！敦煌》是由爱奇艺出品，敦煌研究院指导的全景式人文探索节目，该节目从音乐、美食、色彩、飞天、匠心、运动、潮流、风俗、英雄、文书这十个维度，全面探索敦煌的历史。节目通过趣味化的综艺制作模式引发了年轻观众对敦煌文化和莫高精神的关注，在世遗文化与传统文化不断贴近时代审美的过程中做出了有益探索。

三、反思与展望：传统文化类电视节目未来可期

2017 年，国家广电总局对电视上星综合频道提出要求："要坚持以文化人、以文育人，挖掘利用中华优秀传统文化、革命文化和社会主义先进文化资源，结合新的时代特点和实践要求，制作播出更多有思想深度、精神高度、文化厚度的文化类节目。"[1]五年来，传统文化类电视节目在提升内涵与创新形式等方面已做出了令人瞩目的成绩。在娱乐至上的视觉文化时代，如何更好地将传统文化与当代社会相结合，是电视媒体需要不断探索的命题。

（一）传统文化类电视节目的传播价值

电视节目是讲好中国故事、传播中国声音的重要媒介载体，传统文化则是一个国家、一个民族传承和发展的根本，传统文化类电视节目在当下社会中发挥着重要的公共传播功能，其重要价值主要体现在提升国家文化软实力、倡导社会文明之风、凝聚民族国家认同三个层面。

---

[1] 央广网：《文化类综艺节目如何创新让观众产生共鸣》，2018 年 1 月 27 日。https：//baijiahao.baidu.com/s？id=1590709820611788108&wfr=spider&for=pc，2022 年 4 月 16 日。

在国家层面,"中华优秀传统文化是中华民族的精神命脉,是涵养社会主义核心价值观的重要源泉,也是我们在世界文化激荡中站稳脚跟的坚实根基"①。传统文化类电视节目以中华文明的深厚底蕴为依托,灵活运用现代传媒技术,多维度呈现各类传统文化中的历史故事与哲学内涵,综合多种艺术形式,将抽象文化思想具象化呈现,融合各种媒介渠道,实现对优秀传统文化的现代性开发和传播创新,以活泼有趣的方式向世界展示古老中国与现代中国的真实面貌,对维护国家政治秩序、提升国家文化软实力、塑造国家形象具有重要作用。

在社会层面,电视节目为营造"想象的共同体"建构了媒介空间,有利于激发文化共鸣与民族认同。"媒介最重要的功能不是传递信息和获得个人利益,而是把人们聚合到某种形式的社群当中,为人们带来归属感。"②传统文化类电视节目所关注的对象既有陌生感又有亲切感,虽然许多文物、遗产和典籍与当代生活没有直接关联,但是它们所包含的精神观念往往深藏在中华民族的集体无意识中,如"礼义廉耻"的道德观念,"修齐治平"的家国理想,"以和为贵"的交往理念等。节目正是通过对传统文化的价值解读与创新性表达重塑文化记忆,铸牢中华民族共同体意识。

在个人层面,传统文化类电视节目继承了中国古代"文以载道""文以化人"的优良传统,通过故事化讲述与影视化表达诉诸集体性情感,"传统的精神支柱是情感,它具有包含道德和情感内容的黏合的力量。"③如《经典咏流传》中对革命诗篇的讴歌激发爱国主义情怀,《典籍里的中国》里仪式化的舞台空间激发尊师重教的崇敬之心,《中国考古大会》中对青铜铸造技艺的还原展现激发民族自豪感。电视节目形塑并强化了共同情感价值观,发挥了引导与教化的社会功能。

(二)传统文化类电视节目的现状局限

2021年传统文化类节目在产量上的突飞猛进,一方面反映了传统文化在大众文化环境中的创造性转化,另一方面影响着电视媒体行业的创作模式与竞争格局。传统文化类电视节目带来的"国学热""汉服热"等流行风潮,究竟是民族文化自信的崛起还是市场经济中的绩效比拼?在大众对于传统文化类电视节目的热捧与叫好声背后,潜藏着一些值得关注与反思的问题。

电视媒介是传播技术与大众文化的产物,本身具有单向性与直观性的特点。

---

① 习近平:《在文艺工作座谈会上的讲话》,《人民日报》2015年10月15日,第2版。
② 何学森:《浅析电视媒体传播传统文化的贴切性》,《电视研究》,2013年第1期。
③ [英]安东尼·吉登斯:《为社会学辩护》,周红云等译,北京:社会科学文献出版社,2003年,第16—17页。

"电视节目不宜设置过多过繁的理解障碍。冷僻的专业术语、枯燥抽象的理论，都有可能成为电视观众转换频道的直接原因。"①

电视节目在构思策划时往往会提前考察受众喜好与市场导向，节目形态需要具备吸引力与可看性，因此容易陷入娱乐化与文化工业的俗套中。在制作时多种艺术形式和媒介技术手段齐上阵，营造视觉奇观，以全新的视听体验对传统文化进行现代性转化本身并没有错，但是在这一过程中，不知不觉形成了重视综艺形式，弱化文化内涵的叙事模式。不少电视节目扩大戏剧化演绎历史故事和影视化再现古代生活的部分，对解读文物内涵或专家深入阐释古文形成了挤压，传统文化背后的精神价值没有得到充分的挖掘，而是在感官刺激和欣赏层面浅尝辄止。

传统文化在创造性转化与创新性发展的传播过程中，必须做出与现代社会相适应的调整，电视充分发挥媒介化作用，将佶屈聱牙的文字、沉默不语的遗址和束之高阁的古董转化为趣味横生的影视图像，在这一过程中不可避免地进行了"去深度化"的调整。尤其在新媒体时代，为了契合受众"碎片化"的视觉消费习惯，电视节目推出了拆条视频、新媒体衍生节目等以供手机、电脑等移动终端开展多维传播，促使节目的覆盖面越来越广，受众互动越来越频繁。与此同时，我们不得不反思，传统文化类电视节目所营造的"文化景观"其深度有几何？进一步巩固兴趣群体，激发大众对于典籍、历史、技艺等传统文化本体的求知欲与行动力，是传统文化类节目亟须探索的目标。

（三）传统文化类电视节目的发展路径

在智能媒体技术蓬勃发展的当下，传统文化的传播离不开电视媒体的文化语境与传播载体，既需要警惕其在媒介转换与影像重构的过程中产生偏离，也应当积极考量其前进方向与传播策略。进一步开拓电视节目的传播广度与深度，让传统文化类电视节目发挥出应有的教化功能与社会影响，可以从以下三个方面寻找思路。

借助媒体融合的互联网文化环境，充分开发传统文化类电视节目的传播潜力。依托新媒体平台的渠道优势，打造电视节目的融媒体传播矩阵。开发同一档节目在不同媒体平台上的多种传播形态，以年轻态的话语设置节目议题，为电视节目造势，在此基础上设计建言献策的评论通道，开发节目主创团队与观众直接互动的平台。借鉴自媒体博主的传播策略，以周期化、日常化的方式设计议程，以参与式、沉浸式的模式鼓励受众积极性，如：开放《最美中轴线》中的歌曲原声资

---

① 金维一：《电视观众心理学》，上海：复旦大学出版社，2005年，第15页。

源，提高传唱度。开辟《中国国宝大会》互联网同步答题通道，激励观众参与等等，使传统文化类电视节目的优质内容真正深入到群众中。

在节目制作中放大传统文化的思想内涵与精神价值，减少模式化的照搬。对于戏剧影视化的节目，如《典籍里的中国》《书画里的中国》等，不仅在舞台美术与服装道具等方面追求精细还原，更重要的是扩充对传统文化背后社会文化背景与价值意义的呈现。对于历史文化知识竞答类的节目，如《中国诗词大会》《中国国宝大会》等，进一步加强对选手解读诗词内涵、运用诗词知识能力的考察。对于实景真人秀类的传统文化节目，如《最美中国戏》《万里走单骑》等，除了记录走马观花式的新奇体验，还要增加更多专业性的解读，使高雅文化保持其应有的格调，不至于庸俗化，历史遗产保持其本身的庄重，不流于表面风光。在对传统文化深度的挖掘过程中，丰富全社会的历史文化滋养。

拓展传统文化类电视节目的文化产业链，开发衍生产品，增强节目的生命力与影响力。在节目进行中，以诵读古文、品读诗句等方式，引导观众回归书本、阅读元典，以沉浸式戏剧和打造探秘空间的方式，鼓励大家走进博物馆了解历史文化。在与节目联动的其他新媒体平台上，可以仿照故宫文创设计思路，推出典籍原著、微型文物手办、古典头钗首饰等周边产品。在传统文化携手电视节目创新性发展的道路上，与当代社会文化语境有机结合，满足不同细分领域观众的爱好与需求。

结语

2021 年传统文化类电视节目佳作频出，折射出中国文化主体意识的觉醒与繁荣。"中国有坚定的道路自信、理论自信、制度自信，其本质是建立在 5000 多年文明传承基础上的文化自信"[①]，培育中华民族的文化自信与文化自觉，离不开电视媒体这一文艺阵地。中国优秀传统文化既是电视节目的资源和基石，也有赖于电视媒体为其提供与当代社会相适应的技术手段与媒介渠道。在实现中华民族伟大复兴的进程中，电视媒体必将发挥更大的传播作用，紧密配合时代需求与社会发展的脚步，不断实现浸润人的心灵、提升人的素养、筑造精神家园的传播愿景。

---

① 蒋金锵：《文化自信：中国自信的本质》，《光明日报》2016 年 10 月 26 日，第 13 版。

2021 年华夏乡村文化传播研究综述

关琮严 *

Guan Congyan

摘　要：乡村文化传播在 2021 年度的研究中围绕概念创新、视角变换、现象阐释、焕新传统以及聚焦热点，多点开花，展现出扎根乡土社会，呼应国家关切，瞄准乡村问题，提升乡村治理，助力乡村振兴的发展态势。这种研究取向也展现出一种生发于研究者内心且日益显现的文化自信和制度自信。

关键词：乡村；文化传播；研究综述

2021 年度的乡村文化传播基本延续了以往的研究脉络，并取得了一些新突破。从 2021 年 1 月 1 日至 2021 年 12 月 31 日，以"乡村文化传播"为主题在中国知网学术搜索平台共检索出相关论文 127 条。本年度乡村文化传播领域专著出版较少，比如廖云路的《藏村日常：民族共同体社会的传播学研究》、渠岩的《青田范式：中国乡村复兴的文明路径》。纵观 2021 年度的乡村文化传播研究，总体上围绕概念创新、视角变换、现象阐释、焕新传统以及聚焦热点展开，具体研究情况如下。

一、重新出发：概念创新与视角转换

概念创新和视角转换体现了乡村文化传播研究立足本土、深耕本土的积极探索，这成为本年度在乡村文化传播研究的一个重要特征，也成为今后研究的一个学术增长点。本年度有研究者对"家"的相关研究进行了系统梳理，发现以往关于"家"的传播研究，过于注重从实体意义上来探讨，他认为精神意义上的家在某种意义上可以规避彼得斯所说的"交流的无奈"，并且以"家"作为一种研究视

---

　　* 作者简介：关琮严，男，甘肃白银人，湖州师范学院，教授，硕士生导师，研究方向：乡村传播，媒介与社会发展。

角能够为传播研究带来新的"问题空间"①。有研究者将"拜"作为礼俗的具身化实践，认为"拜"以身心合一的方式集中体现了民间信仰实践的惯习，由此揭示出宗教内嵌于中国人的日常生活实践中，是信仰和仪式有机融合以栖居于世界的方式②。还有研究者尝试对"媒介空间"重新定义为在一定社会范围内，由人们共同参与媒介活动所形成的公共传播情境以及在该情境中聚合的公共传播网络，其功能主要是信息分享、社会交往、情感维系和文化认同③。并且将"媒介空间"作为重新观照乡村社会现代转型的切入点和对乡村社会现代转型的另一种理论视角与阐释框架④。近 20 年来，"非物质文化遗产"已经由以前实践领域的新概念逐渐沉淀为熟知并广泛使用的日常概念，并且围绕此概念和实践形成了相应的学科体系。有研究者就这一概念的转换进行了细致梳理，聚焦从实践概念"非物质文化遗产"到学科概念"文化遗产"的转向，既顾及宏观层面中国文化大传统，也观照微观层面对认同的影响，以构建起实践与理论相结合的学科体系，丰富生活意义，维系各个层面的认同⑤。对乡村的研究总是放在城乡关系的框架下进行，那么，城乡研究的视角有没有变化？有研究者通过对费孝通先生城乡研究的学术历程梳理后发现，尽管费孝通先生的城乡研究发端于对个别村落的实地调查。形成对城乡类型的比较和概括，具有明确的应用性，但在以个案通达对整个中国结构的整体理解中，他以人文性超越实用主义，进而实现了一种反思性的自觉⑥。这种人文倾向也深刻影响到了后来的人类学和社会学相关研究。

二、从技术赋能到内涵提升：乡村文化传播的转向

近年来，技术赋能已经成为乡村文化传播研究中的热词。技术赋能主要指当前新媒介技术对乡村文化振兴的助力和推动，其中的短视频作为当前技术赋能乡村文化振兴的重要载体已经被广泛应用。目前，受政策、技术、市场推动，三农题材的短视频成为短视频内容生产的一个重要类型，也成为乡村民众对外话语表

① 郭建斌，王亮：《"家"作为一种传播研究视角——基于"独乡"20 年田野资料的讨论》，《新闻与传播研究》，2021 年第 11 期。
② 彭牧：《拜：礼俗与中国民间信仰实践》，《民俗研究》，2021 年第 5 期。
③ 关琮严：《属性转移、边界消弭与关系重构：当代乡村媒介空间的转型》，《新闻与传播研究》，2021 年第 4 期。
④ 关琮严：《属性转移、边界消弭与关系重构：当代乡村媒介空间的转型》，《新闻与传播研究》，2021 年第 4 期。
⑤ 张举文：《从实践概念"非物质文化遗产"到学科概念"文化遗产"的转向》，《民俗研究》2021 年第 5 期。
⑥ 赵旭东，王美芬：《从类型比较到文化观——费孝通城乡研究视界中的自觉历程》，《社会科学》、2021 年第 11 期。

达的主体性实践和助力乡村振兴的重要抓手。自乡村短视频兴起以来，其在乡村社会发展的影响和作用便成为一个重要的研究关注点，本年度此类研究仍在继续。比如有研究者充分肯定了"三农"短视频的传播在增强农民身份的自我认同、推动乡村文化产业的繁荣与推动乡村文化产业的繁荣方面发挥的作用[①]。有研究者认为在短视频的赋能下，乡村传播由被动式的"他塑"变成了主动式输出，为乡村人民的文化生活注入了新的活力[②]。还有研究者探讨了乡村振兴战略背景下短视频助力乡村文化传播的对策[③]。与此同时，回溯过往传统媒体，重新发掘传播潜力，也成为研究的一个关注点。比如有研究者看好大众传媒，认为大众传媒在乡村振兴过程中具有重要作用，已成为乡村发展的重要支撑，更在乡村文化创造性转换发展中发挥着重要作用[④]。有研究者认为广播电视网络建设是促进农村地区创新发展的必要条件[⑤]。还有研究者对乡村大喇叭的重建给予了肯定，认为它回应了强国家转型与对农民生活现代化改造的需求，再造了乡村治理权威，提升了乡村治权和基层治理能力[⑥]。

值得一提的是，2021年乡村短视频的相关研究在过往针对内容研究的基础上，开始展示出对其文化内涵的关切。一方面是对乡村短视频与乡村文化自信、文化自觉关系的认知。比如有研究者提出乡村短视频创作需要传达积极的内容和价值要求。[⑦]对文化内涵的挖掘和正向展现是形成乡村文化自信力的重要路径，有研究者认为三农短视频的主体性参与方式、积极生活态度和精神状态、田园生活景观呈现、慢生活理念以及优秀的传统文化内涵等，有助于乡村文化自信的培育与重建。[⑧]还有研究者对李子柒短视频传播成功的深层机制进行了重新思考，认为李子柒对乡村文化的自觉与自信，则是其成功坚实的心理基础。[⑨]另一方面是对乡村短视频如何进行文化内涵挖掘的关注。乡村短视频作为土味文化的主要传播承载，

① 曾颖瑜：《乡村文化振兴视角下"三农"短视频传播的作用与策略》，《农村经济与科技》，2021年第18期。
② 牛梦琦：《乡村自媒体短视频文化传播现状及策略研究》，《视听》，2021年第6期。
③ 魏璐：《乡村振兴战略背景下短视频助力乡村文化传播的对策》，《南方农业》，2021年第2期。
④ 柳华：《大众传媒促进乡村振兴的作用与路径研究——以恩施州洞下槽村为例》，硕士学位论文，湖北民族大学，2021年，第47页。
⑤ 曾勇：《广播电视网络在智慧乡村建设的应用分析》，《西部广播电视》，2021年第12期。
⑥ 张雪霖：《媒介融合背景下乡村"大喇叭"的重建及其机制研究》，《新闻与传播评论》，2021年第2期。
⑦ 梁荣彬，肖畅：《乡村文化类短视频传播策略研究——以"念乡人周周"短视频为例》，《新媒体研究》，2021年第23期。
⑧ 王平：《"三农"短视频走红的乡村文化自信培育意涵——基于参与式文化传播视角》，《东南传播》，2021年第1期。
⑨ 杨吉华：《乡村意象、情感共鸣与文化自信：李子柒短视频文化传播的深层机制》，《三明学院学报》，2021年第1期。

在倡导乡村短视频内涵式发展的呼声下，对土味文化的发掘成为带动乡村短视频内涵提升的重要路径。有研究者认为土味文化承载着对中国农耕文明和乡土文化的赞美，让中国乡村更多地被看见，并提升了中国农民的文化自信[①]。因此，主张留住土味、营销土味、提升土味、融合土味、拓展土味，积极挖掘、培育和传播土味文化[②]。还有研究者强调在社交媒体时代，要让乡村文化能够成为乡村振兴的源动力[③]。此外，立足地域实际，开掘特色文化也成为研究者们探讨乡村短视频文化内涵提升的重要关注点。一些研究从区域文化传播的角度审视乡村短视频，认为短视频应该承载更加丰富的地方文化内涵和种类。比如有研究者对短视频平台上的陕西乡村文化传播进行了考察，认为作为千年的文化大省，陕西乡村文化底蕴深厚，陕西的农民借助抖音短视频平台传播不同种类陕西乡村文化，增强陕西文化在全国范围内的传播力与影响力。[④] 还有研究者对甘肃红色文化的短视频传播策略进行了探究[⑤]。

三、从问题导向到文化治理：乡村文化传播研究的焦点转换

党的十九大以来，推进国家治理体系和治理能力现代化成为重要的战略任务。乡村作为国家治理体系中的薄弱环节，其治理水平的现代化直接决定了国家治理能力现代化的顺利实现。为此，乡村治理成为乡村研究乃至乡村传播研究的焦点话题，乡村文化治理也成为该研究主题之下的一个重要分支。这与以往乡村文化传播以问题为导向的研究形成了鲜明对比，并昭示了今后乡村文化传播研究的发展趋势。本年度乡村文化治理研究主要从两个方面展开。一方面是对乡村文化治理历史脉络和内涵逻辑的梳理。比如有研究者回溯了中国共产党百年乡村文化建设的历程，总结反思了乡村文化建设的基本经验[⑥]。有研究者对中国乡村文化的变迁区分为道德情感维系的伦理型文化（礼治）、政治信仰引领的政治型文化（理治）

---

① 刘文帅：《"土味文化"传播研究——基于讲好乡村中国故事的视角》，《社会科学研究》，2021年第 6 期。

② 刘文帅：《"土味文化"传播研究——基于讲好乡村中国故事的视角》，《社会科学研究》，2021年第 6 期。

③ 宋艳丽，赵秀明：《基于社交媒体的乡村文化传播分析》，《山东农业工程学院学报》，2021年第 1 期。

④ 毛浓华，吴月：《抖音短视频平台中陕西乡村文化的传播》，《声屏世界》，2021年第 23 期。

⑤ 敬鑫：《甘肃红色文化的短视频传播策略研究》，硕士学位论文，西北师范大学，2021年，第 10 页。

⑥ 蒋蕊韩：《中国共产党乡村文化建设的百年历程与基本经验》，《四川轻化工大学学报（社会科学版）》，2021年第 6 期。

以及理性思考主导的法治型文化（法治）三个阶段①。有研究者从文化转型理论视角考察文化强国战略下农村社区文化治理体系重建的实践逻辑，认为"送文化"与"种文化"导致的基层社区文化供需结构失衡是文化治理转型的内生动因②。有研究者从文明变革的角度，探讨了乡村治理的文明属性，指出乡村文化治理的核心是实现从传统乡村文明向现代乡村文明转型和重建乡村文明关系的现代秩序③。还有研究者受"元传播"理论的启发，探究了乡村文化研究的"元"问题，即乡村文化建设的出发点和归宿④。

另一方面是基于问题的文化治理策略研究。比如有研究者基于民族地区文化资源丰富，但经济社会基础薄弱的现状，提出从外源性发展向内源式发展转变的文化治理路径⑤。有研究者通过对乡村治理深层次问题的解析，指出乡村文化治理需要基于对概念的综合性理解，通过主体建设、载体建设、意识培育和动力发掘等路径，回应目前治理领域存在的问题以及新形势下乡村群众明显增加的文化需求，重建乡村秩序，激发社会活力⑥。有研究者针对驻村青年乡村文化治理能力受限的问题，从完善体制机制、重视基础建设、拓展传播渠道、倡导多元参与等角度探寻驻村青年参与乡村文化治理的路径⑦。还有研究者认真分析了当前乡村文化发展中存在的问题，比如原本作为非遗拥护者的村民在商业驱使下文化认同感不断消解，非遗文化在乡村脱域，媒介技术环境造成文化原真性的衰减，导致乡村内外陷入对非遗文化理解与认同的双重迷失以及精心设计的非遗景观遮蔽了朴实厚重的乡土文明等，然后基于对上述问题的分析，从主体视角提出了乡村文化建设的非遗战略⑧。

四、以制度化传播破局乡村文化建设

制度化传播在乡村文化建设中具有举足轻重的作用。对于乡村文化建设中遇

---

① 王辉：《论乡村振兴视域下乡村文化的历史变迁及路径重构》，《盐城师范学院学报（人文社会科学版）》，2021年第5期。
② 田鹏：《文化转型视角下农村社区文化治理体系重建的实践逻辑》，《暨南学报（哲学社会科学版）》，2021年第11期。
③ 胡惠林：《乡村文化治理：乡村振兴中的治理文明变革》，《福建论坛（人文社会科学版）》，2021年第10期。
④ 谢太平：《内生性与传播赋权：乡村文化建设再思考》，《青年记者》，2021年3月下。
⑤ 张琦，杨铭宇：《民族地区乡村文化治理：逻辑起点、理论机理与实践路径》，《西南民族大学学报（人文社会科学版）》，2021年第10期。
⑥ 叶鹏飞：《秩序与活力：乡村文化治理的问题与反思》，《湖北民族大学学报（哲学社会科学版）》，2021年第6期。
⑦ 王玉玲：《驻村青年参与乡村文化治理的路径探析》，《人民论坛》，2021年11月下。
⑧ 匡卉，郑欣：《乡村文化建设中的非遗战略及其传播现象》，《中国农村观察》，2021年第1期。

到的问题，从提升和优化制度化传播上寻找突破是一条非常重要的路径。在参与乡村文化建设的制度化传播力量中，县级融媒体中心贴近乡村，是夯实基层意识形态的主力，并且县级融媒体中心参与乡村社会治理和助力乡村振兴已成为普遍共识。具体到文化传播领域，县级融媒体中心如何参与乡村文化建设，助推乡村文化振兴？对此，有研究者提出从县级媒体中心媒体＋服务的视角，提出媒体＋文化服务、媒体＋文化传播、媒体＋文化教育这三条可行路径。[1]有研究者认为应当以县级融媒体中心作为新的路径，参与基层公共文化服务的"数字供给""科学决策""内生性增长""政社协同"以及"秩序重构"[2]。还有研究者肯定了县级融媒体中心在促进乡村文化振兴的重要意义，指出县级融媒体中心要在实现文化育民、文化乐民、文化富民以及非遗保护传承上发挥作用[3]。除了上述整体性研究之外，个案分析也是此类研究的一个重要路径，有一些研究立足具体的县级融媒体中心个案，以小见大，分析了县级融媒体中心在乡村文化传播中面临的问题并探讨了解决办法。比如有研究者以江西分宜县融媒体为研究对象，探索其乡村文化传播面临的困境，并反思原因，同时提出相应解决对策，作为后续优化的依据。[4]还有研究者以巢湖融媒体中心为研究对象，针对环巢湖乡村文化传播的现实困境，探讨了通过创新文化内容、改进技术方式、培养多元主体和革新受众视角等方式构建融媒体中心传播环巢湖乡村文化的新路径[5]。

文化站也是基层制度化传播的重要主体，在本年度的乡村文化传播研究中受到积极关注。相关研究集中探讨了文化站在乡村振兴战略中的作用以及如何发挥作用的策略。比如有研究者认为文化站是乡村公共文化服务体系的重要组成，有利于农民生活的活跃、涉农政策的宣传、文化信息的传播等，并提出了文化站在乡村振兴战略中发挥作用的策略，包括重塑文化站形象、革新文化站的文化传播方案、强化文化人才队伍建设、准确把握正确的文化工作方向、注重文化活动内容的创新[6]。还有研究者对乡镇文化站传播内容和渠道进行总结，论述了如何利用乡村文化站实现乡村振兴[7]。与文化站同为乡村公共文化服务体系的文化礼堂，

① 何美，郑勇华：《县级融媒体中心如何参与乡村文化振兴》，《新闻研究导刊》，2021 年第 6 期。
② 江龙国：《县级融媒体中心与基层公共文化服务建设》，《传媒论坛》，2021 年第 24 期。
③ 王春林：《县级融媒体中心助推少数民族乡村文化振兴的路径探讨——以广西壮族自治区少数民族县为例》，《出版广角》，2021 年第 15 期。
④ 师海婷：《县级融媒体乡村文化传播的发展困境研究——基于分宜县融媒体中心的个案研究》，《大学》，2021 年第 1 期。
⑤ 张萌萌：《智媒时代融媒体中心助力环巢湖乡村文化振兴的创新路径》，《黑龙江工业学院学报（综合版）》，2021 年第 11 期。
⑥ 赵娜：《如何发挥文化站在乡村振兴战略中的作用》，《文化月刊》，2021 年第 1 期。
⑦ 戴清林：《如何发挥乡镇文化站在乡村振兴战略中的作用》，《大众文艺》，2021 年第 1 期。

作为乡村文化振兴的重要载体，也受到了研究者关注，比如有研究者研究发现乡村振兴视阈下，农村文化礼堂的文化价值、政治价值、社会价值分别与"乡风文明""治理有效""生活富裕"三大目标发生不同程度的耦合[①]。还有研究者研究指出在理论层面，文化礼堂"治理文化"具有必然性、"用文化治理"具有可行性，"治理文化"与"用文化治理"具有密不可分、共同发展的互动关系。在应用层面，文化礼堂对公共文化、地方特色文化、乡风文明等内容具有显著的治理效应[②]。同属公共文化服务序列的农家书屋也被一些研究者视为乡村文化传播的主要力量，认为农家书屋是国家文化惠农的重要举措，对于弘扬农村新风尚、促进乡村两个文明建设起着举足轻重的作用[③]。

此外，一些研究还关注到了其他制度性力量在乡村文化建设中的积极作用。比如农村基层党组织作为乡村文化传播和文化建设的领导力量，有研究者认为在面临传统文化资源流失、现代市场文化的负面影响、封建文化的顽固阻滞等诸多问题时，应从"文化使命、文化产业、文化治理能力"三个方面入手，加强对乡村文化振兴工作的全面领导，推动乡村文化繁荣兴盛[④]。随着脱贫攻坚战的全面展开，驻村青年成为扎根基层、服务群众、助力乡村脱贫的先头兵，也是上情下达、下情上传的基层制度化传播力量的重要组成部分。为此，有研究者关注了该群体，认为驻村青年在乡村文化治理中扮演着文化风尚的引导者、政策资源的协调者、信息知识的传播者的重要角色，但由于村民参与意愿不强、治理方式不够科学、自身缺乏动力等问题，限制了驻村青年的乡村文化治理能力，提出从完善体制机制、重视基础建设、拓展传播渠道、倡导多元参与等角度探寻驻村青年参与乡村文化治理的路径[⑤]。还有研究者认为新时代农村发展，要积极引导大学生村官到农村工作和服务，贯彻党和国家的方针和政策，以农民为主要对象，发挥好农村文化传播的引领者的角色作用，积极建设和传播农村文化[⑥]。

五、回溯传统：乡村传统文化的焕新发展

对传统的回溯是为了更好地建设当下，展望未来。本年度的乡村文化传播研

---

① 张剑宇，任丹丹：《乡村振兴视域下的农村文化礼堂：耦合逻辑与价值输出》，《安徽农业大学学报（社会科学版）》，2021年第2期。

② 夏晴，李婉儒，刘林峰，任佳怡：《以文化礼堂治理乡村文化的路径探析——基于浙江省金华市文化礼堂的调查研究》，《农村经济与科技》，2021年第4期。

③ 娄炜利，马嘉：《农家书屋在乡村文化传播中的功能研究》，《新闻爱好者》，2021年第4期。

④ 王玉平，侯保龙：《农村基层党组织在乡村文化振兴中的作用探析》，《长春理工大学学报（社会科学版）》，2021年第5期。

⑤ 王玉玲：《驻村青年参与乡村文化治理的路径探析》，《人民论坛》，2021年第33期。

⑥ 王焕梅，贺书霞：《大学生村官对农村文化传播的影响》，《农村经济与科技》，2021年第12期。

究中，对传统回溯表现出新视角，再认知的鲜明特点。比如有研究者对乡间庙会的社会意涵进行了探究，认为人们在其中发现了人自己本身、发现了社会本身，也发现了可以凭此依归去追寻的文化价值和人生情趣，并且，潜移默化地领会到了一种地方性文化价值的真实意涵①。它无形中体现出了一种公共与私人领域、确定与不确定的生活以及寂静与热闹等基于人的一些最为基本认知范畴的实际摹本②。有研究者以客家契约文书为例，讨论了村落地方文献如何推进学科研究，传承地域文化，以利于将文化资源转化成文化资本，为乡村振兴提供内源式发展动力③。有研究者以理塘藏戏为例研究了其遗产化过程，认为遗产化并不简单是现代性在传统地区的扩张，也不仅仅是全球资本和国家权力在底层社区的渗透，而是地方社会的世界性在时空层面的重新拓展④。

　　传统文化在乡村振兴和乡村治理中是重要的内生性资源，其价值和作用如何展现？对此，本年度相关研究从两个方面展开。一方面，研究重点在于如何认识传统文化对乡村振兴和乡村治理的重要价值和意义。有研究者指出基于优秀传统文化的乡村文化振兴路径是一个具有中国特色、符合我国国情和时代发展要求的乡村振兴方式之一⑤。还有研究者通过对苗族民间信仰发展轨迹的梳理，发现苗族民间信仰重塑的文化力实践逻辑体证了由民族村落到民族区域社会继而到国家层面的文化认同体系的客观存在⑥。另一方面，在提升乡村社会治理现代化的过程中，如何从传统文化资源中汲取营养成为研究者们关注的一个焦点。比如"人神交流"是一种重要民间信仰仪式，有研究者将其视为一种内生性的乡村治理机制，即"世俗权威—神灵—村民"协同治理模式⑦。这为当下乡村社会治理提供了有益启示。有研究者对江西婺源地区宗族图像叙事与乡村共同体构建的关系进行了探究，认为宗族图像是中国古代祖先信仰的重要载体，它促进了宗族共同体的建构，并对

---

　　① 赵旭东：《庙会民俗的认知范式研究——一种人类学视野中的华北乡村生活实践》，《民俗研究》，2021 年第 4 期。
　　② 赵旭东：《庙会民俗的认知范式研究——一种人类学视野中的华北乡村生活实践》，《民俗研究》，2021 年第 4 期。
　　③ 刘训茜：《客家契约文书与村落文化复振——基于地方文献的乡村文化传承路径分析》，《广西大学学报（哲学社会科学版）》，2021 年第 1 期。
　　④ 张帆：《地方社会的世界性：藏戏、遗产和博物馆》，《民俗研究》，2021 年第 4 期。
　　⑤ 张宗芳：《乡村振兴中优秀传统文化的继承与发展研究》，《云南农业大学学报（社会科学）》，2021 年第 1 期。
　　⑥ 徐祖祥，罗张悦：《乡村振兴中民间信仰重塑的文化力实践逻辑——以贵州黔西南州望谟县 H 村苗族为例》，《中南民族大学学报（人文社会科学版）》，2021 年第 7 期。
　　⑦ 沙垚：《人神交流：一种内生性的乡村治理机制》，《当代传播》，2021 年第 5 期。

乡村治理起到规范秩序的作用①。还有研究者选取了就有地方性特质的丧葬仪式作为研究对象，认为其具有的角色转换、社会联结、回馈调适等功能，能够为重塑村落共同体提供公共场域、认同基础和秩序规范，而这有利于增强乡村社会内部凝聚力，促进乡村社会整合，强化村民对公共事务的关注和参与②。

六、再造公共性与公共空间：乡村文化建设与治理的突破口

再造公共性与公共空间是探讨乡村文化建设与文化治理的一个重要切入点。公共性与公共空间和乡村文化建设与文化治理的逻辑关联主要体现为"村庄的公共性意味着村民可以达成富有约束力的共识，实现村庄公共利益，维护村庄公共规则，进而达致一种自组织的状态。"③按照这一逻辑，有研究者认为乡村文化治理的实施应以公共性建构为实践逻辑，不断促进公共交往、重塑公共规则、拓展公共空间、革新公共精神④。有研究者将新乡贤参与构建的文化交往空间称为调控型公共空间，并且认为调控型公共空间发展虽然还不充分，但它是乡村社会的非正式治理制度的重要组成部分，在乡村正式治理体系下，它可能起到某些辅助作用⑤。还有研究者认为乡村公共空间是乡村建设的重要抓手，在其建设过程中，要引导广大群众积极参与，共同创造和共享公共文化生活⑥。乡村的类型和情况并非千篇一律，乡村社会治理要因地制宜，因此，有研究者针对过疏化村落的独特样本，提出乡村振兴政策也需回应过疏化状态下乡村空间的重组与治理压力，要通过增强空间治理文化凝聚力等方法，协力推进乡土公共性的重建⑦。除此之外，乡村公共文化空间形态各异，在助推乡村文化振兴中需要功能调整、转向与创新。对此，有研究者将戏台视为"过渡"形态下农村公共文化空间，认为该空间正经历传统功能弱化且功能发挥长效机制尚未建立的尴尬阶段，由此提出创新该空间功能发挥机制是打破"过渡"形态下两难局面，加强农村思想道德建设和公共文

① 张杨格：《宗族图像叙事与乡村文化共同体构建——以江西婺源地区为例》，《江西社会科学》，2021 年第 3 期。

② 唐胡浩，赵金宝：《重塑村落共同体：乡村治理视角下传统文化的现代价值研究——基于席赵村丧葬仪式的田野调查》，《华中师范大学学报（人文社会科学版）》，2021 年第 5 期。

③ 李永萍：《村庄公共性再造：乡村文化治理的实践逻辑——基于福建省晋江市 S 村移风易俗的实证分析》，《中国农业大学学报（社会科学版）》，2021 年第 3 期。

④ 任贵州，曹海林：《乡村文化治理：能动空间与实践路向》，《云南民族大学学报（哲学社会科学版）》，2021 年第 5 期。

⑤ 谢安民：《新乡贤参与与乡村公共空间的调控式建构——以浙江"最美文化礼堂人"（2018—2021）为案例》，《湖北社会科学》，2021 年第 12 期。

⑥ 余菲菲：《建设乡村公共空间助力乡村振兴》，《中国社会科学报》2021 年 11 月 4 日。

⑦ 刘博，李梦莹：《乡村振兴与地域公共性重建：过疏化村落的空间治理重构》，《福建师范大学学报（哲学社会科学版）》，2021 年第 6 期。

化建设，推动乡村文化振兴的有效途径^①。

从本年度乡村文化传播研究总体情况来看，在乡村振兴和乡村治理现代化的时代背景下，相关研究紧扣时代主题，服务乡村，展现出较强的政策敏锐性和学术自觉。这也反映了乡村文化传播研究今后发展的一个基本趋势，那就是扎根乡土社会，呼应国家关切，瞄准乡村问题，提升乡村治理，助力乡村振兴，伴随乡村的现代化发展，守望并重建文化自信。相信今后的乡村文化传播研究将按照上述目标路径继往开来，迸发出蓬勃活力。

---

① 赵潇飞：《"过渡"形态下农村公共文化空间的功能研究——基于山西省阳曲县农村戏台的分析》，《学理论》，2021 年第 3 期。

2021 年华夏政治传播研究综述

白文刚　　赵隶阳 *

Bai wengang　Zhao liyang

摘要：华夏政治传播研究作为政治传播本土化的一种尝试与努力，自 2021 年以来，研究成果呈现继续发展的态势，并重点关照华夏政治传播的理论凝练、制度考察、实践分析和媒介解读这四个领域。学者们或通过传播的新视角重新解读历史，或通过对历史的阐述再次更新理论，为我们认识、理解和把握华夏政治传播累积了重要洞见。纵观研究成果，可以发现当前华夏政治传播研究总体上呈现出聚焦历史、中西交融、贯通古今三种研究面向，也为未来华夏政治传播的发展方向提供了可触摸的脉络。

关键词：华夏政治传播；2021 年；研究综述

政治传播的研究初始于 20 世纪五六十年代的西方社会，并经历了说服选举范式学派、文化研究学派、中程学派三大研究范式的转化。绵延五千年的中华文明虽然不存在用现代政治传播话语表达的政治传播学理论，但是其包含有用中国话语直接或间接表达出来的政治传播理论已然是不争的事实。中华文明所拥有的独特的传播理论逻辑与实践经验，使其呈现出迥然于西方的传播样态。华夏政治传播作为一种对政治传播本土化的尝试与努力，正是在这一绵延的历史基因脉络上应运而生。所谓"华夏"，它不仅仅是一个地理概念的表述，更饱含有对本国传统政治文明充分的自信与褒义之情；而"华夏政治传播"，也不仅仅是在学理层面上对中国文化传统中既有的传播事实与观念进行诠释，更着眼于构建起一套具有中国特色和中国气质的政治传播理论体系，以沟通古今中西，对话世界。这也正是

---

* 作者简介：白文刚，山西寿阳人，中国传媒大学政府与公共事务学院教授、中国传媒大学政治传播研究所副所长，研究方向为政治传播，文明传播；赵隶阳，福建福州人，中国传媒大学政治传播研究所 2020 级硕士研究生，研究方向为政治传播。

华夏政治传播研究最高的学术理想所在，即致力于实现知识创新，为人类传播学研究贡献新知。

从广义上来讲，华夏政治传播是一项对中国传统社会中的政治信息流动现象和观念的研究。根据这一理解，华夏政治传播所关照的问题域，主要囊括华夏政治传播理论、制度、实践和媒介这四个方面。本文通过相关文献梳理发现，2021年的华夏政治传播在往年研究的基础上，继续围绕这四大主题深度推进并呈现出诸多新的分析视角和观点见解，研究成果整体上也呈持续增长态势。为了最大限度搜集探讨相关成果，文献搜集范围不仅包括自觉以华夏政治传播为研究主题的成果，而且也涵盖可以从政治传播或传播角度进行解读的文献。依据这一标准，截至 2021 年底，共搜集到相关文献共 61 篇。下文的讨论，即以这些文献为基础。

一、对华夏政治传播理论的阐释与凝练

邵培仁曾将传播学"本土化"命题划分为三个维度：一是"从思想到理论"，即中国传统传播思想的"创造性转化"；二是"从经验到理论"，即从中国现实经验入手建构传播理论；三是"从理论到理论"，即将西方传播理论置入中国语境，通过改良后发展为真正具有中国解释力度的理论[①]。这三个维度同样适应于我们对于华夏政治传播理论的研究：其中前两个维度以华夏文明为立足点，基本上遵循以古为主、以今为辅的思考理路，致力于中国传统文明中传播理念和传播智慧的展现与弘扬；第三个维度着眼于借鉴西方经典传播理论，以华夏文明为研究对象，结合本土文明特征，阐释提炼文明本身固有的传播理论。根据这一标准，本文将结合相关代表性研究成果进行具体归类与论析。

首先，就华夏政治传播理论的"从思想到理论"和"从经验到理论"两个维度而言，可以从以下三个方面予以理解。一是在对华夏政治传播观念进行总结、概括的基础上尝试建构本土化的传播理论和范式。白文刚和赵洁，基于对 20 年来中国古代政治传播研究成果的概览和耙梳，从研究旨趣、路径、主题、未来走向等层面，描绘中国古代政治传播研究的发展脉络与学术样态。中国古代政治传播研究作为政治传播研究的历史向度，旨在尝试发掘中国古代政治传播实践和观念的现代价值，探索具有世界价值的本土理论，对推动华夏政治传播理论的发展具有无可替代的重要意义[②]。"化"作为中国古代的一个哲学概念，贯穿中国古代传播活动的全过程，充分彰显了华夏文明对传播活动的独特理解。杨柏岭通过对儒道

---

① 邵培仁、姚锦云：《为历史辩护：华夏传播研究的知识逻辑》，《社会科学战线》，2016 年第 3 期。
② 白文刚、赵洁：《政治传播的历史向度——中国古代政治传播研究的回眸与省思》，《国际新闻界》，2021 年第 1 期。

释文化的文本解读，分别从本体、认识与价值三个维度，阐释中国古代"化"观念的传播理论：贯通天人之道，即"化"之存在及状态；藉格物以致知，即"化"之媒介及渠道；自化自得存神，即"化"之方法及结果①。自我观的不同意味着传播关系及传播理论上的不同。赵妍妍通过对先秦儒家经典文本的分析，认为可以从"身""吾""我""自""己"等与自我相关的论述中，提炼出一种儒家传播学意义上的自我观。在作者看来，儒学自我观对自我"明德"及自我与他人关系的关照，能够为芝加哥传播学派自我观所遭遇的理论困境提供一种可资借鉴的思路②。

二是以特定时期具体思想家、政治家或某一学派的政治传播观念为对象进行阐释。这一路径往往遵循的是传统政治思想史的研究方法，通过在文献典籍中找寻与政治传播相关的论述，凝练中国古代思想家、政治家或某一学派的政治传播理念。苟东锋着意探讨儒家的名声观念，认为儒家关于名声的思考关涉两个层面：一是注意到常人皆有爱名之心，儒家行权设立名教；二是注意到名声"为人"的属性，儒家因反思及此而触及一种"求在我者"的上通天道的道德自由之境③。而后一方面——名声关乎自我理解与成德——更是儒家关注的中心旨趣所在。作者对儒家名声观念的阐释，提供了一种新的方法论的思考，与中国古代逻辑学意义上的旧"名学"形成了根本差异。同样是关乎儒家传播观念的研究，张卉和蔡方鹿从政治视域对先秦儒家的"鬼神"观予以审视，认为先秦儒家对"鬼神"的诠释围绕人及人的生活展开，其指向是伦理道德、政治教化及政治秩序。就政治而言，乃是为了强化宗法制度，重构国家秩序，这是先秦其他诸子的"鬼神"观所不具备的④。

三是关注某一特定理论或观念流转背后的政治传播意涵。段志强提出，盛行于明清时期的中国龙脉理论（三大干龙论）是真实山川与想象地理的重叠，它既是流传于一般社会中的宏观地理观念，也是文人精英与堪舆术士共同发明的皇权正当性学说，在这个意义上，龙脉论是一种政治地理。除了为皇权提供论证的一面，作者认为龙脉论也是流传于社会一般心理之中的国土观念，它把个人与"中国"和"世界"联系起来，似乎每个个体通过这套堪舆世界观而与天下相联系⑤。

---

① 杨柏岭：《本体、认识与价值：中国古代"化"观念传播论》，《新闻与传播研究》，2021年第8期。
② 赵妍妍：《一种儒家传播学思想中的自我观：兼与芝加哥传播学派自我观比较》，《现代传播（中国传媒大学学报）》，2021年第2期。
③ 苟东锋：《圣人之权与成德之舆——论儒家的名声观念》，《文史哲》，2021年第2期。
④ 张卉，蔡方鹿：《政治视域下的先秦儒家鬼神观》，《文史哲》，2021年第6期。
⑤ 段志强：《经学、政治与堪舆：中国龙脉理论的形成》，《历史研究》，2021年第2期。

李育民同样以历史为向度，考察了晚清对外关系中利益观念的演变。作者认为，在晚清中外条约关系的背景之下，清政府起初基于"怀仁远人""一体均沾"的思想观念，将让弃权视作中国单方面的"施恩"。然而列强唯利是图、凭借强权攫取中国权益的种种行为，促使清政府形成主动求益的思想，并在社会转型之际，萌生具有近代意义的主权观念和修约意识①。晚清对外关系中利益观念演变的背后，实则是深层的社会转型逻辑。

其次，就"从理论到理论"这一维度而言，当下华夏政治传播不乏应用西方经典传播学理论来解释中国古代政治传播现象的相关研究，其学术路径大致遵循新闻学、传播学的研究取向，呈现一种在中西理论对话中建构理论的特征。时间问题是文明传播的一个重要维度，也是考量信息传播的尺度之一。谢清果和王婕借鉴文明传播的时间偏向研究，以华夏文明为研究对象，探究该文明本身固有的时间观念。在谢清果等人看来，华夏文明中的"时"的内涵是独特的，是一种融时间、空间与人的主动性为一体的时空情境。以儒释道文化为代表的时间观不仅鲜明地呈现了华夏文明传播的时间偏向特质，更是构建了中国人内向传播的修养观，以及家庭沟通、社会交往的行为规范②。情感传播是近年来学界较为关注的热点，而中国历史上最早致力于道德观念传播的先秦士人对此有过独到的理解与卓越的传播实践。束秀芳基于情感传播的研究范式，借助先秦文献典籍，从"理性"追求、"情感"取向、"无情"境界三个方面分析这一时期士人道德传播追求的"情理交融"价值取向③。胡易容借鉴符号学研究范式，侧重从"意义共享"角度对中国古代"讳文化"的传播机制予以解释，以区别此前基于信息论的传播分析模型。作者认为，"避讳"传播意义的生成并不来自传播行为提供的"信息"，也不来自被删除、空白、替换等"对预设信息的否定"的行为，意义的生成高度依赖于"沉默"所处的社会文化意义场。而"讳文化"背后的"沉默"传播包含的一般传播规律，对传播学具有普遍理论适用性。④

二、对华夏政治传播制度的探索与讨论

上下相通，既是古代君王的政治理想，也是华夏政治传播制度研究的核心命

① 李育民：《晚清对外关系中利益观念的演变》，《历史研究》，2021 年第 4 期。
② 谢清果，王婕：《与时偕行：华夏文明传播的时间偏向》，《现代传播（中国传媒大学学报）》，2021 年第 3 期。
③ 束秀芳：《试问情为何物：先秦士人"情理交融"传播价值取向》，《现代传播（中国传媒大学学报）》，2021 年第 2 期。
④ 胡易容：《"'沉默'传播"：中国古代"讳文化"的普遍符用学阐释》，《国际新闻界》，2021 年第 9 期。

题。围绕这一命题，中国古代社会建立起复杂的信息传递制度和丰富的配置。从社会管理角度看，对信息传播的有效控制向来是治国理政的前提。就历史经验而论，任何一制度，绝不能历久而不变，制度必须与人事相配合[1]，人事恰恰体现了制度的弹性与适应性，这也是华夏政治传播最具经验性特征的一个方面。具体而言，2021 年华夏政治传播制度的研究成果包括对中国古代册礼制度、定本制度、邸报制度、书禁及报禁制度、迎书制度、言官制度、封印制度和新式官报的考察；此外，本文将中国传统政治中的丁忧制度和祭祀制度纳入分析范围，认为它们同属传统政治制度的范畴，展现了政治传播意涵。

　　册礼是最隆重的官员任命方式，是中国古代"王言之制"的具体呈现[2]。孟宪实通过对唐代册礼制度及其发展脉络的梳理，认为自高宗开始，唐朝对册礼进行过多次改革，目的在于使册礼主要适用对象限定于皇室成员。册书功能的细分与变化，既有助于凸显皇室的尊贵程度，也有利于制度效能的提高。[3]

　　姜锡东和贺雪娇考察了宋代官员公务迎书，认为宋代官员公务迎书与其他迎送文学相比，政治性目的明确，是宋代公务迎送制度发展和完善的重要标志。宋代"崇文抑武"的治国理念和制度层面的不断完善（诸如迎送制度、举荐制度的发展），共同影响了官员公务迎书的发展，使其从通书中独立出来，具备独立完成信息沟通的功能，兼具明显的时代气象与个人特征。[4]

　　另一方面，宋代政治在"事为之防，曲为之制"的制衡思维下，传播管制重复冗杂，由此也引发了许多内生的结构性矛盾。目前，华夏政治传播学界在宋代信息管控研究方面着力颇多，主要涉及对定本制度、邸报制度、书禁及报禁等相关问题的探讨。魏海岩、韩立新和陈建群通过研究宋代邸报定本存世期间的六次模式调整发现，定本制度作为中国最早的新闻报道事前审查制度，随着皇权与相权的此消彼长而变迁。定本的实质是当权者借助邸报内容控制来影响官场舆情、引导缙绅言行的制度，作为读者的普通官员对邸报内容的相关要求一直处于被忽视甚至压制的状态。因此，魏海岩等人认为，定本制度对中国新闻事业发展兼具促进性和阻碍性，但后者是主流[5]。同样是关于宋代定本制度的研究，赵云泽和董

---

①　钱穆：《中国历代政治得失》，北京：生活·读书·新知三联书店，2001 年，第 1 页。

②　在中国古代皇帝制度下，王言与律令格式共同构成唐代的法律体系：唐代的成文法，称作"律令格式"；皇帝日常政务处理和决定，用"王言"表达。唐朝是中国皇帝制度的成熟时期，通过王言理解唐代皇帝制度，是中国古代政治制度研究的重要一环。唐代王言，基本上分为册书、制书、敕书三类，册书地位最高。

③　孟宪实：《唐代册礼及其改革》，《历史研究》，2021 年第 3 期。

④　姜锡东，贺雪娇：《宋代官员公务迎书考论》，《江西社会科学》，2021 年第 1 期。

⑤　魏海岩，韩立新，陈建群：《皇权和相权争夺中的信息控制：宋代邸报定本模式演变考》，《新闻与传播研究》，2021 年第 8 期。

翊宸以进奏院为研究对象，考察分析了宋代政府信息传播机制。进奏院作为唐代制度的残留，是地方权力楔入中央政府，参与信息分发的产物，在宋初被保留了下来。但作为原本防范的对象，进奏在行政系统中并没有获得与其重要职责相匹配的地位，进而导致了政府整体传播效率的低下状态，始终摇摆于信息公开和"秘密政治"之间。① 郭志菊研究了宋代的书禁与报禁政策，发现宋代既是一个广泛推行书禁、报禁政策的时代，同时也是一个书禁、报禁屡禁不止的时代，尤其是版印媒介技术的普及，使得传播与保密的形式发生了根本性的变化。面对空前活跃的信息传播活动与信息秩序，统治者们时常应接不暇，甚至处于几近失控状态，这在一定程度上显示出保密法令的有限效用，也反映出新的信息传播环境下宋朝统治者的无奈。②

言官是明代一个十分独特的官员群体，伴随着明代监察制度与组织机构的完善应运而生。张海英探究了明朝历史中言官进谏的流变，认为明代言官的弹劾进谏空前激烈，这既表现在他们与宦官专权进行的前仆后继的殊死搏斗中，也表现在对君主荒芜朝政、权臣祸乱朝纲的毫不畏惧地进谏弹劾中，对明代的朝廷政治影响至深。言官以言论为其要则，秉持"宁鸣而死，不默而生"的精神信仰，实现了对道统正义与信仰的最大捍卫。③

印信是历代王朝权威的象征，是公文的唯一行政信用凭证，只有加盖印信的公文才具备行政效力。封印制度是印信在制度层面的显化。学者王日根，聚焦于清代封印制度的规定和实际运行状态，提出封印兼顾制度的刚性与实行的弹性，以经权相参的方式，寓权于经，寓变于恒，将权变稳定于常制之中，展现了中国传统政治体制的内在张力与特殊智慧。④

唐海江从媒介史的视野出发，将清末新式官报置于帝国传播体系的纵深衍变中予以考察。作者认为，以各级地方政府为主体开办的新式官报，改变了以往从中央到地方的垂直单一辐射式的信息传递模式，形成了纵横交错的信息流动空间，重构了"中华帝国""上下之通"的传播体系。帝国传播体系的形成与变革实质上是权力关系变动之产物，是中央与地方复杂关系及其张力的外现。⑤

除上述所论政治传播制度以外，本文将中国传统政治中的丁忧制度和祭祀制

① 赵云泽，董翊宸：《宋代政府信息传播机制的内生性矛盾——以进奏院为中心的分析》，《新闻大学》，2021 年第 2 期。
② 郭志菊：《版印媒介技术背景下宋代的书禁与报禁政策研究》，《新闻大学》，2021 年第 2 期。
③ 张海英：《明代言官进谏的流变》，《人民论坛》，2021 年第 2 期。
④ 王日根：《清代封印制度的经与权》，《历史研究》，2021 年第 2 期。
⑤ 唐海江：《重构"上下之通"：清末新式官报与帝国传播体系的变革》，《新闻大学》，2021 年第 4 期。

度列入综述范围，聚焦其内在的传播意涵与逻辑。俞可平研究分析了中国传统的丁忧制度，认为丁忧制度作为规范官员服丧守孝的强制性规定，与保甲制度、株连制度、庇荫制度等一样，是强化家国同构的制度安排，巧妙地将孝与忠、家族与国家、个人利益与公共利益融为一体，最终指向都是为了维护以皇权为核心的等级政治统治秩序和以皇帝为代表的官僚统治阶级特权利益。[①]

就祭祀制度而言，刘永华提出行政与祭祀相互维系的制度设计，是中国传统政治体系的重要特征之一。学者从祀典仪式的视角，考察了明清省制演进，提出行政与祭祀虽相互维系，但各自分享不同的属性与时间节奏。不同于行政制度因时因事时有调整，祭祀制度通常显示出较强的延续性、保守性，甚至是滞后性。这种行政制度与祭祀制度之间的反差，使得明清行省的仪式实践始终未能升格为礼制。这种仅具有行政组织维度而无仪式维度的格局，也显示了其作为一个行政层级的某种未完成状态。[②]

三、对华夏政治传播实践的描述与分析

中国幅员辽阔、广土众民，对不同区域及基层社会实施有效管理，是历代王朝的统治目标。但"天子独治天下"至多是一种政治理想状态的表达，处于权力顶端的黄帝，需要与官僚制、律令制所代表的行政理性共生，共同实现对社会的治理。与此同时，社会也会以自己的方式对政治权力施加影响、作出限定。可以认为，在政治传播中，国家与社会各自作为政治传播主体，共同形塑着政治传播实践。本文参照此种分类方式，着意探讨 2021 年华夏政治传播研究中以官方为主体和以社会为主体的政治传播实践，这两部分内容也构成了研究华夏政治传播实践的主轴。此外，本文在搜集资料的时候，还发现了与对外传播实践、民族间信息交流相关的文章，因此也将其纳入政治传播实践的框架中以作综述。

首先是以官方为主体的政治传播实践，这一方向的传播活动往往与王朝合法性的建构、政治秩序的维护和对民众的教化须臾不离。罗新慧通过对周代"支子不祭"历史实践的考察，发现伴随着社会流动、家族繁衍等状况的出现，支子完全可以独立祭祀，且祭祀范围远超礼书所谓"庶子不祭祀""庶子不祭祖"的限定。这一现象侧面反映出宗法制度内部的张力问题，即宗法制度既有强调"亲亲"（血缘关系）的一面，又有强调"尊尊"（等级关系）的一面。而当对等级性的重视达到一定程度的时候，会催生出依据政治地位而不再依据血缘关系祭祀祖先的诉求，

---

① 俞可平：《孝忠一体与家国同构——从丁忧看传统中国的政治形态》，《天津社会科学》，2021年第 5 期。

② 刘永华：《祀典仪式视野下的明清省制演进》，《历史研究》，2021 年第 4 期。

建立在血缘关系基础上的祭祀规则会被倾向于等级关系的规则所替代。支庶独立祭祀之例的出现虽然对传统"支子不祭"祭祀规则构成了挑战,但是它是伴随着社会的发展需要应运而生的,并以自身的逻辑方式重构对宗法关系的理解与想象,维护社会政治的长治久安。①

张振宇从传播学视角,考察了先秦两汉的禳灾活动。从表层看,禳灾是一种祈神免灾的仪式传播;究其深层,禳灾也是一种危机传播与政治传播,其象征意义要大于实际价值,具有"维稳"逻辑。最高权力者通过举行禳灾仪式来管理由灾异引发的阶层冲突,掩饰积习已久的社会不公,维护自身统治合法性的建构。②

徐畅以唐代首都长安所在的京畿县为例,探讨这一时期县以下的权力结构与社会治理。研究发现,唐代国家通过建立"府—县—乡—里"的垂直行政层级,展开统治与教化,实现了皇权下乡与下情上达。可以认为,政令、信息传达的相对畅通,是京畿区行政统治的核心性特征与治理逻辑精义之所在。京畿社会治理同时伴随着巨大行政成本的消耗,处于权力顶端的黄帝,与官僚制、律令制所代表的行政理性共生,在京畿社会的日常运转中相互牵引,及时遏制不良势力,进而达成至善之局。③

赵国宁、赵云泽以清朝官方新闻控制思想和新闻管控实践为研究对象,发现二者在清初、清中期及晚期相互形塑的时代特征。在作者看来,清朝各阶段新闻控制思想与实践虽具有明显的差异性特征,但其始终以维护政治统治为旨归,秉持着以维护清王朝统治为中心的核心思想。④

其次是以社会为主体的政治传播实践。这类实践涉及家训、耕读、舆论、乡村治理、地方社会意愿表达和民间信息交流;传播主体有士大夫、乡绅、生员、乡村士子和普通民众。就家训而言,谢清果运用媒介学视角和解释学方法,将家训作为中国传统社会中特有的传播现象予以重新理解,认为家训在传播时效性上不再限于具体的时空场景,传播对象是非特定的"子孙后代",传播直接用意是以长辈身份进行行为指导,树立一种不在场的权威,建构起言说的合理性与合法性。家训的产生与发展是家庭传播场域中发生的权力斗争实践,并由此嵌入中国古代"家国同构"的独特政治生态中。⑤

---

① 罗新慧:《周代宗法家族支庶祭祀再认识》,《历史研究》,2021 年第 2 期。
② 张振宇:《危机、仪式与权力:先秦两汉禳灾活动的传播学考察》,《新闻与传播研究》,2021 年第 7 期。
③ 徐畅:《何以善治:唐代京畿县乡的权力结构与社会治理》,《文史哲》,2021 年第 4 期。
④ 赵国宁,赵云泽:《从"外王"内敛到"西学"破局:清朝新闻管控思想的衍变研究》,《新闻春秋》,2021 年第 3 期。
⑤ 谢清果:《以"训"传家:作为一种传播控制实践的家训》,《新闻与传播研究》,2021 年第 9 期。

就地方社会意愿表达而言，毛亦可从文书行政程序入手，探讨明代地方社会群体呈递给官府、用于表达地方社会意愿的集体文书——"连名呈"与"公呈"。这些呈文，既是里老、生员、乡绅向官府反映地方社会意愿的重要手段，也成为政府决策时的重要依凭。连名呈、公呈制度的演进，反映了国家—社会关系中"以官治民"单一结构的转变，但并没有动摇国家在传统政治秩序中的主体性地位，治权在官而不在名。连名呈、公呈本身并不意味着"官民共治"，更谈不上"地方自治"。①

就乡村治理而言，蓝法典以明中后期《圣训六谕》现象为中心，考察了"士大夫—乡绅"视野中的权力冲突与困境。作者认为，《圣训六谕》作为一种盛行于民间的道德劝诫文书，在明代中后期逐渐形成了以乡绅为实践主体、心学为思想宗旨的教化格局。但从"士大夫—乡绅"的视角看《圣训六谕》现象的出现，会发现它并不适用于"觉民行道"的思想史判断，而更多体现了乡绅阶层的自我觉醒与革新，其本质上是乡绅整合政治资源、道德资源以稳固自身之于乡村社会的权威地位的活动。②

同样是作为一股沟通官府和平民百姓的社会力量，展龙考察了明代生员的舆论实践活动③。在作者看来，明代生员时常突破学规禁例，以清议、上书、谣谚、诗文等独特话语方式，自觉承担起制造舆论、传播舆论和监督舆论的历史使命。可以认为，生员们的舆论话语和舆论行动，在相当程度上代表了社会的公理与良知，是"社会口碑"和"舆论风标"的具象展现。④

就耕读而言，马俊亚考察了明清之际常州舜山地区乡村士子的耕读实践，认为耕读者绝非不食人间烟火的至圣绝贤，而是喻利明理、求田问舍式的凡夫俗子，他们大多数为科举做准备，终极目标仍然是入仕。"耕"与"读"之巧妙融合，既符合重农的国家意识形态需要，也塑造延续了中华民族的文化和理性基因，培养出一部分具有自主思考能力和独立人格的人，使其成为这个民族的精神中坚和思想峰峦。封建统治者多视耕读为政权延续之福音，以保证民众免于饥寒、享受不同程度的教育，展现了中国传统社会相对务实的一面。⑤

---

① 毛亦可：《明代文书行政中的地方社会意愿表达》，《历史研究》，2021 年第 5 期。

② 蓝法典：《"士大夫—乡绅"视野中的权力冲突与困境——以明中后期〈圣训六谕〉现象为中心》，《政治思想史》，2021 年第 2 期。

③ 需要注意的是，生员与乡绅二者，不论是财富、声望抑或是影响力等方面都存在较大差距，后者地位远高于前者。

④ 展龙：《明代生员的舆论自觉与社会意义》，《社会科学》，2021 年第 11 期。

⑤ 马俊亚：《世本无圣：明清常州舜山地区乡村士子的耕读实践》，《复旦学报（社会科学版）》，2021 年第 1 期。

就民间信息交流而言，龙伟借助严修《蟫香馆使黔日记》及清季山西票号商业通信档①，运用量化的研究方法，以清季民间通信渠道及速度为研究对象，探讨了前清季民间长距离信息流动的基本状况，以期为认识近代中国社会变革提供一个新的视角。作者研究发现，清季民间的通信效率并不落后，但其仍无法突破交往工具内在的时间限制，较之于同时期西方工业时代塑造的钟表时间与全新速度，清季社会的交往速度及组织效率都远远落后。可以认为，民间社会通信的速度及效率，在相当程度上反映了一个社会信息流动的水平，并较为直观地展现了社会的组织能力和运作效率。②

最后是华夏与少数民族间的信息传播与对外传播。就华夏与少数民族间的信息传播而言，夷夏阴阳说是一种以阴阳譬喻政治、诠释夷夏关系的论述。钱云考察了夷夏阴阳说在汉唐、北宋及南宋等不同时代的发展与内涵变化，发现伴随着不同政治格局的塑造，夷夏观也经历了官方从否定到肯定的转变，对阴阳关系的论述从汉唐时期的"阳尊阴卑"转向宋代的"有阴则有阳"、"阴阳消息"和"孤阳不生"，实现了夷夏观的重构。并且借由思想家、科举用书等广泛传播，夷夏阴阳说也成为后世审思华夷关系的重要资源和不同面向。③

苏航研究北朝文化与民族的互动过程发现，中古史研究中长期盛行"民族文化决定论"的思考范式，将民族与文化视作一一对应关系，倾向运用"汉化"或"胡化"等概念解释社会各方面不断接近中原文化主流形态的过程，而相对忽视非汉民族在对中原文化吸收过程中的主体地位。基于此，作者提出通过价值结构理论以揭示文化变迁的结构性与方向性特征，整合"多元"与"一体"，融通汉化与汉化，为既往不同汉化宏观解释提供共同的微观理论基础，以补足从环境和制度变迁到文化变迁之间的理论缺环，为中华民族共同体的凝聚力提供新的视角。④

湛晓白在国家文化与族群文化的关系框架中对清末国家语言统一进程予以思考，认为清末新政时期国民教育改革以语言文字的统一为引擎，确立了"书同文"和"语同音"的制度目标，改变了王朝时代"各语其语"的状态，说明了建设统一的国家通用语言文化乃民族国家时代大势所趋。与此同时，传统的清朝"国

① 作者龙伟选择《蟫香馆使黔日记》与山西票号档案作为研究文本的原因在于，他认为严修所著《蟫香馆使黔日记》主要展现清季士人亲友间的通信状况；山西票号档案则反映了商业通信的基本状况。

② 龙伟：《清季民间通信的传播渠道及其速度——基于严修日记与山西票号通信的观察》，《现代传播（中国传媒大学学报）》，2021 年第 6 期。

③ 钱云：《夷夏与阴阳：两宋思想、政治转型与夷夏观的重构》，《复旦学报（社会科学版）》，2021 年第 3 期。

④ 苏航：《从价值同构看北朝的文化变迁和民族凝聚》，《历史研究》，2021 年第 4 期。

语"——满语、满文仍留有一定的生存空间。"新旧"国语的并存，揭示了这一改革进程的不彻底性和族群制约因素。①

就对外传播而言，学者李庆，以海商林必秀事迹为线索，遵循中西史料互补互证原则，力图全面地展现明万历初年中国与西属菲律宾首次交往的整体历史图景。有明一代，无论是"四夷来朝"抑或"四夷来商"，统治者主要遵循朝贡制度接待外国来访人员。明中期以后，伴随着传统朝贡贸易体制趋渐瓦解，海上贸易颇有"国退民进"之势，像林必秀一样的民间海商时常充任通事，成为官方制度缺失下的灰色群体。他们顺应时代所需成为与异质文明接触之初不可或缺的关键角色，也为后世深入研究中外关系史提供了独特切入点。②

四、对华夏政治传播媒介的考察与解读

媒介本身即是传播学科关注的核心要素，华夏政治传播也不例外，学者们在该主题上着力颇多。需要注意的是，媒介并不是原始政治信息的制造者即主体，因此，我们对于媒介的理解还需要透过媒介渗透到其背后的政治传播主体及其社会环境中，从社会的深度认识、把握和理解媒介的功能与意义。这也正是目前华夏政治传播越来越重视研究"生活媒介""文化媒介""媒介共生"的旨趣所在。限于篇幅，关于华夏政治传播媒介的考察，以下只能分类做概要性评述。

首先，报刊、官员公务迎书、时事书、学校等物质性媒介。这一部分的研究成果非常丰富，多出现在中国古代新闻史和传播史的研究当中，主要以历代沟通信息的官方媒介为主。就报刊而言，蒋建国肯定了晚清现代报刊媒介在传播科举新闻过程中所发挥的重要作用，及其背后所蕴含的社会转型逻辑。科举制度和报刊传媒之间本无必然关联，但是读报的士人却与科举考试存在着千丝万缕的联系。报刊利用自身的资讯优势，印制乡试、会试闱墨，刊登各类科考书籍广告，实现了科举新闻与科场生意的"互动"与"互构"，使"应试之书"与"必读之报"之间形成更为紧密的关系③。就时事书而言，胡丹和李花蕾以明清"甲乙鼎革之际"的时事书（也称"甲申之书"或"甲乙诸书"）为研究对象，认为它不同于一般的野史或笔记，具有快速传递时事，表达时政意见的当世功能④，以破除以往人们对时事书"猥繁不伦、异端丛出"的不堪评价。作者提出时事书能够为我们分析南

① 湛晓白：《清末国家语文统一与满汉族群关系变化》，《历史研究》，2021年第5期。
② 李庆：《明万历初年中国与西属菲律宾首次交往考述》，《历史研究》，2021年第3期。
③ 蒋建国：《晚清报刊的科举新闻、科场生意与读者感知》，《新闻与传播研究》，2021年第6期。
④ 胡丹、李花蕾：《明清"甲乙鼎革之际"的时事书——兼及明末时事记录与历史书写的关系》，《新闻与传播研究》，2021年第5期。

明历史文本的生成，了解时事记录与历史书写之间的转换关系，提供必要的材料基础。就学校而言，王进锋从社会流动的角度来研究西周时期的学校，认为学校教育作为人们获取向上流动的资本的重要途径，既为西周时期的贵族与平民入仕提供了门径，也为不能入仕的学员带来了境遇改善和生活便利①。

其次，故事及小说、辞赋、古文等通俗性媒介。这一方面的研究多出现在中国古代文史和历史研究当中，侧重通过对文本的解读与分析，探寻文本背后的政治建构或社会互动意义。就故事或小说而言，何玉红提出，汉唐故事作为植根于中国本土历史和文化资源中的一种共同记忆，在五代十国从"断裂"走向整合的过程中发挥着重要的作用。它将各种分裂的力量潜在地聚合在一起，引导着五代十国走出离乱动荡，有助于强化政权的合法性构建和人心动员，在制度重建中有效地维持着统治的运行，作为理想统治的典范起到政治导向的作用②。同样是有关故事的研究，郭津嵩也肯定了故事作为一种可资凭借的话语资源的意义。他认为，齐地方士公孙卿在元鼎四年为汉武帝讲述的皇帝故事，虽看似驳杂，实是一套结构性言说，政治、信仰和言说在权力顶端交织纠缠。其所营造的"汉兴复当黄帝之时"之宏大历史时空语境，在武帝封禅改制运动的谋划和展开中起到了关键作用③。在吕博看来，唐代传奇小说《梁四公记》故事细节与历史记忆的背后，是6世纪以萧梁建康为中心的欧亚大陆物质和精神文化交流史④，同时关涉南北朝文化正统的争夺。就辞赋而言，孙少华指出，汉赋文本的产生，是"皇权"与"不死"信仰合力的结果。而从皇权的角度处理"不死"信仰，就是皇帝的封禅⑤。这在客观上实现了此前带有齐文化、楚文化色彩的"辞赋"向"汉赋"的转化。在作者看来，文学史上一种新的文体的产生，其策源地往往在民间，但其合法化或标准化，则需要官方与民间的合力作用才能实现。就古文而言，郭英德研究发现，清初五十余年，经由士人群体的倡导和实践，唐宋古文在文坛上逐渐超越秦汉文、六朝文，成为文人的归趋、文体的正统、文章的矩范和文法的渊薮。鉴于唐宋古文容易滋生空疏浅薄之弊端，清初士人着力彰显古文中经世致用的思想理念，在观念上重构了"趋于正"的唐宋古文典型，使之达臻醇雅，契合时代及社会思潮走向。作者认为，在任何时代，重构文化典型的过程都不仅是一种历史活动，更是一种现实活动，究其实质，无非是官方政教意识形态的外显与表征，从而与政

---

① 王进锋：《西周学校的等级体系、升汰机制与学员出路》，《文史哲》，2021 年第 5 期。
② 何玉红《汉唐故事与五代十国政治》，《中国社会科学》，2021 年第 4 期。
③ 郭津嵩：《公孙卿述黄帝故事与汉武帝封禅改制》，《历史研究》，2021 年第 2 期。
④ 吕博：《〈梁四公记〉与梁武帝时代的文化交流图景》，《历史研究》，2021 年第 1 期。
⑤ 孙少华：《"皇权"与"不死"——汉赋早期两大文本主题与"梁园文学"之兴起》，《文史哲》，2021 年第 1 期。

教意识形态殊途同归地趋向于"正统"，共同建立一个符合政治权力要求的思想文化秩序①。

最后，其他传播媒介，主要包括结绳记事、货币、预言、图像等。就结绳记事而言，林凯和谢清果从传播学的角度来分析结绳记事的传播模式、内在机理及其功能。在两位学者看来，结绳记事作为文字产生之前人类创设的一种记事方法，主要是通过绳结这种体外媒介来构造意象，传者的"意"通过绳结创设成"象"，他者通过"象"的解读来获取信息、交流情感②。虽然结绳记事作为一种体外媒介技术存在，但其内含有身体与情感交融的传播机理，它是马歇尔·麦克卢汉所言之"媒介是人的延伸"之具身传播的形象表达。就货币而言，李鸣飞研究了元中后期纸币控制政策和纸币系统运行情况，以及其对至正钞法改革的影响③。在作者看来，尽管元代纸币控制政策存在诸多弊端，且尚有不少学者将这一时期纸币控制政策、钞法改革失败与元朝灭亡联系起来，但不能全盘否定这套纸币经济体系在当时社会所起到的调节功用。王昉与徐永辰从货币思想的角度，建构流通性与稳定性的交换媒介二维属性分析框架，考察晚明白银货币化的制度变迁实现机制④。谢一峰考察了自靖康之难后同道教相关的北宋亡国预言，认为这些预言无论是先见也好，抑或妖言也罢，与其说是反映了徽宗朝的实际情形，毋宁说是反映了"后徽宗时代"士人和道士对于北宋亡国的反思。此类亡国预言看似神秘的"外衣"背后，实是南宋士人进行政治批评的一种策略和手段⑤。就图像而言，陈阳立足于跨文化传播视野，探究作为媒介的晚清酷刑图像的传播路径、模式与意义，揭示了中西方在人员流动、观念流变中关于文化的交流与想象。⑥

五、华夏政治传播研究的评介与前瞻

从上述华夏政治传播研究的知识图谱来看，2021年华夏政治传播研究成果丰硕，主题多样，既有涉及理论层面的凝练与阐释，又有涉及实践层面的考察与分析，这都构成了我们理解华夏政治传播的不同面向。学者们或通过传播的新视角重新解读历史，或通过对历史的阐述再次更新理论，为我们认识、理解和把握

① 郭英德：《唐宋古文典型在清初的重构》，《中国社会科学》，2021年第5期。
② 林凯，谢清果：《重返部落化：结绳记事的传播模式、机理与功能探赜》，《国际新闻界》，2021年第2期。
③ 李鸣飞：《元中后期纸币控制政策及影响》，《历史研究》，2021年第5期。
④ 王昉，徐永辰：《晚明白银货币化的制度变迁实现机制——基于交换媒介属性的思想史考察》，《江西社会科学》，2021年第2期。
⑤ 谢一峰：《先见与妖言：靖康之难后同道教相关的北宋亡国预言》，《文史哲》，2021年第5期。
⑥ 陈阳：《中西交流视野下晚清酷刑的图像传播研究》，《新闻大学》，2021年第3期。

华夏政治传播累积了重要洞见。纵观研究成果，可以发现当前华夏政治传播研究总体上呈现出三种研究面向，也为未来华夏政治传播的发展方向提供了可触摸的脉络。

首先，为现实寻根，侧重溯源返回至特定的历史语境中凝练政治传播理念。正所谓"知今当鉴古，无古不成今"，历史成为后人理解古代政治传播行为的"释义系统"和"意义之网"。这也正是传播学奠基人施拉姆所言之"传播生成社会"的旨趣所在，传播不仅是一个信息流动的过程，它还是一个具有"历史血肉之躯"的社会行为。因此，无论是对于古代政治传播也好，抑或是当代政治传播也好，我们还需要从社会的深处理解传播，历史也始终是华夏政治传播研究的重要立足点。从综述当中可以看到，目前诸多研究力求跳脱运用现代思维框架或价值预设去考察历史的研究路径，忠实对历史语境的还原，深耕具有中国血脉与精神气质的华夏政治传播理论。历史证明，绵延五千年的中华文明虽然不存在用现代传播学话语表达的传播学理论，但是其包含有用中国话语直接或间接表达出来的传播学理论却是不争的事实。并且，目前的华夏政治传播研究越来越聚焦于古代政治传播制度、体系等宏观层面，而不仅流于对微观传播现象、形式等方面的探索。

其次，把握中西向度，以期在更广阔的范围内获得广而深刻的传播共识。近代以来，屡败屡战的经验事实使得国人倾向于认同这样一个观点，即中国文化传统现代化的一个重要努力方向是学习西方文明。他们多将中西方文明之间的"差异"转化为中西之间的"差距"予以解读，仿佛只有挪用西方的话语体系才能讲清楚中国的问题。将中国丰富多元的经验事实变成理解西方文明的一个"注脚"，难免有"削足适履"之嫌，这也与华夏政治传播研究"在外推与统合的辩证历程中进行思想创造"的研究旨趣是相违背的。不可否认，西方经典理论的确为我们理解古代政治传播行为提供了一面镜子，不过华夏政治传播是植根于中国本土的传播活动，需要运用中国的话语与逻辑思维加以解释。这意味着我们对华夏政治传播的认识、理解和把握，还需要回归到中国古代的历史情境中去。从本土文化中汲取资源，并不妨碍理论或思想间的激荡。在这个意义上，华夏政治传播研究同时需要兼具世界视野，以更好实现文明间的对话与交流，获得广而深刻的传播共识。

最后，讲究古今贯通，通过对华夏政治传播行为的解读，实现对现实政治传播活动的关怀。华夏政治传播研究不是发思古之幽情，而是应当有明确的社会问题意识，进而为当代中国的政治传播实践提供有益思考和重要借鉴。从综述当中可以看到诸多学者都尝试站在历史实践中和中国现实进行勾连，以古鉴今，这也充分彰显了当代华夏政治传播研究的问题意识和时代情愫。不过，在另一方面，我们也要谨防"执意于古"的偏差，因为目前学界中有夸大中国传统文化作用的倾向，过度聚焦于古代政治传播行为对现代的影响。因此，如何较好地实现古代命题向现代研究问题的转化，成为一个十分重要的问题。要良好实现这一创造性转化，既需要避免以"后人之见"曲解原意，也要谨防"执意于古"的偏差。前者需要研究者广泛涉猎，同时具备一定的批判能力；后者则需要研究者具备一定的学术智慧和思维想象力，注重论述的合理性。能否恰如其分地把握以上两点，仍是当代华夏政治传播研究亟待注意和理清的关键问题。

2021 年汉服文化与华夏传播研究综述

李汇群　　王梓涵*

Li Huiqun　Wang Zihan

摘　要：在"文化战略"和"民族复兴"的语境下，汉服文化运动成为中华传统文化复兴的重要部分。本文梳理 2021 年以来汉服文化与华夏传播的实践和相关研究，发现汉服文化已经从趣缘群体的小众传播逐渐"出圈"，越来越受到关注，亦发现当前的汉服研究尚未能贴合汉服实践的实际情况，理论与实践之间存在空缺，需要继续凝练研究主题，拓展研究空间。

关键词：汉服文化；华夏传播；研究综述

2022 年 1 月 31 日，由中国国务院新闻办公室、中国国际贸易促进委员会主办的"感知中国——走进迪拜世博会"活动在迪拜世博会中国馆揭幕，来自中国河南修武的"汉服演义"以及"听月小筑"汉服品牌的作品登上了世博会的舞台，通过汉服游园会、汉服展演、汉服快闪等形式将中国汉服之美分享给世界各国的游客②。中国官方将汉服作为世界"感知"中国的文化符号之一，说明自 2003 年以来的中国汉服运动③已经产生了更大的影响，而梳理 2021 年以来汉服文化与华夏传播的实践和相关研究，亦能发现汉服文化已经从趣缘群体的小众传播逐渐"出圈"，越来越受到关注。

＊　作者简介：李汇群，女，中国传媒大学传播研究院副教授，研究方向：文化研究、舆论传播研究。王梓涵，男，中国传媒大学传播学专业研究生。

②　新华社：《"感知中国"走进迪拜世博会》，2022 年 2 月 2 日，http://www.gov.cn/xinwen/2022-02/02/content_5671642.htm#1，2022 年 4 月 15 日。

③　本文关于汉服运动的发展历程，尤其是有关早期网络讨论阶段的信息和资料等，着重参考了杨娜主编：《中国梦 汉服梦：汉服运动大事记（2003 年至 2013 年）》，电子版，特此鸣谢。

一、2021 年汉服文化与华夏传播实践

从 2003 年至今，汉服运动已历经十九载，业已形成稳定且不断发展创新的多种实践形式。汉服爱好者在中国城市积极开展汉服运动，除了早期的汉服聚会、汉服祭祀等实践形式外，随着移动互联网与社交媒体的发展，汉服运动实践形式也逐渐增多，同时，线上汉服社群（QQ 群、微信群、豆瓣小组、百度贴吧等）、地域性汉服协会、高校汉服社团逐步建立，定期举办汉服活动。在这个过程中逐渐形成了汉服实践的基本模式，即"线上—线下—线上"的宣传模式，即"网络社区动员与征集人员—线下活动实践—回归网络展示成果"①。

根据周星等学者梳理的资料，并结合 2021 年以来汉服实践出现的新热点、新风尚，本文将目前主要的汉服文化与华夏传播的实践形式与路径归纳如下：

（一）汉服科普

汉服爱好者以网络汉服社群为基地，在各类网络媒体平台通过多种表现形式，以科普或辩论的形式向大众传播汉服及其背后所承载的华夏文化。此类汉服运动大多集中于线上，如中国汉服网、百度汉服吧、豆瓣汉服小组等网络社群以及微博"说给汉服"、B 站"七十二烟尘"等汉服科普博主。如百度汉服吧有大量汉服科普与辩论贴，以"汉服科普"为关键词的帖子数量超 144 万篇（检索日期为 2022 年 4 月 15 日），内容涉及汉服形制考证、纹饰考证、着装规范、山正辨认、礼仪与习俗介绍等，如《宋裙制作理论实践》《资料考证·晚唐仕女裙衫》《中国服饰简史先秦篇》等帖子均有较高的讨论量。

此外也出现了一批致力于汉服装束复原的年轻团队，通过线上结合线下的方式进行汉服科普。如"中国装束复原团队"借助相关文献与文物研究，精准复原不同朝代具有代表性的汉服样式，包括织物材质与颜色、服装结构、妆面、发型与发饰等等细节。自 2007 年成立以来，"中国装束复原团队"已经复原了 100 余款发型与妆面、400 余套装束，时间从先秦跨越至清代，其复原作品于 2021 年 12 月登上央视综艺《衣尚中国》的舞台，向全国观众展示了汉服的原生之美。②此外，该团队业已出版了《汉晋衣裳》和《中国妆束》两本汉服研究著作，是汉服科普的重要文献。

---

① 周星：《本质主义的汉服言说和建构主义的文化实践——汉服运动的诉求、收获及瓶颈》，《民俗研究》，2014 年第 3 期。

② 杨澜：《中国装束复原团队：挖掘"衣冠上国"服饰之美》，2021 年 8 月 9 日，http://cul.china.com.cn/2021-08/09/content_41640411.htm，2022 年 4 月 15 日。

（二）汉服出行

汉服爱好者将汉服作为日常着装，个人或者小团体穿着汉服出现于公共场所，如学校、公园、商场等，以提高大众对汉服的认知度与接受度，这也是汉服爱好者展现个性与时尚的主要方式。穿着汉服出街在年轻群体中有较高的接受度，无论是节日还是普通日子，一二线城市的繁华地带常有汉服同袍出没，形成一道靓丽的风景线。在抖音、快手等短视频平台，可以搜索到大量汉服爱好者穿着汉服出行的视频，其中抖音"# 汉服出行"话题播放量已超 23 亿次（检索日期为 2022年 4 月 15 日），可见穿着汉服出街对于年轻网友来说已屡见不鲜。

此外，更有一部分汉服爱好者将汉服作为日常着装。2021 年 10 月，《人民日报海外版》发文介绍"汉服奶奶"，引全网转发。[1]"汉服奶奶"刘维秀因热爱汉服并将之作为日常服饰穿着出街，在各大社交平台收获了大量年轻粉丝。河南同袍张小腐坚持 11 年汉服出街[2]、浙江大学生周婉宁一年有 200 余天穿着汉服上下课[3]……汉服爱好者穿着汉服出行是推动汉服日常化的主要途径，也是其进行汉服运动实践的主要手段。

（三）汉服雅集

汉服爱好者以网络汉服社区或线下地域性汉服社团为媒介，组织举办各种聚会、雅集、仪式活动，参与者需穿着汉服，以促进同袍群体的群内交流，也借此增加汉服的曝光度。如北京地区汉服社群"汉服北京"（现改名"汉北娘"）以贴吧、微博和微信为阵地，组织各类线下同袍聚会活动，如石景山朗园新春雅集、中秋武研社雅集、"十八年再聚首"汉服文化论坛、重阳节八大处登山聚会等，成为北京汉服同袍群体的大本营。这种由汉服社区、社团或协会等组织并执行的线下（也有部分线上）同袍集会，是近几年汉服团体推进汉服运动、宣传汉服文化的主要形式。

（四）汉服节日礼服

汉服爱好者也将汉服作为传统节日礼服盛装，结合传统节日文化习俗，以集体过节的形式感受汉服文化，并借此复兴与传统节日相关的各类文化习俗，如上

① 张凡、张银蓉：《文化自信让中国风更显时尚之美》，《人民日报海外版》2021 年 10 月 20 日。
② 梨视频：《小伙化妆穿全套汉服出街：穿了 11 年，路人眼神变了》，2021 年 4 月 16 日，https://xw.qq.com/cmsid/20210416A0CWHH00，2022 年 4 月 15 日。
③ 张瑞琪等：《一年中有 200 多天穿着汉服，成了学校的一道风景线！》，2021 年 10 月 15 日，https://baijiahao.baidu.com/s?id=1713658147053292297&wfr=spider&for=pc，2022 年 4 月 15 日。

巳节（女儿节）、七夕节、中秋节、春节等。如 2021 年 4 月，由安徽滁州博物馆与文化馆联合主办的上巳节汉文化非遗研学活动在章益故居开展，数百名年轻人身穿汉服出席，参加兰汤祓禊、祭祀轩辕、互赠香草等传统上巳节礼仪活动。[①] 又如 2021 年 9 月，云南建水一群汉服爱好者齐聚一堂，举行中秋节祭月活动，参与者统一着明制汉服，先行盥手礼再行祭月礼等。[②] 而 2021 年 2 月辛丑牛年新春之际，一群香港年轻人身穿汉服到东华三院文武庙为新年祈福。[③] 香港年轻人将汉服作为新春祈福的礼服盛装，表现出对汉服文化极高的认可度，可见汉服已经成为中国青年群体较为认同的中华传统礼仪象征。

（五）汉服秀与汉服节目

汉服因其优美的款式及优雅的气质深受年轻时尚群体的喜爱，弘扬汉服之美是年轻人参加汉服运动、复兴汉服文化的重要推动力。因此，以展示中华汉服之美以及礼仪文化之雅的各类时装秀和文化节目应运而生，是汉服运动实现大众传播的重要渠道。

2021 年 4 月，由共青团中央发起的第四届"中国华服日·海镜云裳"华服秀典在澳门举办，将汉服作为中华传统文化的符号象征，通过汉服走秀以及汉服歌舞节目向世界展示中华文化的魅力。[④] 而 2021 年 9 月，由中共敦煌市委、敦煌市人民政府指导的"云裳华胄·敦煌沙漠大秀"在敦煌市鸣沙山下上演，通过沙漠实景演绎，展示富有传统文化特色兼具时尚地域特色的服饰文化盛宴。[⑤] 此外，2021 年河南卫视开发的《唐宫夜宴》《端午奇妙游》《七夕奇妙游》等汉服节目与汉服晚会火爆各大社交媒体，通过对华夏服饰、礼仪文化、音乐舞蹈等视听元素的呈现，将华夏之美展现给大众。

（六）汉服文旅活动

汉服同袍的雅集活动催生了各类大型汉服文化节，为汉服同袍提供了交流互

---

① 滁州市文化馆：《滁州市文化馆举办 2021 年上巳节非遗研学活动》，2021 年 4 月 19 日，http://chz.wenming.cn/fwzwhyc/202104/t20210419_7068524.shtml，2022 年 4 月 15 日。

② 古城建水：《网络中国节·中秋》，2021 年 9 月 22 日，https://baijiahao.baidu.com/s?id=1711556274206574614&wfr=spider&for=pc，2022 年 4 月 15 日。

③ 北晚新视觉综合等：《香港年轻人穿汉服庆新春，网友都说"挺好的"！》，2021 年 2 月 16 日，https://baijiahao.baidu.com/s?id=1691808672655186695&wfr=spider&for=pc，2022 年 4 月 15 日。

④ 搜狐成都：《跨越千年锦梦未央—第四届"中国华服日·海镜云裳"系列活动在澳门举行》，2021 年 4 月 20 日，https://www.sohu.com/a/461854821_120995165，2022 年 4 月 15 日。

⑤ 敦煌发布：《"云裳华胄"敦煌沙漠服饰大秀精彩上演》，2021 年 9 月 13 日，https://m.thepaper.cn/baijiahao_14489738，2022 年 4 月 15 日。

动的平台，也为汉服商业活动的开展提供了助力，并借助媒体报道扩大了汉服运动的影响力。如西塘汉服文化周①、中华礼乐大会②、华裳九州③等三大汉服文化节，从 2013 年设立至今，作为汉服同袍群体约定俗成的盛会在汉服运动中具有举足轻重的地位，吸引着大量汉服爱好者参加以及大量媒体报道，也助推了汉服产业的快速发展。

在文旅产业方面，各地借助自身历史文化资源，积极与"汉服文化"联手，举办各类文旅活动，以增加文旅产业活力。如河南省修武县借汉服"东风"快速发展自身文旅产业，2021 年 5 月，第一届"汉服博览会暨中国华服日"在修武县成功举办，包括 120 多家汉服品牌、60 家配饰品牌、24 家手工匠人和 20 家非遗类文化项目，以及布料、摄影等众多汉服相关行业的近 300 个商家入驻参展，将汉服打造成为修武县文化旅游的新标签、新品牌。④除了博览会，修武县还计划举办河南华服日、筹建全国首个汉服设计学院、建设汉服主题县城等等，旨在完善汉服产业链条，打造首个"中国汉服之都"。

（七）汉服商业活动

由于汉服同袍群体的扩大，围绕着汉服文化而展开的汉服产业链条逐渐形成，涵盖从汉服制作到汉服文艺活动等多个环节，业已出现汉服时装品牌、汉服摄影机构、汉服婚礼策划、传统礼仪培训等商业形态。

汉服商家通过网络电商提供定制汉服或团购汉服的服务，是汉服爱好者获取汉服的主要途径。根据中商产业研究院统计发布的数据，2020 年汉服销量已超过 60 亿元，超过 1200 家服饰品牌新增了汉服类目商品，汉服市场销售规模接近百亿元，其中汉尚华莲、明华堂、如梦霓裳、十三余、织羽集等汉服品牌影响力较高。⑤

而根据艾媒咨询调研报告显示，2015—2020 年中国汉服市场销售规模由 1.9

① 西塘汉服文化周：由方文山于 2013 年创办的大型汉服文化活动，在每年的十月底十一月初举办。
② 中华礼乐大会：由福建汉服天下发起主办的中华传统文化活动，中华礼乐大会自 2013 年起，于每年的十一月初举办。
③ 华裳九州：由杭州次元文化联合互联网机构，8 位国风、华裳领域人士联名发起的，弘扬中国华服文化的文化推广活动。
④ 赵改玲等：《妥妥的！第一届汉服博览会暨中国华服日·中原国风盛典在中国汉服之都修武开幕！》，2021 年 5 月 3 日，https://m.thepaper.cn/baijiahao_12527461，2022 年 4 月 15 日。
⑤ 中商产业研究院等：《2021 年中国汉服品牌 TOP50 排行榜》，2021 年 11 月 27 日，https://baijiahao.baidu.com/s?id=1717543287927768420&wfr=spider&for=pc，2022 年 4 月 15 日。

亿元上升到 63.6 亿元，预计 2021 年汉服销售规模将突破 100 亿元。[①]2021 年 4 月，汉服品牌"十三余"关联公司已获得 A 轮过亿元融资，投资方为正心谷资本、哔哩哔哩和泡泡玛特；本轮融资后，十三余将继续发力推动国风文化传播及拓展更多国风生活方式关联产品链。[②]资本的介入意味着汉服产业具有较高的商业潜力，随着"汉服热"潮流的兴起，汉服也从小众文化逐渐走进大众视野。

（八）汉服互联网事件

互联网媒体一直以来是汉服运动的主要宣传媒介，汉服爱好者们在网络空间中制造、促成或借助社会热点事件或公共事件，宣传汉服文化，扩大汉服文化的影响力。2020 年 11 月，中国漫画家 old 先在推特平台上传一组穿着带有汉服元素的新式服装人物插画，引来韩国网民攻击。韩国网民声称这组古风插画抄袭了传统韩服，并认为"汉服源于韩服"。[③]有关"汉服"与"韩服"的争论一直持续到 2021 年，甚至 YouTube 平台的汉服穿搭被韩国网友嘲讽。可见，国外网民对中国传统汉服存在误解。该事件在国内网民中激起热烈讨论，网友戏称"万物起源在韩国"，对韩国网民混淆汉服与韩服的行为进行回击，同时大量汉服与韩服科普帖出现，以强调汉服的文化正统地位。

此外，微博、抖音、小红书等社会化媒体的出现，使得具有较高审美价值和时尚度的汉服文化得以破圈传播，进入大众视野。例如在抖音短视频平台，"＃汉服"话题播放量已超 665 亿次（检索时间为 2022 年 4 月 15 日），可见在抖音等互联网媒体的助力下，汉服已深入大众，成为现象级传播事件。

（九）汉服宣传

汉服爱好者们积极参与政府活动，试图进一步宣传、提高汉服运动的政治与文化地位。早在 2003 年，全国政协委员张改琴就向全国政协提交《关于确定汉族标准服饰的提案》，建议由国家层面的权威机构设计、规范、制定和发布汉民族的服饰标准，并加以推广和普及，这是汉服运动群体首次向政府寻求官方认可。而 2021 年 3 月，全国人大代表成新湘提交《关于设立国家"汉服日"的建议》议案，建议拟定每年三月初三定为"中国汉服日"，力图正式确立"汉服"的地位。

---

① 艾媒咨询：《2021 中国汉服产业现状及消费行为数据研究报告》，2021 年 7 月 19 日，https://weibo.com/ttarticle/p/show?id=2309404660739783918026，2022 年 4 月 15 日。
② 蓝鲸财经：《十三余完成过亿元 A 轮融资，汉服成为百亿级潜力新市场》，2021 年 4 月 8 日，https://baijiahao.baidu.com/s?id=1696482129749849850&wfr=spider&for=pc，2022 年 4 月 15 日。
③ 看鉴：《韩国人把汉服骂上热搜：这些明明是韩服，中国人抄袭了韩国》，2020 年 11 月 10 日，https://m.thepaper.cn/baijiahao_9924418，2022 年 4 月 15 日。

汉服复兴是中华传统文化复兴的重要有生力量，其所承载、展现的文化精华是中国向世界展示民族文化魅力的重要窗口。早在 2018 年，共青团中央就和＂哔哩哔哩＂网发起了"中国华服日"活动，表达了对民间汉服运动的认可与支持。而 2021 年夏央视频联手 CGTN 推出《第一套国风广播体操》，以广播体操的方式，融合传统礼乐、武术、戏曲等文化元素，将来自古籍书本中的文化融入现代日常生活。① 这是汉服宣传的全新尝试，也是中央媒体在中华文化对外传播方面的新探索。

二、2021 年汉服文化与华夏传播研究

（一）学术期刊研究

以"汉服"为篇名，以 2021 年为时间限定，查询中国知网，共检索到 116 篇相关论文，其中有 4 篇 CSSCI 论文（检索时间为 2022 年 4 月 15 日）。和往年相比，2021 年汉服研究的数量和质量都呈现出稳步上升趋势，也依然呈现出跨学科、多主题等特点。以汉服文化与华夏传播研究而言，这一年的研究主题明显更集中，对问题的探讨也更深入。

2021 年汉服文化与华夏传播研究的主要内容，可以归纳为汉服与文化、汉服与新媒体两类主题，研究角度则包括：

1. 历史梳理

汉服文化已经在国内发展多年，需要从历史角度对之展开梳理总结。尹剑总结了二十年来汉服运动的成就，将之概括为守正创新、爱国情怀、道德自律、激情创业、开拓国际市场等五点，同时表述了对其未来发展瓶颈的忧思。②

2. 审美视角

在汉服运动发展的过程中，对美的追求始终是重要的动力。祝明惠等从审美和身份两个层面展开，分析了当下汉服传播现状，梳理了汉服传播中存在审美、怀旧、刻奇等三类趣味，从性别、群体、国族等角度建构了身份认同，审美和身份相互渗透，但也出现了"牺牲身份的审美"和"牺牲审美的身份"等乱象。③

---

① 宫辞、杨娜：《国风运动会，一场年轻人的传统盛宴》，2021 年 8 月 5 日，https://share.gmw.cn/culture/2021-08/05/content_35057047.htm，2022 年 4 月 15 日。

② 尹剑：《传统文化的新意表达：汉服、汉服运动及其文化复兴》，《艺术百家》，2021 年第 6 期。

③ 祝明惠、郭必恒：《审美与身份的互渗与背反——当代汉服时尚的深层机制探讨》，《文艺论坛》，2021 年第 1 期。

3. 群体传播

汉服社群已经是较有影响力的群体，从群体发展的角度而言，群体内部会自然而然形成相应的管理、互动机制，也会出现一些不和谐的声音和现象。田丰等关注"汉服警察"，梳理了目前在汉服圈普遍存在的"山正警察""形制警察""排外警察""科普警察"等，指出由于"汉服警察"的介入，使得汉服传播呈现出圈层化与阶层化的趋势，"汉服警察"以保护汉服的名义"出警"，反而导致了汉服文化发展的固化。①

4. 特色产业

汉服的兴起，源于当下社会人们文化自信的提升和对传统文化的强烈认同，但汉服发展也部分受到民族主义思潮的影响。魏鹏举将汉服定位为有中国特色的文化产业，强调"汉"文化不仅仅是"汉族"文化，而是以中华礼仪文明为核心的汉文化共同体，汉服产业唯有回归到这个本源，才能融入开放共享的人类命运共同体，打通国内、国际两个市场，成为优秀传统文化复兴的有生力量。②

5. 平台维度

新媒体已经成为当下汉服文化传播的重要平台，这种现状在学术研究中也有所反映。2021 年汉服与新媒体的研究，已经越来越聚焦到具体平台，呈现出研究细化的一面。如孙亚茹对抖音平台近三年来的汉服圈用户发布的视频进行抽样，将抖音汉服视频内容概括为教程类、科普安利类、影视类、歌舞类、变装类、盘点类、街拍类、开箱类等八类，对抖音的汉服短视频类型进行了系统梳理。③陈可欣等以微博为研究对象，从文化记忆的角度切入，分析了微博汉服在凝聚集体记忆和文化记忆方面发挥的作用，并指出纪念仪式和身体实践是微博汉服建构文化记忆的主要路径。④邱天关注 B 站汉服频道，将汉服视频的主题界定为妆发教程、精致短片、测评及开箱、汉服日常、其他等五类，并指出 B 站的汉服短视频具有古今融合的特点，而文化自信是汉服短视频受到欢迎的深层原因。⑤

① 田丰，王露瑶：《"正统"与"异端"的对立——以"汉服警察"为例》，《中国青年研究》，2021 年第 10 期。
② 魏鹏举：《文化经济学视野下的"汉服热"——本体文化自觉与服装产业细分不期而遇》，《人民论坛》，2021 年第 27 期。
③ 孙亚茹：《新媒体背景下汉服文化传播研究——以抖音平台为例》，《新闻传播》，2021 年第 12 期。
④ 陈可欣，张莉：《微博汉服文化记忆的呈现与建构》，《采写编》，2021 年第 9 期。
⑤ 邱天：《汉服文化短视频传播攻略——以哔哩哔哩网站为例》，《新闻论坛》，2021 年第 4 期。

（二）学位论文研究

以汉服为题名，搜索 2021 年知网的学位论文，共得到 19 篇硕士学位论文（检索时间为 2022 年 4 月 15 日），加上笔者所指导的一篇硕士论文（未上网），共计 20 篇。就汉服文化与华夏传播研究而言，2021 年的硕士论文在研究内容上有一定创新。具体而言，研究创新集中表现为研究主题的拓展，集中于以下几个主题：

1. 媒介形象

汉服爱好者已有数百万之众，如此庞大的亚文化群体，在媒介报道中如何被呈现，却少有人关注。聂佳丽以 2005—2019 年媒体新闻中的汉服爱好者报道为研究数据，整理新闻报道的多个框架，梳理了十五年间汉服爱好者媒介形象变迁的过程，并总结了相应原因。①

2. 地域文化

作为一种文化实践，汉服活动与地域文化密切相连。以汉服实践为窗口，观察不同地区的文化建设，是 2021 年汉服研究的新亮点。基于成都汉服圈的田野考察，葛永超对成都汉服圈使用社交媒体传播汉服文化的行为进行分析，梳理了他们的行为动机，并重点探究了社交媒体在这个过程中所发挥的作用。②费欢以长三角地区文旅活动中的汉服实践为研究对象，将汉服、文旅活动和江南文化相结合，提炼了长三角地区汉服文化传播的独特性。③

3. 平台维度

近两年来，短视频的快速兴起，为汉服文化传播提供了新的平台和助力。对短视频平台的关注，是 2021 年研究的另一个突出特点。敖盼以抖音平台的汉服短视频为研究对象，分析了短视频媒介工具在传播汉服文化中提供的社会语境，并具体梳理了汉服短视频的叙事主题、叙事话语、互动仪式等。④柳丹丹以疫情期间抖音平台发起的"汉服行礼"视频传播为研究对象，从传播仪式的角度梳理了抖音平台和汉服文化传播之间的关系，为汉服研究提供了疫情特殊时期的经验资料。⑤

① 聂佳丽：《汉服爱好者媒介形象分析》，硕士学位论文，兰州财经大学，2021 年，第 1—79 页。
② 葛永超：《社交媒体汉服文化传播研究：基于成都汉服圈的田野考察》，硕士学位论文，四川省社会科学院，2021 年，第 1—100 页。
③ 费欢：《长三角地区文旅活动中的汉服现象研究》，硕士学位论文，上海戏剧学院，2021 年，第 1—60 页。
④ 敖盼：《抖音短视频中汉服文化的传播研究》，硕士学位论文，湖南师范大学，2021 年，第 1—116 页。
⑤ 柳丹丹：《传播仪式观下抖音用户互动行为研究——以"汉服行礼"事件为例》，中国传媒大学，2021 年，第 1—96 页。

（三）学术著作研究

2021 年 11 月，由初代汉服运动意见领袖杨娜等人主笔的《汉服通论》出版，阐述了古代汉服体系的起源、发展与演变特征，揭示并重构现代汉服完整服饰体系，同时明晰"汉服学"概念，旨在建构现代汉服理论，[①]已成为汉服同袍新人了解汉服的重要文献。由汉服运动团体"汉服北京"集体署名出版的现代汉服科普著作《千古霓裳——汉服穿着之美》也于 2022 年 1 月出版，聚焦当代语境下汉服穿搭，讲解现实场合中汉服的制式、穿搭形式、基本款式，系统展示了当代同袍汉服实践的路径与状态。[②]此外，诸如《当代汉服款式与结构》[③]《美人罗裳·汉服制作专业教程》[④]《古风化妆造型》[⑤]等专业教程式汉服参考书也相继出版，成为可供汉服爱好者、汉服设计者以及汉服研究者等借鉴的参考书籍。

结语

综上所述，自 2003 年兴起至今，中国现代汉服运动自身不断创新与发展，也越来越受到主流话语的重视与支持。而随着移动互联网、社交媒体平台等媒介技术的发展，汉服运动面临着日新月异的实践场景，业已步入一个全新的实践阶段。在"文化战略"和"民族复兴"的宏大语境下，汉服运动成为中华传统文化复兴的一部分，被赋予更多的文化与政治使命，面临着国际化、政治化、文艺化等多种实践场景，旧有的理论已不足以支持新出现的实践场景。

目前的汉服运动研究多从社会学、传播学、经济学等角度出发，聚焦汉服的历史脉络、文化审美、群体传播、新媒体平台发展、产业发展等展开研究。然而，有关汉服国际传播、汉服文艺化、汉服与粉丝民族主义等研究，尤其是实证研究依然相对匮乏。未来，汉服文化研究需要继续聚焦研究主题、深化研究理论和研究方法，从而拓展更多研究空间，助推汉服文化与华夏传播研究更上层楼。

---

① 杨娜，张梦玥，刘荷花：《汉服通论》，北京：中国纺织出版社，2021 年，第 1—424 页。
② 汉服北京：《千古霓裳——汉服穿着之美》，北京：化学工业出版社，2021 年，第 1—190 页。
③ 刘咏梅，冀子辉：《当代汉服款式与结构》，上海：东华大学出版社，2021 年，第 1—175 页。
④ 顾小思，许寒达：《美人罗裳·汉服制作专业教程》，北京：人民邮电出版社，2021 年，第 1—164 页。
⑤ 微凉长安（张杨）：《古风化妆造型》，北京：人民邮电出版社，2021 年，第 1—301 页。

华夏国际传播研究

后疫情时代意大利博洛尼亚大学孔子学院
信息服务与传播的转型

The transformation of information service and communication at the Confucius Institute of Bologna University in Italy in the post-pandemic era

缪何翩珏 *

Miao Hepianjue

摘　要： 疫情危机中，博洛尼亚孔子学院的嵌入式学习服务创新发展了信息服务范式，促进了其回归常态化的教学传播的步伐。有趣的是，意大利国家电台 Rai 将中国经验归因为集体意识和共同利益，即来自儒家的无价的文化遗产。研究以博洛尼亚大学孔子学院为典型案例，阐述后疫情时代的新信息环境下，博洛尼亚孔子学院的嵌入式学习支持服务策略与实践经验——将学习真正"嵌入"到工作生活中，确保了知识的有效转化；探求意大利孔子学院信息传播的转型路径，突出表现为激发和谐多元言语社区的跨文化交际功能，服务于"人类命运共同体"理念的域外传播，构建"兼容并蓄、多元一体"的跨文化传播格局。

Abstract: In the epidemic crisis, the Embedded Learning Service at the Confucius Institute of Bologna University Innovated and developed the information service paradigm, and it promoted the pace of its return to the normal teaching communication. Interestingly, Italian National Radio Rai attributed Chinese experience to collective consciousness and common interest, in fact that is the priceless cultural heritage from Confucianism. The study focuses on the Confucius Institute of Bologna as a typical case, expounded the Embedded Learning Support Service Strategy and

---

　　* 作者简介：缪何翩珏，女，江苏南京人，江苏开放大学图书馆助理馆员；博洛尼亚大学文学硕士。研究方向：信息传播与信息服务范式，中意文化传播策略。

practical experience at the Confucius Institute of Bologna in the backdrop of the new information environment in the post-pandemic era—Really "embed" learning into work and life, so that ensured the effective transformation of knowledge; on the other hand, it explored the transformation path of the information communication of the Confucius Institute in Italy, the outstanding performance is to stimulate the cross-cultural communication function of a harmonious multi-language community Outstanding performance is to stimulate the cross-cultural communication function of a harmonious multi-language community, and to serve the extraterritorial dissemination of the concept of "A community with a shared future for mankind", and to build a cross-cultural communication pattern of "inclusiveness, equitableness, diversity and community".

关键词：意大利孔子学院；多元言语社区；嵌入式学习；跨文化传播

Keywords: the Italian Confucius Institute; Multiple speech community; Embedded learning; Cross-cultural communication.

引言

自 2006 年至 2021 年，意大利以 12 所孔子学院和 43 个孔子课堂的数量位居欧洲第五，仅次于英、法、德、俄。意大利孔子学院的办学模式为中意双边高校合作共建，据《孔子学院章程》，中意双方共同组建理事会，共同审议孔子学院发展规划、年度工作计划、项目实施方案等问题[1]。2009 年 3 月，由博洛尼亚大学和中国人民大学合作创办的博洛尼亚大学孔子学院正式招生。2016 年至今，意大利没有再创办新的孔子学院，但中意双边对已有的 12 所孔院的教学模式、经验成果及问题挑战开展深入的实地调研与反思。在此期间，宁继鸣编著的《孔子学院研究年度报告》（2018）由商务印书馆出版[2]，意杰作（Vincenzo Iannotta）发表了关于意大利汉语教学的硕士论文[3]。

得益于"一带一路"倡议，海外华文教育在传统意义上传承和弘扬中华文化及保持华侨华人民族特性的功能之外，更蕴涵了丰富的时代特色，"汉语已成为世

---

① 中华人民共和国教育部：《孔子学院章程》，2008 年 4 月 25 日，http://www.moe.gov.cn/srcsite/zsdwxxgk/200610/t20061001_62461.html，2021 年 7 月 14 日。

② 宁继鸣：《孔子学院研究年度报告 2018》，北京：商务印书馆，2017 年，第 108 页。

③ 意杰作（Vincenzo Iannotta）：《意大利汉语教学的历史和现状考察》，硕士学位论文，上海外国语大学中国学，2018 年，"Introduction"，第 1 页。

界语言，随着中国日渐成为世界领先的经济大国，汉语的应用领域也越来越广泛。在意大利学会汉语中国巨大的市场意味着非常多的就业机会"①。然而2020年突如其来的新冠肺炎疫情阻滞了孔子学院的正常教学与科研，闭校政策影响了汉语学习者的福祉，尽管远程模式为学生提供了一种新的教育结果，为教师提供了积极的反馈和自我发展的机会，但数字鸿沟激发了学生学习资源需求与分布不均衡的矛盾情况，加剧、催化海外华文教育的不公平，特别是在一些教育资源落后的区域，原本促进欧洲教育一体化的"博洛尼亚进程"面临风险与压力②；另一方面由疫情引发社会恐慌，种族和跨文化冲突蔓延，言语社区间冲突升级，折射出资本主义全球化模式所带来的结构性发展困境。

疫情期间及后疫情时代，中国的抗疫实战、经济活力、脱贫攻坚、文化强国等经验在欧洲社会引发持续且广泛的热议，舆论褒贬不一，有意国权威媒体将目光转向中国民族精神的思想之源，试图从孔子与科技（Confucio e tecnologia）的角度解读疫情中中国的应对之策与成功原因：集体意识和共同利益，即来自儒家的无价的文化遗产③。因此新信息环境下意大利孔子学院中文教育的转型与发展或将重新定义中意文化传播的理论内涵和实践路径，对于促进跨文化传播、消减民族偏见与社会歧视、应对种族和跨文化冲突具有重要且积极的促进作用，突出表现为激发和谐多元言语社区的跨文化交际功能④，服务于"人类命运共同体"理念的域外传播，推动"兼容并蓄、多元一体"的跨文化传播格局的构建。

一、转折与巨变：疫情中博洛尼亚大学孔子学院的传播困境

（一）传统教育模式与传播活动屡遭重创

近年来，被誉为欧洲"大学之母"、世界上历史最悠久的大学、欧洲四大文化中心之首的博洛尼亚大学的学术与社会价值大幅提升，博洛尼亚大学孔子学院的影响力，通过"社区汉语学习网络"的创新传播方式不断向周边地区延伸，呈现辐射状、下沉式发展特点，集中表现为：（1）设立孔院本部教学点，以初、中、高

---

① Valentina Pappalardo. "Perché imparare il cinese mandarino." Last modified June 14, 2019. https://www.leccotoday.it/formazione/imparare-lingua-cinese.html,July 14, 2021.

② Khusainova Svetlana,Palekha Ekaterina, The development of the well-being of studentsof the risk group as an indicator of improving the quality of higher education in the context of the Bologna process, *SHS Web of Conferences*,vol.5(January 2021), pp99.

③ Maria Novella Rossi. "Confucio e tecnologia: ecco perché in Cina e in Estremo Oriente è stata vinta l'epidemia." Last modified November 28, 2020.

④ 李宝贵，庄瑶瑶：《意大利的言语社区规划及其启示》，《大连海事大学学报（社会科学版）》，2018年10月第5期。

级课程为主线；（2）增设孔子课堂，以高中课程为重点，旨在向更多青少年提供学习汉语的机会；（3）以搭建"社区汉语学习网络"为关键路径，多点辐射支持汉语教学点均衡发展；（4）以学生为中心的学习导向设计，为百余名学生提供多层次、特色化的教学。

截至 2019 年，意大利孔子学院的教学对象覆盖各个年龄段，汉语学习者多元化趋势显著[①]。其中，中学学员最多，为12162人，约占所有学习者的48%，中学汉语教育成为整个意大利汉语学习结构体系的中流砥柱，担负着意大利汉语教学承上启下的功能与作用，大学生是第二大汉语学习群体，约占比23%，表明意大利高等教育阶段汉语课程的受欢迎程度高，学习汉语者的基础素养较高。社会学员比重的持续增长，有力证明了意大利孔子学院致力构建的社区汉语学习网络呈现出显著的社会化优势，作为第二外语，汉语语言技能增加就业竞争力的优势正在意大利社会凸显。总体而言，疫情前的绝大多数的意大利孔子学院主要以传统的面授方式开展实地教学。

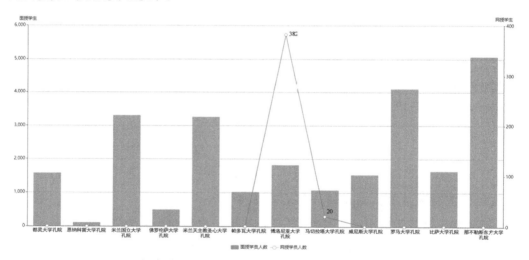

图 1　疫情前意大利孔子学院面授与网授课程学生数量

数字技术的迅猛发展催生了慕课、开放教育、知识付费等新型教育平台与教育形式，网授作为信息浪潮中知识经济的产物，正是这样一种技术不断迭代的新兴教学形式，具有远程、开放、互联、共享的技术特点，突破时空限制，便于学生自主学习、灵活掌握。但诚如图1所示，疫情前绝大部分意大利孔子学院的课程仍以传统的面授为主，网授课程、全域开放课程起步缓慢，影响甚微。其中仅

---

① 刘雪婵：《基于数据库的意大利孔子学院研究》，硕士学位论文，中央民族大学汉语国际教育，2020年，第67页。

有博洛尼亚大学孔院和马切拉塔大学孔院开设了远程课程，占比仅为 1.58%。这是由于语言课程的差异性、实操性、特殊性、吸收性决定的，面授教学更有利于师生之间、同学之间的沟通交流与实际操练，学生专注度也会更高。可视化数据直观反映出网授这种智能教学创新模式，在孔子学院的学习设计中尚在初步探索阶段。然而，一切正常教学运作被突如其来的新冠疫情严重打乱。面对新冠肺炎疫情的袭击，博洛尼亚大学孔子学院直接遭受前所未有之重创：面授教学全面暂停，学院无限期关闭；日常考试、HSK 资格考试全面取消，去年年中又因疫情反复而数次延期；HSK 资格考试费、课程学费一律退费；与此同时，2020 年年初至 7 月初，博洛尼亚大学孔子学院艺术展、研讨会、学术会议等所有文化传播活动被迫取消。一夜之间，传统面授教育建筑起的信息屏障瞬间瓦解，意大利孔子学院汉语教育的改革与发展面临巨大的挑战。

从学校系统支持的技术储备和教育资源条件来看，全覆盖、高质量的大规模孔子学院线上教育条件并未成熟，且从经济合作与发展组织（OECD）发起的国际学术评估调研来看，意大利教师具备运用数字化进行教学的基本技术和线上教育能力百分比仅为 50%，远低于 OCED 的均值 65%。尽管意大利已遵循欧盟一体化教育原则，积极开放，合作共享已有在线教育资源，且为教师提供专门支持其进行网络教学、资源分享和提升数字化教学能力的培训平台，但教辅设备和网络设备的配置不均衡，教学资源集中于北部、中部地区，南部则严重落后。其次，从 OECD 数据显示，以英、意、法为代表的欧洲传统强国和日本在学校数字化基础设施和教师相关专业的数字化准备上并不具有明显优势，孔子学院教师流动性较大，这一情况在疫情期间更为突出，由于中方教师由国家公派，最多任期四年，疫情冲击下中方教师难以赴任，而留居意大利的中方教师则在文化适应与教学磨合的过程中心生退意；对于意方教师来说，编制少、福利保障欠缺、职称资格少等问题，使得一些优秀的本土年轻教师权衡利弊后放弃教授汉语，疫情加剧了这种情况的发生，汉语教师失业率较疫情前有明显增长，连锁反应更加突出了孔子学院汉语教师乃至全国教师队伍的老龄化问题，对于教师适应线上教育传播的数字化变革是最大的挑战。意大利 48.4% 的教师年龄在 50 岁以上，该类教师并不会主动适应、积极探索并运用前沿信息技术开展远程教学。因此，疫情也暴露出意大利孔子学院本土教师师资培训的短板，亟须加强对本土教师的线上培训，包括汉语教学理论、中国历史文化、数字化应用等方面内容，以满足疫情状态下汉语教学的需求，弥补中方教师流动性大的问题，还可以有效提升师资队伍的综合素质。

疫情的冲击使得学生获得前所未有的自主调控学习的空间，而教师者从知识的传播者转变为知识的促进者、分享者。教师与学生角色的转型使孔子学院在危机中反思教师的角色、教学模式的可优化度、学校的功能。因为疫情，学生、家长、社会对于教师角色的期待值不降反增，尽管影响学生成绩的因素有很多，技术本身也许无法改变学习成果，但是教师的参与能够在屏幕另一端整合知识，传递、促进、共享知识，安抚学生并帮助其调控情绪、释放压力，鼓舞学生保持乐观的生活态度和积极的学习意志；其次，疫情下学校的社会功能被不断放大，孔子学院不仅是学习的发生地，孔院教学点、孔子课堂不仅是教育传播的起点，更是多元言语社区沟通互动的载体，是社会教育系统的多维联结点，连接家庭、学生、社区和所在地区公共机构跨文化传播、健康传播的职能。

（二）远程教学模式紧急启动

疫情影响下的孔子学院为了保证教学质量与良好的学习服务，自 2020 年 3 月 9 日起开始紧急启动在线课程。由于此前意大利孔子学院的课程绝大多数为面授形式，因此突然而深刻的变革，催使孔子学院的管理团队、教职团队和学院秘书处不得不尽快调整课程结构和教学方法，重组所有课程，并继续保证为所有学生提供必要的服务和支持。目前，2021 全年课程全部采用了远程教学方式，所有课程均通过 ZOOM 平台实时直播共享。申请线上课程后，所有资源均向学生开放获取，而讲义、教材等纸质资源则通过邮寄的方式传递给每一位学生，以确保其在居家隔离的环境中仍能有效学习。2021 年 4 月和 6 月举办的 HSK 和 HSKK 语言认证考核也将在 HomeEdition 模式下远程进行，这是一项由孔子学院特别推出的在家考试服务（HSK HSKK-Special Home Edition），服务对象为受疫情影响无法参加考试的地区的考生，允许学生在家使用自己的电脑进行远程考试，同时由在线监考员（human proctor online）监考。然而，网络课程的线上教学模式也暴露出许多棘手的问题，制约着孔子学院的教学发展，信息服务面临的风险与挑战深刻影响着意大利孔子学院的教育传播。

1. 自主学习与情感教育危机加重

互联网大数据、5G 技术、人工智能等科学技术的快速迭代，全媒体时代营造的新信息环境带来教育传播诸多利好的同时，亦产生形形色色的传播问题，面临更加多元和复杂的传播困局：信息碎片化、传播去中心化、集体无意识化成为趋势；受众更加自主化和个性化表现为对权威、权力中心一次次消解与对抗；媒介使用方面，由于海外汉语学习者的学习社交需求，在意大利以 Facebook、WhatsApp、twitter、Instagram、微信 Wechat、微博国际 Weico.international、抖音国际版 TikTok 等具有短平快为传播特征的新媒体平台作为海外汉语学员间信息互通的主要传播渠道。

　　欧洲疫情暴发以来，截至 2021 年 7 月 16 日，意大利已累计确诊病例超 428 万例，死亡病例超 127 万例，并且目前变异的 Delta 病毒传染曲线正呈现令人不安的上升趋势①。疫情期间孔子学院关闭、课程停摆，国家汉办的公派教师及志愿者无法抵意开展教学活动，学员在线自主学习却产生了一系列学习问题；学生的身心健康、适应线上学习能力、情绪纾解与情感支持成为意大利教育机构和个人普遍关心的系列社会议题。由于语言学习的特殊性，汉语学习者停课居家开展线上学习的先决条件之一是是否具备适宜的、可交流实操的学习环境和语言环境；其次，电脑、可移动设备等学习工具成为制约意大利学员学习汉语的重要外部因素，在不同地区的孔子学院教育资源这个角度来看，意大利中部、北部地区的优势突出，南北差异显著；在学生家有电脑等学习设备及其使用率的比值上，教育资源薄弱的学校和优势学校的学生差异显著。这就迫切要求要提高对于困难家庭学员的学习支持。

　　此外，封闭的环境、恐惧的心理、长时间沉浸虚拟世界更滋生了焦虑紧张、惶恐不安、迷惘茫然、抑郁孤独等"情绪疫情"。由于停学而给学员在日常学业及考核、中国交流项目的申请等方面造成负面影响，学习兴趣低迷、学习动机不强、自主学习意识与意志薄弱的学生就愈加无法适应虚拟网络教学；社交媒介加大了对网课学习的干扰，自制力较低的学员则会沉溺于虚拟社交世界和网络游戏中，以排解消极孤独的情绪。这部分学员情况考验着其所在的孔子学院，而学生所处的环境、所就读的孔子学院应对风险能力和其自身面对疫情的抗逆性，则会持续加剧教育不公平②。

　　2.数字鸿沟加剧教育不公平的矛盾

　　12 所意大利孔子学院中有 7 所孔子学院设立在大区首府城市，表现为"全面开花"的发展势态，但相对来说，意大利北部大区孔子学院分布较南部更为密集，同一地区如米兰建立了两所孔子学院，同时离米兰较近的都灵还建有孔子学院，与威尼斯、博洛尼亚共同形成资源优势显著、教育发达的北部意大利孔子学院传播网络。这种密集的孔子学院分布情况得益于意大利北部经济繁荣、工业化程度高，发达的经济带来了更多样化的教育需求，民众学习汉语的需求度也随之提升，因此政府在教育方面的投入便会更多，但是这在某种程度上也会加速同类型孔子

①　Paola Caruso. "Coronavirus in Italia- il bollettino di oggi 16 luglio: 2.898 nuovi casi e 11 morti." Last modified July 16, 2021.

②　OECD. "A framework to guide on education response to the COVID-19 Pandemic of 2020." Last modified April 20, 2020.https://globaled.gse.harvard.edu/files/geii/files/framework_guide _v2.pdf, July 17, 2021.

学院的竞争，同质化倾向加重。其次，南北部的经济水平仍有较大差距，南部地区经济相对落后，意大利北部的 GDP 超出欧洲平均水准而南部却还未达标。疫情对于意大利经济、人口等多方面的负面影响，不容乐观。根据意大利国家统计局（Istat）的统计，2021 年国内情势好转，社会复苏有望，但意大利却更加贫穷了。从其 2021 年年度报告中所调查的结果表明，涉及超过 200 万个家庭的失业与绝对贫困现象。"尽管就业在缓慢恢复，但是 2021 年 5 月就业人数仍然比疫情之前的同期水平降低了 73.5 万。以消费衡量的绝对贫困发生率正在快速增长，这一现象在北方更为明显。"① 造成这种社会经济困境的根本原因在于，整个意大利的出生率骤降至统一以来的最低点，而死亡率同步达到了二战以来的历史高点，但仍未到达峰值。经济重创、社会危机加剧的背景下，教育投入力度严重失衡，各大区间教育资源配给、共享不均。2020、2021 连续两个学年的线上教学断断续续，损害了最弱势群体的学习参与，这些群体的支出较少，并扩大了与国际的差距。其次，Istat 的统计显示，意大利的远程学习已经显示出其极限。根据 Diario degli Italiani al Tempo del Covid 在 2020 年 3 月至 6 月期间的调查，只有 179 万 6—14 岁儿童和年轻人每天都在所有老师的指导下上课，这一比值约占 33.7%。此外，辍学率同样不容忽视。在拿到最高学历证书前选择辍学的意大利学生群体中，年龄在 18—24 岁的年轻意大利学习者占比 13.1%，高出在欧盟 27 国均值 3 个百分点；Neet 指数同样暴露出教育问题的严重性，即不再参加学校或培训课程或从事工作活动的意大利年轻群体从 2019 年的 22.1% 上升至 23.3%，约占欧洲 NEET 总数的五分之一 ②。在数字化方面，《2021 年意大利数字化报告》的数据也证实了意大利以 3.6% 的差距落后于欧洲均值，数字鸿沟不断拉大意大利国内各大区间以及意大利与欧盟间的教学质量的差距，加剧教育的不公平，催化了群体认知及注意力的极化，同时又反噬到经济和城市公共治理困境本身。

3. "信息疫情"持续发酵

意大利新冠肺炎疫情的信息传播经历了前期自媒体披露为主的"信息呈现"阶段，以及信息公开后多元角逐的"媒体表现"阶段；随着欧洲疫情全面爆发，以社会谣言、错误信息、歧视信息等为代表的不实信息搭载全球化社交媒体的"快车"迅速蔓延，抗疫多艰，却难遏"信息疫情"的持续发酵，世界各国抗击疫情

---

① Rapporto Istat. "ripresa è vicina ma l'Italia è più povera." Last modified July 9, 2021. http://www.rainews.it/dl/rainews/articoli/istat-emergenza-sanitaria-aumento-poverta-meno-matrimoni-piu-fiducia-futuro-ripresa-c6a96437-4cfd-49fa-8bdc-779f8e056def.html, July 17, 2021.

② 意大利国家统计局：《意大利 2021 年度报告》，2021 年 7 月 9 日，https://www.istat.it/storage/rapporto-annuale/2021/Rapporto_Annuale_2021.pdf，July 17, 2021.

的"第二战场"迅速形成。世界卫生组织总干事谭德赛曾指出，我们不仅仅是在抗击流行病，我们还在与一场"信息疫情"作斗争[①]。"信息疫情"呈指数级增长，放大了各国民众的恐慌，分裂社会共识；不断紊乱、干扰海外汉语教育的恢复与发展，危害国家和国际组织的形象和声誉，对中国疫情的极端污名化和夸大神化，在欧洲舆论场形成鲜明的两级。不仅如此，"信息疫情"在严重威胁全球公共卫生的同时，亦严重撕裂国际秩序和社会稳定。意大利布雷西亚信息研究所的 Rovetta 主任、阿联酋大学医学与健康科学学院的 Akshaya 教授等学者合作挖掘了 2020 年 1 月至 5 月期间意大利与 COVID-19 大流行相关的互联网搜索活动标签和信息行为，发现了与"信息疫情"高度相关的检索内容，用 95% CI 计算出"信息疫情"的平均峰值体积[②]，分析了"信息疫情"的传播特征、在今年，又跟进了对"信息疫情"的研究，提出了针对"信息疫情"对意大利阴谋假设和风险感知的影响的预警建议，丰富了全球信息流行病学的动态研究成果[③]。

研究和现实表明，疫情的大流行和不断反弹加速了网络用户对虚假信息来源兴趣日益增长的趋势，网络群体中青少年和老年人的比重不断增加，"信息疫情"反映出学生在居家线上学习时，其适应网络学习应具备的信息素养亟待提升。OECD 成员国 15 岁以上学生的阅读素养达到 5 级及以上水平的平均比例为 8.7%，而意大利远低于该数值，由此可见，学生在信息检索、信息甄别、信息阅读与处理等方面的素养有待加强。针对意大利出现的丑化、贬低、妖魔化中国形象、中国医学等负面社会舆情，孔子学院应起到破障、辟谣、规劝的功能，尤其要注意加强对本校学员及社区汉语学习者、爱好者健康信息素养的培育与正确引导。

二、新信息环境下博洛尼亚大学孔子学院文化传播的转型路径

（一）深耕本土，嵌入本土精品课程研发与学习服务

为应对疫情环境下孔子学院面临的种种风险与挑战，博洛尼亚大学孔子学院积极探索线上汉语教育方案，提出以学生为中心，超越国界、空间和时间限制的学习理念，并根据 2020 年的"应战"经验更新了培训学习计划，为学员提供完整的、体系化的、沉浸互动的学习体验。在教学模式和方法的层面，教师和学生通

① United Nations. "UN tackles 'infodemic' of misinformation and cybercrime in COVID-19 crisis." Last modified March 29, 2020.

② Rovetta, A., A. S. Bhagavathula, Global Infodemiology of COVID-19: Analysis of Google Web Searches and Instagram Hashtags, *Journal of Medical Internet Research*, vol.22, no.8(May 2020), pp.4。

③ Rovetta A, The Impact of COVID-19 on Conspiracy Hypotheses and Risk Perception in Italy:an Infodemiological Survey through Google Trends, COVID-19 Research Project, no.8(June 2021), pp.17.

过使用 Zoom "虚拟课堂"新平台进行在线学习，课后开展虚拟讨论、练习上传、仿真模拟等针对性指导，课程研发与教学辅导团队能够有效管理、观测学生的动态培训路径。在课程研发方面，博洛尼亚孔子学院研发的线上汉语课程摒弃原有"语言学习壁垒"，面向所有有志于汉语学习的民众开放，只需提前预约申请就可以加入学习。2020 年推出针对中国商业法的主要特点进行实用培训指导的专题课程——LAIC "新丝绸之路上的商务汉语"——冬季学校，以强化汉语学习者在商务工作中的沟通技巧。2021 年面向已经掌握汉语水平（HSK4 级）并且因工作或商务需要的本校与社区学员增设商务汉语；另外还有丰富的晚间汉语"零基础—中级"系列实训课程。

总的来说，尽管线上课程有其媒介技术与传播的局限性，但孔子学院课程开发和学习设计主动向本土化、精品化、专业化方向转型、迈进。随着汉语教学的深入发展，博洛尼亚大学孔子学院对于本土教材和课程研发的重视程度也越来越高，如自主研发的《意大利高考中文辅导教材》、《当代汉语学习词典》（中意本）等，并根据北京大学出版社出版的《新丝路高级速成商务汉语》，设计商务汉语系列课程，提供优质的交互学习资源；同时深深根植于本土文化，追求协同化发展，研发线上学习活动、更新学习工具包等嵌入学习支持服务，在应对病毒大流行和信息疫情的挑战中，不断突显其科学性与实用性。

1. LAIC "新丝绸之路上的商务汉语"课程促进跨文化沟通

作为欧洲第一个签署"一带一路"合作谅解备忘录，同时也是第一个正式加入"一带一路"朋友圈的国家，中意双边"一带一路"建设给予意大利孔子学院创新发展动力。知识经济的发展，推动孔子学院树立精品意识，自觉开展优化课程设计、教育传播转型研究，作为博洛尼亚进程未来的优先发展计划中的核心，终身学习不仅存在于高等教育领域的各个角落，更是渗透到每个公民的心中，贯穿其人生发展的每个阶段，涉及思想、行为、生活、工作、智力等方方面面。孔子学院在合作发展中不断发挥汉语推广的重要平台优势，积极响应终身学习发展目标，服务"一带一路"建设，增强受教育通道和学习方式的灵活性。开设具有针对性的定制化"中文＋"课程就是其中一项重要的举措。疫情还未波及欧洲时，LAIC "新丝绸之路上的商务汉语"——冬季学校课程在博洛尼亚大学孔子学院成功开班。该课程面向法学、政治学、经济学专业的学生和汉语专业的学生，实习律师、执业律师及致力于比较法研究的律师群体。课程通过围绕中国商业法开展为期 6 天的强化学习和模拟实训，并且加入法律行业和知名企业家的专题案例研究，旨在提高学员在商法领域的跨文化沟通技巧，致力于为意大利政府和企业输送复合型汉语人才。

项目式学习内容包括新丝绸之路与跨国问题的投资、意大利在编纂过程框架内的新合同法、冲突解决：仲裁和调解，以及在中国商业环境中工作的实际问题与解决秘籍，如演讲技巧、沟通技巧（现实与社交媒体）、会议和面试技巧等。这些实用的技能培训兼顾了中文基础薄弱的和有中文基础的学员群体，对于第一组（没有任何中文知识）学员，主题将用英文进行，同时语言部分的学习活动设计侧重于对中文基础知识的巩固。第二组的主题将用英文和中文介绍，并开展模拟谈判的方式强化商务汉语的学习。在教授团队方面"大咖"云集，如中国政法大学吴岚教授、中国人民大学（北京）博洛尼亚大学孔子学院吴谦教授、博洛尼亚大学 Marina Timoteo 教授、Angela Carpi 教授、Sandro Censi 教授等。

2. 商务汉语（2021）

从 2021 年 3 月 6 日开始，博洛尼亚大学孔子学院专门面向已经掌握汉语水平（HSK4 级）并且因工作或因商务需要的学员群体开设商务汉语的进阶课程，旨在深化商务环境中的汉语沟通技巧，是对 2020 年"新丝绸之路上的商务汉语"课程的提高和补充培训，引入了品牌建设、经济磋商等与知识产权、经济法相关的法律知识专题。通过商务汉语进阶课程的学习，学生将深入理解各类商务文件，掌握商务文件专业、规范、实用的表达方式并制作正式或非正式的报告；能够恰当处理请求、报价、谈判、投诉，开展业务演示等；能够就典型的日常商务工作、创业申请、真实商业谈判等商业环境中准确地用中文表达自己的利益，进行专业、流利的商务交际与谈判。该课程还提供中意商业文化和相关习俗文化的培训，寻找到两国文化的共性和特性，通过多元文化专题培训，促进中意两国专业人才在商业领域的跨文化传播。与课程进度配套的，还有经济法领域的高端学术研讨会和线上工作坊。

（二）嵌入式学习支持，构建多言语社区

20 世纪 70 年代以来，东欧、亚洲和非洲移民涌入西欧，多种族聚居形成以意大利传统家庭为主、松散且独立的"核心家庭"规模日益壮大的意大利多元家庭社区生态格局，以亚洲移民为例，形成颇具规模的"中国城"、"韩国街"、"大马街"等亚裔社区，如米兰、普拉托的"中国城"、佛罗伦萨、博洛尼亚的华人街等，这些聚居于同一社区、具有特定文化背景、相似生活方式，并在交际过程中遵守相同言语规划的一群人，在社会语言学的角度，被认定为言语社区，由人口、地域、互动、认同、设施五大要素组成①。截至 2020 年 1 月，意大利华侨人数为

① 徐大明：《言语社区理论》，《中国社会语言学》，2004 年第 1 期。

305089 人，占现居意大利外国移民总数的 5.7%。仅以意大利伦巴第大区为例，伦巴第大区华人人口数量排意大利所有大区第一，约为 71.446 人，占全区外国居民人口的 5.9%[①]；并且呈现加速度递增趋势。言语社区的功能包括三个方面：（1）语言行为发生的场所；（2）族群意识形成和语言传播的领域；（3）语言管理的实施对象。

华裔移民在政治合法性融入度、社会文化融入度均处于比较低的水平，华裔族群易被列为社会歧视和种族主义针对的目标。为消解当前的社会冲突，意大利加入欧盟的"一体化战略"，旨在帮助不同文化的民族群体学会如何在多元文化社会中和谐生活，维护教育公平与资源均衡，在充分考虑各民族差异基础上践行平等、自由、尊严、公平的教育理念，促进不同族裔社区之间形成和谐包容、相互尊重的社区文化氛围。但疫情的爆发使得"一体化战略"和其所倡导的多元文化教育基本主张难以维续；另一方面，海外华人社区华文教育发展良莠不齐，直接影响华人华侨及其子女对汉语的认同与归属感，形成语言社区认同的断层。孔子学院构建的社区汉语学习网络便是一种科学的言语社区规划，通过向华裔社区、意大利语言社区、韩语社区、日语社区、法语社区等多言语社区传播汉语语言和实用知识、技能，鼓励华裔社区内部、华裔社区与其他社区之间分享感受和经验，促进沟通和理解，增加语言互动，增进跨文化交际，来达到提高华人社区对母语教育和汉语言语社区的认同，消减认知鸿沟、族群歧视，从而推动全民平等教育的目的。

晚间汉语课程是积极响应社区汉语学习网络的重要一门系列课程，是面向社会人员开放的最优解决方案，满足其因为白天忙于工作、学业而没有时间进行汉语学习的需求与问题。晚间汉语课程分为 A1、A2、B1、B2 四个等级，对比其课程学习设计规划，以"以学生为中心"的设计理念出发，生成可视化的课程学习地图，如图 2。

从课程学习地图中可以看出，A1—A2 是基础课程，旨在掌握汉语基本知识与基础会话；从 B1 课程开始则是汉语学习的分水岭，亦是难点攻关，需要有 HSK一级或二级基础。这部分课程更侧重于表达的准确，同时词汇量增加了 1/3，B1网授课程融入了互动性的教学工具和学习包，以提升学生会话交流学习的兴趣、热情与参与度。而 B2 课程是对中文学习的巩固与精进，除了向汉语 HSK 四级考核重难点发起攻关，更多的是对中国文化常识、实用语言文化的理解与学习，旨在帮助学生在其学术和职业生活中能够有效运用汉语进行良好的跨文化交际与传

---

① 　Tuttitalia. "Cittadini StranieriCinesi in Italia." Last modified Dicembre 31, 2019.

播，其课程核心在于提高学员的中文素养。

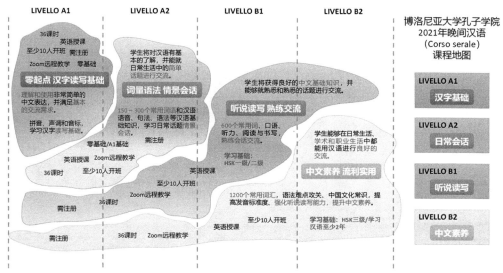

图 2　博洛尼亚大学孔子学院"晚间汉语"课程地图

博洛尼亚孔院的嵌入式学习支持服务策略与实践路径，真正以学生为中心，站在学生的需求和角色来进行本土化课程的优化设计与学习服务，即将学习真正"嵌入"到工作生活中，突出表现为提供即时的学习支持、强调合作性、引入非学习技术，以及将学习与知识管理相结合的四大特点。嵌入式学习支持确保了知识的有效转化，增进了华人社区对汉语及中国文化的认同，激发了意大利本地民众及其他言语社区群体对汉语学习的热忱与兴趣，促进了汉语语言的包容力、向心力，推动多元和谐的多言语社区跨文化传播进程。

（三）破除刻板印象，提升孔院精品意识

得益于"一带一路"建设的推进，中意经贸合作日益深化，"汉语热"在意大利持续升温，但是值得注意的是，在文化活动方面，大部分活动仍以太极表演、包饺子、书法"老三样"为主，缺乏更深层面、更丰富的中国文化内涵和哲学精神的外在表达的文化项目。近五年，博洛尼亚大学孔子学院从实际出发，开展一系列特色创新文化项目，致力于破除刻板印象，提升孔子学院精品意识。笔者梳理了 2016—2021 年博洛尼亚大学孔子学院的文化活动项目的类目情况及数目变化趋势，绘制了直观可视的统计图。

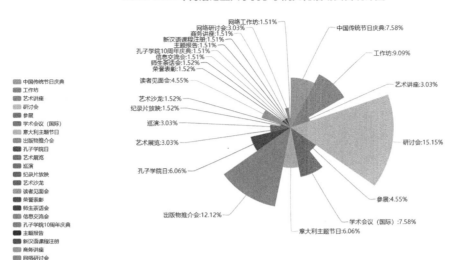

图 3　2016—2021年博洛尼亚大学孔子学院文化活动类目统计

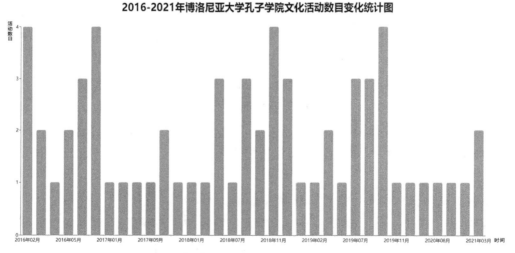

图 4　2016—2021年博洛尼亚大学孔子学院活动数目变化统计

2016—2021年博洛尼亚大学孔子学院文化活动类目的数据，选用南丁格尔玫瑰图呈现，即由不同直径的扇形区域组成。如图2—2所示，研讨会占了博洛尼亚大学孔子学院文化活动15.15%，紧随其后的分别是出版物推介会和工作坊，分别占比12.12%和9.09%。值得关注的是巡演项目，是博洛尼亚大学孔子学院近年来的创新活动，巡演一共两场，分别是重庆大学"曲风雅韵"川剧艺术团欧洲巡演博洛尼亚站，以及广州芭蕾舞团的舞剧展演。诠释传统戏剧、汇集中国主要旋律风格的川剧艺术唱响世界上最古老的大学，用传统艺术表现形式搭建文化交流的桥梁；广州芭蕾舞团将西方古典舞与中国传统舞蹈创新结合。巡演活动的成功举办，丰富了中国文化内涵和艺术精神。

图 4 中能够直观地发现，博洛尼亚大学孔子学院的文化活动呈波动增长形势，但一个显著的转折点在 2019 年 11 月，之后由于圣诞节的假期，文化活动暂停，2020 年病毒的大流行，使得多项原定活动被迫取消或延期，文化精品活动在艰难中求发展，转至线上，2021 年由于 Delta 病毒变异，欧洲疫情反复，孔子学院的文化活动仍只能在线上以网络研讨会、网络研学工作坊等形式开展，但主题更加实际，聚焦中意关系、中意经贸发展、中意文化传播等方面：如孔子学院院长玛丽娜·蒂莫特奥（Marina Timoteo）推出的"法律语言——与保罗·格罗西对话"新书推介会（Grammatiche del diritto：In dialogo con Paolo Grossi，2020 年 10 月）及相关的"中国法律语言"创新项目；博洛尼亚大学孔子学院 2021 年农历新年线上特别庆典（Capodanno Cinese 2021: connettiti per festeggiare con noi!2021 年 2 月）；解读"对华关系里程碑"的文件——中欧全面投资协定线上工作坊（EU-China Comprehensive Agreement on Investment，2021 年 3 月）；以及"中欧投资和新技术全面协议：前景如何？"的线上主题学术研讨会（EU-China Comprehensive Agreement on Investment e nuove tecnologie: quali prospettive? 2021 年 3 月）。

总体而言，近五年来博洛尼亚大学孔子学院的精品文化项目逐步破除了文化活动"老三样"的刻板印象，坚持以质量为导向，以品牌效应为驱动力，把文化精品内容整合、包装得新颖有趣，为汉语学习者、爱好者及广大意国群众提供文化资源共享、有效的跨文化沟通、艺术审美怡情等福祉利益；做到和参与者良好互动，彰显博洛尼亚大学孔子学院的发展优势及突出个性，在此基础上做到口碑与内容营销的"双赢"，不断增强活动受众的黏度与参与度。从"文学之林"到"艺术之旅"，从"中医在意大利的传播"到"中意经济法律语言"，类目丰富、内容精良的文化活动是促进中意民心相通、人文交流、经贸合作深化的重要途径。

（四）延展社教功能，服务"多元一体"的新传播格局

自 2016 年 9 月，汉语正式纳入意大利的国民教育体系以来[①]，意大利孔子学院的发展经历了"观望期—小高潮—同质期—转型期"四个发展阶段。新信息环境

---

① 李宝贵、庄瑶瑶：《意大利：将汉语纳入国民教育体系》，《光明日报》2019 年 3 月 21 日，第 14 版。

下，博洛尼亚大学孔子学院应当在实际发展中不断考量、评估本校所在大区的特点与局限特征，深入调研周边院校与合作院校的学术、科研、学生职业发展等实力，明确特色化发展定位，延展社教功能，强化精品文化意识和数字化教学意识，提升教师信息素养水平。除了基本的推广海外华文教育、促进人文交流的传统功能与职责外，新时期的孔子学院还应积极响应并服务"一带一路"建设，促进多元言语社区的和谐繁荣，支持"人类命运共同体"的倡议，服务于"多元一体"的新传播格局的构建与发展，具体表现为定制化"中文 +"课程，为意大利输送复合型汉语人才；提供便捷的中文职业发展课程，推动汉语教学向职业化、专业化方向拓展功能；在文化活动方面与社会发展需求同步跟进，用文化传播的方式促进汉语教育的高效性、持续性、创新性，从而实现可持续发展。

2020 年 7 月 8 日，在博洛尼亚大学、热那亚大学、的里雅斯特大学和科莫 - 因苏布里亚大学的合作支持下，博洛尼亚大学孔子学院成功举办了"今日丝绸之路"网络研讨会活动，深入探讨了由中国政府推动的"一带一路"倡议对今日意大利的影响，辨析了意大利利益与潜在的风险、挑战，展望了中意经贸合作的前景。疫情之下的本次研讨会标志着由大学和研究部资助的 PRIN（相关国家利益研究项目）研究活动的启动，同时也标志着博洛尼亚大学孔子学院常态化文化活动的重启。此外，孔子学院连续五年参加博洛尼亚国际儿童书展并承办"孔子学院总部"展位，2018 年《伟大也要有人懂：一起来读马克思》《伟大也要有人懂：一起来读毛泽东》的意大利语版本在书展首次发布；2019 年《习近平讲故事》（少年版）意大利语版惊艳亮相。2020 年 11 月 6 日是中意建交五十周年纪念日，博洛尼亚孔子学院举办的"中意青年庆祝建交五十周年纪念标志和美术作品大赛"特别活动，有效促进中意青年交流合作，加深对两国友好理解，讲好中意文化传播精彩故事，为中意两国延续友谊、深化合作、民心相通注入青春活力。

三、研究启示

后疫情时代，远程教学模式将成为海外华文教育的主流模式，因此，隔着屏幕，对于学生被放大的语言问题、大打折扣的学习效率、言语社区间的文化冲突、负面舆情、失范的信息素养等等系列问题，成为制约意大利孔子学院良性发展的难题。因此，置身新信息环境中的意大利孔子学院利用转型之机遇，深耕本土，加强以学生为中心的意大利本土原创教材的研发；善用社群影响，构建和谐多元言语社区；丰富线上活动形式、内容，鼓励中意教师、学生与志愿者积极沟通；同时，孔子学院积极瞄准院校定位和教研需求，突破同质化、陈旧化瓶颈，不断强化精品意识，发展并维护具有地区和院校特色的品牌文化项目；转型升级，延展社教功能，推动海外汉语教育向职业化、专业化方向发展，为"一带一路"建设培育双语复合人才，服务多元言语社区与"人类命运共同体"理念的域外传播，推动"兼容并蓄、多元一体"的跨文化传播格局的构建。

意大利孔子学院的跨文化传播转型路径及其发展经验，对我国网络环境下的汉语教育与社群传播、言语社区规划建设、全民汉语学习氛围，以及对汉语群体认同感、归属感等层面具有重要的启示和借鉴作用。

后疫情时代武术跨文化传播中的刻板印象
与文化认同

——基于美国华人武术教练的访谈

Stereotypes and Cultural Identity In Cross-cultural Communication of Martial arts in the Post-epidemic Era: Based on interviews with Martial arts coaches of Chinese Americans

王文玉　　高润琪　　党芳莉 *

Wang Wenyu　Gao Runqi　Dang Fangli

摘　要：作为中华传统文化的集大成，武术在中外文化交流中扮演了重要角色，这在国际环境更趋复杂的后疫情时代更加显著。通过实地调研和半结构式访谈，从华人武术教练这一独特视角研究武术在美国跨文化传播中存在的刻板印象及其影响，探索其产生的历史、文化根源和影响机制。研究发现，由于中美文化的差异以及好莱坞功夫片的影响，美国社会对武术及华人、武术教练产生了刻板印象，一方面提高了美国人对武术、中国文化的了解和兴趣，另一方面也引起了一些误读和误导，使得爱好者对武术的认知停留于浅表甚至错误层面。同时，刻板印象加强了华人武术教练对中华传统文化的认同和身份建构，限制了他们与美国本土社会的交流与融入，给武术跨文化传播设置了障碍，影响了传播效果。最后基于刻板印象和文化认同理论提出建议，以推动武术在美国的跨文化传播，在后疫情时代为中美民间交流做出贡献。

Abstract: With the development of China's economy and the enhancement of cultural soft power, martial arts, as the essence of traditional Chinese culture,

---

　　* 作者简介：王文玉，女，上海财经大学人文学院硕士研究生，研究方向：媒介文化研究；高润琪，女，Canyon Crest Academy；党芳莉，女，上海财经大学人文学院副教授，研究方向：跨文化传播。

plays an important role in cultural "going out" and opens a new round of cross-cultural communication. Through in-depth interviews, this paper studies stereotypes and cultural identity in cross-cultural communication, its causes and their influence on the spread of martial arts in the United States from the perspective of Chinese martial arts coaches. The study found that due to the differences between Chinese and American culture and the influence of Hollywood kung-fu films, American society has a stereotype of martial arts, Chinese and martial arts coaches, which on the one hand improves the understanding and interest of Americans in martial arts and Chinese culture, while on the other hand causes some misreading and misleading, so that the perception of martial arts enthusiasts stays in the shallow or even wrong level. At the same time, stereotypes strengthen the cultural identity and identity construction of Chinese martial arts coaches, restrict their communication and deep integration with the American society, and set up obstacles to the cross-cultural communication of martial arts affecting the dissemination effect. Finally, in view of the current situation, the present article makes recommendations from different levels to the relevant management departments on how to properly promote the cross-cultural communication of martial arts.

关键词：跨文化传播；刻板印象；文化认同；华人武术教练

Keywords: Cross-cultural communication; Stereotypes; Cultural Identity; Chinese Martial art Coaches

自 1982 年提出要把武术推向世界，我国在国家层面的武术国际传播已有近四十年的历史，取得了一定的成就，如武术会员国家数和国际赛事越来越多，但是也遇到了瓶颈，其中既有理论的缺失[①]，也有更优传播方式的探索。近年来，随着中国国力尤其软实力的增强，加上"一带一路"倡议的实施，武术在中华传统文化"走出去"中起到举足轻重的作用，开启了新一轮跨文化传播。

武术的本意是停止、阻止战争，其精神内核是和平，是中华"和合"文化的体现。习武既可强身健体，又可塑造品格，培养超越自我、博爱大义的思想境界。跨文化是跨越不同文化疆界的传播，有利于世界各文化间的相互了解和共同进步。当前全球正在经历前所未有的疫情危机，加之处在中美贸易战、舆论战全面升级的关键时期，研究中华传统武术的跨文化传播，尤其在世界第一强国——美国的传播更具现实意义。

---

① 孙鸿志，王岗：《中国武术国际化传播的核心问题》，《理论的缺失》，2011 年第 47 期，第 80—83 页。

一、研究回顾：刻板印象和武术的跨文化传播

（一）刻板印象与武术传播

刻板印象是传播学、社会学常用的一个概念，指对事物固定化、简单化的评价或判断，最早由沃尔特·李普曼[①]提出，本指印刷史上的"铅版化"，比喻僵化的思想如同浇铸的铅版，一旦成形就难以改变，形象地传达出刻板印象的认知心理特征。关于刻板印象的形成有很多原因，有一点很重要，当外部环境变化时，认知主体对客体的新变化却"掩耳盗铃"视而不见。李普曼之后，美国各专业领域的学者从种族、性别、宗教等方面对认知个体刻板印象的形成做了实证研究，分析刻板印象与认知主体的文化积淀、民族集体记忆间的关系。在当代传播学研究中，刻板印象已成为媒体传播的一个伦理问题、道德问题、人权问题或是政治问题[②]，同时，刻板印象也成为一种研究视角和理论方法，被运用于新闻学、传播学、社会学、政治学、心理学等社会人文学科研究中[③]。

武术跨文化传播中也存在严重的刻板印象，尤其是影视传播这方面学者们已经做了不少研究，成为半个世纪以来国外学者尤其东亚研究的热点话题。由于武术上的造诣和个性化的表演，李小龙得到大量影迷包括西方影迷的膜拜，从而成为一个带有东方民族性和西方文化交融的符号[④]。李小龙等功夫明星扮演的角色，不仅表现了海外华人移民的生存困境和顽强坚韧的性格，改变了华人赢弱而缺乏对抗性的形象，而且打破了西方主流世界对中国甚至亚洲"东亚病夫"的刻板印象，塑造了西方人眼中具有华人男性气质的中国英雄[⑤]。

李小龙饰演的角色，经常带有民族主义和反殖民主义的性质[⑥]，成为西方文化中具有标志性的东方象征，同时也构建了另一个刻板印象[⑦]。与海外华人、中华民

---

① [美]沃尔特·李普曼：《舆论学》，林珊译，北京：华夏出版社，第 57 页。

② 刘晓红，卜卫：《大众传播心理研究》，北京：中国广播电视出版社，2001 年，第 201 页。

③ 党芳莉：《性别 广告 文化：跨文化传播视野中女性广告的多维考察》，西安：陕西人民出版社，2010 年，第 63 页。

④ KAY L: Cross-cultural encounters bridging time and space: The heroes in contemporary Chinese Kung Fu films, *International Journal of the Humanities*, 2012, 9(6), PP.65-76.

⑤ JACHINSON Chan: *Chinese American masculinities: From Fu Manchu to Bruce Lee*, New York: Routledge, 2001, Page6.

⑥ LU Z X, Qi Z, FAN H: Projecting the 'Chineseness': Nationalism, identity and Chinese Martial Arts Films, *The International Journal of History of Sport*, 2014: 31（3）, PP. 320-335.

⑦ FARQUHAR, J; DOI, M L: Bruce Lee vs, Fu Manchu: Kung Fu films and Asian American stereotypes in America, Bridge,*An Asian American Perspective*, 1978: 6（3）, PP. 13-50.

族甚至中国的国家形象息息相关①。追根溯源，这与特定的历史密切相关，20 世纪初，在与外国帝国主义势力斗争失败后，武术就与中国民族主义联系在一起，电影则加强了这种关系。在 20 世纪上半叶，武术电影在海内外华人中建立了民族形象，促进了武术的发展，使其成为中国人的美德和力量的象征。从 20 世纪 60 年代后期开始，在民族主义的防御压力的影响下，中国电影制片人开始采用新的方式来刻画武术，由此武术电影带上了鲜明的政治和文化意义，演变成中国民族主义的独特代表，保留着极强的"中国性"②。

（二）武术的跨文化传播研究

目前国内关于武术跨文化传播研究比较少，更多从国际传播的角度来展开。需要说明的是，国际传播与跨文化传播既有细微差别又密切关联，前者侧重于跨国信息的交互，后者关注的是不同文化、民族间的传播③。跨国不一定跨文化了，比如中国和新加坡虽然是不同的国家，但是从文化上都属于大中华文化圈。具体到武术在美国的传播，则既是国际传播，更属跨文化传播。目前国内的武术跨文化传播研究起步比较晚，大致在 2008 北京奥运前后，多是从宏观的角度来分析其传播障碍并提出策略，如赵明元等④研究了武术跨文化传播中的文化折扣现象、成因及规避，秦子来等⑤分析了武术跨文化传播的障碍。也有一些学者从不同国别进行研究，如赵进⑥在中、日、韩三国的跨文化比较中，研究武术文化的传承与发展。

吴文峰等⑦调研了武术在美国的传播现状，孟涛等学者⑧对武术在美国的传播

① VIJAY P：*Bruce Lee and the anti-imperialism of Kung Fu: A polycultural adventure*，East Asia Cultures Critique，Duke University Press，2003: 11(1)，PP.51-90.

② LU Z X, Qi Z, FAN H：Projecting the 'Chineseness'：Nationalism, identity and Chinese Martial Arts Films，*The International Journal of History of Sport*，2014: 31（3），PP. 320-335.

③ 李吉远：《国家形象视域下中国武术跨文化传播研究》，《武汉体育学报》，2012 年第 7 期，第 58—65 页。

④ 赵明元，张堃：《武术跨文化传播中的"文化折扣"现象的成因以及如何规避》，《南京体育学院学报》，2008 年第 4 期，第 66—71 页。

⑤ 秦子来，王林：《影响武术跨文化传播的障碍》，《体育学刊》，2008 年第 4 期，第 96—100 页。

⑥ 赵进：《武术文化传承与发展式微的社会学分析：基于中、日、韩的跨文化比较》，《首都体育学院学报》，2012 年第 1 期，第 20—24 页。

⑦ 吴文峰，薛红卫，张晓丹，徐宇浩：《中国武术在美国传播现状解读》，《体育文化导刊》，2017 年第 3 期，第 16—20 页。

⑧ 孟涛，蔡仲林：《传播历程与文化线索：中华武术在美国传播的历史探骊》，《体育科学》，2013 年第 10 期，第 77—88 页。

孟涛，蔡仲林：《传播境况与因素解析：中国武术在美国传播的动力与阻碍》，《天津体育学院学报》，2013 年第 4 期，第 297—303 页。

孟涛：《舞台武术表演对中华武术在美国传播的影响》，《首都体育学院学报》，2014 年第 4 期，第 311—314 页。

进行了系列研究，运用了实地考察等方法，虽然关注点主要在国际传播，但亦涉及跨文化传播的内容。中华武术在美国的传播源远流长，先后经历了淘金热、冷战时期、从中美关系解冻、全球化时代 ①，受特定历史、社会状况影响，每一阶段的传播特点和重点也不相同，然而继乒乓外交打破长达 22 年的对立关系，武术成为又一为中美外交做出贡献的体育文化种类。从传播的途径来看，主要靠"官方"武术组织、"民间"武术馆校，影视媒介及舞台表演 ②。其中"民间"的武术馆校，是最持久、长期、影响最大的传播形式。

　　总体上看，现有成果多宏观的策略研究，从文献分析视角的质性研究占绝大多数，而定量的、实地考察的实证研究比较少。值得注意的是，查阅国内现有的研究文献时发现，国内关于武术的研究极少参考国外的研究成果，事实上国外学者的研究已经相当丰富，可以给我们提供借鉴。

（三）武术从业者和武术教练的研究

　　国内现有武术传播成果中，极少从武术教练角度进行深入研究。唐芒果等 ③ 认为，武术从业者是武术研究的一个全新视角，并对不同历史时代先秦、两宋、明清、近代的武术从群体进行了研究，发表了一系列的论文 ④。GLESER ⑤ 认为，教练在武术传播中扮演着非常重要的角色，处于整个训练团体的中心，这在武术的国际传播和跨文化传播中尤其重要。从传播角度来看，武术教练作为传播实践的主体和关注环节，在武术跨文化传播中起着承上启下的关键作用，研究他们的感受与体验并进行深入分析，对于武术真正走向世界具有重要意义。事实上，在海外包括美国，武术教练既是传播者，亲自担任教练，往往又是从业者和武馆校的管

---

① 孟涛，蔡仲林：《传播历程与文化线索：中华武术在美国传播的历史探骊》，《体育科学》，2013 年第 10 期，第 77—88 页。

② 孟涛：《舞台武术表演对中华武术在美国传播的影响》，《首都体育学院学报》，2014 年第 4 期，第 311—314 页。

③ 唐芒果，蔡仲林：《武术从业者：武术发展研究的一个新视角》，《成都体育学院学报》，2015 年第 1 期，第 86—91 页。

④ 唐芒果，蔡仲林：《明清时期武术从业者群体研究》，《武汉体育学院学报》，2014 年第 7 期，第 47—52 页。

唐芒果，蔡仲林：《先秦时期武术从业者群体研究》，《上海体育学院学报》，2015 年第 1 期，第 73—77 页。

唐芒果，蔡仲林：《两宋时期武术从业者群体研究》，《南京体育学院学报》，2015 年第 2 期，第 8—14 页。

唐芒果，蔡仲林：《近代前期明清时期武术从业者的生存镜像与职业变迁》，《北京体育学院学报》，2016 年第 2 期，第 35—40 页。

⑤ GLESER J, BROWN P, Judo principles and practices: Applications to conflict-solving strategies in psychotherapy[J], *American Journal of Psychotherapy*, 1988: 42(3), PP. 437–447.

理者和所有者 ①。然而目前国内的研究基本没有从他们的角度出发的深入研究，仅有个别文章中零星提及。

相较之下国外学者从武术教练的角度研究武术则比较普遍，如 Veronika ② 通过与三名捷克武术教练的深入的半结构化访谈，运用解释性现象分析武术教练的自我认知，结果发现他们具有群体成员、自我转化、武术指导和精神引导等四方面认知。几位受访者认为，武术的主要目标不仅是提高战斗技能，还要改变自我。

基于以上，本文在美国的实地调研和对 10 名武术教练进行半结构式访谈的基础上，从华人武术教练这一独特的视角观察并研究，武术在美国跨文化传播中存在的刻板印象及其与文化认同的关联，探索其产生的历史、文化根源及其影响机制，最后提出有针对性的建议，为武术的跨文化传播和推广提供借鉴。

二、研究方法和研究对象

（一）研究方法：半结构式深度访谈

研究从美国华人武术教练角度探讨武术跨文化传播中的刻板印象及其与文化认同之间的关联和影响，由于每人经历及看法具有动态性、时序性与个体差异性，因此更适合使用质性的研究方法。在质性研究方法中，本文选取了半结构式深度访谈，因为人可以通过语言交流来表达自己的思想，人与人之间可以达到一定的相互"理解"。而通过提问和交谈，人可以超越自己，接近主体间视域的融合，并建构出新的、对双方都有意义的社会现实 ③。

根据问题设计的严谨度，深度访谈可分为三类即结构式、半结构式和无结构式访谈。为了避访谈过程流于结构式僵化和无结构式的松散，本研究选择半结构式访谈。

（二）研究对象：美国华人武术教练

基于研究者的可进入性，本文选取的研究群体是美国加州某市 10 名武术教练。按照研究伦理的要求，同时考虑信息来源的可靠性，调研对象都在 18 岁以上。此外，本研究采用目的性抽样与可接近性抽样相结合的方法，并得到某市 6 家武术

① 孟涛：《舞台武术表演对中华武术在美国传播的影响》，《首都体育学院学报》，2014 年第 4 期，第 311—314 页。

② VERONIKA P：Exploring the self-perception of Kung Fu teachers，An interpretative phenomenological analysis [J]，*European Journal for Sport and Society*，2019:16(3)，PP. 435-450.

③ 陈向明：《社会科学质的研究》，台北：五南图书出版公司，2000 年，第 15 页。

馆的帮助，以自愿的原则招募调研对象，2020 年 6 月共招募到 10 名 ①。

本研究基于保护被访者的个人隐私，因此仅就基本背景进行描述：

表 1：被访者个人基本背景信息

编号	性别	年龄	背景	在美教练时长（年）
1	女	40	中国新移民	17
2	男	45	美国华裔	11
3	女	55	中国新移民	21
4	男	58	中国新移民	21
5	女	29	中国新移民	5
6	男	52	中国新移民	8
7	男	31	菲律宾华裔	4
8	女	69	美国越南华裔	25
9	女	40	美国越南华裔	12
10	男	36	中国新移民	6

（三）数据收集

在熟读国内外相关文献、访谈大纲后，遂与被访者约定访谈，受疫情影响，访谈由微信视频完成，全部以一对一形式进行，时长本来定于 45—60 分钟，可是半数都达到了 60—120 分钟，尤其是年长的女性被访者。访谈主要包含以下四大问题：

1. 据你了解，美国人对武术和武术文化有哪些刻板印象？

2. 作为武术教练，你在日常生活和教授武术的过程中感受到了哪些刻板印象？

3. 这些与武术相关的刻板印象和认知，如何影响了你的文化认同？

4. 以上内容，如何影响你在美国的武术教学与传播？

访谈由刻板印象和文化认同的定义开始，在访谈过程中按照实际情况进一步延伸问题，就某些细节进行更深入的追问。在征得被访者同意后录音和笔记，访谈结束后尽快进行转录或对笔记进行整理。访谈语言主要为普通话，对在美国出生、中文不是特别流利的华裔教练则有时夹杂英语。将分析结果反馈给部分被访者，询问是否和他们想表达的意见一致。

---

① 2019—2020 年访问美国期间，在当地一所华文学校的乒乓球俱乐部打球时，认识了租用学校场地的武校校长兼教练，帮他们从国内带过学生的武术表演服装；在华人社区活动中认识了其他三所武校的教练，其中两所为以教习武术为主的课后中文学校。又通过当地华文媒体朋友的引荐，得到另一家少林武僧开设的武馆支持。在获得被访者同意后，遂展开访谈计划。

三、研究发现：刻板印象与文化认同的关联及其影响

（一）武术教练时常能感受到来自美国社会对华人与武术相关的刻板印象，增强了美国人对武术的认知和想象，为武术在美国的传播奠定了基础

左斌等[①]认为，刻板印象是主流社会对某一群体偏见长期积累的结果，体现的是某一社会的文化和政治结构中的不平等。所有访谈对象都提到，作为少数族裔和华人武术教练，他们经常能感受到来自美国社会的刻板印象：

不光我们教练吧，很多华人朋友有过类似的经历，被美国人认为会功夫。（被访者1）

在美国人眼中，中国人天生都会武术，似乎武术是不需要学习和门槛。（被访者10）

这些刻板印象与功夫影视产品及明星密不可分，几乎每个教练都提到美国学生前来报名时都会提到李小龙、成龙等的影响。罗卡，法兰宾[②]指出，李小龙不仅是功夫明星，更是一位武术家，他融合了中国功夫中的咏春拳与跆拳道、西洋拳击等而创立的截拳道，借着电影的影响，在美国掀起了"功夫热"。吴文峰等[③]及孟涛等学者[④]也指出，功夫电影等影视产品是武术在美国传播的重要渠道。

很多美国人并没不了解武术，没有机会吧。他们认识武术的方式主要通过功夫片，以为功夫就是武术。好莱坞和香港的武侠电影和李小龙、成龙等功夫明星，以他们影响很大（被访者8）。

值得注意的是，功夫电影对于受众和粉丝的武术启蒙，超越了种族，不仅对华人，也对其他种族尤其是非裔和西班牙裔等少数民族产生了影响：

① 佐斌，张阳阳，赵菊等：《刻板印象内容模型：理论假设及研究》，《心理科学进展》，2006 年第 1 期，第 138—145 页。

② ［美］罗卡，法兰宾：《香港电影的跨文化观》，刘辉译，北京：北京大学出版社，2012 年，第 89 页。

③ 吴文峰，薛红卫，张晓丹，徐宇浩：《中国武术在美国传播现状解读》，《体育文化导刊》，2017 年第 3 期，第 16—20 页。

④ 孟涛，蔡仲林：《传播境况与因素解析：中国武术在美国传播的动力与阻碍》，《天津体育学院学报》，2013 年第 4 期，第 297—303 页。

孟涛：《舞台武术表演对中华武术在美国传播的影响》，《首都体育学院学报》，2014 年第 4 期，第 311—314 页。

　　我就是大家常说的 ABC，在美国出生长大。在我十几岁时，正在流行李小龙的电影，那是我和很多美国朋友的偶像，他的每一部电影，我都看过，还搜集过不少他的碟片，整天就想着学功夫。（被访者 2）

　　武术在美国的广泛传播，与非裔美国人对李小龙及功夫电影的长期喜爱密切相关。在整个 20 世纪 70 年代，"功夫剧院"转播的功夫电影，是许多非裔美国人及其家人的周末必看节目，在他们家里，李小龙的图像甚至比马丁·路德·金的图像更受欢迎，甚至前 NBA 职业黑人篮球偶像贾巴尔就曾是李小龙的学生，并在《死亡游戏》等电影出演角色[1]。此外，三位教练都提到电影《精武门》，李小龙尝试进入一个公园时被警卫拦下，因为"华人与狗不得入内"。正是这一公然的隔离主义言论，得到了正在遭受隔离的非裔美国观众的强烈反响，他们认同"李小龙的性格和与压迫作斗争的精神"[2]。美国非裔对于李小龙和中国功夫的追捧，从 20 世纪 70 年代一直持续到 80 年代[3]。

　　到了 20 世纪 90 年代，美国的影视作品还在继续着对武术相关的刻板印象，如 1994 年首播完结的情景喜剧《好友记》中，美国人对中国的第一刻板印象就是所有的中国人都会中国功夫，在第三季第 4 集还塑造了一位英语不好的华人功夫教练[4]。这些影视作品塑造的刻板印象，引发了美国少数族裔的共鸣和认同，普及了他们对功夫的认知，为武术在美国的传播奠定了基础。从这个角度，武侠影视不失为一个很好的武术跨文化传播媒介，然而值得注意的是，与李小龙的时代相比，中美社会、媒体技术都发生了翻天覆地的变化，面对的是全新的受众群，因而功夫影视作品的内容和理念必须与时俱进。比如，在新媒体时代，一些网络游戏等也成为武术跨文化传播的新途径[5]。

---

　　① AMY A O："He wanted to be just like Bruce Lee"：African Americans, Kung Fu Theater and cultural exchange at the margins [J]，*Journal of Asian American Studies*，2002: 5(1)，PP. 31-40.

　　② DAVID D：The Kung Fu craze: Hong Kong cinema's first American reception [M]，*The Cinema of Hong Kong: History, Arts Identity*[M]，eds., Poshek Fu et al，Cambridge: Cambridge University Press，1998: PP.38.

　　③ DAVID B：*Planet Hong Kong: Popular cinema and the art of entertainment*[M]，Cambridge, MA: Harvard University Press，2000，PP.84.

　　④ 谢稚，孙茜：《美国主流电视剧对于中国的认知和想象》，《四川戏剧》，2004 年第 4 期，第 19—21 页。

　　⑤ 姜凯，杜银玲：《功夫网络游戏的武术文化表达与传播》，《搏击武术科学》，2014 年第 9 期，第 26—28 页。

（二）刻板印象加强了该群体对华人和武术教练双重身份的文化认同，加上跨文化素养包括语言的限制，影响与美国本土社会的融入，不利于武术在美国的传播

研究发现，社会中的少数族群会比社会中的多数族群更容易发现自己"少数"的特质①。当华人武术教练进入美国社会后，会不知不觉感到"我是少数人"。而刻板印象的体验，使他们增加了对美国社会的疏离感，反过来又进一步强化其作为"少数族群"的身份。被访者 1 表示刻板印象的存在使其无法完全融入美国本土社会：

由于那个（刻板印象），我还是比较排斥去融入（美国本土）。但因为有时候很难避免，当你想要去融入时，发现自己与他们（美国人）无论是在语言上还是想法上，都存在明显的差异。所以很难，对我来说。虽然我在美国教武术 17 年了，但我对于本土社会还是有疏离感。不过没关系，我就住在华人区，主要教华人孩子，和华人家长交流更方便。（被访者 1）

显然，刻板印象强化了"少数族群"身份的同时，加强了华人教练对华人身份和文化的认同。

在特定的历史时期，李小龙的功夫电影极具民族大义，这是因为，早期华人在美国电影中的形象多是丑角，外表阴阳怪气，常常借着东方巫术荼毒人心，李小龙的形象打破了这一魔咒，被认为是华人的文化象征和龙的传人，对海外华人的文化认同影响很大，成为他们的集体民族回忆②，激发了他们的民族自豪感。

华人教练在教武术的同时，似乎找到了文化的归宿。尽管都是华人，由于成长背景不同，每个人的具体感受也有区别，比如两个在美国长大的华裔教练和两个越南华裔，与中国背景的教练相比，在异文化中生活使得他们作为华裔的"少数""他者"对刻板印象感受更加强烈，也更愿意接受这种刻板印象和文化认同。

我十多岁时看李小龙的电影，为他感到骄傲，华人嘛，当然就想学武术。（被访者 2）

---

① ETHIR，KATHLEN A，DEAUX，KAY：Negotiating social identity when contexts change: Maintaining identification and responding to threat [J]，*Journal of Personality and Social Psychology*，1994:Vol 67(2)，PP. 243-251.

② YUAN S：Reading the Kung Fu film in an American context: From Bruce Lee to Jackie Chan [J]，*Journal of Popular Film & Television*，2003:31(2)，PP. 50-59.

　　我在纽约长大，青少年时看了李小龙的电影，就想学功夫，可是当时家周围没有武校，就只好学了韩国的跆拳道和日本的空手道，都是亚洲的。可是一直很遗憾，毕竟是中国人。直到三十岁左右，我都工作了，找到了武术教练，马上就决定学，后来自己就教武术了。（被访者 7）

　　当年去北京拜师学艺，跟文化寻根有关，我的父母在抗战时搬到越南，后来我又到美国学习，一直感觉自己的根在中国，学武术让自己感觉找到根了，教武术觉得自己为自己的文化做贡献（被访者 8）

　　在日常生活中遭遇的刻板印象，不仅增强了武术教练对中华传统文化的认同，也唤醒了群体成员的华人身份。访谈对象 9 表示，武术教练的身份和中国人的身份是共生关系，自己的一举一动与这个群体的形象直接相关，于是开始有意识地维护华人的声誉和形象：

　　在这儿教武术，我首先是一个华人，代表了整个华人和中国的形象，正因为这样，我一直注意尤其和美国人交往时很注意自己的形象，不能为咱们华人抹黑。不是说出国了才更爱国、爱民族。（被访者 8）

　　从访谈可以看出，随着在美时间的增长，以及与美国社会的互动增多，华人武术教练的文化认同呈明显的上升趋势。这一方面与该群体在美国遭受来自本土的刻板印象，从而促使该群体的身份觉醒有关，同时也是对中美两种文化批判性思考的结果。

　　美国科技是发达，但没历史没文化，哪儿比得上我们中国五千年的文化传统，武术就是我们文化的精粹，所以多数美国人都不能完全理解，也 make sense（完全能理解）。不过，美国毕竟是移民国家，欣赏多元文化，对我们华人和中国文化还是很包容的。（被访者 5）

　　和人们对体育、体育老师和体育课等存在一定的刻板印象和负面形象相关联①，武术教练除了作为少数的华人族群，同时还有作为武术教练的群体身份，因而具有双重的刻板印象。这一刻板印象不仅来自"他者"的美国人，也有来自群

① MARY B H, Joy G: Stereotypes and personal beliefs about women physical education teachers [J], *Women in Sport and Physical Activity Journal*, 1997:6(1), PP. 49-83.

体内部的华人。

不说美国人了，就是华人同胞也对我们存在一些负面印象，觉得我们只会打打杀杀，没文化，其实武术很有文化。（被访者 4）

访谈还发现，女性武术教练感受到了更多针对女性的刻板印象，几位女性访谈者或多或少都提及了。如果说华人武术教练感受华人和武术教练的双重刻板印象，那么女性华人武术教练则面临三重，多了一重针对女性的偏见。这也验证了，大多数美国人认为女性体育教育者是男性、有攻击性、运动、女同性恋和不理智的[①]。

作为女教练，我感到了一些难以言传的偏见，也算刻板印象吧。他们认为我们不够温柔，就想当然以为我单身，看看，俩娃这么大了，我先生最理解我了。（被访者 1）
美国还好，毕竟社会文明程度高，女性地位也高，要在国内，我们女教练肯定被认为不男不女的。（被访者 5）

早在 20 世纪 70 年代，有学者就提出，女运动员依靠道歉行为来回应女运动员在霸权女性气质之外，尤其是那些参加 "男性式" 运动的人。Mary 等[②]（2011）发现，武术竞技被视为一种超男性运动，因此与霸权女性气质和异质性相矛盾，女性武术竞技者确实存在道歉行为，作为对社会污名化、成见和体育参与标签的反应。

也有家长嫌我教（学生）时太凶，这是武术的性质决定的，只能给他们耐心解释。对我自己，当然也有生存的问题，必须把学生教好，让他们获奖，才能招到更多的学生。（被访者 9）

和对华人"少数"群体形象的维护一样，他们更自觉地维护作为更少数的武

---

① MARY B H，Joy G：Stereotypes and personal beliefs about women physical education teachers [J]，*Women in Sport and Physical Activity Journal*，1997: 6(1)，PP.49–83.

② JANET M：Girl Fight: Apologetic behavior of female mixed Martial Arts fighters as a reaction to social stigmatization, stereotyping, and labeling of sports participation，2011，http://www.atelim.com/girl-fight-apologetic-behaviors-among-female-mixed-martial-art.html.

术教练的形象，自觉担当起中华文化传播的责任。

　　我就想用行动说明，我们武术教练并不是大家想的没文化。不谦虚地说句，我能文有武，我的书法是专业水平，也懂茶道，还读了点经典，不时被大学请去讲学。（被访者6）

　　除了教太极，我拿到了汉语硕士学位，在社区大学教中文。我现在还在学习中医、易经，学生们有一些头疼脑热，我就给他们治好了，他们觉得很神奇，说我是他们的免费医生。（被访者8）

　　华人武术教练在美国的群体身份是华人、武术教练和自我的叠加，他们的群体认同由美国人和华人同胞对他们的刻板印象，以及武打电影中出现的某些特定的服装、仪式和语言等叙述共同组成。群体拥有共同的行动兴趣、信仰、威胁和事业感，尤其感到自己濒临灭绝时，这种信念更加强烈[1]。访谈中，多数华人武术教练都提到对于中华传统文化的热爱，将传播武术文化视为己任和事业。年龄大的几位更担心后继无人，希望能为武术在美国的传播培养接班人。

　　我认识的几位武术教练，都五六十岁了，像我都69（岁）了，真担心以后没年轻人愿意做这些事（教武术）了，发不了财，也很苦，有时还被人误解。（被访者8）

　　访谈印证了Smelser[2]的观点，集体认同往往首先由局外人构成，然后由其成员重新形成。华人武术教练的集体认同则主要由功夫电影中的刻板印象和美国人等局外人构成，反过来形成他们对刻板印象的认同，最终影响到他们对华人和武术教练的集体认同。

　　（三）功夫电影中的刻板印象在中美文化冲突的助推下，导致了美国民众对武术的误读，不利于武术的跨文化传播

　　功夫电影是经过技术处理后的文化产品，出于利润最大化、吸引受众等考虑，对武术做了简单的刻板印象化的处理，将武术演绎为神秘甚至虚玄的形象，有的则将武术刻板化为竞技，忽略了背后文化的缺失，都造成了美国人对武术的误读

---

　　① MCCOY S K, MAJOR B: Group identification moderates emotional responses to perceived prejudice[J], *Personality and Social Psychology Bulletin*, 2003, PP. 1005–1017.

　　② SMELSER N J: *Theory of Collective Behavior*[M], New York: The Free Press of Glencoe, PP. 45.

和认知偏颇或错位，影响武术的跨文化传播。

　　小时看李小龙电影最喜欢打打杀杀，后来学习（武术）很长时间后，才慢慢体会到武术背后的哲学和文化，对我影响很大，我在它们的指导下和家人、同事和大自然都能很好沟通。（受访者 2）

　　误读（Misunderstand）和刻板印象常常密切相关，都是跨文化传播中常见的问题。误读指一种文化在解读另一种文化时出现的错误理解与评估，分为有意识和无意识两种，与武术相关的误读多属后者，主要由文化差异造成，主要以己方的价值观去衡量他方的行为和言论①。

　　美国人觉得武术很神奇，都幻想着成为武林高手。他们看了电影就想学，等到真学时就失望了，武术是慢功夫，才要一点点体会背后的文化，这对他们（美国人）太难了，很多爱好者只知皮毛。（被访者 4）
　　我的美国学生说，以前看电影觉得武术像魔法一样，可是学习以后，才会发现枯燥无味，很多人都坚持不下来。（被访者 3）

　　功夫影视剧中的刻板印象有明显的局限性，与现实脱节，需要客观评价。例如很多电影中常有的暴打洋人的情节，在特定的历史时期弘扬了民族精神，然而对民族主义的刻意强调往往会造成人为的壁垒和接受的障碍。这些民族主义是非理性的，其中的"擂台"心态，是过去中国社会长期积弱到今天发展起来的一种亢奋状态，不适合当下中国加入了奥运大家庭的现状②，不利于武术的跨文化传播。另一方面，过多的格斗情节，将武术文化精神刻板印象化为街头打打杀杀低层次的认知，影响了武术在美国的传播。

　　竞技武术好教好学，武术文化就难了，不到比较高的境界不行的。我们强调"武德"，美国青少年则更多看到了打斗。（被访者 8）
　　不同年龄的学生的需要不同，对于年龄大的武术爱好者们，则更看重武术的养生功能。（被访者 8）
　　现在枪都这么普遍，李小龙的拳头还有什么用？对我的学生（年龄比较大），功

　　①　党芳莉：《中美新闻报道"误读"研究》，《上海财经大学学报》2005 年第 2 期，第 73—80 页。
　　②　王柏利：《武侠电影中武术形象生成的传播符号学阐释》，《沈阳体育学院学报》，2017 年第 5 期，第 138—144 页。

夫的更大作用就是健身，而不是竞技。（被访者7）

从观众，到初学者，再到武术教练，我感觉到的武术、功夫真是两个样子，（这）有一个慢慢改变的过程，慢慢地改变我之前对武术的看法和体验，以前只知打打杀杀，而不知背后的文化。（被访者4）

美国人对武术的刻板印象及误读产生的直接原因是受功夫电影的影响，其根本原因则是中美文化的差异。中美是东西方文化的代表，属于不同的文化范式，按照各自的规律发展并运行的。总体说来，西方主智、重外显，突出自然和思辩的理性精神、以科学为支撑的人文精神，东方主德、重内求，强调道德和人伦道德精神，西方文化注重结果，而东方文化则追求过程，正是由于东西方文化内核存在上述差异，使得东西方人对中国武术的学习也产生了迥然有别的态度。

我们当年学武时师傅强调"太极十年不出门"，"十年"当然不是一个定数，就是说冰冻三尺，非一日之寒。美国人很实际，他们希望通过半年、一年的学习能够明显感受到自己的进步，虽然我不认同，但也没有办法，那就采用段位制吧。（被访者4）

我们尊师重教，一日为师，终身为父，我在国内的学生都叫我师父。可是美国人不一样，他们有人对我直呼其名，学好了就想来挑战你---这时候，我就必须拿出散打的功夫赢了他，否则不好教。（被访者3）

美国人讲究师生平等，从国内来我还真不适应。当然，这只是个别现象，我有一个学过散打的黑人学生，学了一阵就要和我比武。（被访者10）

从传播学的角度，武术的跨文化传播以武术为载体传播中华传统文化的符号与信息，涉及文化的编码和解码。编码就是传播者——功夫电影和武术教练将自己要传递的信息或意义转换为语言、声音、文字或其他符号的活动，解码则是编码的逆变换，是受众——武术学习者接收到信息后阐释和理解的过程。两者都需要对双方文化有深厚的积累，同时具备跨文化传播和交际的素养，才能更好地完成跨文化传播。功夫电影等在对武术的编码和美国受众对其的解码，不可避免地受到多种干扰因素，产生了对武术的文化误读[1]，影响了武术的跨文化传播效果。

---

① 赵明元，张堃：《武术跨文化传播中的"文化折扣"现象的成因以及如何规避》，《南京体育学院学报》，2008年第4期，第66—71页。

四、结论与建议

尽管武术在美国的推广取得了一定的成绩，但离武术所承担的历史使命尚有较大差距。受好莱坞等功夫电影的影响，美国民众对中国武术的认知度比较高，然而由于传播模式的僵化、传播内容的老套，以及刻板印象化处理，导致美国人对武术停留于粗浅的甚至错误的认知层面，对于竞技背后博大精深的中国文化了解有限，不利于武术在美国的跨文化传播。另一方面，作为美国社会中的"他者"和"少数人"，华人武术教练面临着华人作为少数族裔和武术教练群体的双重刻板印象，这增强了他们对所属群体的身份建构和文化认同，同时加上文化差异和沟通及语言能力欠缺，一定程度上限制了他们与美国本土社会的融合与交流，为武术在美国的跨文化传播设置了屏障。针对此情况，特提出以下建议：

在宏观的策略层面，希望国家相关部门进行武术的跨文化传播时知己知彼，熟知目标受众国的历史、文化与社会现实，树立相互尊重的文化平等意识，加强相互间的文化理解和认同，注意竞技与文化、现代与传统协作发展，以现代竞技为辅，传统文化为主，加强武术背后的文化内涵传播。从具体执行上看，改变目前官方传播与民间传播两张皮的现状，形成以美国当地的武术校馆传播为主，官方为其提供资助、指导和规范，最终形成武术跨文化传播的合力[1]。

从中观的组织层面，建议成立专门的机构，负责武术的跨文化传播和全球推广，为外派的武术教练提供跨文化素养培训，为海外的武术教练提供进修机会，这一点可以参考对海外汉语教师的培训；加强对武术跨文化传播的研究，加强与世界上学界与业界同行的沟通与合作，尤其是海外的实地考察和实证研究；加强对武术影视传播的深入研究，对传播内容和传播模式加以引导与规范；加强中美民间文化交流，充分利用民间力量包括美国的华文学校、社团、报纸等，传播优秀的武术文化[2]，纠正已有的刻板印象，减少中美武术文化传播中的误读；合理利用功夫影视作品包括网络游戏等传播渠道，但是必须对传播内容进行创新与把关。

从微观层面，建议武术的主要传播者即教练，熟悉中美两国的历史、文化与社会，努力提升基本素养和专业技能，突破与武术相关的一些消极的刻板印象，让"文化认同"变成武术传播的驱动力，积极融入美国社会，通过教学、表演交流等各种机会增强武术的传播效果。优秀的跨文化武术传播者，不仅需要技术出众，专业功底扎实，而且需要有良好的语言素养，以及跨文化沟通、交际和传播

① 赵明元，张堃：《武术跨文化传播中的"文化折扣"现象的成因以及如何规避》，《南京体育学报》，2008年第4期，第66—71页。
② 王文军，张宗豪：《文化学视野下武术在美国的传播研究》，《搏击 武术科学》，2012年第1期，第10—12页。

能力①。换言之，武术作为中华传统文化的集大成，武术的跨文化传播者作为中华文化使者，不仅需要有武术的相关知识和素养，也需要对中华传统文化和才艺有比较全面、深入的了解。

---

① 邓正龙，王国亮：《中国武术国际传播的批判性解读与应对策略研究》，《运动》，2017 年第 12 期，第 151—152 页。

皮尔斯符号学视域下中国书法文化的国际传播 *

The International Dissemination of Chinese Calligraphy Culture from the Perspective of Pierce's Semiotics

于广华 **

Yu Guanghua

摘要： 皮尔斯认为解释者最终决定了符号文本的意义，中国书法国际传播需要考虑西方受众审美范式与文化语境问题。任何文化传播行为，均是不同主体间的动态互动过程，传播主体只能理解为"交互主体"。我们需要通过书法艺术的当代转型，探究中西方文化艺术通约因素，在文化传播的"交互主体"之间，建构"交往理性"，由此才能真正地"输出有效"，促进中国书法文化的国际传播。

Abstract: Pierce argues that interpreters ultimately determine the meaning of symbolic texts. The international dissemination of Chinese calligraphy needs to consider the aesthetic paradigm and cultural context of Western audiences. Any cultural communication behavior is a dynamic interaction process between different subjects, and the communication subjects can only be understood as "interactive subjects". We need to explore the common factors of Chinese and Western culture and art through the contemporary transformation of calligraphy art, and construct "communication rationality" between the "interactive subjects" of cultural communication. Only then can we truly "export effectively" and promote the development of Chinese calligraphy culture. International dissemination.

关键词： 中华文化国际传播；书法现代性；书法传播；符号学

---

* 项目基金：国家社科基金重大项目"当代艺术提出的重要美学问题研究"（20&ZD049）。

** 作者简介：于广华，男，四川大学艺术学院助理研究员、四川大学艺术学理论博士后流动站在站研究人员，四川大学符号学传媒学研究所成员。研究方向：艺术符号学，书法美学。

Keywords: International Communication of Chinese Culture；Modernity of Calligraphy；Calligraphic Communication；Semiotics

中国文化的国际传播，通俗意义而言，即将中国文化向世界其他国家传播，以此扩大中国文化的影响力。书法为中华民族最具代表性的艺术样式之一，其所具有的精神美学内涵在当下仍有重要的现实意义。文化必然涉及意义问题，文化就是一个社会所有意义活动的总集合，符号即携带意义的感知，符号学所探究的就是意义活动的生成、传播与接受问题，皮尔斯将符号分为再现体、意义对象与阐释项，拓展了符号学阐释文化现象的能力，本文基于皮尔斯符号意义理论探究书法文化意义传播机制问题，为中国书法文化的国际传播提供另外一条理论思路。

一、解释者视角与中国文化符号传播的意义问题

从传统符号学意义上来说，意义的发送者为符号主体，即"发送者→符号（文本）→接收者（解释）"这样的一个过程，符号发送者将意义蕴含在符号文本之中，然后接受者（解释者）通过符号文本理解发送者意图。从这个意义上来看，发送者决定了符号的意义，接受者解释权的合法性也源自发送者，"言不尽意"，作为解释者只能够去尽力理解符号发送者的原本意图，这是一个单向度的传播模式。对于中华文化的国际传播而言，这个传播向度即为中国这个国家抑或中国艺术家（发送者），借用中国艺术样式（符号文本），将中国文化传播到西方国家民众（接受者），这是一个很容易理解但又很表象的一个传播方式，赵毅衡认为这种符号传播理念"已经严重过时，符号学的进展已经远远把这个定义抛在后面"。"这个定义的最大问题是把意义和符号的发生顺序弄颠倒了，符号之所以被需要，恰恰是因为它的解释意义（所谓"另一物"）不在场。"①

或许我们需要重新思考符号意义的"接受"问题，我们应该反向思考，为什么我们需要向世界传播中国文化，为什么我们需要孔子学院宣传中国传统文化，"意义不在场才需要符号"，其原因就在于，中国艺术文化精神并未很好地被世界认知和了解，中国文化影响力并未达到我们理想的状态，中华文化艺术并未在世界当代艺术格局中占据主流位置，所以我们才要宣扬中华文化。因此，正是由于中国文化符号意义在世界范围内的缺失，世界其他国家对中国文化符号应有的"解释意义"的缺失，我们才需要创造中国文化符号，积极将其引介和传播出去。

皮尔斯注意到符号意义阐释者的重要性，在索绪尔能指、所指的符号二分法

---

① 赵毅衡：《符号学第一悖论：解释意义不在场才需要符号》，《西华大学学报（哲学社会科学版）》，2018年第2期。

之外，提出符号三分法，即意义对象，再现体与解释项。"解释项"就是"一个符号，或称一个新的再现体，对于某人来说在某个方面或某个品格上代替某事物，该符号在此人心中唤起一个等同的或更发展的符号"①。符号必定携带意义，没有无意义的符号，也没有无符号的意义，哪怕是"空符号"，也迫于语境压力而逼出意义。因此，意义从哪里来，谁决定意义？"符号并非先存也非现存，它只是一个具有被揭示出意义潜力的感知。这个感知本身不是符号，只有具有被解释为某种意义的可能性，它才是符号。"②皮尔斯在索绪尔能指所指二分法之外，加入了"阐释项"，并认为"只有被解释成符号，才是符号"③。符合的意义某种程度上是被解释者所决定的，符号的意义就是被阐释者所解释出的意义。基于这个意义理论，我们或许应该重思中国书法文化国际传播的意义主体问题。

中国这个符号主体是中国文化符号的发出者，但是文化艺术符号一旦形成，就开始脱离符号发出者，因为符号发出者的传播意图只是一个潜在的被阐释出来的对象，能否被接受或者理解，还未知晓。符号文本一旦生成，就具有了无穷的意义观相，具有诸多不同层面的意义阐释空间，这是符号文本对符号发出者的一种"否定"。此外，符号发出者利用符号"再现体"表达发出者想要的指向的"意义对象"，但是作为接受者又需要另外一个符号来阐释该符号"再现体"，阐释者在阐释书法之时，必然根据自身的文化背景和意义系统，利用自身已知的另外一个符号去阐释书法符号，接受者阐释出来的意义可能与符号发出者所设想的意图大不相同，这是解释项对符号文本意义的二次否定。符号的发出、生成与接受经过两次"否定"，已经出原有的符号意义发出意图有着重要区别。

当前中国已经成为仅次于美国的第二大经济体，与此同时，我们面临着中国形象或者中国文化如何输出的问题，这涉及中国文化软实力问题。华夏五千年文明，中华民族积累了巨大的精神文化财富，我们需要输出中华优秀传统文化，需要创造中国文化符号对外传播。皮尔斯符号意义理论认为，文化符号的意义并非仅仅由符号发出者决定，文化符号意义传播必须考虑能否被世界其他国家接受和理解的问题。"中国书法是世界上变化最丰富的徒手线的集合，而在草书中，速度、

① Peirce, Charles Sanders: *Collected Papers*(vol.2.). Cambridge, MA: Harvard University Press, 1931-1958，p.228.

② 赵毅衡：《符号学第一悖论：解释意义不在场才需要符号》，《西华大学学报（哲学社会科学版）》，2018 年第 2 期。

③ Peirce, Charles Sanders: *Collected Papers*(vol.2.). Cambridge, MA: Harvard University Press, 1931-1958，p.308.

节拍、质地变化域限的广阔，使它成为世界上一切徒手线中的极致。"①书法是汉字书写艺术，蕴含着独特的书写性图式，在中华美学精神塑造中占据重要位置，中国书法毫无疑问携带者很多"意义"（美学意义、文化意义、精神意义），但是这一艺术符号"只有具有被解释为某种意义的可能性"，书法符号还有待接受者的阐释。传统书法样式在西方展出之时，西方大部分受众并不识别"汉字"，不了解书法笔法、字法、章法、书法史等系列文化语境，如果书法这些独特的美学内涵意蕴并未被西方人所接受和理解，那么也就意味着书法文化符号意义传播的失效。

　　符号意义对象是非匀质化的。符号对象的存在，首先一点就是能否被感知，如果被解释者感知，那么这个解释者即出现。符号文本具有无穷的观相抑或意义内涵，解释者作为一个认知主体，具有自身的意向性，解释者从个人所在的文化视域出发获取意义，"意义是获义意向性投射在对象事物上，迫使对象'给予'的主客观连接方式。也就是说，意义是主客观交汇的产物"②。在获义活动中，符号文本的各种观相和被激活的程度是不一样的，意义对象是非匀质性的。解释者从自身出发，获取与他的意义活动相关的部分，从而将符号文本划分为噪音区与意义关联区。对于不能识别汉字的西方人而言，汉字语义往往被视为意义"噪音"，他们就只能直观感知线条、笔墨和纸张特性，并不会深入探究书法背后的文化与历史，基于接受者的知识背景，他的获意行为仅仅限定在这是书法形式表层。中华书法文化国际传播过程中，书法文化符号很可能和西方受众的获意行为无关，从他们的审美范式或者文化背景出发，对书法可能没有符号发出者所设想的相关意义活动，我们所强调的书法美学意义可能被接受者视为符号意义"噪音"从而被"搁置"。

　　符号是为了引发"意义"才存在的，正是由于当前全球化语境下中国文化地位的不足，才需要中华文化的国际传播。中华传统文化有能力为解决世界问题提出中国方案，中华传统艺术能够为解决当代艺术危机提供重要参考意义，但是我们必须考虑传统文化符号意义实际的接受路径问题。解释者对于某一符号文本提供的解释，才真正决定此次符号传播活动的意义。我们需要思考什么形式的"书法"，或者书法的何种品质，才能真正地与西方接受者获意活动产生关联。"解释在归根结底的意义上，是人类通过符号、文本达到理解、进行对话的行为。"③将解

①　邱振中：《书写、图形与精神——邱振中自身语言谱系的生成与建构》，《东方艺术》，2016年第8期。
②　赵毅衡，陆正兰：《意义对象的"非匀质化"》，《中国人民大学学报》，2015年第1期。
③　唐小林：《建立解释主体：论反讽时代主体符号学的建构》，《四川大学学报（哲学社会科学版）》，2012年第2期。

释者视为另外一个符号主体，考量接受者的文化背景，在这种情况下西方文化与东方文化才能产生对话与互动，完成符号意义的传达与中华文化的国际传播。

二、走向主体间性的中国书法文化传播

符号文本发出者和接受者本身为两个不同意义系统的主体，但是一旦落入符号的传播过程之中，那么这里的"主体性"，只能在主体之间的关系中解决，"符号传达是一个互动过程，主体只能理解为'交互主体'，或者说主体性就是交互主体性（intersubjective）"①。书法为中华文化精神的重要载体，在中西文化交流或中国形象塑造时，我们也经常看到书法的身影，但书法符号文本一旦落入传播系统，必然需要面临另外一个接受主体，如果传统书法样式及展示语境不符合西方受众审美范式，那么接受者可能不会触发书法符号文本的美学意义，发出者的意义意图（书法美学意义）就未被接受者理解，那么这个就为无效传播。

西方受众有着自身独特的价值观与知识文化体系，有着自身对于中国文化的独特理解，我们需要调整书法文化传播的一些方式。比如王冬龄 1989 年到美国苏明尼达大学教授西方学生书法时，西方学生并不对中国书法的气韵、风骨、人如其人，永字八法等感兴趣，他们纯粹将书法视为线条视觉艺术。王冬龄因此决定从草书教学入手，让学生先感受中国书法的线条韵律感，以及笔、墨、宣纸等艺术媒介物质质感等审美直观部分。王冬龄在美国的书法教学经历，让他逐渐意识到书法国际传播中的受众视角问题，并逐渐将书法介入当代艺术，探索书法现代转化问题。中西文化传播交流某种程度上也引发了传统艺术的现代转型问题，王冬龄开始更多地从书法的线条、笔墨、书写性等层面，考虑书法书写性图式对西方现代艺术的意义，进而探究书法的世界抽象艺术语言问题。

为了更好地完成中国书法国际传播，我们需要对传统书法艺术语言需要进行一些必要的现代转化，对书法美学内涵进行现代重塑。但值得注意是，书法所寻求的一些现代转化，并不是一味地迎合，或者单纯地利用文化他者方式削弱传统书法艺术精神内涵，书法的现代转化必须是在一个主体间双向建构和协商视域之下，重新探究书法艺术的美学建构问题。不同主体间的文化传播，是一种双向建构与双向整合的过程，这里的"主体"是一种"交互主体性"，交互主体性并不是一方对另一方的压制与妥协，而是要求主体与主体之间相互承认、沟通、协商，是一种哈贝马斯所言的"交往理性"构建。哈贝马斯强调主体间应相互尊重，构建交往理性，"这种尊重就是对他者的包容，而且是对他者的他性的包容，在包容

---

① 赵毅衡：《符号学与主体问题》，《学习与探索》，2012 年第 3 期。

过程中既不同化他者，也不利用他者"①。不同主体在交往过程中，可以相互提出个人诉求，双方可接受，也可相互反驳，在这样的沟通协商之下，以实现相互理解。"交往理性"的达成，并非是一方对另一方的完全"认同"，而是一种"承认"和"知晓"交往一方的文化语境和接受意愿，主体间的交往由斗争、对立而寻致"肯定"。

书法文化国际传播的接受者维度至关重要，我们需要充分考量和"知晓"接受者的文化语境，并尽力寻求书法艺术与西方审美范式的通约之处。近百年来，书法所蕴含的丰富美学内涵不断吸引着西方世界现代艺术家的注意，形式主义批评家罗杰弗莱以"书法式线条"阐释印象派绘画，美国抽象表现主义对书法的借鉴等等，西方现代艺术与中国现代书法实践证明，书法艺术必然与西方现代审美范式有着相互通约的品质，我们需要思考的是书法经过何种转化，何种展示，才能触及这部分通约品质。但是，书法与现代审美范式的通约品质，并非是书法与西方现当代艺术样式的拼贴，而是东西方艺术审美"交往理性"的建构。书法的现代性品质，在寻求中西方文化通约品质，让书法成为言说"当下"的同时，也在另一个层面上，试图深层次的触及中国书法文化基因内核，探寻中国书法文化基因的当代蜕变。书法与现代审美范式的通约品质，在将书法推向当代同时，又深层次触及中国书法文化基因，在符号传播的主体之间建构审美意义上的交往理性，生成书法当下的创造性意义。

中华优秀传统文化需要对外传播。中国作为世界文明构成中东方文明的核心文化圈，中华文化理应为解决世界现代性分裂、当代艺术危机、人与自然的关系关系等问题提供中国方案，我们就需要将书法艺术推介出去。与此同时，我们需要思考接受者文化语境，未经现代性转化的传统艺术并不符合西方当代审美范式。如果书法文化传播不需考虑西方受众问题，那么就协商未果，沟通交流中断，交往理性无法建立，传统文化符号文本的获意行为就会失败，这样中华文化仅会对世界多元化进程发展做有有限的贡献，中华民族文化智慧也难以被世界所理解。

我们当下有着不同于以往传统社会的审美方式，我们需在当代社会和当代艺术语境之下重新思考书法艺术，"只要把书法作为艺术，作为还活跃着的当代艺术，便不能不把它与其他艺术放在同等的位置上来进行审视。""书法创作必须给当代观众，当代艺术家以感发，给当代艺术以灵感与启迪，做不到这一点，书法便不能成为活生生的当代艺术中的一员。"②我们需要将书法置于现代艺术的背景之下，

① [德]于尔根·哈贝马斯:《包容他者》，曹卫东译，上海:上海人民出版社，2002年，第43页。
② 邱振中:《书写与观照:关于书法的创作、陈述与批评》，北京:中国人民大学出版社，2011年，第3页。

"充分发挥书法所有的艺术表现力，从而实现自我完成和自由的一门现代艺术"①。从当代艺术角度去打量书法，并不是简单的套用西方理论模式去矮化书法，也不是简单了为了中国书法国际传播而一味迎合西方受众，而是在主体间性的交往理性视域之下，积极展开中西文化之间的交流与碰撞。

三、书法文化国际传播与书法现代性品质塑造

书法文化国际传播，必须考虑接受者文化语境与阐释效力，需要在中西文化之间寻求一种动态的"间性"，在主体间性的视域之下，重新思考书法文化的现代转型问题，探寻中西文化艺术的通约之处，以此在契合西方现代审美范式之际，又深层次的触及书法文化基因内核，完成书法文化基因的当代蜕变，创造独具民族特质的书写性艺术语言与具有中国式现代性品质的艺术。"中国传统书法包含着现代性的遗传基因。""书法被视为最传统的艺术的同时，成为现代先锋艺术的形式与精神灵感。"② 书法有能力成为沟通中西方文化艺术的重要支点，有能力完成中华传统文化符号发送者与接受者主体间"交往理性"诉求。

西方有着定斯基的视觉"世界语"抽象，蒙德里安的世界理式或逻各斯抽象，以及马列维奇的社会治疗和介入式抽象等范式，艺术抽象问题关涉着现代社会审美范式及视觉现代性的生成。中国书法的当代探索，正在试图通过"抽象""书写性""世界艺术语言"等维度，寻求中西文化艺术的通约性，以此促进中华文化的国际传播。"王冬龄的'乱书'则为世界抽象艺术贡献了一种新的范式。"③ 从抽象艺术视角重新探究书法艺术，目的是推进中国书法艺术语言积极参与世界现代视觉审美范式的建构，完成具有中国式现代性品质的塑造。"抽象"是探究书法艺术现代性与中西文化艺术通约品质的一条路径，但书法"抽象"并非是对西方抽象艺术的完全"认同"，而是在中西文化主体之间充满着动态、争论、协商，书法线条"抽象"问题的探索，即考虑了书法文化的西方受众接受问题，同时也是探寻书法文化基因，确立当代中国艺术话语主体地位的重要路径。书法的现代探索接起世界艺术语言基本意义单元，又是对书法艺术的"去蔽"，凸显书法书写性线条图式基本意义单元内核。

首先，与西方抽象艺术无意识、随机性线条运动方式不同，书法线条的运动是汉字的一次性、连续性书写。书法线条运动以汉字为基底，有着一系列的笔法、字法、章法规范，遵从着从上到下，从右到左的书写顺序，书法的线条首先完成

① 王冬龄：《现代书法精神》，《新美术》，2007 年第 1 期。
② 曹意强：《"画入书法"与中国书法的现代性基因》，《新美术》，2007 年第 1 期。
③ 沈语冰：《王冬龄的乱书》，《诗书画》，2016 年第 4 期。

一个汉字的书写，然后再进行下一个，以此成一列，然后再进行下一列的书写，因此书法线条的运动方式是先完成单字的图形构造，然后再连接到下一单字，书法线条运动方式为多个单字图形连缀成列，多个行列并置，此外列与列，单字的上下左右之间均有着不同的空间关系。与西方抽象艺术的随机性、无向度性、无意识性不同，书法不断地处理线条的自由运动与规则的辩证关系，在汉字书写、从上到下、从右到左等规则之下，书法线条依然能够"自然生长"，创作出震撼而直逼人的心灵的书法艺术。

其次，书法线条运动有着极为丰富的内部运动。"西方追求书写性的绘画中，线条的推移是明显的，其节奏的丰富性和表现力绝不下于中国书法，但是它的内部运动无法与中国书法相比。"[①] 西方抽象绘画，比如蒙德里安、康定斯基、马列维奇等人的抽象范式，通过几何图形或者线条、色彩、肌理、构图之间的设计，以此试图触及情感抽象的至上的理性，以完成精神升华。西方抽象绘画极力探究线条的独立形式意味，但诸如波洛克随意滴洒的线条，弗朗兹·克兰"计白当黑"的粗犷的硬边线条，这些线条的书写性的推进方式均是线条的外部运动的结果，而中国书法基于柔性媒介特质以及笔法的多样性，内部运动的复杂性是西方抽象线条所没有的，单个笔画内部的笔锋的频频绞转也能够营造出一种丰富的立体造型感，线条内部的运转，手指的捻动使得笔毫在行进过程中不断变化锋面，笔锋在单个笔画内部频频绞转运动，单个线条仿佛风中的丝绸带呈现多个展面，营造出一种丰富的具有立体感的线条效果。

最后，书法线条运动具有自然、有机、柔性特质，对解决当代世界现代性分化，重塑人与自然的关系具有重要价值意义。书法文化的国际传播需要考虑受众的审美文化需求，需要考虑对世界当代艺术发展，解决人与自然的危机以及现代性分化等诸多人类共同问题的价值意义。从马克思·韦伯到哈贝马斯的社会理论分析来看，现代性危机正是源于社会现代化的过程中的一系列现代性分化。而中国书法的媒介源于自然，蕴含着中国古人独特的观物与感物方式，流行性的水与有着生命呼吸缝隙的草本植物纤维的宣纸结合，在宣纸上不断生长。人的身体的运动，瞬间的情绪与感受倾泻在笔尖，在宣纸上留下自然生长的书写性线条。书法曲线、有机、柔性、自然的肌理特质，能够在现代性分化的各个维度之间转换与渗入，通过自然有机的方式不断的缝合僵化的现代性分裂。这或许就是书法文化国际传播的世界意义，书法自然有机书写线条图式，或许就是中西文化主体间"交往理性"达成的重要支点。

---

① 邱振中：《书法中的书写性与图形生成》，《东方艺术》，2016 年第 8 期。

中国书法文化的国际传播，需要考虑西方受众审美需求，需要在不同传播主体之间进行双向传播与双向建构，由此建构一种审美"交往理性"。而书法文化审美"交往理性"的达成，又必然离不开书法的当代转型与书法现代性品质的探索。当前，部分艺术家以抽象为核心所展开的书法当代探索，是为了抽离传统书法艺术背后的柔性物感品质，深层次、基础性的意义单元，以及自然有机的书写性图式，由此积极推动书法线条图式参与世界当代艺术语言的建构，在书写性线条图式这个意义维度之上，探寻中西方文化的通约之处，在书法文化国际传播中建构一种交互主体性。

结语

解释项最终决定了符号文本的意义，中国书法国际传播需要西方受众审美范式与文化语境问题。任何文化传播行为，均是不同主体间的动态互动过程，传播主体只能理解为"交互主体"。中国书法文化的国际传播，需要在中西方文化审美范式的协商与交流，通过书法艺术的当代转型，寻求主体间"交往理性"的达成，由此达到真正的"输出有效"。书法是中华民族基础性的文化基因之一，书法自然、有机、柔性的书写性艺术语言，能够为世界现代性危机提供中国方案，这或许就是书法文化国际传播的价值和意义。

华夏民俗传播研究

"以儒诠经"

——明清时期汉文伊斯兰译著运动的跨文化传播考察[*]

The Interpretation of Islamic Classics with Confucianism: A Study of Intercultural Communication about Chinese Translation of Islamic Classics during Ming and Qing Dynasty

郭瑞佳[**]

Guo Ruijia

摘要："本土化"是任何一种外来宗教在适应"异域"文化场域时不可回避的必然历程。明末清初开展的"以儒诠经"——汉文伊斯兰译著运动，打破了自唐宋以来伊斯兰教经籍沿用阿拉伯文、波斯文传习的固化思维，满足了选择以汉语作为民族共同语言的回回穆斯林在宗教信仰上的现实需求，顺应了伊斯兰教中国本土化发展的历史必然趋势。"以儒诠经"不仅改变了伊斯兰教义不能翻译成其他文字的偏见，在一定程度上解决了因语言不通所导致的回回民族宗教信仰危机，相对缓解了当时伊斯兰文化与中华文明之间的冲突压力，进而加深了穆斯林对以儒家文化为代表的社会主流文化的理解和认同。这场跨越伊斯兰文化与儒家文化的和平友好交流活动，为世界多元文化之间的跨文化交流贡献了中国经验。

关键词：以儒诠经；汉文伊斯兰译著运动；穆斯林学者；跨文化传播

Abstract: Foreign religions in China have experienced the process of localization. The interpretation of Islamic classics with Confucianism not only has changed

---

* 基金项目：云南省哲学社会科学基金青年项目"云南少数民族语言文字出版人口述史研究"（QN2017046）阶段性成果。

** 作者简介：郭瑞佳，女，云南民族大学副教授，出版硕士点专业负责人，硕士生导师，中国版权协会民族工作委员会特聘研究员，韩国国立昌原大学媒介研究中心国家公派访问学者（2018—2019），中国传媒大学博士。研究方向为传播史、书籍史。

the Islamic classics cannot be translated into other languages. But to a certain degree, it was also solved the religious belief crisis of Hui caused by language barrier and relieved the pressure of conflict between Islamic culture and Chinese civilization. All in all, it has strengthened the identity of the mainstream culture of Chinese society by Hui Muslim. This peaceful and friendly exchange of activities between Islamic culture and Confucian culture have contributed Chinese experience in intercultural communication to the global multicultural exchange.

Keywords: the interpretation of Islamic Classics with Confucianism; Chinese translation of Islamic Classics; Hui Moslem scholar; intercultural communication.

　　"以儒诠经"又可称为"以儒解经"或"用儒释教"，"儒"指儒学，"经"指伊斯兰教的经籍，此处泛指伊斯兰文明的思想体系。"以儒诠经"是学术界对明清时期穆斯林学者用宋明理学阐释伊斯兰教经籍这一活动的称谓，具体指明末至清末江南与云南等地的一批穆斯林学者以阿拉伯文、波斯文的伊斯兰教经籍为蓝本，吸取儒、释、道各家思想，运用传统儒家学说的框架、表述方式、概念及词语，翻译经籍，阐释教义，著书立说，宣扬伊斯兰文化的相关活动。①"以儒诠经"是一次由内部生发推动的且具有里程碑意义的宗教改革思潮，同时也是一场对后世有着长远影响的伊斯兰文化自我创新与对外传播的运动，是伊斯兰教中国本土化的开端。

　　"本土化"是任何一种外来宗教在适应"异域"文化场域时不可回避的必然历程。"宗教本土化反映了一种既跨越文化又进入文化的交流，是宗教在特定的历史文化环境中适应性的具体展现。"②伊斯兰教在我国已有1300多年的传播发展史，除回、维吾尔、哈萨克、柯尔克孜、东乡、撒拉、塔吉克、乌孜别克、保安、塔塔尔族共10个少数民族几乎全民信仰外，在汉、蒙古、藏、白、苗族等民族中也有部分人信仰。唐代初期，随着来长安经商的波斯人、阿拉伯人的经济活动，伊斯兰教开始传入中国。唐王朝秉持文化上兼容并蓄的多元主义，这让伊斯兰教能够在当时儒家文化和佛教文化占据主导地位的中国，以侨民"个体行为"的方式存在下去。在唐、宋王朝统治的500年中，伊斯兰教在中国是一个教名未定、教

---

　　①　杨怀中，余振贵主编：《伊斯兰与中国文化》，银川：宁夏人民出版社，1995年，第383—442页。

　　②　卓新平主编：《宗教比较与对话》（第三辑），北京：宗教文化出版社，2001年，第5页。

义不明、无汉译典籍及著作，由侨民信仰的外来宗教，[①] 其传承和解读都是采用"家传心授"的模式。南宋末期，大批大食、波斯、中亚等信奉伊斯兰教的各族人，随着蒙古军队的征战而散布于中国各地，尤以西北、西南、中原和江南地区为多，改变了唐宋以来穆斯林大都居住在城市，活动主要限于海内外经商的局面。这些穆斯林聚居在城市和农村，与当地人通婚，随着他们从事的商业贸易、农业生产、手工匠作等活动，伊斯兰教逐渐在中国发展开来。元朝时期，被划为色目人的穆斯林社会地位较高，有许多人入仕从政，如"广惠司"[②] 等，他们将当时伊斯兰世界的天文、历法、医药、建筑、军工、文学、艺术等传入中国，加强了中国与伊斯兰文化之间的交流。到了明代，闭关锁国的政策切断唐宋元以来中外伊斯兰教自然交流的通道，政府颁布了一系列律令和诏书，从语言、服饰到宗教各方面加强管控。在这样的社会历史背景下，走"本土化"道路成为伊斯兰教在中国生存与发展的必然选择。始于明代中期的"经堂教育"和明末清初开展的"以儒诠经"运动，便是伊斯兰教本土化进程中的成功典范。

一、"经文匮乏，学人寥落，既传译之不明，复阐扬之无自"[③]：传播动机的浮现

明清两代，程朱理学成为王朝意识形态的核心内容以及行为和思想的统一标准，清代"华夷之辨"甚嚣尘上。无论是集权统治下对伊斯兰教强化管理，还是以文化正统为名的风俗歧视，均体现出伊斯兰教与当时的中国社会出现了激烈的正面冲突。随着穆斯林与其他民族（尤其是汉族）交往的频繁与深入，儒家文化"正统"视野中留给伊斯兰文化的"异域"空间越来越小。如何保持自己的文化传统和穆斯林身份；如何与周围的环境相适应，缓和及消解冲突；如何弘扬伊斯兰教文化，寻求与儒家文化相协调的并存之路等等问题，成为摆在穆斯林学者面前的当务之急。

"以儒诠经"兴起的内部动因来自于革除积弊的自救运动。跨文化传播将地方文化（local culture）定义为是独立于主流文化的一种次文化存在，通常意味着其文化的范围相对狭小且局限在具有一定边界的空间内。一旦地方文化卷入与其临近的权利斗争和淘汰竞赛当中，对其信仰的表述和特殊性感受就会变得越发敏感，

---

① 高占福：《从外来侨民到本土国民——回族伊斯兰教在中国的本土化历程》，《中国民族报》，2013 年 5 月 28 日。

② 李兴华，冯令源等：《中国伊斯兰教史》，北京：中国社会科学出版社，1998 年，第 189 页。

③ 《胡太师祖墓碑记》，转引自纳国昌：《中国伊斯兰教与儒家学说》，《回族研究》，1996 年第 7 期，第 54 页。

同时也更加清楚地彰显"我"与"他者"的不同界定。明代以前，中国的伊斯兰教普遍使用阿拉伯语、波斯语，只在穆斯林内部传衍，从不向外宣教。在伊斯兰教的传统观念中，反对使用阿拉伯文以外的语言翻译经典，认为翻译成其他文字会失去原文的神韵和意蕴，这一观点在《古兰经》第 12 章第 2 节经文有明确的展示："我确已把它降示成阿拉伯文的《古兰经》，以便你们了解。"[①] 语言的差异阻滞了伊斯兰文化的传播，导致一直以来汉文史籍、文人笔记等对伊斯兰教的记载很少，即便有也多与事实有违，主观臆测成分较浓。[②] 涉及的文献对"真主阿拉"也无固定称谓，有称之为"中国之佛"[③] 或"敬事天神"[④]，即便《明史》这类的正史也称"其教以事天为主"[⑤]。再加之伊斯兰教内部"仅恃习俗之渲染，口头上之授受，血统上之遗传，阿拉伯文之讲解，以为传授之工具，故宋、元之时，犹无人以中国文字解说回教教义与礼节者"[⑥]。由此可见，元代以后随着穆斯林活动范围的扩大，伊斯兰教世代沿袭的传教方式其弊端日益显现，对这一问题马淳夷先生曾有深入描述：

　　我国自唐有教，千余百年来，司铎者抱持原本，师传徒受，仅恃口译讲解。虽曰作始有伦，而辗转口述，日久不免多所模糊。既无汉译辞书可以参考而教师率不谙国文，遇有译语间吐词不甚了然者，面面相观，尝至无法确证……传道授业，率多囫囵其辞，陈陈相因，弥久弥堕。[⑦]

　　正是在这一历史背景下，"以儒诠经"运动应运而生。"以儒诠经"是穆斯林民族形成过程中伴随着民族意识的觉醒，以及与主流文化进行对话的强烈愿望而勃兴的民族思想文化的中国化运动。穆斯林民族以"信仰伊斯兰教"为前提，数百年来与不同国籍、不同地区、不同族群的人们通婚繁衍、碰撞融合，最终于元末明初时正式形成。形成伊始，穆斯林民族的发展便面临极大的挑战：一方面由

---

① 马坚译：《古兰经》，北京：中国社会科学出版社，1981 年，第 176 页。

② 何玉红：《明清时期伊斯兰教中国化研究》，硕士学位论文，西北师范大学文学院历史学系，2003 年，第 9 页。

③ （宋）岳珂：《桯史》（卷十一）《番禺海獠》，北京：中华书局，1981 年，第 125 页。

④ （唐）杜佑：《通典》（卷一九三）《边防九·西戎五·大食》，北京：中华书局，1984 年，第 98 页。

⑤ （清）张廷玉等：《二十四史》（简体字本）《明史》（卷第三百三十二），北京：中华书局，2000 年，第 5781 页。

⑥ 傅统先：《中国回教史》，银川：宁夏人民出版社，2000 年，第 102 页。

⑦ 马淳夷：《翻译〈古兰经〉之理论及实例》，转引自勉维霖主编：《中国回族伊斯兰宗教制度概论》，银川：宁夏人民出版社，1997 年，第 430 页。

于信仰伊斯兰教，伊斯兰教义规定了区别于汉族的特殊生活方式和精神信仰；另一方面，明代统治者通过法令要求说汉话、穿汉服、回汉通婚等方法让其融入当地社会。明朝中叶以后，穆斯林民族农业兼商业的经济生活方式已然定型，姓氏及服装也都本地化，通晓阿拉伯文和波斯文的人日益减少，其语言基本完成了向汉语的过渡。对选用汉语作为共同语言的穆斯林来说，用汉文翻译解释伊斯兰教经籍，已成为重振日趋衰微的宗教信仰、更好地传承民族传统文化的必然选择。

"以儒诠经"运动兴起的外部动因是出于主动缓减与儒家文明之间的冲突压力。由于穆斯林将领在明朝军事、政治和文化交流中做出的突出贡献，明朝统治者将穆斯林视为一支不可忽视的力量，对伊斯兰教也采取尊奉和优容的态度。但与此同时，为了维护明王朝的专制统治，依旧独尊儒术，约束、打压伊斯兰教的势力，明代通过实行政教分离、教法分离等一系列措施来控制伊斯兰教的影响，明令伊斯兰教教长只能传教布道，禁止其干涉民间事务和掌理民间词讼。[①]另外，当时社会上也普遍存在对伊斯兰文化的"文化误读（cultural misunderstanding）"，即基于中国传统的社会规范、观念体系和思维方式等对伊斯兰文化产生的偏离事实的理解和评价。受制于当时的社会历史条件和文化交往能力，以及语言和知识结构的障碍，伊斯兰文化与儒家文化在交流上存在极大困难，致使社会上对伊斯兰教存在猜忌和误解的现象时有发生，这些事件从一定层面上反映出因文化差异，彼此不了解而产生的文化不解、偏见甚至歧视。伊斯兰文化与以儒家文化为代表的社会主流文化之间的压力有待松解。

二、"以中土之汉文，展天房之奥义"[②]：传者群体的形成

消弭异质文化之间的文化差异和文化误读是跨文化传播发展的动力，也是"一个群体向另一个社会借取文化要素并把它们融合进自己的文化之中的过程"[③]。皮埃尔·布迪厄（Pierre Bourdieu，1977）认为每个人都是实践的主体，这源于对日常文化的自然性、习惯性和重复性的重视，基于此，有的学者将伊斯兰教在我国的传播界定为"载体移植性"的文化传播，[④]即伊斯兰教的宗教信仰与世俗生活紧密结合，集"信仰—实践"于一身，并随着传播主体——穆斯林的迁徙而进行传播。穆斯林在伊斯兰教的文化传播过程中既是宗教信仰的载体，承担着宗教文化传播

① 何孝荣，崔靖：《明代政府对伊斯兰教的基本政策和信仰伊斯兰教的居民分布》，《黑龙江民族丛刊》，2013年第8期，第94—99页。
② （明）王岱舆著，余振贵点校：《正教真诠·清真大学·希真正答》，银川：宁夏人民出版社，1998年，第1页。
③ [美]C·恩伯著，杜杉杉译：《文化的变异》，沈阳：辽宁人民出版社，1988年，第535页。
④ 李伟，潘忠宇：《回族伦理文化导论》，银川：宁夏人民出版社，2010年，第86页。

的传者的角色，同时也是伊斯兰文化传播的受众及世俗社会生活的参与者。自唐宋以来，穆斯林对儒家文化的学习适应是一渐进的过程：《全唐文》中记载了唐宣宗时期阿拉伯穆斯林后裔李彦升从广州赶赴长安参加科举中了进士一事；①陈垣所著的《元西域人华化考》中有专门的章节介绍元代的一批熟读儒家经典且能阐释儒家学说的穆斯林学者，如瞻思丁、忽辛、瞻思（溥博）、勋实戴等；②元末明初，随着回回民族的形成，组成穆斯林民族的不同成员逐渐放弃了自己的原有语言而开始改用汉语，汉语成为通用语言。与此同时，穆斯林原本的多元身份在社会角色选择的过程逐渐呈现单向度性——伊斯兰教文化传播过程中作为世俗社会生活参与者角色的凸显和宗教文化传播载体传者身份的褪色。③

　　语言的变迁造成了伊斯兰教文化传承的危机。中国穆斯林中，懂阿拉伯文和波斯文且能直接释读经义者日渐稀少，加之明代中叶实行海禁后，切断了国外穆斯林学者的来华之路，掌教经师后继乏人。为了改变这一状况，明代陕西著名经师胡登州（1522—1597）立志兴学，在家收徒讲学，倡导学习经典，创建了中世纪伊斯兰教国家寺院教育与中原传统私塾教育相结合的中国穆斯林宗教教育制度——经堂教育。④经堂教育改变了父传子受、师徒单传"口传心授"的传统教育方式，其宗旨在于培养一批能直接阅读和解释伊斯兰教经典原文的宗教职业人士——阿訇，为伊斯兰教文化的有序传承及人才培养奠定了基础。经堂教育是回儒教育交融的产物，也是伊斯兰教育在中国本土化的典范代表，不仅培养了大批伊斯兰教经学大师，同时也培养了一批"学通四教""经汉两佳"的回儒学者，早期汉文伊斯兰教典籍作者张中、王岱舆、马君实、马明龙等都是经堂教育传承者。如果说经堂教育完成了穆斯林认知教育、宗教文明的自我传承与延续，那么其后投身于"以儒诠经"汉文译著运动的穆斯林学者群体，则是在接受了传统经堂教育及儒家文化熏陶的基础上，勇于直面当时的保守专制的历史背景，积极思考宗教信仰及民族文化如何适应与发展问题，从而掀起的具有划时代意义的伊斯兰文化"中国化"运动。

　　明末清初，不同于经堂教育昌兴的西北，作为穆斯林最早聚居区的中国江南地区，因以儒家为代表的传统思想根深蒂固，所以尽管穆斯林的人数增加了，但伊斯兰教信仰及其影响力却呈现衰微迹象。再加上明清统治者对伊斯兰教的打压，

---

　　① 马明良：《简明伊斯兰史》，北京：经济日报出版社，2001年，第499页。

　　② 陈垣：《元西域人华化考》，北京：中华书局，2016年，第26页。

　　③ 李林：《伊斯兰教在唐代活动述略——兼议伊斯兰教在中国早期文化传播的性质》，《回族研究》，2001年第4期，第63—67页。

　　④ 周燮藩，牟钟鉴，潘柱明等：《中国宗教纵览》，南京：江苏文艺出版社，1992年，第326—327页。

普通汉族民众对穆斯林风俗习惯的误解，让穆斯林感受到了来自社会的多重压力。为避免教义传播的日趋衰微，在中国社会立足生存，伊斯兰教必须调和与社会主流思想的矛盾，并向已经改用汉语的穆斯林普及正确的伊斯兰教义。明嘉靖七年（1528），山东津南清真南大寺掌教陈思所撰《来复铭》，便借助于宋代理学家张载的观点，宣传伊斯兰教宇宙观、人性论、认识论，并以周敦颐《太极图说》的结构和观点阐述伊斯兰教义。①另外，明熹宗天启五年（1625）进士张忻和万历四十四年（1616）年进士詹应鹏在"以儒释经"方面也有所尝试。张忻在其撰写的《清真教考》序言中，詹应鹏在其辑有《群书汇辑释疑》的跋文中，以中国太极学说会通伊斯兰教真主本体论，把程朱理学与伊斯兰教义相结合，校正了教外中国人对伊斯兰教的误读。继陈思之后，以王岱舆、马注、刘智等数十位学者为代表，兼通儒、释、道、伊四教的"回而兼儒""经汉兼通"的穆斯林智识群体兴起，他们多系世家出身，儒学造诣和汉语水平较高，加之受到其他外来宗教（佛教、天主教）用汉文进行宗教教义广泛宣传的启发，他们主张破除传统伊斯兰教在语言上的禁锢，大胆尝试用汉文来翻译阐释伊斯兰教义，力求使之与中国主流的儒家文化相适应，让更多教外人士理解伊斯兰教，从而开启了一场声势浩大的用儒家思想诠释伊斯兰教义的"汉文译著活动"。从明末开始，历时约三百年，近百种汉文译著及专著相继出版问世，创建了系统较为完善的中国伊斯兰哲学。

三、"回之与儒，教异而理同"②：共同语义空间的打造

跨文化传播学认为"文化认同来自不同文化对本文化以及其他文化的关系的评估和判断，呈现了文化成员之间对于共同文化的确认程度"③。从唐宋时期的"蕃客"到"土生蕃客"，再过渡到元末明初的"回回"，由"侨居"变为"土著"的转型除了显示身份的转变，同时也展现出他们对"中华帝国"及中华文化的强烈认同。这些散居于全国各地的穆斯林，为了适应新的生存环境而自愿接受中华传统文化，而以儒家思想为核心的传统文化也被逐渐内化为他们的价值观念。要构建一致的文化认同，意味着文化成员要秉承共有的认知理念及思维模式、遵循共同认可的行为准则。把对伊斯兰教的认同与对儒家文化的认同进行"二元"并存，

① 冯今源：《〈来复铭〉析》，金宜久主编：《当代中国宗教研究精选丛书·伊斯兰教卷》，北京：民族出版社，2008年，第205—209页。
② （清）马注著，余振贵标点：《清真指南》卷三《穷理》，银川：宁夏人民出版社，1988年，第77页。
③ 孙春英：《跨文化传播学》，北京：北京大学出版社，2015年，第246页。

是中国穆斯林在适应中华文明过程中所展现出的特有文化属性。[①]尽管伊斯兰教并不向外传教，与儒家思想并不发生直接接触，但强调社会人际关系和行为规范，注重天理伦常的儒家思想，与伊斯兰教义中重视现世生活和宗教律法等部分有不少共通的内容，这也为"以儒诠经"运动提供了两种文化相互附会、补充、融合的可能。

明清时期，适应了中国社会及文化体系的穆斯林学者不断涌现，他们大都从小熟读儒家经典，熟知伊斯兰教经籍，并且对佛教、道教也有一定程度的了解。这些"回而兼儒"的学者们积极融合主流，借用当时盛行的宋明理学中的"心、理"等哲学概念来诠释伊斯兰教义，试图将伊斯兰文明与华夏文明进行对接。[②]回族三大汉文译著家——王岱舆、马注和刘智，在对伊斯兰教文化与儒家文化进行融会贯通的基础上，基本搭建起了"回儒对话"的共同话语空间。

共同语义空间的打造首先体现在思想体系上。众所周知，儒家最为重视伦理。儒家的"五伦"思想——"父子有亲，君臣有义、夫妇有别、长幼有序、朋友有信"，已成为中国人伦关系中应遵守的基本行为规范和道德准则，也是中国封建宗法关系在意识形态领域的反映。王岱舆、马注和刘智将儒家的人伦道德与伊斯兰教伦理学说进行分析对比后认为，两者在主要方面是基本相通的，只是在次要方面有所差异。马注更是将儒家伦理纲常大量引入自己的汉文伊斯兰教经籍之中，将伊斯兰教的"天道五功"（念、礼、斋、课、朝）来比附儒家的"五常"（仁、义、礼、智、信），使伊斯兰教的基本教义具有中国传统伦理的特色。其后，刘智在《天方典礼》一书中依据伊斯兰教伦理思想，结合中国传统伦理学说概括出一整套伦理道德规范的"五典"，作为穆斯林在君臣、父子、夫妇、兄弟、朋友等五种人伦关系中应当遵守的道理和行为准则。另外，为适应当时大一统的社会和皇权至上的政治需要，穆斯林提出了"忠于真主，更忠于君父"的"二元忠诚"伦理观，顺应并实现了伊斯兰教从"一元忠诚"（忠于真主）到"二元忠诚"（忠主忠君）的本土化变革，创造性地解决了在中国社会中穆斯林对非穆斯林君主应持何种态度的问题，不仅满足了中国封建皇权统治的客观要求，也为伊斯兰教义与主流文化更好地结合打下基础。[③]

共同语义空间的打造其次体现在话语体系上。在"以儒诠经"过程中，穆斯

① 丁宏，敏俊卿：《伊斯兰教与中国穆斯林社会现代化进程》，北京：中央民族大学出版社，2012年，第58页。
② 李红春：《从金陵到云南：试论明清"回儒"对话的社会结构及其影响》，张德广主编：《"文明对话与和谐世界"国际会议文集》，北京：世界知识出版社，2010年，第278页。
③ 梁向明：《明末清初回族三大汉文译著家伦理思想研究》，北京：光明日报出版社，2015年，第179、182页。

林学者在对"经堂语"进行改造的基础上，创制出有关阐释伊斯兰文化的阿拉伯语或波斯语与汉语对译术语、汉语表述词汇等，对教义的翻译兼具"信、达、雅"，更符合汉语的习惯表达及语法特征。"以儒诠经"运动中产生的众多汉译伊斯兰专有词汇，大多参详并借鉴了儒、释、道的概念、用语及术语等，在奉行"拿来主义"的同时，赋予这些词汇以伊斯兰文化特质。[①] 穆斯林学者独创的这套"汉克塔布"话语体系一直沿用至今，成为我国文化界和学术界解读及阐释伊斯兰文化的重要话语体系。

四、"读其文，会其义，自有裨益"[②]：受众需求的满足

伊斯兰教的汉文译著学者群体，他们所面对的传播对象除了其他回族知识分子和普通穆斯林群众而外，还包括当时主流文化的汉族士大夫阶层乃至整个封建统治集团。其文化传播需求的满足大致分为以下三个阶段：

阶段一，通过"内省式"的汉文伊斯兰译著自我表述[③]来审视和把握伊斯兰教，在"以儒诠经"的"对话"中，让教内穆斯林群众能够了解并感知一个真实的伊斯兰教。明末清初是伊斯兰教本土化发展史上的重要转折期。由于汉语已经成为穆斯林的普遍使用语言，许多地区，尤其是回汉混居区域的穆斯林已经看不懂（听不懂）用阿拉伯语或波斯语记载的《古兰经》教义了。再加上作为伊斯兰文化主要载体和传播媒介的穆斯林，多为普通商人、工匠、无地或少地的普通农民，大都不识字且未接受过文化教育，伊斯兰教的传播呈现式微迹象。针对这一状况，"以儒诠经"的穆斯林学者们凭借自身深厚的儒家文化功底，吸收和运用儒、释、道的思想理论，并结合对中国传统哲学的理解，融会贯通且深入浅出地翻译阐释伊斯兰教义，满足了广大没有机会接受经堂教育的穆斯林群众理解伊斯兰教义的需求。

阶段二，汉文伊斯兰译著活动的文化传播方向由教内转向教外：穆斯林学者希望通过阐释伊斯兰教中与儒家学说相符合的内容，对伊斯兰教通俗性教义进行了宣传，取得汉族知识分子乃至教外普通民众对伊斯兰教义的理解和支持，针对长久以来教外人士对伊斯兰教的信仰、功修和穆斯林生活方式等方面提出的种种疑惑进行释疑和解答。如刘智在完成《天方典礼》后，在"例言"中郑重地申明

---

① 丁克家：《重构·对话·文化启蒙——中国回族穆斯林知识分子的历史类型与理想追求》，杨怀中主编：《文明对话——跨文化的思索》，银川：宁夏人民出版社，2011年，第150页。

② （清）刘智：《天方典礼》，白寿彝：《白寿彝文集》（第三卷）《民族宗教论集》附录：《天方典礼择要解》，开封：河南大学出版社，2008年，第449页。

③ 李兴华：《汉文伊斯兰译著的宗教学》，《青海民族学院学报（社会科学版）》，1997年第3期，第3页。

他的著述是给不了解伊斯兰教的人参看的，尽管与当时教内流行的"经堂语"不相符合，但在不违反原意、不背离宗教礼俗的前提下，针对"通习三教"、有汉文基础的读书人阐释伊斯兰教义。① 如果说"经堂教育"面对的是基层穆斯林民众，那么伊斯兰汉文译著活动主要是面对非穆斯林文化阶层。"以儒诠经"在当时穆斯林社会之外产生了一定的效果和作用，为不了解伊斯兰文化的汉族群体及统治阶层提供了了解伊斯兰教的重要渠道，同时也在一定程度上改变了教内人士对儒家文化的某些偏见，进而加深了对社会主流文化的理解和认同。

阶段三，满足因民族矛盾激化而暂时停滞的文化交流需求。清中后期，因乾隆年间的海富润案等原因被迫中断的汉文伊斯兰译著运动，因云南回儒马德新从麦加朝觐归来又重新开启。② 咸丰和同治年间的两次"回变"在汉族官僚士绅及普通民众的心中投下阴影，对伊斯兰教和回民抱有成见。这一阶段的"以儒诠经"活动，将缓解回汉之间紧张的民族关系作为出发点，并且开始注意改善与佛、道两教的关系，更加注意用儒家的言论来阐释穆斯林的宗教信仰和生活方式，尽量消除与儒家文化之间的文化隔膜，以赢得教内教外民众对伊斯兰教的理解。这一努力的成效可以从云贵总督潘峰为马复初的著作作序，以及候补知县冷春晨等人为《清真释疑补辑》作序等行为可见，③ 其传播活动已经部分改变了清代知识界对伊斯兰教的成见，重新对伊斯兰文化有了善意理解和客观评价。

五、"辟邪说，正人心，承先圣先贤之教"④：传播效果的实现

儒家文化倡导建设"修文德以徕远人"的礼乐制度，让两千多年以来的中华文化一贯展现出吸附性的文化特质。⑤ 与西方文明惯常的扩张性文化输出不同的是，中华文化在经历每一次重大的民族战争后，都是新一轮更高层级的民族文化融合，而不是分崩离析，这其中也包括由宗教信仰的差异而导致的民族文化冲突及融合。将伊斯兰教与历史上其他入华的宗教，如汉代传入的佛教，南北朝时期的火袄教（也称琐罗亚斯德教或拜火教），唐代初期传入的摩尼教（后演变为明教）、景教（也称聂思脱里教，基督教的一支）、犹太教，元代的也里可温教（基督教的第二

① （清）刘智：《天方典礼择要解》卷首，《四库全书存目丛书》子部第 95 册影清康熙四十九年（1710）杨斐菉刻本，济南：齐鲁书社，1995 年，第 524—525 页。
② 冯文杰：《明清时期回儒研究》，银川：阳光出版社，2016 年，第 91 页。
③ 马明良：《伊斯兰教的中国化与"以儒诠经"》，《阿拉伯世界研究》，2009 年第 5 期，第 53—60 页。
④ （清）马注：《清真指南·卷八（跋）》，昆明：云南人民出版社，1989 年，第 881 页。
⑤ 沈定平：《明清之际中西文化交流史——明季：趋同与辨异》（下），北京：商务印书馆，2012 年，第 445 页。

次传入），明代的罗马天主教及清代的基督教新教等进行比较，①可以发现这些外来宗教在汉文宗教典籍产生方面有着很大的不同。佛教、景教、摩尼教、天主教和基督教作为对外传教的外来宗教，都在很短的时间内通过翻译或编译的手段，创造出一批汉文宗教典籍；但火祆教和伊斯兰教则不同，作为不对外传教的外来宗教，在很长的时间内排斥对宗教典籍的汉译。

依据卓新平的观点，宗教的本土化呈现出两个层面：一是表层次的本土化，即实现对某种本土文化的外在"形似"，但在更进一步的接触中，容易产生文化矛盾与冲突；二是深层次上的本土化，即通过内在的融合使之得以重构，从而获得与本土文化内在的"神似"。②相对于中国传统文化而言，伊斯兰文化是一种外来的异质文化，在以儒家思想为主流意识形态的中国封建社会中属于弱势文化。明末清初穆斯林学者发起的汉文伊斯兰译著运动为伊斯兰教扎根中国做出了突出贡献，其翻译建构的中国伊斯兰教理论体系，逐渐被学界主流所认可，如刘智的《天方典礼择要解》二十卷被收入乾隆年间官修《四库全书》的存目中便是证明。③"以儒诠经"成为伊斯兰教历经漫长的"本土化"后最终适应并扎根下来的里程碑，也使伊斯兰教避免遭受像历史上一些外来宗教"水土不服"最终被排挤而退出当地的命运。汉文译著活动的目的不仅在于匡正宗教衰微态势，而且在一定程度上对伊斯兰教的传播起到了解释和宣传的作用。不同于佛教和基督教的个体信仰选择，伊斯兰教的皈依方式往往是民族或部落的群体行为，④因而伊斯兰教文化成为我国穆斯林民族文化的核心，也决定了这些民族的思维方式和行为方式。⑤明清时期的"以儒诠经"运动，改变了唐宋以来伊斯兰文化独立生存发展的状况，针对当时已经开始融入汉文化的穆斯林民族，提供了回—汉文化协调发展的理论依据，唐宋元以来的穆斯林人也逐渐从思想上和身份上实现了从"蕃客"到中国人的重要转变。作为中国宗教史以及民族交往史上的重要事件，"以儒诠经"运动的意义在于它真正实现了跨文化传播的双向效果。

"以儒诠经"不仅扩大了中国伊斯兰文化的传播，而且带动了伊斯兰经典著作刊刻发行的兴盛。按照伊斯兰教义，穆斯林将出资印行伊斯兰教书籍作为善举，

① 徐淑杰，于鹏翔：《试论伊斯兰教的中国化及马注对此的贡献》，《社会科学战线》，2010年第12期，第7—10页。
② 马强：《中国的宗教皈依：对穆斯林与基督徒皈依原因的初步比较》，《西北民族论丛》（辑刊），2013年，第256页。
③ 朱国明：《明清回族伊斯兰哲学范畴研究》，银川：宁夏人民出版社，2015年，第16页。
④ 卓新平：《基督宗教论》，北京：社会科学文献出版社，2000年，第4页。
⑤ 刘月琴：《伊斯兰与中国传统文化的趋同观念》，《当代阿拉伯研究》（第3辑），2007年，第15页。

可以作为宗教功修并借此祈求真主的慈悯。明清时期伊斯兰教经籍刊刻出版事业
的重镇镇江，先后出版印刷的伊斯兰经籍达二十多部几百版。清后期云南的昆明
和大理等地也镌刻、刊印了大量阿拉伯文、波斯文、汉文经籍百余种，流通全国。
这些汉文伊斯兰译著的传播，从最初的穆斯林学者圈传至普通穆斯林民众，再由
穆斯林社会传至主流社会，最终在全国获得一定的理解和认可，为伊斯兰教的本
土化夯实民意基础，营造包容、友好的活动空间。不过，明清时期伊斯兰经籍多
集中在清真寺雕版刊印，经费由穆斯林自发筹资，印本的发行和流通也局限于伊
斯兰教界内部。① 民国以后，随着先进印刷工艺的普及和新文化运动的兴起，汉译
伊斯兰运动进入又一高峰，汉文伊斯兰译著图书流通的范围更广，影响范围更加
扩大。

结语

历经三百余年的"以儒诠经"——汉文伊斯兰译著运动叩起了伊斯兰文明与
中华文明之间的交融之门，结束了千余年来中国穆斯林只依赖于"习俗之渲染，
口头之授受，血统之遗传，阿拉伯文之讲解"的传习方式，自此以后，中国人可
以直接通过汉文经籍学习和了解伊斯兰教的教义、教法、教史。"以儒诠经"不仅
为当时中国伊斯兰教学术文化的发展开拓了道路，推动了伊斯兰教文化的本土化
传播发展，也为中国和阿拉伯世界的学术文化交流做出了贡献。② 穆斯林学者认
为"各教之道，皆有可取"，并成功实践了"伊学为体、中学为用"的伊斯兰文化
中国本土化的传播路径。他们在对儒释道各家学说的学习、理解和融会贯通基础
上，广采众家之长为汉文伊斯兰译著运动的多元参照系，并在同中国社会主流文
化的双向及互补交流中，逐步推进对伊斯兰文化的传播与交流。站在回族文化史
发展的角度来看，"以儒诠经"不仅肩负着回族智识们对伊斯兰文化源流的追溯
与探究，还开启并奠定了民国时期伊斯兰翻译活动的学术基础及文化传统。尽管
"以儒诠经"的汉文译著活动有其时代的局限性，但是将之放置在跨文化传播的层
面进行审视，它是伊斯兰教文化与中国儒家文化历经对立、碰撞、交流、融合的
真实写照，其意义和价值早已远远超出了宗教的范畴。中国历史上由"以儒诠经"
汉文伊斯兰译著运动所推动的"回儒对话"，是世界跨文化传播史上开展和平友好
文化交流的成功范例，特别是放在"9·11"事件以后西方文明与伊斯兰文明之间
激烈冲突的时代背景下，尤其在当今西方媒体大肆渲染"文明冲突（civilization

---

① 许淑杰:《元代以来国内外中国伊斯兰典籍调查整理研究概述》,《回族研究》, 2006 年第 1 期,
第 157—160 页。

② 宛耀宾主编:《中国伊斯兰百科全书》,成都: 四川辞书出版社, 2007 年, 第 711 页。

conflict)"之时，这种早期的跨文化交流无疑为不同文明之间的"文明对话（civilization dialogue）"提供了有益的历史前鉴，为"各美其美，美人之美，美美与共，天下大同"的多元文化对话贡献了中国经验。

从"馨香祷祝"到"网络祈愿"

——中国本土祈愿行为的传播社会学研究

From "earnestly pray for" to "Internet Prayers"

——A Sociological Study of the Communication of Local Wishes in China

揭其涛　朱小阳 *

Jie Qitao　Zhu Xiaoyang

摘要：祈愿行为具有悠久的历史传统，至今也在人们的日常生活中广泛出现。本文聚焦于祈愿行为的"语言-行为"意义，尝试从传播学角度来理解作为一种沟通行为的祈愿，在对相关历史及文献进行梳理的基础上，分析传统中国祈愿行为的特点，比较前现代社会祈愿行为与当下网络祈愿的异同点，并且对网络祈愿行为的动因、过程、意义进行剖析。

研究发现，祈愿既是祈求梦想成真的仪式行为，也是一种信息传播机制，具有宗教层面人与神灵沟通、世俗层面组织内部沟通与阶级沟通的双重功能。在农耕文明时期，祈愿是一种重要的"人—神"沟通机制，能够进行有效的精神慰藉与阶级互动，旨在提高社会生产活动的积极性。后现代社会剧烈的变革下，传统祈愿行为的方式与意义内涵发生巨大变化，所演化出的网络祈愿行为成为一种即时的情绪宣泄与狂欢，反映了当下青年自我认同的困境与信仰的异化，网络祈愿在娱乐的参与心理和游戏的参与方式下遮蔽了祈愿的本真性。在对网络祈愿所带有的逃避、消极心理有清醒认识的同时也提醒我们要以积极的心态面对困境、以奋斗成就美好未来。

Abatract: The act of praying has a long history and tradition, and is still widely

---

* 揭其涛，中国传媒大学媒体融合与传播国家重点实验室博士研究生；朱小阳，上饶师范学院文学与新闻传播学院教授，研究方向为新闻史。

seen in people's daily life. This paper focuses on the "language-behavior" meaning of prayer behavior, tries to understand prayer as a communication behavior from the perspective of communication, analyzes the characteristics of traditional Chinese prayer behavior on the basis of combing the relevant history and literature, compares the similarities and differences between prayer behavior in pre-modern society and current online prayer, and analyzes the motivation, process, and meaning of online prayer behavior. The study finds that prayer is both a prayer and a prayer.

It is found that prayer is not only a ritual act of praying for dreams to come true, but also a mechanism of information dissemination, which has the dual functions of communication between people and gods at the religious level and communication within organizations and class communication at the secular level. During the agrarian civilization, prayer was an important "human-god" communication mechanism, which could provide effective spiritual solace and class interaction and aimed to increase the motivation of social production activities. Under the drastic changes of post-modern society, the way and meaning of traditional prayer behavior has changed greatly, and the evolved network prayer behavior has become a kind of instant emotional catharsis and carnival, reflecting the dilemma of self-identity and alienation of faith of the youth nowadays, and the network prayer has obscured the true nature of prayer under the participation psychology of entertainment and game. In the network prayer with the escape, negative psychology has a sober understanding of the same time to remind us to face the difficulties and struggle for the future with a positive attitude.

关键词： 馨香祷祝；网络祈愿；传播社会学

Keywords: earnestly pray for；Internet Prayers；A Sociological Study of the Communication

一、问题的提出

祈愿（或称"祈盼""祈求"）具有悠久的历史传统，至今也在我们的日常生活中随处可见，主人公根据自己的身份和祈求的愿望分别在不同的场景中进行祈祷。杜甫的《茅屋为秋风所破歌》记录了一个八月秋高风怒号的夜晚，作者所居住的茅草屋被狂风卷去屋顶，但他仍然发出响彻千年的祈求："安得广厦千万间，大庇天下寒士俱欢颜。"代表了一种知识分子对自身安身立命的渴望。日常生活中，祈愿代表了一种对未知生活的期待与渴望，当面临抉择或艰难困险的时候，祈愿成为人们寄托内心情感的重要手段。从苏轼《水调歌头》中流传千古的"但愿人长久，千里共婵娟"向月亮祈求人生圆满完整的渴望，表达对亲友真挚的祝福，到《长命女》（五代·冯延巳）的"春日宴，绿酒一杯歌一遍，再拜陈三愿：一愿郎君千岁，二愿妾身长健，三愿如同梁上燕，岁岁常相见"端着自家酿造的米酒进行祈愿。祈愿行为借助一定的对象进行自身愿望的表达，完成自身愿景的传递，也达到精神层面的寄托。

祈愿行为不仅在私人领域广为流传，在公共领域也很常见，在某种程度上，祈愿行为代表了一种原始部落以仪式的方式进行神人沟通的渠道。现代汉语字典中对"祈祷"的解释是："一种宗教仪式，信仰宗教的人向神默告自己的愿望。"①《礼记郊特牲》记载："祭有祈焉，有报焉，有由辟焉。"汉代经学集大成者郑玄在此处的注视为："祈犹求也，谓祈福祥，求永贞也。报，谓若获禾报社。由，用也。辟读为弭，谓弭灾兵，远罪疾也。"②由此可知，古代最重要的祭祀行为，主要目的还是为了获得福佑，祈求生活安详并攘除灾祸。西方文化传统中也有广泛的祈愿行为表征，犹太文化典籍《阿伯特》言："世界位于三块基石之上：《拖拉》、为神服务和躬行仁爱。"③而其中"为神服务"一条在进行拉比犹太教时期就演变成以祈祷取代献祭的崇拜方式。此外，据统计，《圣经》中大约有八十五处祈祷，甚至有些诗就是以"祈祷"进行命名，西方文化中的祈愿行为意味着"介入自己的内心，进行判断，获得希望"，在苦难险阻中通过扪心自问向上帝祈求希望。可以发现祈愿行为的最终目的仍然是人类为了战胜所面对的苦难险阻以求得进步，或者对未来美好生活的渴望。无论是向上天、上帝等客观唯心主义所外化的神灵祈求自身所需要的内容，或是进行祭祀感谢并赞美自然的馈赠，祈愿行为都有着殊途同归的目的性。

这种目的性在网络社交媒体时代依然有着强大的生命力。随着社会生活压力的陡然增加，每逢考试季、毕业季、求职季，以及各式节日抽奖的时间段中，花样百出的祈愿行为在网络社交媒体中形成一种奇特的文化景观。从转发"转运锦鲤"祈愿，到转发曾获大奖的"信小呆""好运女孩杨超越"，该类频繁出现的图片和话语受到社会广泛的关注。根据国家语言资源监测与研究中心发布的"2018年度十大网络用语"的排名显示，"锦鲤"一词名列前茅。技术赋权下的祈愿行为

① 中国社会科学院语言研究所：《现代汉语词典（第6版）》，北京：商务印书馆，2012年，第1019页。
② 阮元校刻：《十三经注疏（下册）》，北京：中华书局，1980年，第1457页。
③ [以色列] 阿丁·施坦泽兹注释：《阿伯特——犹太智慧书》，张平译，北京：中国社会科学出版社，1996年，第14页。

衍生出一系列祈愿景观。

如何理解作为一种沟通行为的祈愿？同样是祈愿行为，前现代社会时期的祈愿和当下的网络祈愿有何不同？如何从传播学，尤其是人际传播和政治传播的角度来理解这种在公共领域和私人领域都普遍存在的祈愿行为？尽管对祈愿行为的研究，在宗教学、历史学、民俗学等领域也偶尔有所涉及，但对祈愿行为的研究缺乏古今比较研究的视野，当前对网络祈愿行为的研究也多专注其亚文化和消费主义的表征。因此，本文尝试从传播学的角度与社会沟通的视角，研究不同时期祈愿行为的特点，探究传统中国祈愿行为的特征，并且对网络祈愿行为的动因、过程、意义进行剖析。

二、作为一种沟通行为的祈愿及其传播功能

（一）祈愿作为一种语言表达行为

"祈"字在甲骨文中早已出现。许慎在《说文解字》中将祈字收录在"说文一上"，解释为："祈，求福也。"[①] 从字形和字声上看，字从示，从斤，斤亦声。"斤"本指"斧斤"，转意指为"凿破"，"示"则指祖先，联合起来表示向祖先神灵祈求破处困境。而这一仪式性的行为则需要通过语言和动作共同完成，《山海经·大荒北经》中记载了黄帝时代驱逐旱魃仪式中所唱的咒语："魃不得复上，所居不雨。叔均言之帝，后置之赤水之北。叔均乃为田祖。魃时亡之。所欲逐之者，令曰：'神北行！'先除水道，决通沟渎。"[②] 黄帝大战蚩尤后，旱魃所在的地方滴水不降，炎热无比，百姓倍受苦楚。掌管农业的叔均在祭坛上呵斥旱魃"神北行"，整首祈文只有三个字，却也表现了先民对干旱的恐惧。除了这种突发灾害的祈求，中国古代还有惯例的年终祭祀活动，在十二月举行庄严的仪式，祭祀掌管农业的天神，祈祷来年能够五谷丰登。仪式中要唱诵著名的《蜡辞》："土反其宅，水归其壑，昆虫毋作，草木归其泽！"[③] 祈愿词的主要诉求是避免地质灾害、旱涝灾害、动物灾害。在万物皆有灵性的观念下，先民又以一种喝令口吻希望众神各司其所，期冀依靠语言的力量来影响改造外在世界。由此可见，祈愿是一种通过语言加动作完成一系列仪式的"语言—动作"行为，也是一种传播活动。

英国分析哲学家奥斯汀（J.L.Austin）的语言行动理论认为，语言行为本身包含两重内涵，第一重是说的形式，另一重是说的内容。如进行陈述、辩解、质疑、

---

① 许慎：《说文解字》，北京：中华书局，1963年，第8页。
② 袁珂：《山海经校注》，成都：巴蜀书社，1996年，第490页。
③ 刘立志：《先秦歌谣集》，南京：南京师范大学出版社，2014年，第2页。

命令等言语时，实际上是进行一种行为的实施。奥斯汀将言语行为内容分为三个方面：一、以言表意（locutionary acts），二、以言行事（illocutionary acts），三、以言取效（per locutionary acts）。① 与普通语言相比，祈愿是一种非常典型的"言语—行为"活动。传统祈愿行为通常在集体中由统治者或者部落首领执行，其他平民进行参与，从而共同完成。当进行祈愿行为时，实际上同时完成了以上所提及的三种行为。1. 以言表意，即将愿望进行阐述，一方面是让神灵知晓，另一方面也是告知祈愿活动的参与者统治阶级的姿态和意愿；2. 以言行事，即表达并希望神灵了解自身所祈求的内容，希望借此强化参与祈愿行为的参与者信念；3. 以言取效，即不仅希望神灵了解祈求的内容，还希望在理解的基础上有所回应，也希望其他参与者做出实际的努力面对当前的困境。可见祈愿行为的沟通效果是直接并明显的，所以，祈愿行为起到了一定的沟通效果，也正因为如此，这一行为才长期以来在政治传播、组织传播、人际传播中得以运用。

祈愿（或称作"祈祷"）希伯来语称作"tefillah"，被西方视为人与上帝交流的方式之一。《圣经》中有大量关于祈愿的内容记载，犹太民族的先祖在表达自身恐惧、担忧、期待时通常选择祈祷的方式进行情绪的纾解，口中默念上帝之名，向其进行祈求和感谢。犹太教将祈祷行为称作"心灵的侍奉"（the service in the heart），这种观点在《圣经》中可以窥见一斑。《荷西阿书》记载"他们因离弃我，必定有祸；因违背我，必被毁灭。我虽要救赎他们，他们却向我说谎"。人类的多重性需求是复杂的，祈祷反映了人类普遍的恐惧、希望、欲望、渴求等情绪。西方宗教信仰中的祈祷以呼唤上帝的名字得以进行，《创世纪》12.8 记载，"他们在那里又为耶和华筑了一座坛，求告耶和华的名"。莫斯在《论祈祷》中特地提到天主教的圣物崇拜，他认为这是一种退化的祈祷，但具体物象在祈祷中承载的不仅仅是一种象征意义，更有可能是被物化的祈祷本身。这种祈祷的方式较为原始，在生产力低下的环境中，人们会陷入面对恶劣环境手足无措的心理恐慌，这一点在古代中国历史中也有相同之处。

祈愿行为在中国有着悠久的历史传统，从原始社会时期的部落氏族图腾崇拜开始，形式各异、种类繁多的图腾就是人们祈愿的对象，代表先民对自然未知力量的恐惧、崇拜、敬畏之情。到先秦时期这种祈愿行为的对象逐渐演变为祖先，《诗经·小雅·楚茨》中记载："以享以祀，以妥以侑，以介景福。""先祖是皇，神保是飨。孝孙有庆，报以介福，万寿无疆。"② 《诗经·小雅·信南山》中也有类似

---

① 陈嘉映：《语言哲学》，北京：北京大学出版社，2003 年，第 240 页。
② 王先谦撰：《诗三家义集疏（下册）》，吴格点校，北京：中华书局，1987 年，第 750 页。

"中田有庐，疆埸有瓜。是剥是菹，献之皇祖。曾孙寿考，受天之祜"① 的祈愿行为，更早期，例如西周晚期虢宣公子白鼎铭文载："虢宣公子白乍（作）尊鼎，用卲享于皇祖考，用（祈眉寿），子子孙孙，永用为宝。"② 学者李申认为，《周礼》中的天子在宗庙进行祭祀的原因包括对灾祸的祈祷、因丧而祭祀、大师告祭、大田告祭和大会同告祭五种。③ 这些祭祀的礼仪都与特定的事件相联系，分别涉到灾祸、丧事、出征、狩猎和朝见天子，目的在于向祖先进行报告和祈求福庇。所以宽泛意义上而言，祭祀和祈祷有着本质性的相同之处，其目的在于"祈福"和"人神沟通"。

从这一点而言，传统中国的祈愿行为和西方祈愿行为有一定的相同之处。出于对自然灾害及瘟疫等认识的有限，这种自然灾难对常人心理的冲击难以用现实生活的逻辑进行疏导，古代世界对于自然灾害、疾病的思考大多将事件归咎于神降下天灾所致，而灾害、疫情的结束都被看作是神施加惩罚的结束。在这种观念下，中国与西方的先民都倾向于通过祈愿的方式实现"获救"。出于该类型的祈愿，中西方都认为是人的行为触怒了上天或神灵，唯有通过自身的赎罪和祭祀才能平息神灵或上天的愤怒。在祈愿过程中，中西方都不约而同地强调真诚地表示自己的忏悔之心，献上珍贵的祭礼，并承诺以后遵守基本的规范和准则。由此也可以发现，古代中西方祈愿行为的出现，或多或少都是由于现身生活中的危机所致。而这种祈愿行为又同时对中西方先民的精神世界进行了根本上的塑造，要求他们内心与上天相一致，以达到"天人合一"或"与上帝同行"的状态。这也表明祈愿行为本身是一种对人类先民道德与精神的自我约束，当灾难来临时人们能够反省自身意义的丢失与精神渠道的闭塞。通过祈愿行为唤醒内心的敬畏之心，使其意识到人们在宇宙中的位置以及与自然的关系，在一种整体思维中回归现实生活的指引方向。具体到祈愿的行为仪式上，古代中西方的祈愿行为都借助口语化的表达以传递自身所祈求的愿望，口语在古代中西方祈愿文化中都扮演了重要的角色。从祭祀和祈祷所处的时期来看，人类还未能熟练使用文字，仍然处于一种口语传播向文字传播的过渡阶段。

沃尔特·翁（Walter Ong）在《口语文化和书面语文化》中提出"原生口语"（primary orality）时代的概念，即前文字时代的产物。翁认为这一时代的人们认为

---

① 王先谦撰：《诗三家义集疏（下册）》，吴格点校，第 757 页。
② 中国社会科学院考古研究所编：《殷周金文集成（第 2 册）修订增补本》，北京：中华书局，2007 年，第 1337 页。
③ 李申：《中国儒教史（上卷）》，上海：上海人民出版社，1999 年，第 31 页。

词语具有超乎的魔力。① 麦克卢汉指出："口语作为最早的技术，人们凭借这一技术摆脱了环境从而便于掌握环境。"② 祈愿行为作为一种重要的"口语技术"，其在口头传播时起就伴随先民的农耕生活，在甲骨文出现之后，文字的记录方式将祈愿的口语表达和仪式过程进行记录，但仍然保留着口语传播的痕迹，在祈愿时所念的祈愿内容，就代表了由向祈愿对象沟通之后的愿景。在《周礼》《诗经》《左传》等典籍中，收录了大量祈愿时所助念的祈祷文。由此可见，原始的祈愿行为就是一种通过口头沟通进行人神沟通、组织内部与阶级之间沟通的方式。

（二）祈愿作为人与神之间的沟通仪式

祈愿作为一种语言表达和动作传递的仪式性行为，具有明显的沟通行为学特征。从传播学角度来看，这种沟通可以分为两个层面：第一是作为人与神的沟通。第二是作为组织内部的沟通。与普通的人与人之间的沟通行为不同，祈愿行为从原始社会开始就带有浓厚的宗教色彩，伴随着某种象征性的行为或仪式活动，从这一意义上而言，祈愿行为是一种人神之间的传播沟通行为。

美国传播学家詹姆斯·凯瑞（James W. Carey）的大众传播仪式观认为，传播"是一种以团体或共同体身份将人们吸引在一起的神圣典礼"③。凯瑞自己也认为，传播的仪式观带有明显的宗教起源，而且也从未脱离这一基本的宗教层面隐喻。④ 因此祈愿在传统农业社会文明中作为一种互动仪式，具有强化、象征、沟通组织的社会功能，因此是一种典型的传播活动。祈愿的仪式性在祈愿行为主体和被祈愿对象的关系上体现得尤为突出。《小宗伯》记载"大灾，及执事祷祠于上下神祇"，在国家面临各种重大灾祸时，要向"上下神祇"进行祈祷，表示敬畏和祈福之意。杨华指出，"上下神祇"代表所有神灵的总称，而"上神"中除了包括天神也包括自己的祖先。⑤《大司乐》中指出："凡日月食，四镇五岳崩，大傀异灾，诸侯薨，令去乐。"⑥ 即在发生日月食、四镇五岳崩坏以及星辰陨落时，需要在宗庙进行祈祷活动。《左传》昭公十年记载郑国发生火灾时，作为执政官的子产"使祝

① 沃尔特·翁：《口语文化与书面文化》，何道宽译，北京：北京大学出版社，2008 年，第 24 页。
② [加拿大] 埃里克·麦克卢汉、弗兰克·秦格龙：《麦克卢汉精粹》，何道宽译，南京：南京大学出版社，2000 年，第 311 页。
③ [美] 詹姆斯·凯瑞：《作为文化的传播——媒介与社会论文集》，丁未译，北京：华夏出版社，2005 年，第 7 页。
④ 郭建斌：《如何理解"媒介事件"和"传播的仪式观"——兼评〈媒介事件〉和〈作为文化的传播〉》，《国际新闻界》，2014 年第 4 期。
⑤ 杨华：《古礼新研》，北京：商务印书馆，2012 年，第 143 页。
⑥ 孙诒让：《周礼正义（第 7 册）》，北京：中华书局，1987 年，第 1786 页。

史徙主祐于周庙，告于先君"①，即因为火灾而祈愿于宗庙。事实上，祈愿行为的特殊之处就在于它包含了一个宗教化仪式传播的过程，如果没有"上下神祇"在场，并向其进行祈愿，那么祈愿行为就失去了重要的主体部分，该活动就不再具有神圣性和严肃性。

因此我们可以将"祈愿行为"定义为一种诉诸超自然力量，以期获得内心安宁与影响现实生活的言语传播行为。作为一种起源于人类原始社会的传播行为，祈愿的行为起源和宗教信仰相联系，是神灵信仰的产物。这种带有宗教仪式色彩的社会互动沟通行为，实际上是指具有仪式意味的个体通过将个人以及个人所代表的集体和神灵相连接。

柯林斯的"互动仪式链"IR(Interaction ritual chains) 理论认为，互动仪式是一个社会活动所固有的内涵，在小范围的、即时即地发生的互动，是社会行动的基本场景，是互动者通过资本和情感的交换而进行的日常程序化活动。②在这种互动仪式中，群体实现了对个人身份认知的同时赋予他们情感能量，使他们更有热情和信心从事自身认为被允许的活动。互动仪式的四个组成要素和起始条件分别是至少两人或以上的人聚集在统一场所、对局外人进行设定、将参与者的注意力集中于共同的对象或活动中、人们分享共同的情绪或情感体验，这些要素在彼此联系并作用后形成反馈，参与者会获得包括成员身份的群体团结感、个体的情感能力、代表群体的符号、维护群体的正义道德感在内的四种仪式结果。（图1）

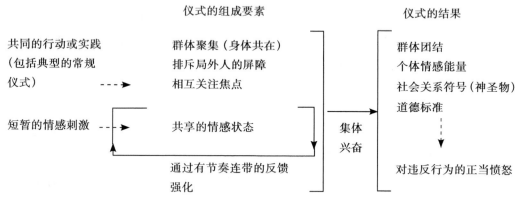

图1　互动仪式链示意图（来源：柯林斯《互动仪式链》）

祈愿作为一种仪式沟通行为至少存在两个参与主体：人与"上下神祇"，在祈愿行为逐渐世俗化后，人可以单独在神灵面前祈愿，向神灵表达自身的愿望。但

---

① 杨伯峻：《春秋左传注（第4册）》，修订本．北京：中华书局，1990年，第1396页。
② [美]兰德尔·柯林斯：《互动仪式链》，北京：商务印书馆，2009年，第87页。

原始的祈愿活动一般与祭祀行为相联系，所以一般有祈愿行为的参与者（这种情况较为普遍），此时祈愿行为就有了三个参与主体：祈愿者、上下神祇、祈愿参与者。在共同的场景下聚集后，分享祈愿的内容，并获得集体共同的情感，形成如下图所示的内容。（图2）

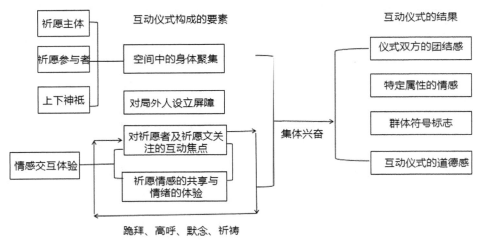

图 2　祈愿行为的互动仪式链

当祈愿者进行祈愿，说出愿望，向神灵进行表述，而祈愿的参与者或是与祈愿者共同唱念祈愿内容或咒语，或是聆听祈愿内容强化精神共同体。相比于当今社会，传统社会"举头三尺有神灵"的观念深入人心，人们更加相信神灵的真实存在，所以祈愿者可以实现三者之间的沟通，农耕文明的先民认为这种祈愿行为是向上天真实表达自我，主体之间的沟通行为，先民们还通过献祭、祭祀等类似与"交易"的手段进行起源对象之间的沟通，通过这种沟通对话行为，祈愿成为一种有效的传播活动，可以增强组织间的精神追求内核，实现其传播沟通功能。

（三）祈愿作为组织的沟通行为

除了人与"上下神祇"之间的单独沟通，当有祈愿行为的其他参与者在场时，祈愿行为就不仅是人与神之间的沟通，更是一种组织内部的沟通方式，具有重要的组织传播功能。这种组织传播具有两层含义，第一层是组织内部的沟通，先现代社会的表现为祈愿行为能够激发统治阶级内部，也就是王室宗族成员之间的情感，增强他们的凝聚力。这里所说的王室宗族凝聚力是指宗族内部有了共同的目标而形成的聚集倾向。王室宗族成员作为统治阶级，拥有基于共同的祖先而产生的天然血缘关系，共同组成统治阶级的命运共同体，每一个个人都受益于这个群体，所以有延续群体生命、增强群体生命力的强烈需求。① 《左传》文公七年，宋昭公准备铲除王室的众公子，大成乐毅反对到：“不可。公族，公室之枝叶也；若去之，则本根无所庇荫矣。”② 公三年载晋国叔向也有“公室将卑，其宗族枝叶先落，则公室从之”的说法，③ 都说明作为统治阶级内部的团结和凝聚力是非常重要的。

所以，统治阶级内部的王室通常会举行内部的祈愿仪式不断加强凝聚力，维系群体的存在。梁煌仪认为：“族群的结合必须有共同的血缘和历史、风俗以及文化元素，宗庙即族群认同点所在。”④ 而宗庙也通常作为祈愿仪式的举办场所。在王室内部的祈愿活动中，王室成员的派别、利益划分被暂时搁置，一起追述祖先的“创业经历”和筚路蓝缕，命运共同体的集体意识得到加强，在祈求家族统治江山延续万代、福佑子孙的共同夙愿中，形成强大的凝聚力，从而保证统治阶级内部的情感沟通和对组织的认同。也就是说，作为沟通仪式的祈愿行为激发了王室成员内部关于祖先和神灵敬畏的共同情感。如埃文斯-普里查德所言：“任何伴随着仪式的情感都是由仪式引发的。”⑤ 虽然这种说法稍过绝对，但仍然可以对我们认识祈愿行为沟通王室内部情感的功能有所启发。

祈愿行为的组织沟通功能还体现在作为统治阶级的群体组织与作为被统治阶级的群体组织之间的沟通作用，这种沟通代表一种阶级之间的教化和施惠。《大司徒》中记载，大司徒掌管面向民众的“十二教”，其中第一条就是“以祀礼教敬，则民不苟”⑥。家族祭祀祈福活动时，统治阶级通常有特定的太庙、宗祠进行祈愿仪式，普通百姓家也有家族的祠堂进行仪式，在统治阶级身体力行地向祖先祭祀祈福起到示范作用时，也意味着这种尊敬祖先、孝敬父母的行为实现了范本式的传播。这种组织或成为阶级间的传播，在某种程度上巩固了统治阶级的威严，实现了统治权力的展示和传播。在祈灾、祈农等大型国家祈愿活动中，天子作为天下的所有者和祈愿仪式的执行者，拥有独一无二的祈愿权，其所代表的天下子民百姓都可以一睹天子身穿衮冕、手执圭板，配备专门的乐曲、率领文武百官亲自祝祷，这些无一不是王权的象征，⑦ 简而言之，国家主持的祈愿行为本质上也是一种政治统治特权的展示与传播。

---

① “西周主要是姬姓诸世族政治利益的代表”，参见朱凤瀚：《商周家族形态研究·增订本》，天津：天津古籍出版社，2004 年，第 395 页。

② 杨伯峻：《春秋左传注（第 2 册）》修订本，北京：中华书局，1990 年，第 557 页。

③ 杨伯峻：《春秋左传注（第 2 册）》，第 1237 页。

④ 梁煌仪：《周代宗庙祭礼之研究》，博士学位论文，台北：台湾政治大学中文研究所，1986 年，第 237 页。

⑤ [英]埃文斯·普理查德：《原始宗教理论》，孙尚扬译，北京：商务印书馆，2001 年，第 54 页。

⑥ 孙诒让：《周礼正义（第 3 册）》，北京：中华书局，1987 年，第 705 页。

⑦ 郭守信：《周代祭祀初论》，《中国史研究》，1986 年第 2 期，第 83 页。

相较而言，古代西方祈愿行为"服务于政治统治"的特点区别于古代中国。马丁路德宗教改革前的古代西方祈愿仪式多以教会领导下的形式进行。虽然当时中世纪的欧洲实行政教分离，但国王的权力不及教会的权威，人民对封建领主教会的忠诚度超过国王。到 11 世纪末期，西方天主教经过一系列改革后有着严密的组织和教会规定，在强势中不断扩张，教会可以影响国内的政治运转，还能唆使信徒征服圣城耶路撒冷，引发历史上著名的"十字军东征"。这一历史背景下西方的祈愿行为在某种程度上代表神权超越了君权，祈愿行为没有为政治统治服务，反而通过某种仪式化的行为主导了政治格局的走向。反观整个中国封建历史，极少出现类似西方的"权杖与皇冠"相斗争的事件，君权虽然依靠神权获得某种权力光环，但同时君权在不断加强对神权的控制，确保君权至高无上的统治地位。传统中国历史上，无论是盛世开明还是文化保守主义时期，神权都始终依附于君权存在。因此在这一历史背景下，传统中国的祈愿行为显示出强烈的"服务于政治统治"的特性，祈愿行为承担了一定意义上"统治手段"的角色，虽然古代中国一直有组织严密和大型的祈愿活动，但其并没有进入政治生活和政治体制当中，祈愿行为始终是一种服务于政治统治的活动。

三、馨香祷祝：传统中国的祈愿行为

（一）传统中国祈愿行为的独特性

尽管祈愿这一行为古今中外都广泛存在，但不同民族有不同的祈愿方式，传统中国的祈愿行为带有一定独特性。如基督教新教认为，祈祷的语气、声调和词语的使用、睁眼、闭眼、是否举手都意味着重要的差别。[①] 基督教标准的祈愿仪式是安静地坐着、或是跪着、同时眼睛保持闭合、甚至静默的姿态。基督教的祈祷仪式首先会进行简单的忏悔词颂念，并且在主持仪式者吟唱歌曲或是赞颂上帝时，给予"阿门"（Amen）、"西拉"（Selah）、"哈利路亚"（Halleluyah）的口号作为回应。相较而言，中国古代的祈愿行为就没有这样的祈愿方式，首先是因为中国的祈愿行为中没有"上帝"这一神灵，取而代之的是前文所陈述的"上下神祇"，即祖先神灵、以及天地诸神。这种差异源自东西方宗教文化传统的不同。西方人所崇尚的上帝是基督教唯一至高无上的神，而基督教对上帝的忏悔与祈愿又源自犹太教的思想，认为人类的先祖亚当、夏娃听从诱惑偷吃禁果后，产生原罪。《诗篇》《约伯记》和新约的《保罗书信》中都有内容强调原罪对人自由意志的捆绑，

---

① 黄剑波：《"祈祷"与人类学的基督教研究》，《湖北民族学院学报（哲学社会科学版）》2016年第 6 期，第 16 页。

所以人必须进行祈祷与忏悔，才能获得神的救赎。

传统中国祈愿行为的信仰来源与西方完全不同。中国信仰的来源不是基督上帝，而是祖先及山川日月等自然的神灵。杨庆堃认为，西方的宗教是制度性、拥有自身概念、仪式和结构的独立社会系统，而中国的本土宗教是一种"弥散型"的宗教。① 中国人信仰的内核是天地崇拜和祖宗，因此中国所崇尚的神灵较为宽泛，既可以是"各样的神"，也可以是亲人祖先的"亡灵"。19 世纪的传教士倪维思（John Livingston Nevius）认为，中国语言文化中没有像西方人脑海中类似"上帝"最高主宰神灵的概念，只有一种类似与接近上帝的"天"的概念。② 所以"天"是中国人祈祷的直接对象。始建于明永乐十八年（1420）年的天坛，就是明清两朝祭祀上天、祈求五谷丰登的场所，农耕文明时期祈求风调雨顺是最重要的事项，因此有着源远流长的历史，《诗经·周颂·噫嘻》记载："噫嘻成王，既昭假尔。率时农夫，播厥百谷。骏发尔私，终三十里。亦服尔耕，十千维耦。"③

在这首记载祈愿的诗中，康王祭祀成王，以播种伊始，祈求富佑粮食丰收。祈愿仪式的特殊性还体现在仪式的步骤和准备事项上。周礼记载，天子祈愿祭祀宗庙时共包括多项内容：器皿、服装、祭品、卜筮、乐舞等内容，祈愿仪式的准备活动实际上早就已经开始，其中使用阳遂和鉴获取明火明水，代表为祖先的神灵备好衣服，并专门饲养牺牲。还要对祈愿仪式日期进行占卜，以了解祈愿日期的吉凶，发布与执行誓戒禁令，对参与祈愿行为者做出规范，使其符合各种礼制的要求，并准备歌舞提前悬挂乐器，召集并选拔舞蹈的表演者。洗涤祈愿仪式所用的器皿，通过斋戒身心的一系列行为，使得祈愿者及祈愿所用的器具逐渐被神圣化，实现了从凡俗状态向神圣状态的过渡。可以说，祈愿行为的意识随着特定祈愿日期的到来，有着不断渐进强化的过程，不断强调祈愿的目的和神圣性并为正式的祈愿仪式铺平道路。

（二）传统中国祈愿行为信仰来源的分析

祈愿仪式行为的对象一般是指"上下神祇"，即为"祖先"和"天"以及"自然诸神"，这种祈愿信仰的来源和中国的宗教信仰传统息息相关。从目前出土的甲骨来看，甲骨中并未出现与神祇意思相近的"神"的字，殷人认为权能最大的神

---

① 杨庆堃：《中国社会中的宗教：宗教的现代社会功能与其历史因素之研究》，范丽珠等译，上海：上海世纪出版集团，2007 年，第 295 页。
② 倪维思：《中国和中国人》，崔丽芳译，北京：中华书局，2011 年，第 120 页。
③ 程俊英等：《诗经注析》，北京：中华书局，1991 年，第 956 页。

为"帝"，称山川之神为"岳""河"，都没有加上"神"的后缀。[①] 可见殷商时期并未形成完整意义的"神"的概念。而甲骨文中的确出现过"鬼"字，意为人死之后的变成鬼的观念，除了"鬼"字，还有一个与鬼字形似的字"槐"，有学者认为，这个字显示殷商时期的先民已经将去世的祖先设为神祖，成为崇拜和敬畏的对象。[②] 而后，周朝时期继承了殷人对祖先的信仰，并进行伦理性的改造。周朝时期的先民认为祖先不仅能够"配于天"。而且直接将自己的祖先进行"神化"，《周礼》中的"上下神祇"中的"神"字最早就出现在西周时期的青铜器铭文"乐大神，大神其陟降"[③] 之中。在铭文的记载中，包括"惟皇上帝百神，保余小子"[④]，"用作朕皇考癸公尊鼎，用享孝于文神"[⑤]，在类似的铭文记载中，对祖先的称呼有考妣、父母、皇等，实际上已经形成神灵信仰与祖先信仰的融合。祖先信仰的复杂性在于，"祖先"作为诸"神"的一种类型，实际上是一种"神—鬼"二元一体的复合结构，这种祖先信仰直接成为传统中国祈愿行为的信仰来源。

除了向祖先的神灵祈愿以外，向"天"祈愿也是祈愿的重要信仰。《说文解字》中对"天"字的解释为"天，颠也，至高无上，从一大"。[⑥] 这种至高无上的观点深深支配者中国人对天的敬畏和理解。就连不语乱力怪神的孔子都说："巍巍乎，唯天为大"。对天信仰的敬畏和在大量的文献古籍中都有记载和论述，《尚书·皋陶谟》有："天秩有礼，天讨有罪"的说法，《诗·大雅·荡之什》则有"天生烝民，有物有则"[⑦]，《论语·季氏》记载"君子有三畏：畏天命，畏大人，畏圣人之言"[⑧]，这些都可以看出"天"在古人心目中的重要地位。他们认为天是能够"惩恶扬善"的决裁者，与每一个人都有着不可分割的关系，钱穆将其称作"通天人，合内外"六个字。[⑨] "天人感应"的思想普遍存在于传统中国人的心目中。《春秋繁露·为人者天》记载"天子受命于天，天下受命于天子"，天的变化和政治、人事都有着密切的关联。所以，向主宰一切的"天"进行祈祷，成为获得福佑与庇护君王和普通人的最直接方式。作为中国信仰的最高存在，对天的价值观念和祈愿心理存

---

① 郭静云：《天神与天地之道：巫觋信仰与传统思想渊源（上册）》，上海：上海古籍出版社，2016年，第146页。

② 宋镇豪：《甲骨文与殷商史：新四辑》，上海：上海古籍出版社，2014年，第94页。

③ 中国社会科学院考古研究所：《殷周金文集成释文：第一卷》，香港：香港中文大学出版社，2001年，第219页。

④ 中国社会科学院考古研究所：《殷周金文集成释文：第一卷》，第387页。

⑤ 中国社会科学院考古研究所：《殷周金文集成释文：第一卷》，第387页。

⑥ 许慎：《说文解字》，北京：中华书局，1963年，第214页。

⑦ 孔子：《论语》，邓启铜注释，殷光熹审读，南京：东南大学出版社，2010年，第182页。

⑧ 孔子：《论语》，第340页。

⑨ 钱穆：《从中国历史来看中国民族性及中国文化》，北京：九州出版社，1998年，第88页。

留在传统中国文化中千年之久，时至今日仍然在中华文化中持续存在，这构成了祈愿行为信仰的直接来源之一。社会学家杨庆堃在《中国社会中的宗教》中认为："不同于基督教那样有自己的神学仪式和体系，独立于社会组织之外"的建制性宗教模式，中国本土宗教没有独立于世俗社会的制度性建构，却无所不在地渗透入政治、社会、文化、家庭、思想的各个方面，这种世俗化的社会秩序与社会观念紧密联系，发挥了相应的社会功能。

（三）祈愿行为的传播与社会功能

对祖宗、天、及各神的信仰所构成的"祈愿行为"形成了一种中国本土的文化，这种文化对个人而言有着强化个人意愿，激发个人信念，改善心理状况的功能，对集体而言可以起到强化阶级秩序、和睦亲友，整合伦理的作用。传统"祈愿行为"作为一项与人们日常生活息息相关的"意愿心理"强化，广泛出现在各种重大传统节日、宗族伦理整合、日常信仰崇拜及其他节日礼仪之中，影响着人们的日常生活理念、行为，以及集体心理文化的形成。

对个人而言，祈愿行为的作用将内在纠结转化为外在寻求帮助的心理机制，使意志力在祈愿行为中得到加强。个人的祈愿行为主要是表达信仰主体的需要，这个请求往往是超越自身能力，无法凭借个人力量满足信仰主体的内在主观需求，所以才借助信仰对象。[1]首先，个人祈愿的特点就是自己难于掌控，所以希望通过祈愿进行心理暗示，以增强自身意念，从而获得内心的平静，其次借助外在的超现实力量以增强内在的动力，消除了焦虑的内耗，带来心理的能量。[2]因此传统祈愿行为虽然具有唯心主义的色彩，但对自身的心理状态具有一定积极调整的作用。

这种对个人心理暗示的作用，是古代中国祈愿行为、古代西方祈愿行为、当下网络祈愿行为所共有的特点。在古代生产力低下，人们对世界万物及自然现象的认识都十分有限，只能依靠祈愿行为抵御恐惧的情绪和心理。祈愿行为在古代中国和西方都成为一种人格化、有着无所不能神奇力量的存在形式，成为摆脱内心痛苦无助的重要手段。陈玉梅认为，西方的祈愿行为完成了从简单献祭需求到灵性沟通的转向，专心祈祷以接近上帝实际上是一种仪式的内心转向。靠近上帝所获得的是一种心理暗示的力量。学者科亨也指出："祈愿使人们摆脱自我，开始为了同胞的福祉而奋斗，受到鼓励去理解他人的生活和奋斗，人们由此开始考虑朋友、他人、乃至整人类。"祈愿行为由此成为鼓舞个人精神最真实的力量，这种

① 朱丽晓：《祈祷与心理治疗的个案探讨》，《宗教心理学》，2019年第5期，第210页。
② 崔光成等：《祈祷行为对个体社会适应性作用的心理学阐释》，《齐齐哈尔医学院学报》，2013年第34卷第17期。

发自内心的热烈希望在潜意识之中如同一架无形的梯子指引人们向上，这也是宗教层面的祈愿如此兴盛的原因所在。崔光成等人通过研究发现，目前中国人成为基督教的重要原因是面临现实生活的窘境，将个人希望寄托于天主，希望能减少痛苦并且解脱内心的压力。这种心理暗示作用在当下网络祈愿中同样存在，面对社会压力的激增，当代青年群体的身份焦虑、生活压力使这一群体希望通过网络祈愿来满足个人心理层面的需求，以缓解内心的焦灼和焦虑心态，依靠"转发"以获得好运的形式本身就是一种心理暗示和情感的慰藉。

对集体而言，祈愿及祭祀活动并非单纯的宗教仪式活动，同时带有强化秩序、和睦家族的作用。《礼记·祭义》记载："祭之日，君牵牲，穆答君，卿大夫序从。"郑玄在此处的注释为："祭谓祭宗庙也。……序以次第从也。"[①] 祈愿祭祀活动以国君在前伊始，参加祭祀的王公大臣按照政治身份依次跟进。整个场景井然有序，有条不紊，各个阶级在祈愿祭祀活动中的地位显示出政治等级的差异，血缘亲疏不一，尊卑贵贱有别，这种祈愿仪式也再次将这种政治秩序进行强化。向祖先的祈愿活动一般以集体为单位共同举行，宗子主持仪式，全体族人参加祈愿仪式，使该项活动成为家族联络感情，亲睦族群的重要活动。《礼记·大传》记载"君有合族之道"，指的是君王作为宗族之首领有义务进行亲睦家族的任务。由此，祈愿活动对集体而言承载了强化秩序、和睦家族情感的作用。（图3）

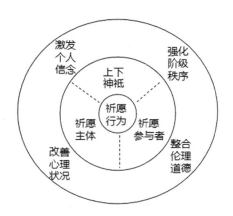

图 3　中国本土祈愿行为的构成及特征

传统的祈愿仪式活动有着悠久的历史，在生产力和人类认知水平低下时，人们期盼通过神灵的力量得到庇护。从传播社会学角度看，祈祷起到了人与神灵沟通，与集体组织内部沟通的功能。进入封建社会后，祈愿活动有专门负责的官员

---

① 阮元：《十三经注疏》，北京：中华书局，1980年，第1594页。

进行主持，在重大的节日场合举行隆重的祭典祈祷来年风调雨顺、五谷丰登，这种理念通过后世的小说、诗歌、戏曲，到如今的电视剧、电影等方式得到沿袭。伴随着网络化社会的到来，祈愿行为也随着发生改变，近年来兴起的网络祈愿在当代青年群体中广泛流行，由商业资本和亚文化引导下的网络祈愿和传统祈愿仪式有着截然不同的形式和意义内涵，也包含着特定的青年心理和社会心态。

四、网络祈愿：传统祈愿行为的延续与变迁

网络祈愿又称为互联网祈祷（Internet Prayer）或数字祈祷（Digital Prayer），是指人们通过线上的方式为自己或者他人进行祈祷的行为。一般而言，网络祈愿时人们会在互联网社交平台上发布相关图片或者文字进行祈愿，网友们随后进行转发、评论、点赞等系列互动，其基本的表达形式是一幅代表幸运的图片配备所要祈求的内容，以此表达心中的愿望。邓晓芒认为："中国传统宗教为世俗的多神论，中国人的信仰往往走向两个方向，一个是政治实用主义，另一个是技术实用主义。"[1] 例如较为典型的"锦鲤祈愿"，是最早风靡社交网络的祈愿"圣物"，就是因为锦鲤自古以来就有象征美好和吉祥的寓意，通常与"鲤鱼跃龙门""飞黄腾达"等幸运美满之事相联系。因此网络祈愿具有多神论的特点和实用主义的动机，在消费主义及亚文化表征下的网络祈愿行为，表征出多重后现代特征，在成为一种社交狂欢的同时也反映出当代青年群体的认同困境。

（一）网络祈愿行为的亚文化特征

网络祈愿行为的出现与亚文化的形成发展密不可分。《亚文化读本》中关于"亚文化"的定义为："亚文化是一种生活方式，是边缘化的群体通过特殊的兴趣和行为展示自己的身份、行为。"[2] 在互联网虚拟社区中，不同个体在网络中以在线的方式进行情感和日常生活的交流，强化了彼此之间的情感认同，群体的互动突破了时空局限，在碎片化的互联网生活中受到媒介更多的渗透。不同文化土壤孕育不同的行为方式，但文化又是被传递的，构成了一种社会传承，总在人类历史发展中，不断被传承和创造。[3] 青年群体是网络祈愿的主要人群。根据中国互联网络信息中心（CNNIC）2021 年 2 月发布的《第 47 次中国互联网络发展状况统计报告》，我国网民以中青年群体为主，截至 2020 年 12 月，10—39 岁占总体网民的

① 邓晓芒：《中西文化心理比较讲演录》，北京：人民出版社，2013 年，第 93 页。

② Ken Gelder,eds. The Subcultures Reader,2nd Edition[C]. London and New York: .Routledge，2005:1.

③ 高宣扬：《流行文化社会学》，北京：中国人民大学出版社，2014 年，第 118 页。

51.8%，其中 20—29 岁网民占比总体最高，达到 20.5%。[①] 不同文化背景和地域的青年群体可以通过网络祈愿行为参与到网络行为的建构中，参与和转发网络祈愿行为在一定程度上成为一种文化的黏合剂，使青年网名群体之间的交流更加频繁，打破现实物理世界的隔阂，促进了青年亚文化群体之间的情感交流。

从网络祈愿的对象来看，网络祈愿的对象是一种来源广泛的符号并夹带着传播者的情绪。从传统佛教的观世音菩萨、如来佛祖、弥勒佛、文殊菩萨，到道教的玉皇大帝、元始天尊、太上老君，以及独角兽、麒麟兽、龙等上古神兽都是祈愿的对象。随着网络祈愿影响范围的进一步扩大，祈愿对象从宗教信仰和神话传说走向日常生活。四瓣的三叶草、流星划逝、彩虹、极光等自然现象也成为人们祈愿的对象。当下的网络祈愿对象也有部分热点人物，如好运女星杨超越、网络红人信小呆，特定时期内，如考试期的孔子、各专业的权威泰斗，都成为网络祈愿的对象。网络祈愿的对象尤为广泛，成为一种符号式的存在，这种符号式的存在裹挟着传播者的情感释放。艾柯的符号学理论认为符号文本的认知结构中存在一种情感与行为的反应，即一个符号系统包含：符号、符号的概念指向以及行为反应。每一个符号的背后是一种情感的反应和激发，这种情感体验包括高兴、焦虑、痛苦等日常情感。从这一视角出发，这类祈愿符号的背后带有明显的情感象征性，并且伴随着情绪的扩散逐渐成形。例如杨超越的"躺赢"所呈现的符号情感是青年群体对于成功的焦虑，这类符号在被运用的过程中从原始意义出发，衍生表达出相应的情感态度。在这种情况下，祈愿对象符号的能指与所指之间不再是纯粹的象征关系，而是通过符号传递相应的情绪与态度，并最终在网络扩散中完成情感的宣泄与释放。

另一方面，这种对象的选择实际上是一种典型的亚文化拼接，即对"神化"的对象进行即兴的改造、移植、从而获得一种新的意义。以"锦鲤"这一概念为例，锦鲤原本是一种高端观赏鱼，由于其肥腴、金色、彤红的外观受到人们的喜爱，且中国自古就有"年年有余""富足有余"的谐音祝福，因此在网络时代转发、膜拜互联网锦鲤形象成为一种受到追捧的行为。正如前文所言，中国传统民俗文化中的崇拜具有一种浅层且实用主义的特征，对锦鲤的喜爱成为一种注重现实祈愿观的反映。互联网的开放性与交互性使网民对锦鲤的形象进行了再创造，使"锦鲤"这一概念挣脱出传统意蕴成为一种抽象化的表达范式，即"转发这个 XXX，（就能获得某种好运）"，锦鲤这一符号由此具有包容性与延展性，在网络文化中持续保持热度。

---

① 第 47 次《中国互联网络发展状况统计报告》，2021 年 2 月 3 日。

从心理学角度而言，网络祈愿所寻求的是一种社会性支持，即寻求被他人关心，重视和被爱的感受。例如转发格式的"锦鲤"看似是一种从众的集体行为，但同样也是青年群体在向他人进行自我展示的重要途径，强化了赛博空间中想象的共同体。这既是一种公开化的展演，同时也是一种私密的个人心理表达，在数字化的空间中进行着表演。但在这一过程中，网络祈愿与中国传统祈愿行为呈现出信仰来源的差异性。相较于古人对"上下神祇"崇高的敬意与神圣的仪式，网络祈愿行为消解了这种庄严感，以典型的微博拼接九张图形成的神像及锦鲤为例，利用拼接的方式将祈愿对象符号元素进行统一的方式消解了"神话对象"原有的严肃感和固有背景，被修改和创作后的图片中缺少庄严化符号的痕迹，这种随意戏谑的神话符号在各个圈层中被杂糅入同一个网络空间中，以现代人内心的无力和迷惘象征化表达"心诚则灵"的期冀。

从祈愿主体者的角度而言，网络祈愿的主体是普通的网民，古代祈愿的主体多是统治阶级的君王或家族的最高权威。在传统国家层面的盛大祈愿行为中，君王作为唯一祈愿的代表，但网络祈愿的亚文化表征迅速向普通公众层面发展。在网络祈愿的亚文化传播实践中，精英的话语权利逐渐被消解，传统文化价值观受到颠覆。作为祈愿主体的个人在转发祈愿，进行自身祈愿行为时，同时也在改变着自身的祈愿内涵，代表一种对传统祈愿行为的意识抵抗。詹姆逊认为："后现代主义文化的任何形式都具备对抗主流意识形态的意图。"[①]网络祈愿通过简单的转发加自身的愿望表述进行这项原本庄严、神圣的仪式，时至今日逐渐与商业资本之间产生复杂的联系。实际上，在亚文化刚兴起时，商业和资本敏锐的嗅觉就已经体察到这片具有活力的市场。对网络祈愿文化而言，其在网络社交平台的风靡离不开商业文化的参与。譬如网友大量转发的女星"杨超越"祈愿对象就是由各类娱乐节目和代言商共同追捧下所形成的，微博中转发锦鲤和杨超越都会显示一行小字：祝你运气爆棚。这类表述和祈愿在网络空间中司空见惯，是商业文化利用网络祈愿拉进与消费者的距离，而网络祈愿亚文化也在这样的商业收编中逐渐成为资本有利可图的工具。

（二）网络祈愿的社交狂欢与认同困境

当祈愿者陷入网络祈愿转发、点赞、评论的狂欢景观中，网络祈愿的祈祷目的被弱化，成为一种日常生活的问候、试探沟通的社交行为。德国社会学家贝克

---

① [美]詹姆逊：《政治无意识》，王逢振，陈永国译，北京，中国社会科学出版社，1999年，第286页。

在《风险社会》中认为："现代生活极盛的世界里，人们也生活在风险的氛围中。"①
风险和不确定性成为人们日常生活的一部分，这种不可感知、预测的不确定性，
使当代青年容易感到迷惘无措和焦虑困惑。面对这种前所未有的焦虑，带有宗教
色彩的祈愿活动一方面成为应对的可行方法，如前文所说，以祈愿行为缓解内心
的紧张情绪，增强自身的意志力与信念。另一方面，网络祈愿的表层目的在于祈
求福庇和好运，借助祈愿的内容表达一种日常生活的紧张感和渴求，以此获得关
注和情感共鸣。朋友圈、QQ 空间、微博等社交平台所转发的网络祈愿内容会带有
好友的点赞和评论，朋友以此相互了解自身的近况。互联网的匿名性和开放性使
个人在现实生活中的社会交往方式发生转变，受阻于现代生活交往中的诸多障碍，
年轻人更容易对网络中的陌生人产生天然的好感。基于共同认同的幸运符号，以
或轻松、或调侃、或戏谑的语气传达彼此共同的价值观，实现了网络空间不同群
体、个人之间的对话和情感交流，营造出网络祈愿的社交狂欢氛围。

　　巴赫金认为，狂欢世界的特征之一就是脱离常规，以插科打诨的方式表现人
性潜意识中的感性形态。②在网络祈愿的社交狂欢中，传递了当代青年对社会压力
的不满和抵抗策略，既表达了对目前生活的不满达到暂时的解放，但又对现实生
活毫无影响。基于对"锦鲤""神像"等祈愿对象符号的意义共识，网友对转发的
"祈愿对象"与"获得好运"产生直接观念的联系，由此产生交流和互动，成为连
接彼此的观念性力量。这种行为的最终目的在于确立身份认同，埃里克森认为，
"认同"（idengtity）是指个人独特性的自我建构，发现真实的自我，以达到对经验
的连续性潜意识追求和集体理想的统一。③青少年时期聚集了诸如"我是谁""我
立于何处""我面向何方"的认同困惑，从社会心理学角度来看，网络祈愿也是一
种青年群体尝试破除"认同"困惑危机的象征性行动。因困惑而焦虑，又因焦虑
而祈愿是大部分网络祈愿行为的共同心态。

　　狂欢的本质是一种内在的矛盾体。巴赫金认为："一切事物都有自己荒谬的方
面，狂欢即是一种指向权力与真理的交替，这其中包含了生与死的结合，肯定与
否定的结合。"这种矛盾式的狂欢在网络祈愿中也十分明显，以女星杨超越为例，
其形象之所以为网民所不断创作、转发、改变，是因为其本身是一个极其矛盾的
统一体。杨超越起初受到追捧是因为一些网友对其的揶揄和讽刺，认为其跳舞像
划水，唱歌没节奏，只会暴风式的哭泣，但是却成功出道，并且之后好运不断。

---

　　①　[德] 乌尔里希·贝克：《风险社会》，南京：译林出版社，2004 年，第 2 页。
　　②　[日] 北冈诚司：《巴赫金：对话与狂欢》，石家庄：河北教育出版社，2002 年，第 284—287 页。
　　③　[美] 里克·H.埃里克森：《同一性：青少年与危机》，孙名之译，杭州：浙江教育出版社，
2015 年，第 113—119 页。

至此，杨超越以一种无能式的表演获得了一般人难以企及的成功，甚至得到了主流文化的关注，原本对杨超越的嘲讽逐渐成为一种惊奇的崇拜。网友们一方面觉得杨超越的成功是才不配位的荒唐，另一方面又暗自期冀自己有她那样的好运加持，在这种既肯定又否定的"杨超越锦鲤"的网络祈愿中，参与者达到了精神狂欢的目的。

与此同时，这种狂欢带有全民性的外在特征，不同文化背景、圈层的人们能够随时随地进入到这一狂欢仪式中，以平等轻松的姿态参与狂欢之中。从这一点也可以看出网络祈愿是一种没有门槛限制，全民皆可共同参与的狂欢行为，带有"祛魅"的特质，即人们不断把宗教世界中带有巫术性质的知识与实践视之为迷信与罪恶而加以祛除。在现代科学理性主义的发展下，"人"的地位被逐渐凸显，曾经的神话与宗教逐渐走下神坛，与传统祈愿形式以神为尊不同的是，网络祈愿的"神"实际上处于缺位状态，只是作为一个形象化的符号来寄托和安抚祈愿者的内心。在这种狂欢中，例如"锦鲤""神灵"等各式祈愿的对象实际上是在通过"祛魅"之后被人再造出来的好运符号，人们一方面没有传统祈愿的敬畏和虔诚，另一方面又觉得这种符号能够给自己带来好运，处于一种诙谐与严肃割裂的状态，成为一种魔幻又现实的矛盾体。

网络祈愿行为中绝大多数的狂欢都围绕着现代社会问题，通过颠覆以往符号认知的方式进行迂回策略的温和抵抗。这种狂欢背后所折射的是社会转型时期出现的结构性风险，当代年轻人在高压之下怀疑自身的努力能否得到相应的回报，另一方面又渴望在逐渐固化的社会中实现跃升，在这种一体两面的心态中，青年群体在一种丧式的自我嘲讽与间接性的希望之间往复循环，企图追寻一个精神庇佑的领地。相比现实空间中资源竞争的焦灼，网络空间弹性化与混杂的社会资源更易于为普通人多接触，在一定意义上，网络空间是作为网络祈愿空间基石式的存在，成为一种具备解放功能的空间。在这一空间中青年群体通过网络祈愿表达对社会规则和资源的渴求，希望以此达成社会认可的目标和成就。从根本上而言，网络祈愿所祈求和崇拜的也是当下的社会规则与评价体系，但是以戏谑化和解构主义的形式出现时就容易遭受污名化的轻视。其背后所折射的仍然是现代人欲望追求和生活拼搏的努力，通过祈愿的幻象实现对自我满足的渴望。其中涵盖包括日常学习、升学考试、情感婚姻、工作升职等多个方面，在面临现实生活困境中，强烈的情感驱使下，个人热诚的希望通过网络祈愿，弥合了骨感现实与美好愿望之间的鸿沟，以实现自我的认同。马斯洛的需求层次理论认为自我实现是人需求的最高层次，从最早的图腾崇拜、祖先神灵崇拜，到当今的神像符号崇拜，都源于对自我内心深处的满足追求，实际上都是由身份焦虑所导致的情感宣泄和自我认同的渴望。

（三）祈愿行为的神圣性消解与信仰异化

传统的祈愿仪式多采用馨香祝祷的方式进行，是农耕文明时期对祖先、神灵信仰的产物，作为一种虔诚的人神沟通方式，祈愿仪式带有严格的程序和步骤，具备天人感应的神圣性和严肃感。传统宗教和神圣的仪式被看作是一种广阔的神秘力量，这种安定人心的力量可以削弱人们面对未知事物时的恐惧，在心理层面能够缓和或祛除内心的焦虑与紧张，使人感受到一种安全感。涂尔干认为："巫师所祈求的力量与宗教调动的力量在性质层面是相同的，几乎就是同一码事。"① 涂尔干认为不需要考虑宗教力量的原始概念，而应该追溯宗教力量产生的精神过程，例如人们对图腾的崇拜与依附关系之所以具备极强的传播力，就是因为人们能够从这种符号当中获得一种难以名状的情感，这种关系深藏在人性深处具有持久的力量，被涂尔干称为"永恒的宗教性"。就当代社会的发展而言，这种渴求更加强烈，不仅是对基本生存能力的渴求，同时也是一种对生命意义的追寻，以达到精神安置的目的，背后所折射的是高频节奏下社会规则对人精神的约束和压迫。

当下的网络祈愿虽然也是以各类神灵作为祈愿对象，尝试进行"人—神"沟通，期冀借助超自然的力量获得好运和福佑。但两者之间的仪式过程存在截然不同的差异，传统祈愿仪式中的祈愿诉求对象是高高在上、不可亵渎的神灵，信仰者多将其置于高位，以信仰者的视角进行供奉，带有距离感的威严神像产生神秘的力量，所以传统祈愿行为采用身体下跪、磕头等身体语言表示对神灵的敬畏之心。 而网络祈愿仪式中，借助扁平化的空间和数字技术让原本肃穆严谨的神灵从神坛上被拽下，以网络亚文化戏谑、解构的方式对神灵产生平等视角，消解了祈愿行为中原本的敬畏感与神圣感。其次，网络中流行的文案"日常迷信"也带有明显的戏谑色彩，"日常"代表一种常态化的琐事实践，而不是宗教中特定日期的朝拜祈祷，带有个人强烈主观色彩的随意性，"迷信"则带暗含轻微的贬义和自我嘲讽。低成本的网络祈愿只保留了信仰的外壳，成为无门槛的简单大众游戏，失去了应有的内涵。在戏谑娱乐的祈愿游戏中，祈愿行为成为纯粹的文化符号景观，传统祈愿仪式的神圣性也烟消云散。

网络祈愿所表征的行为消解了传统祈愿行为的神圣性，成为一种异化的信仰。其背后的原因在于网络祈愿带有浓厚的实用主义色彩，充斥着个人欲求的渴望和投机的心理。不同于传统宗教的教义与道德体系，网络祈愿背后没有神圣性可言，

---

① ［法］涂尔干：《宗教生活的初级形式》，北京：中央民族大学出版社,1999 年，第89—90 页。

而只是个人单薄的私人愿望。例如祈愿对象信小呆暗含的是人们对天降横财的渴求，杨超越暗含的是对轻而易举成功的渴求，祈愿对象本身的特质并不重要，重要的是其所拥有的好运特质。在对这类群体进行网络祈愿的过程中，转发即成功的捷径给网民一种错觉，助长了年轻人急功近利和浮躁的心理。有学者认为，中国已经进入了一个罗萨所说的加速社会模式，即所有人都卷入一场无法挣脱、被迫加速的游戏中。[①] 在这种高度内卷化的时代中，青年群体感到更多的痛苦、压抑和焦虑，从而产生一种逃避挫折的心理。

我们显然无法将网络祈愿的信仰置于传统信仰的文化语境之中相比较，因为现代社会中弥漫的信仰危机是传统文化世界中统一性信仰崩溃的结果。当传统祈愿仪式的程序被简单化、误解、甚至抛弃，造成祈愿行为神圣性的消解和不断异化时，网络祈愿被消费主义、资本、商业文化等各方势力所"利用"，祈愿已经成为一种被异化的"信仰"。鲍德里亚在《消费社会》中认为现当代社会的消费不仅限于物质上的满足，而是追求一种符号意义的消费，符号消费体现了人与社会的关联，鲍德里亚尝试用符号价值来解释当代社会精神欲求的转变，他提出的消费社会观强调符号的再生产消费，赋予社会文化商品符号的意义。鲍德里亚的观念与法兰克福学派对消费主义文化的研究有相同之处，法兰克福学派认为消费使人"异化"进而导致个人"主体性"的丧失，认为在一种虚假的社会宣传下个人成为被消费的对象，扭曲了人与商品之间的关系。从这样的角度而言，网络祈愿也是一种消费主义的幻想，祈愿对象的"锦鲤"实际上是一种被资本收编后所创造的特殊符号系统，祈愿者所消费的是锦鲤背后蕴含的吉祥好运，从而满足自身的精神与情感诉求。因此，网络祈愿在某种意义上也成为一种被异化的消费，徘徊在消费主义和个人游戏之间的边缘地带，带有互为表里的双重属性，从个人角度而言是一种自我纾解的游戏，从社会整体角度而言是一种符号主义的消费。在这种带有趣味与反讽的特质中，网络祈愿在不经意间融入用户的生活当中，逐步演化为参与者日常生活的实践。

这背后是当代年轻人信仰的异化。新中国成立后，马克思主义哲学作为官方意识形态主导社会思想，成长于互联网时代的一代，接受的是"无神论"的教育，对于宗教有着望而却步的情感，但人性中对未知力量的敬畏之情和期冀美好福报等因素又导致年轻人希望寻找替代品将自己的信仰寄托进行符号载体的转移，无论是传统元素的神像吉物，还是罕见异常的自然景观、甚至日常生活中的明星人

---

① 刘晶：《赋权的想象还是精神的鸦片：青少年网络祈愿的表征与实质》，《东南学术》，2021 年第 5 期，第 223—231 页。

物，这些本身神圣性被结构或并不具备神圣性的载体成为人们乐此不疲的游戏，传统祈愿仪式已经异化为一种消遣生活的手段和方式，漂浮在现代紧张、焦虑的网络空间中。究其根本这是神灵体系包裹下对人需求的一种表达，网络祈愿所异化的本质上也是人的社会关系表达，因为科学技术的发达与进步远远未能拂去人们心中所笼罩的不确定性阴霾，高度依赖信息的异化使人们陷入一种现代媒介巫术难以自拔。

结语

基于此，本文可以回答所思考的问题。从历史意义上而言，祈愿行为带有鲜明的农耕文明特色和先民宗教文化内涵。作为一种沟通行为的祈愿首先是一种语言表达行为，其次起到一种"人—神"沟通的作用，并发挥了组织内部与阶级之间的沟通功能。传统中国的祈愿行为带有华夏民族独有的"祖先—神灵"信仰，这种信仰源自农耕文明时期信仰的演变与天人感应的传统思想。就功能层面而言，传统祈愿行为在整合统治阶级内部情感，强化阶级秩序，安抚内心焦虑，增强个人意念等方面起到重要作用。当下，随着媒介技术的变革，网络社会空间中重塑了社会形态，也极大改变了祈愿行为的仪式和内涵。祈愿成为亚文化兴起下的社交狂欢，背后反映出当代青年人的认同困境，祈愿行为的神圣性被消解成为一种异化的信仰。

祈愿行为在不同的历史阶段发挥了不同的作用，网络文化的创新需要"伦理的激励、引导以及规训"①。当下的网络祈愿体现的是青年人对现实压力的虚拟抵抗，在一定意义上可以被当作一种释放压力的窗口，以转发祈愿的方式缓解个人消极的情绪，而不是积极提供创造奇迹的方法。但与此同时也要认识到，网络祈愿背后体现了个人欲望的表达和功利的追求，遮蔽了祈愿行为的本真性。久而久之，祈愿成为一种表面求幸运降临，实则寻找借口逃避现实的方式，过度的祈愿行为导致青年人独立思考能力减弱，奋斗精神丧失，习惯性寻找鸵鸟式的自我安慰。因此，需要对网络祈愿背后的价值观误区保持清醒的认识，传统祈愿行为本身的有利作用应该恰当地嵌入后现代的网络祈愿中，以积极健康的心态面对生活的困难挑战，弘扬劳动创造幸福的正能量，鼓励青年群体为实现伟大中国梦而积极发挥主动性，激活青年群体追求梦想的精神力量。这同样提醒我们需要构建强大的内心，以奋斗成就美好未来。

---

① 唐代兴：《文化伦理的基本问题》，《福建论坛（人文社会科学版）》，2020 年第 8 期，第 25—36 页。

地理媒介与政治传输：汉藏高层交往述行中的儒家文化传播研究

Geographical media and political transmission: A Study on the dissemination of Confucian culture in the high-level exchanges between Han and Tibet

颜亮　顾伟成　郭中华 *

Yan Liang　Gu Weicheng　Guo Zhonghua

摘要：中华民族共同体中的汉藏儒学文化传播中的政治传播，一方面表现为地理空间上的驿道驿站的实物构建；另一方面则表现为时间述行中历朝历代汉藏高层交往交流交融过程中构序的文化、政治、经济全方位的传授机制。由此通过物质域与意识域之间的体识互构，完成了儒家文化传播构式上的多态、多类型传输，达到了吐蕃文明向与中原文明逐渐交融在一起的方向发展，共同构筑了中华民族文明体以及中华共同体意识。

关键词：政治传播；儒学文化；共同体；共同体意识

Abstract: the political communication in the Han Tibetan Confucian culture communication in the Chinese national community, on the one hand, is manifested in the physical construction of the post road and post station in the geographical space; On the other hand, it is manifested in the all-round teaching mechanism of culture, politics and economy in the process of high-level exchanges and exchanges between Han and Tibet in the past dynasties. Thus, through the mutual construction

---
* 作者简介：颜亮，男，甘肃兰州人，文学博士，复旦大学新闻传播学在站博士后，西藏大学文学院副教授，硕士生导师，主要研究方向为文艺学、中国古代文献与文化、人类学、数字人文；顾伟成，男，甘肃武威人，西藏大学 2021 级中国古代文学硕士研究生，主要研究方向为中国古代文学与文化、书法理论；郭中华，男，甘肃庆阳人，西藏大学 2021 级中国古代文学硕士研究生，主要研究方向为中国古代文学。

of body and knowledge between the material domain and the consciousness domain, the polymorphic and multi-type transmission of the Confucian culture transmission structure has been completed, and the development of the Tubo civilization towards the gradual integration with the civilization of the Central Plains has been achieved, and the Chinese nation's civilization and the consciousness of the Chinese community have been jointly constructed.

Keywords: political communication; Confucian culture; Community; sense of community

"媒体（Media），又称媒介，是指承载或传递信息的载体。媒体的定义具有两层含义：其一，媒体是承载信息的物体，也可以理解为人类用于获取信息或传递信息的工具或技术方法……其二，媒体指信息的表示形式或传播形式。"①"媒介"的特性是多维性持存，具有物质/意识性质、时空跨越意义、环境依存性链接以及符号/非符号主体等特点。"中国古代政治传播的根本目的与功用也是建立和维持王朝的统治，一个王朝的建立、维持其政治秩序以及统治最后崩塌的完整过程中始终存在在政治传播活动，给我们提供了丰富的经验。"②而在古代政治传播的体系中，儒家文化作为中原王朝的意识形态基核和精神力来源，其与政治传播之间构式为一种相互依赖和相辅相成的关系，王朝中的政治传播活动不仅促进了文化的传承与传输，基建了"共同体"意识观念的重要构素，而且在中原—边疆、中原民族—边缘民族地理空间"座架"结构中，儒家"教化传播是中国古代政治传播的重要内容，它是维系政治统治、传承政治文化、整合社会的重要手段"③，同时"儒家的政治伦理是两千多年中国社会普遍认同的政治文化，也是各王朝构建自身合法性意识形态基础"④。而从中国古代汉藏两族的政治传播来看，其一，地理空间上的西高东低以及横断山脉，为藏民族东向发展以及中原文化西迁构筑了天然的自然环境"场域"，这其中"自然体现的是一种物种存续与相互依存的素朴关系，自然不再是人类意识与文化的华丽徽章，而是万物相生相克的物质场域与关系模式"⑤，这种关系模式带来了物化环境之外"意识域"传播的系统开启，一方面纳含

---

① 郭建璞，董晓晓，周帜：《多媒体技术应用 基于创新创业能力培养》，北京：中国铁道出版社，2019年，第1页。
② 谢清果：《华夏传播学的想象力》，北京：九州出版社，2018年，第278页。
③ 谢清果：《华夏文明与传播学本土化研究》，北京：九州出版社，2016年，第155页。
④ 白文刚：《中国古代政治传播学研究》，北京：中国社会科学出版社，2014年，第106页。
⑤ 林秀琴：《当代文学与现代性经验》，福州：海峡文艺出版社，2016年，第117页。

了"一个民族在特定时期流行的一种政治态度、信仰和感情"① 在汉藏两族的交互式传播过程中，这种"互动传播更加强调传播主体间的双向信息流通，从传播主体到内容要素等，互动传播赋予了各要素新的任务与功能。只有深入地分析互动传播过程中的各要素的内涵与特质，才能系统地了解互动传播的体系特点和应用策略"②。另一方面儒家文化作为一种意识形态构建的文化形态，其在文化认同、民族认同等多个"意识域"维度，以"儒家文化"为媒介建构出"共同体"和"共同体意识"的体识互构机制与现实实存。其二，自然地理空间中基于人为政治力构筑的驿道与驿站，作为物化形态存在的现实实存，是儒家文化在政治传播过程中重要"媒介"。"这种媒介被一种地方栖居的新型逻辑所重新修正"③，以结构化的形态铺设于汉藏空间，成为一种汉藏空间关系学下的动态化运行机制。正如麦奎尔所述，这种地理上的媒介存在具有地理空间上的普遍性、场所意识、交互性以及融合性特征。这种地理上的媒介"意味着创造生产、循环、交换和消费的物质基础设施。同时，空间亦是一个传播的地理媒介"④，驿道与布置于汉藏空间的驿站，作为汉藏儒家文化传播的媒介位置动因，在信息"获取和传播上发挥了更重要的作用"⑤，这种作用构筑了传播上的物质/文化场景，"场景是时、空、人、物以及价值观之间共同关联、相互作用的结果。如果说，时、空、人、物构成了场景的基本要素，那么'价值'和'关系'则构成了场景的高级要素"⑥。其三，古代汉藏以显性状态地理空间、道路学、物化媒介（驿站）等构织的儒家文化传播场域，其隐性的持存是中国古代政治传播机制。汉藏古代政治传播机制一方面纳含了文化传播意义上的传播者、接受者、文化信息、显/隐媒介、效果、情境、动机等丰富的意涵要素；另一方面政治传播视域下的汉藏交往、交流、交融，在以年代学为表征的时空中展现为不同的特征特点，这种由古代社会从高向低，主体为政治高层的传播方式，"随着汉藏高层的频繁交往，汉藏之间的关系日渐密切，由此带动了汉藏政治、经济和文化等各个方面的交流。儒家伦理思想在这种交往中也慢慢地对吐蕃高层贵族到普通僧俗民众产生较为广泛的影响，促使吐蕃文明向

① ［美］阿尔蒙德，鲍威尔：《比较政治学——体系、过程和政策》，曹沛霖译，北京：东方出版社，2007 年，第 26 页。

② 崔恒勇：《互动传播》，北京：知识产权出版社，2015 年，第 36 页。

③ 强荧，吕鹏：《新闻与传播学国际理论前沿》，上海：上海社会科学院出版社，2017 年，第 60 页。

④ 华东政法大学传播学院文化产业管理系：《文化产业观察》，北京：知识产权出版社，2019 年，第 51 页。

⑤ ［澳］斯科特·麦夸尔：《地理媒介：网络化城市与公共空间的未来》，潘霁译，上海：复旦大学出版社，2019 年，第 2 页。

⑥ 朱磊：《数字时代的场景传播》，广东：暨南大学出版社，2019 年，第 14 页。

与中原文明逐渐地交融在一起的方向发展"①，共同构筑了中华民族文明体以及中华民族共同体意识。

一、媒介地理与建筑传播：汉藏道/站的生成与儒家思想的传输机制

自古到今，中国疆域的生成是一个人地关系共生，多民族基因文化协同发展的动态化情势。这一自然地理/文化共性基元的背景关系，因其客观持存的地理空间场域中的多元"物化"媒介，从而具有了传播学意义上的偏向性，"历史上藏族生活的青藏高原，在地理结构上划分的三个地理单元都呈现出西高东低，西北向东南倾斜的态势"② 以及"青藏高原东缘的横断山脉地区的北高南低的态势"，这就为古代汉藏民族的文化交往、交流、交融营造了现实物质性的媒介生态环境。这种古代汉藏民族之间构建的传播环境既是人、媒介、社会、地理之间的互动关系，又是天地人一体化的传播延伸。时间/空间成为这一系统过程中的重要材质和景观，"从唐代开始，汉藏之间在高层的政治交往频繁起来。这种政治交往从打通和连结汉藏通道的驿站设立到派大臣驻藏，从朝贡、联姻到委以朝廷命官，其渠道和形式多种多样"③，这种多元立体化显相为：其一，地理空间作为汉藏儒家文化传播语境中的假定物"空间不仅是自然的、地理的，也是社会的和心理的。正如西美尔所言，几乎所有人都有一种空间感，表现为彼此之间的地理或者心理的距离。人们之间的相互作用，会被感到是空间的填充"④，所以在某种意义上古代汉藏由中心到边缘空间是一个多维多义的构成，交融中的共频共振现象为两者政治、经济、文化、媒介、心理等多方位的现象综合，并在互动体验、传播、重构中不断发生互渗与传授变形，并进一步分异联接为深层次的空间物质与意识，汉藏空间关系学，空间话语的传播与流动，物质与经验的交错空间，媒介与空间的互动博弈等复杂的布展。其二，驿道构建传播基元通道。从某种意义上讲"道路不仅具有物质属性，还具有社会和文化属性。作为一个空间实体，道路在不同的时空背景之下被赋予社会意义，并因此而具有了实体之外的文化、象征及权力控制等社会性复杂意涵"⑤ 历史上的中原王朝为保持自身国家体系的正常运行，从中心到边

① 余仕麟：《儒家伦理思想与藏族传统社会》，北京：民族出版社，2007年，第136页。
② 颜亮：《儒家文化在藏地的传播与融合——以藏族古代儒家教育为中心》，《西南民族大学学报》，2019年第8期。
③ 余仕麟：《儒家伦理思想与藏族传统社会》，北京：民族出版社，2007年，第117页。
④ 邵培仁，杨丽萍：《媒介地理学 媒介作为文化图景的研究》，北京：中国传媒大学出版社，2010年，第54页。
⑤ 赵旭东，周恩宇：《道路、发展与族群关系的"一体多元"——黔滇驿道的社会、文化与族群关系的型塑》，《北方民族大学学报》，2013年第6期。

缘，由简单到复杂构建出了四通八达的"道路学"意义上的"路道实存"，以便实现其重要的功能意义。汉藏驿道空间构建由内而外，年代学意义上发生久远，从"松赞干布时代，吐蕃在青藏高原的各个主要地区之间都设置过驿站，用以维持王室和派往各地的官员和军队的联络，说明那个时候就有驿道了"[①]，而历史上吐蕃与唐朝的驿道相连，其中唐蕃古道从逻婆到长安全程5800余里，共经驿站20余处，"从长安起，经甘肃的天水、陇西、临、临夏，在炳灵寺或大河家附近渡黄河，转入青海省境内，再经民和、乐都、西宁、日月山、倒淌河、恰不恰（共和）、切吉草原、大河坝、温泉、花石峡、玛多，翻越巴颜喀拉山口至青水河，渡通天河，过当曲，自唐古拉山口至聂荣县，经黑河（那曲）、当雄，到达拉萨"[②]，而实际上唐蕃古道主干道路之下又延伸出复杂的网系化汉藏交流孔道，这些交通孔道的存在意涵多元，既代表着汉藏族际互动与族群关系之间构建起了丰富的交互式传播与关键，又代表着中华民族共同体因物化道路的多内涵交流，引动观念域的共振、空间形态的文化表达以及空间影响力互渗，从而深层次带来了意识域的思想传播与民族认同，进一步促进汉藏共同体意识的传播。其三，作为建筑形态而持存的驿站是广铺于汉藏交通中的传播节点，甲骨文记载驿站始出于殷商时期，起初用于传递军事情报，西周广泛布置作为传递公文和官员往来的重要传播中转存在，秦朝统一以咸阳为中心建立了通达全国驿站及驿站机制，形成了"星罗棋布，脉络通通，朝令夕至，声闻毕达"[③]的网系格局。从建筑学意义上看，"驿站作为一个建筑群：其建筑序列一般会有亭、牌坊、驿站建筑，而驿站建筑的内部空间序列又分为：照壁、建鼓（鼓楼）、大门、正堂、东西二庑、舍（后堂）、驿丞宅、厨、厩"[④]，作为一个建筑群其内部功能化的完整性与联动性，必然带动整体驿道网络所有驿站的功能性传播。"媒介就是插入传播过程之中，用以扩大并延伸信息传送的工具"[⑤]，而驿站本身作为一种传播"媒介"，具有传播特征的双向性，即以建筑物为信息源的发散性传播和多元信息向建筑主体的回溯性传播，而且地理空间上的建筑媒介，既凝结了文化景观意义上，特定人群的物质创造、信仰文化、哲学政治等多元内涵，又因其媒介传播植性根于特定地域"建筑媒介"，服从环境的制约，又传播指涉着对环境的超越和地理空间的跨动。所以"驿道和驿站存在本身，不仅开辟了各地、各民族之间人员的往来，促进了各地、各民族之间经济、文化等

① 余仕麟：《儒家伦理思想与藏族传统社会》，北京：民族出版社，2007年，第119页。
② 余仕麟：《儒家伦理思想与藏族传统社会》，第119页。
③ 解缙：《站赤》，《永乐大典》北京：线装书局，2016年，图文珍藏版精华本，第2467页。
④ 曹伟：《古代驿站建筑考》，《中外建筑》，2013年第10期。
⑤ 周正楠：《媒介·建筑·传播学对建筑设计的启示》，南京：东南大学出版社，2003年，第27页。

的交流"①，其道／站结构网系中的汉藏驿道与驿站的建立亦成为汉藏儒学文化传输的重要纽带。

汉藏之间媒介地理系统时间／空间中的道／站建设。"如果说空间（space）是一颗颗的珍珠，那么时间（time）就是能将它们串联在一起的红线；如果说空间是一块块的碎片，那么时间就是能将它们拼凑在一起的黏合剂。"②从松赞干布时期到清朝，汉藏两族以其空间——媒介传播环境中的驿道与驿站，时间——媒介地理系统的变化与流动展现出对儒家文化传播由简单到复杂、由单线到多线、由外在到内在全方位、立体化的文化矢量递增的情势。历史上"唐蕃古道亦称唐蕃驿道。路线分为东西两段，东段为唐域内道程。东段路线应是由长安（今陕西西安）经甘肃到达鄯城（今青海西宁）。西段在《新唐书·地理志》有较为详细的记载。经专家反复考证，这条河湟地区与西藏的通道可确定为：从青海西宁经海南藏族自治州、果洛藏族自治州的玛多县、玉树藏族自治州、西藏那曲草原而达拉萨市"③。除此之外，以驿道和驿站媒介物构建的唐蕃地理传播空间，"在唐朝时，从四川、云南通往吐蕃的驿道也有好几条。如起自理县薛城，经鹧鸪山（索丛岭）、南循金川县（长川）、丹巴、乾宁、雅江至拉萨。此外，通过丝绸之路也可以进入吐蕃"④，而且根据《唐会要》《通典》记载，作为中原王朝的唐帝国政治体制下的中央尚书省设立驾部司，统管全国驿站成为中央驿道、驿站管理中枢，其地方设立馆驿巡官，各州县设置管驿事以及由"富强之家主之"担任的驿长（唐肃宗后，改由政府任命），由此形成了政治制度中的地理媒介传播机制。而从经济力上看，"为了有效地保证驿道的通畅和驿站的正常运行，唐朝政府还为全国各地的驿站配有驿产，包括驿舍、驿田、驿马以及为往来人员提供的食宿用具等"⑤。根据《册府元龟》等文献记载，唐朝驿站无论建造于城内城外皆有驿田供应给养，还有税收系统上缴驿税分配各站，从而保证了物化交通网络系统的正常运行。宋朝建立之初就在驿道传播网络中的驿站进行了全方位的固化、更新与开拓，太祖赵匡胤二年就"诏诸道邮传以军卒递"⑥并"以军卒代百姓为递夫"⑦设置专业驿卒又称"递夫"或"铺

① 余仕麟：《儒家伦理思想与藏族传统社会》，北京：民族出版社，2007年，第118页。
② 邵培仁，杨丽萍：《媒介地理学 媒介作为文化图景的研究》，北京：中国传媒大学出版社，2010年，第74页。
③ 袁晓文（益希汪秋）：《中华民族文化大系 雪域之光 藏族》，上海：上海锦绣文章出版社，上海文化出版社，2017年，第85页。
④ 黄玉生：《西藏地方与中央政府关系史》，拉萨：西藏人民出版社，1995年，第419页。
⑤ 余仕麟：《儒家伦理思想与藏族传统社会》，第124页。
⑥ 维青：《中国通信小史》，北京：学习出版社，2011年，第54页。
⑦ 白寿彝，陈振：《中国通史》卷7，《中古时代·五代辽宋夏金时期·上》，上海：上海人民出版社，2015年，第591页。

兵"。从建筑传播的角度讲，宋朝加快了全国驿道驿站建设，并"根据各地不同的自然条件，在西北地区大力发展水驿和驼驿等多种形式的驿站设施"①，建立起由传播者、传播通道、传播续接系统化的制度机制，纳含军情日报、急递传送、凭信制度、人员管理、文书传递等。

"元朝建立以后，吐蕃正式归入中国的版图。当时，建立了全国通达的交通体系。"② 这些交通系统借用宋朝原有的物化传播实存基础，不断扩展、完善，最终达到成"以通达边情，布宣号令"③ 的功效。其不仅生成元朝整体性中央集权与平行空间交互传播的网络体系，正如《元史》记载"元有天下，薄海内外，人迹所及，皆置驿传，使驿往来，如行国中"，④ "海宇会同，元之天下，视前代所以为极盛也"⑤，而且也构筑了汉藏之间多维互渗传播的重要构境式实存，《汉藏史集》记载忽必烈遣达失蛮于藏地十三万户侯地界修建驿站"自萨迦以下，可视道路险易、村落贫富，选择适宜建立大小驿站之地，依照汉地设立驿站之例，立起驿站来"⑥。元朝中统年间，达失蛮由青海开始经朵堆（朵甘思）、乌斯藏直至萨迦，沿途考察人口、物产、道路情况，修复驿道，建立驿站"总计设置了 27 个大驿站。若分别叙述，由朵思麻站户（支应的）7 个大站，在朵甘思设立了 9 个大站，在乌斯藏设置了 11 个大站"⑦，由此不仅弥补了宋代延伸至藏地的驿道与驿站的缺失，而且正式构筑起汉藏政治、经济、文化全方位的物质传播系统。除此之外，无论汉地驿道、驿站，还是直通藏地交通驿站，其管理制度和人员配置都极其完备，据《汉藏史集》记载为使"在蒙古施主与萨迦派的联系中，使吐蕃 27 个驿站保持安定，使得上师、本钦、蒙古、吐蕃的金字使者们来往路途平安，使吐蕃强悍百姓得享幸福"⑧，专设管理藏区驿站工作的官员，以此协调汉藏两地的交往、交流。公元 1276 年，因环境恶劣，条件艰苦，藏北卫地发生驿户逃亡事件。入藏查办官员对驿站进行改革，由军队分兵管理驿站事务确保汉藏交通顺畅。而且"每当遇有灾乱，致使站赤消乏时，立即予以赈济"⑨。明代基于元代已有驿道、驿站配置分布，进一步强化、完善、构织出了交通路线关系，其与各种干线、支线、间道、便道连接形成"多孔道"式的交互式传播格局。而"在明朝时，为了加强汉藏地区的

① 苑士军：《驿骑星流 中国驿站新考》，北京：中国友谊出版公司，2013 年，第 175 页。
② 余仕麟：《儒家伦理思想与藏族传统社会》，北京：民族出版社，2007 年，第 120 页。
③ 宋濂：《元史》卷 110，《志·第四十九》，北京：中华书局，1976 年。
④ 宋濂：《元史》卷 60，《志·第四十九》，北京：中华书局，1976 年。
⑤ 宋濂：《元史》卷 101，《志·第四十九》，北京：中华书局，1976 年。
⑥ 达仓宗巴·班觉桑布：《汉藏史集》，陈庆英译，拉萨：西藏人民出版社，1999 年，第 149 页。
⑦ 达仓宗巴·班觉桑布：《汉藏史集》，陈庆英译，150 页。
⑧ 达仓宗巴·班觉桑布：《汉藏史集》，陈庆英译，151 页。
⑨ 罗贤佑：《中国历代民族史·元代民族史》，北京：社会科学文献出版社，2007 年，第 248 页。

联系，曾多次下令恢复和修建西藏通往内地的驿道和驿站"①，一则明朝在巩昌、凉州、甘肃沿路"增置延来等二十九驿"②；二则多封众建制度下产生的藏区的阐化王、护教王、赞善王和国师等依据中央特令修复河州沿路驿站，并青藏驿道与川藏驿道③；三则继续官方维护松潘驿道，"松潘为四川边陲重地，身居番境，明朝加强了对松潘驿道的治理"④，"作驿舍邮亭，架桥立栈，白茂州，一道至松潘，一道至茂州以赴保宁"⑤，"至是运道既通。松潘遂为重镇"⑥，由此"松潘道"不仅是汉地茶叶输藏和汉藏贸易的重要商道，而且也是"羌、藏、汉等民族及其文化的一个交汇带，它在联系和沟通羌、藏、汉等民族的交往方面发挥着极其重要的作用"⑦。"继明朝之后，清王朝为了有效地管理藏族地区，承袭元明两朝的做法，对进藏驿道和驿站进行了整顿和设立。"⑧并深感"藏地关系最要者尤在台站，此乃往来枢纽所在"⑨，所以清乾隆年间，汉藏两地驿道、驿站持续性完善，其"清朝在西藏设立的驿传与内地一样种类繁多，有驿、站、台、塘、铺、腰塘、宿站、尖台等"⑩，而且最终完成了三条重要驿道，根据清代所撰《卫藏通志》《西藏志》《西藏图考》等史料记载其驿道主要包括康藏道、青藏道、滇藏道三条，"分别为：一、北京皇华驿经居庸关外经陕西、甘肃到四川、由川康道赴藏；二、由京师经直隶（河北）、河南、陕西、甘肃、青海入藏；三、北京、河南，而后绕道云南中甸入藏"⑪。而且在驿道、驿站的管理体制上清朝中央制定实行了更为严格完善双效管理体制，中央——由理藩院和兵部共同管理驿道驿站，地方——川藏驿站划归四川总督直接管理；西藏驿站由驻藏大臣直接管理；青海驿务属西宁办事大臣管理，乾隆年间"全面主管西藏地方事务的最高行政长官颇罗鼐曾接管西至阿里、东至多康的驿站事务"⑫。

① 余仕麟：《儒家伦理思想与藏族传统社会》，北京：民族出版社，2007 年，第 122 页。
② 西藏研究编辑部：《明实录藏族史料》卷 1，拉萨：西藏人民出版社，1982 年，第 92 页。
③ 张廷玉：《明史》卷 331，《列传·第二百一十九》，北京：中华书局，1984 年。
④ 四川省社会科学院民族与宗教研究所，中共松潘县委员会，松潘县人民政府：《松潘历史文化研究文集》，成都：四川人民出版社，2014 年，第 16 页。
⑤ 张廷玉：《明史》卷 331，《列传·第二百一十九》。
⑥ 张廷玉：《明史》卷 331，《列传·第二百一十九》。
⑦ 石硕：《青藏高原东缘的古代文明》，成都：四川人民出版社，2011 年，第 537 页。
⑧ 余仕麟：《儒家伦理思想与藏族传统社会》，北京：民族出版社，2007 年，第 122 页。
⑨ 张羽新：《清朝治藏典章研究》，北京：中国藏学出版社，2002 年，第 1125 页。
⑩ 边巴次仁，朗杰扎西：《清代入藏驿站及西藏地方内部驿站考》，《西藏大学学报》，2008 年第 4 期。
⑪ 边巴次仁，朗杰扎西：《清代入藏驿站及西藏地方内部驿站考》。
⑫ 曾国庆，郭卫平：《历代藏族名人传》，拉萨：西藏人民出版社，1996 年，269 页。

二、历时叙事与共时构境：政治传播视域下的横纵交织与儒家文化

"在人类政治文明的进程中，政治传播发挥着十分重要的作用。以'民族国家'为基本政治共同体的不同政治文明中，有着不同形态的政治传播。"[①] 广义的政治传播即为历时时间"绵延"中古而有之的多元政治活动，政治传播亦伴随政治活动始终，并成为人之主体构境政治生态环境中不可或缺的一种运行机制。而狭义的政治传播构式意指"利用媒介达到某种政治目的"[②] 并行进行经济文化的交往、交流与融合的情势。这种情势往往以共时共现态势在不同朝代的横向空间截面上布展为差异性的传播"景象"，其中包括传播学意义上的上行显性空间（树形网络）/下行隐性空间（块茎拓殖）点、线、面、体的构境模式，政治构境传播动态中的"界域、解域、再结域的运动"[③] 以及传播空间形态上的平滑空间、条纹空间、穿孔空间。而历史上的汉藏两族之间的儒家文化传播，在一定程度上依存政治制度的传播，从政治传播角度看"中国古代的政治传播制度主要有以下五种：信息中枢的决策制度、政治信息的传递渠道（包括媒介）制度、政治信息收集与反馈制度、政治秩序的信息监控与政治传播权利调节制度、政治文化传统的信息存续与维护制度。在这五种制度形态中，具有时空偏向的主要是偏向空间的政治信息的传递渠道制度，以及时间偏向的政治文化传统的信息存续与维护制度"[④]。正如加拿大学者英尼斯的媒介偏向性理论所述，利用政治制度构筑的驿道、驿站等物化空间媒介与当地的自然条件、地理环境有机结合，将汉藏两族在空间距离上联系起来，形成了"物化"的运行机制，而时间的偏向性"形成一种稳定的状态，适合知识在时间上纵向传播，有利于集中化，这种媒介倚重时间，或者说具有时间偏向性。具有时间偏向性的媒介往往被赋予稳定、传统及等级理念，有助于维护等级森严的社会体制并树立权威"[⑤]、文化符码的传授与融合以及传播文明的媒介。

汉藏历史上的交往、交流、交融，从藏族文明的石器时期就已经有点状式的空间传播踪迹，两族互动至少可以追溯到 4000 多年的黄帝时代[⑥]，正式的交往伊始如《汉藏史集》记载"唐太宗于阳木马年（甲午，634 年）与吐蕃王互相聘问赠

① 白文刚：《中国古代政治传播学研究》，北京：中国社会科学出版社，2014 年，第 2 页。
② 白文刚：《中国古代政治传播学研究》，第 3 页。
③ 陈广春：《走向"后现代空间诗学"——以吉尔德勒兹的空间思想为个案》，硕士学位论文，广西师范大学文学院，2014 年，第 29 页。
④ 谢清果：《华夏文明与传播学本土化研究》，北京：九州出版社，2016 年，第 152 页。
⑤ 张冠文：《人与互联网的同构 媒介环境学视阈下互联网交往形态的演化》，北京：中国广播电视出版社，2015 年，第 105 页。
⑥ 司马迁：《史记》载，黄帝子青阳降居江水（山民江上游），昌意降居若水（雅砻江），皆在今藏族地区。昌都卡若新石器遗址中发现大量粟米和与仰韶文化相联系的文化器物，均说明至少在4000—5000 年前藏区的土著居民已与中原地区有文往和联系，北京：中华书局，1975 年。

礼，这是汉藏之间最早建立联系"①，亦是汉藏政治高层之间进行互动的开启，"随着汉藏高层的频繁交往，汉藏之间的关系日渐密切，由此带动了汉藏政治、经济和文化等各个方面的交流。儒家伦理思想在这种交往中也慢慢地对吐蕃高层贵族到普通僧俗民众产生较为广泛的影响，促使吐蕃文明向与中原文明逐渐地交融在一起的方向发展"②。

（一）唐朝作为政治传播源，其内部本身就形成了"内传播"态势的思想集聚，一则续接第一次中华文明大切割时代——魏晋南北朝儒释道、多民族文化融合思想精华。二则在横向平滑空间中，唐朝继续"吸收佛、道二教的思想养料，来丰富儒学的内容"③，"儒、佛、道在中原地区的相互汲取与相互容纳正是这'三教'得以共同发展而不致毁灭的基本前提"④，并日益强化了儒学作为中原文化根基的基础。三则从传播接受者的角度来看，公元7世纪吐蕃王朝的建立，尤其是松赞干布的雄才伟略、内外生产力的发展，使其社会经济得到了较大提升，具备了接受者物质／意识域的传播接收基础，与此同时这一发展历程中政治、经济、文化三维欠缺性，使其需要向外吸收物质／精神持存。四则无论是起初作为传播者的唐朝、接受者的吐蕃，还是后来唐蕃之间的交互式传播，两者从传播体系上讲，彼此极力缝合了传播知识沟以及开放全方位传授的空间端口，一方面"唐王朝作为中原文明核心的这种强大地位，它的富庶，高度发达的文化以及所拥有的强大政治、军事实力，注定它必然要对与之相接而又竭力想打破地域限制，向周边发达文明汲取营养来发展自己的西藏吐蕃文明产生强大的影响和凝聚力"⑤；另一方面吐蕃在向内多元建设中十分注重向外吸收、"搞好与周边国家和地区的关系，尤其重视与东部的唐王朝建立和发展良好的关系，和睦相处，并注意大力吸收中原的先进文化和生产技术"⑥，尤其是中原"儒学的兴盛，则让吐蕃感受到了中原地区文化的博大深厚与极强的凝聚力，从而推动其主动向中原文明靠拢，最后融入以儒家文化为核心的整个中华文明的大体系之中"⑦。唐蕃之间的政治传播方式主要布展为：

① 达仓宗巴·班觉桑布：《汉藏史集》，陈庆英译，第58页。
② 余仕麟：《儒家伦理思想与藏族传统社会》，北京：民族出版社，2007年，第136页。
③ 黄开国，邓星盈：《巴山蜀水圣哲魂 巴蜀哲学史稿》，成都：四川人民出版社，2001年，第152页。
④ 余仕麟：《儒家伦理思想与藏族传统社会》，北京：民族出版社，2007年，第137页。
⑤ 石硕：《西藏文明东向发展史》，成都：四川人民出版社，1994年，第148页。
⑥ 余仕麟：《儒家伦理思想与藏族传统社会》，第138页。
⑦ 余仕麟：《儒家伦理思想与藏族传统社会》，第138页。

形式	时间	文献	具体记载
出使	公元 634 年	《旧唐书》《册府元龟》	赞普弃宗弄赞，始遣使朝贡①。
和亲	公元 641 年	《吐蕃王朝世袭明鉴》等	奉旨入藏与吐蕃松赞干布。
战争	公元 763 年	《旧唐书·吐蕃传》	降将高晖引吐蕃入上都城②，吐蕃仿唐设百官。
吊丧	公元 647 年	《旧唐书》	并献金银珠宝十五种，请置太宗灵座之前③。
占领	公元 786 年至 848 年	敦煌文书	产生各种多元文化、政治、经济上的互渗传播。

（二）宋朝时期，"散布在河陇地区的吐蕃便成为宋朝竭力争取的一股重要力量。宋朝与吐蕃之间存在的相互依存关系，成为宋朝经制吐蕃的深层原因"④，这种复合型的政治经济传播在这一时期深化、展现出了新的传授发展态势。一则表征为"归顺"态势中的传播，公元 1001 年，甘肃武威的六谷部首领潘罗接受宋朝归统，甘肃青海一带的角厮罗政权依附北宋，公元 1038 年"宗仁宗封角厮罗为保顺、河西节度使，又加洮州、凉州刺史"⑤，这在一定意义上从政治层面构筑了汉藏传播的主体座架，有利于两族信息的直接性传授。二则军事力构素强化了汉藏的传播构式，据《宋史》《宋稗类钞》《太平治迹统类》《甲申杂记》《续资治通鉴长编》（李焘）等文献记载宋朝时期"汉蕃兵骑杂为一军"⑥的混编现象十分普遍，《续资治通鉴长编》中记述了宋神宗赏赐吐蕃军的有关资料"应支给军前汉蕃士卒特支犒设并菜钱等"⑦。三则流官番官制，即"宋朝时，所有的蕃官都是其所属部族的长官，同时也隶属于正州县的汉官管辖"⑧，例如河东路蕃官高永年，"崇宁初，知岷州"⑨，除实际职务外，番官中还有很多荣誉虚衔，由此构成了政治传播中以个体传播为主的汉藏文化传授模式。公元 1206 年蒙古汗国建立，1253 年蒙古汗国势力进入西藏结束了西藏地区分散局面，"13 世纪下半叶，蒙古人入主中原，建立了包括蒙古族、汉族、藏族等在内的中华各民族和全国各地区空前大统一的元王朝。这之后，已经成为中国版图不可分离的一部分的西藏及其地方政权与中原地区及

① 刘昫：《旧唐书》卷 191—200，《列传·第一百四十六下》，《吐蕃下》，北京：中华书局，1975 年，第 16 册，第 5221 页。

② 刘昫：《旧唐书》卷 191—200，《列传·第一百四十六下》，《吐蕃下》，第 16 册，第 5237 页。

③ 刘昫：《旧唐书》卷 191—200，《列传·第一百四十六下》，《吐蕃下》，第 16 册，第 5222 页。

④ 刘建丽：《宋代西北吐蕃研究》，兰州：甘肃文化出版社，1998 年，第 227 页。

⑤ 迭部县志编纂委员会：《迭部县志》，兰州，兰州大学出版社，1998 年，第 20 页。

⑥ 脱脱：《宋史》卷 191，《兵志·五》，北京：中华书局，1977 年。

⑦ 余仕麟：《儒家伦理思想与藏族传统社会》，第 566 页。

⑧ 余仕麟：《儒家伦理思想与藏族传统社会》，第 147 页。

⑨ 陈振：《宋史》，上海：上海人民出版社，2003 年，第 35 部，第 62 页。

中央政权的联系就更为紧密"。^①这种紧密地联系在中原与西藏之间横向形成了多维、多元，横纵交织的传播结构。其一，公元 1244 年、1247 年，驻守凉州的阔端与萨迦派教主贡嘎坚赞进行了交互式的接触与洽谈，构成传播学意义上的"前传播"理解与构式，并通过贡嘎坚赞的书信，敦劝藏地分散势力归降蒙古，构成了中心向边地、个体对群落的传授关系。其二，建立融合人际传播、政治传播等多元传播的源头机构，即总制院为管理宗教事务和西藏地区军事民政的中枢机构，亦为重要的政治传播机制源头，其与藏区横截面上所建立的十三万户形成统辖 / 分管关系，从而进一步构式成政治传播上的多孔传授空间。"1260 年八思巴被封为国师或 1264 年担任总制院院使"，^②"全面管理西藏地区的行政事务，并派宣慰使一人进驻西藏，负责征收赋税、收纳贡物、调查户口、管理驿站等"^③。其三，政治力的传播在实践层面，不仅以人口普查的方式建构了藏区十三万户侯，其内部行政区域由中央政府设置，僧俗官员由中央封授，构成了中心－地方的强传播关系；而且在这种不断强化的传播模式下出现的"上赏下贡"制度，以政治传播和人际传播双效驱动了中央政府与西藏地区政治、经济、文化的多元联系。

（三）"1368 年春，朱元璋在南京即位，建立明朝，并于同年秋攻取元大都，元顺帝妥欢帖木儿北逃上都后，明代正式取代了元朝中央政权的统治。"^④明朝较之前朝，在承续已有制度建设的同时，其政治传播意义上的高层构建、制度完善以及传播方式持续性改进，"在制度与传播的关系中，传播的意义就在于日常生活传播活动构建了象征层面上的制度规则"^⑤，一方面设计基础、建设、发展的"制度是已有社会惯例、结构的储存，通过这种储存我们使集体记忆、表述、价值、标准、贵的等外部化，以便它们比我们人类更持久"^⑥构建共同体基架上的共同设想与共同意识；另一方面"传播是社会存在的要素，社会空间的建构是根据信息的流动和传播交换的情景来决定的"^⑦，制度规则与传播持存是一个构建过程，并且交互构成了社会空间的实存、象征表象以及内 / 外化秩序。首先，中央 / 地方一体化的空间政治制度构建，"明朝为了推行治理藏区的各项政治、经济措施。借鉴元代在藏区创设三大行政区域 (即乌思藏、纳里速、古鲁孙等三路宣慰司，管辖卫藏、阿

① 余仕麟：《儒家伦理思想与藏族传统社会》，第 148 页。
② 张云：《元代吐蕃地方行政体制研究》，北京：商务印书馆，2017 年，第 30 页。
③ 余仕麟：《儒家伦理思想与藏族传统社会》，第 149 页。
④ 熊文斌：《龙椅与法座：明代汉藏艺术交流史》，北京：中国藏学出版社，2020 年，第 1 页。
⑤ 朱振明：《理解国际传播 问题、视角和阐释》，北京：中国广播电视出版社，2013 年，第 121 页。
⑥ [英] 马克斯 -H. 布瓦索：《信息空间——认识组织、制度和文化的一种框架》，上海：上海译文出版社，2000 年，第 390 页。
⑦ 陈卫星：《传播的观念》，北京：人民出版社，2004 年，第 382 页。

里；吐蕃等路宣慰司，（管辖今青海玉树及四川西北藏区；吐蕃等处宣慰司，管辖今青海东南部、甘肃和四川阿坝藏区）进行统治的经验，设置乌思藏都指挥使司（管辖卫、藏、阿里地区）和朵甘都指挥使司（管辖今昌都、玉树、果洛、甘孜及阿坝部分藏区）。而今青海东南部、甘肃和四川阿坝部分藏区则分别隶属于陕西行都司、陕西都司和四川都司。乌思藏都司和朵甘都司下设置了指挥使司、宣慰司、招讨司、万户府、千户所等行政机构进行直接统治。这些行政机构的官员均由中央政府任命当地首领担任，是为朝廷命官"①。其次，政治传播端口即"多封众建"制度的完善，其对象为上层喇嘛、土司、部落首领构成，"按照他们所代表的教派势力的大小、本人的权势、地位和宗教学识授予不同的名号。这些僧职高低有序，品秩有差。在不同时期有不同的授予办法和不同的等级，还可以由低等级向高等级提升"②，由此构建内制度下，每个差异性分号个体都成为重要的中央与地方隶属以及交互式传播的重要"扭结"。最后贡市羁縻，"贡市的主要内容是少数民族以马匹换取中原地区的盐、茶。这种贸易，往往采用周边少数民族向中央王朝贡纳的形式。贡使将马匹解送到指定地点交割，中央政权给予盐茶、金帛作为回报。随贡使同来交易者，可以自由出售马匹牛羊。这种贸易方式叫作贡市"③，贡市从传播模式上讲具有纵向自上而下的传播结构，又具有时空辖域意义上的横向互逆及稳定性，是一种纳含政治传播、经济传播、文化传播、宗教传播、人际传播、组织传播等复合型的现实域持存，"终明一代，藏区各族的朝贡使团多达 1450 余个，平均每年有 5.3 个使团到京朝贡，而朝廷则每两个月过一点就要接待一个西番朝贡使团。天天有西番朝贡者在途中奔波，这些朝贡使者少则数人，多则十数人"④，正如武沐教授所言"明代藏区朝贡贸易的所发挥的作用已远远超出朝贡的范畴，是朝贡无法替代的，它大大推动了藏区经济的发展、社会稳定以及藏区与内地的文化交流"⑤。

（四）"到了清初，也主要沿袭了元、明两朝对西藏地方的管理体制，直到由中央王朝册封达赖和班禅以及设立驻藏大臣后，这一状况才得以根本改变。驻藏大臣是清朝政府管理西藏的一项非常重要的措施。驻藏大臣制度不仅有效地保证了清王朝对西藏地区的管理，也对国防的巩固发挥了重大作用。"⑥ 所以驻藏大臣在

① 祝启源：《祝启源藏学研究文集》，北京：中国藏学出版社，2002 年，第 184 页。
② 沈阳：《西藏宗教探究 佛教在西藏的遗产及其当代诠释》，北京：中国藏学出版社，2011 年，第 90 页。
③ 金人庆：《中国税务辞典》，北京：中国税务出版社，2000 年，第 402 页。
④ 李东阳：《大明会典》卷 99，《礼部·五十八》。
⑤ 武沐：《论明朝与藏区朝贡贸易》，《青海民族研究》，2013 年第 4 期。
⑥ 余仕麟：《儒家伦理思想与藏族传统社会》，第 164 页。

一定意义上构建了中央—西藏交往交流交融的态势，纳含了传播学多模态的物质传播、制度传播、人际传播等多维向构筑涵义。现实界域中驻藏大臣衙门的建立源自明末清初蒙古准噶尔部联合俄国进攻西藏，对抗中央政权事件。康熙皇帝于康熙二十九年、三十五年、三十六年三次御驾亲征准噶尔军队，在此过程中意识到西藏需要中央直接进行管理的必要性，又逢准噶尔部联合青海蒙古和硕特部与西藏实际管理者拉藏汗争夺西藏控制权，"这更增添了清王朝的忧虑，认识到西藏事务不便令拉藏独理，应遣官一员前往西藏协同拉藏办理事务。于是决定派侍郎赫寿去管理西藏事务"①。康熙四十九年十二月，赫寿赴藏协助治理当地政务，并绘制西藏地图，这一事件成为"中央王朝设立驻藏大臣的滥觞"②，即传播机构／制度建设的"前摄"。公元 1724 年（雍正二年），清政府平定青海和硕特部罗卜藏丹津叛乱，罗卜藏丹津投奔准噶尔部策妄阿拉布坦。雍正考虑其对西南边陲的隐患性，于是派重兵驻防，严设关卡，"保护唐古忒人等，以防准噶尔贼夷侵犯"③，并留驻 3000 满汉官兵于拉萨、理塘、昌都、腾格里诺尔等处，由此构建出驻藏大臣现实界域中的中央机构。公元 1726 年（雍正四年），清政府议准设立驻藏大臣二人，次年正式派遣僧格、玛喇赴藏"负责办理前后藏一切事务，并在拉萨设立了管理机构"④。公元 1729 年（雍正七年）至公元 1745 年（乾隆十年）《清世宗实录》《清高宗实录》所载内容包括了驻藏大臣名称的正式使用、调换制度、换班之期、管辖事务等具体事宜，正如清人魏源在《圣武记》中也认为驻藏大臣"防于雍正之初，而定于乾隆之中叶"⑤。在驻藏大臣以及驻藏大臣衙门作为重要的中央对地方常设管理机构，履行行政事务管理的同时，驻藏人员及其机构又从传播学角度讲充当着重要的文化、经济传播角色，其向藏地传播运行过程中"清廷还颁布了《钦定藏内善后章程》二十九条，进一步明确了驻藏大臣、达赖、班禅的地位和权限，确立了驻藏大臣对藏政的领导地位"⑥。公元 1751 年，清政府决定设立噶厦政府，"噶厦内设 4 噶伦，由三俗一僧共同担任，地位平等"⑦，而"噶伦人选由达赖喇嘛和中央驻藏大臣商定，报清政府批准。这种政策有助于增强中央政府对西藏

①　顾祖成：《清实录藏族史料》，拉萨：西藏人民出版社，1982 年，第 186 页。
②　余仕麟：《儒家伦理思想与藏族传统社会》，第 165 页。
③　傅恒：《平定准噶尔方略》前编卷 34。
④　余仕麟：《儒家伦理思想与藏族传统社会》，第 166 页。
⑤　魏源：《圣武记》卷 5，《国朝抚绥西藏记下》，北京：中华书局，1984 年，第 213 页。
⑥　余仕麟：《儒家伦理思想与藏族传统社会》，第 167 页。
⑦　周晶，李天，李旭祥：《宗山下的聚落　西藏早期城镇的形成机制与空间格局研究》，西安：西安交通大学出版社，2016 年，第 7 页。

的管辖权威"①。拉斯韦尔在其著作《传播在社会中的结构和功能》中认为传播的功能具有以下几个特征"①监视环境；②使社会各部分在对环境做出反应时相互关联；③使社会遗产代代相传"②。驻藏大臣衙门作为清代汉藏之间重要的传播组织机构，其从传播学角度讲也发挥了重要的功能性传播作用。驻藏大臣的结构构成"分为办事大臣（正职）和帮办大臣（副职），定制为 3 年一换。清朝末年，曾将帮办大臣裁撤，设左右参赞各 1 人"③。作为代表中央王朝行使国家主权，"他既与达赖、班禅的地位相等，又有监督、指导西藏地方事务的权力。驻藏大臣代表的是清王朝，其权力和责任又是达赖、班禅等地方僧俗官员所不及的"④。主体职能为"一是照看达赖，镇抚土伯特人众，二是于照料之中，寓以防守之意"⑤，又据《卫藏通志》卷 20 所记"驻藏大臣督办藏内事务应与达赖喇嘛、班禅额尔德尼平等。自噶布伦以下番目及管事喇嘛，分系属员，事无大小，均应禀命驻藏大臣办理，至札什伦布诸务亦俱一体禀知驻藏大臣办理，仍于巡边之便就近稽查管束"⑥，而且《西藏善后章程》中还明确了驻藏大臣拥有西藏地方军政重要事务的最终决定权，其管理权限已经犹如网系辐射西藏事务的方方面面，《理藩院则例》中所记载驻藏大臣"办理前后藏一切事务"，"西藏诸处事务均隶驻藏大臣核办"⑦，其中包括"驻藏大臣还有司法、督造西藏地方货币、监发粮饷、寺庙管理等一系列权力"⑧。

三、高层政治与道路媒介：双重运行机制中的儒家文化传播价值与意义

中国古代的政治传播中"政治是基础""传播是着力点""政治统摄传播"⑨相互之间的"关系"构筑了古代政治传播复杂的媒介生态环境以及横纵间的运行机制。"在这样的政治传播中，传播的是新朝天命、帝王圣德、本朝正统性等政治信息。王朝统治需要培育有利于维持秩序的政治文化，所以有以政治社会化为目的的政治传播，在这样的政治传播中，传播的是王朝推崇的政治伦理价值。王朝统治需要通过政治运行来控制社会，所以有以控制信息流动为目的的政治传播，在这样的政治传播中，传播的是与日常行政运行有关的各类政治信息；王朝统治需

① 舒乙：《见证亲密 纪北京承德两市带藏文的石碑和藏式建筑》，北京：民族出版社，2011 年，第 4 页。
② 胡学亮：《简明传播学》，北京：知识产权出版社，2014 年，第 42 页。
③ 苏发祥：《藏族历史》，成都：巴蜀书社，2003 年，第 123 页。
④ 余仕麟：《儒家伦理思想与藏族传统社会》，第 167 页。
⑤ 顾祖成：《清实录藏族史料》，拉萨：西藏人民出版社，1982 年，第 438 页。
⑥ 和宁：《卫藏通志》，台北：台北文海出版，1965 年，第 531 页。
⑦ 张羽新：《清朝治藏典章研究》，北京：中国藏学出版社，2002 年，第 275—276 页。
⑧ 余仕麟：《儒家伦理思想与藏族传统社会》，第 170 页。
⑨ 荆学民：《政治传播活动论》，北京：中国社会科学出版社，2014 年，第 26 页。

要建构基于天下观念的朝贡体系，所以有以建构天朝形象为目的的政治传播，在这样的政治传播中，传播的是天下观念、中华上国、帝王圣德、天朝礼仪等体现天朝光辉形象的政治信息。"① 历史上汉藏之间的政治传播，一则在现实界域中构建起如同驿道驿站的传播实存空间，借用自然生态环境这些人为构建的空间与空间之间具有了链接关系以及结构布局，并且根据政治力的驱动而进行多元化的传授运行，展开具有空间偏向性地传播，即如伊尼斯所述"帝国依靠此类媒介将统治的触角一再延伸，以求政权在最大范围内的统治……一种新媒介的长处，将导致一种新文明的产生。文明的发生依赖新的媒介形式的使用"② 从而有了进一步的交融与稳定传输与接收。二则自古到今，中国疆域的生成是一个人地关系共生，多民族基因文化协同发展的动态化情势。由此自古以来汉藏共生协同关系中的政治传播就蕴含着时间偏向性的内容，其时间偏向性"能够与当地的自然条件、地理环境有机结合，将现在、过去、未来联系起来，形成一种稳定的状态，适合知识在时间上纵向传播，有利于集中化，这种媒介倚重时间，或者说具有时间偏向性。具有时间偏向性的媒介往往被赋予稳定、传统及等级理念，有助于维护等级森严的社会体制并树立权威"③。三则汉藏政治传播在时空中双向运行构筑了既能传播物质化信息，又能传输内涵化信息的"场域"，并且这种汉藏"交往场所本身并不是场景定义的唯一来源。场景的通常内涵是经过长时间并通过社会传统发展起来的"④第三种偏向性，即文化多元统摄性地传播偏向性，传播学者伊尼斯认为以媒介的技术形态为核心，从年代学历史意义上讲媒介时空偏向必然引起文化传播的发展偏向，带来社会变革和文化发展进程的影响，"文化在时间上延续并在空间上延展。一切文化都要反映出自己在时间上和空间上的影响"⑤。四则汉藏古代文化的传播，"就狭义的'文化传播'而言，即人们通过一定的方式传递知识、信息、观念、情感或信仰以及与此相关的所有社会交往活动。而广义的'文化传播'包括战争、移民、宗教传播、经商贸易等"⑥ 儒家文化的传播以显性、隐性的方式贯穿汉藏的交往交流与交融过程中，构素、构式、构境为具有功能性的存在，其一，儒家文化成为汉藏民族代际相传的文化共性基因，传播使文化成为连续的过程和共同文

① 白文刚：《中国古代政治传播研究》，北京：中国社会科学出版社，2014 年，第 284—285 页。

② 郑照楠：《技术善恶论的博弈 论技术观念在传播思想中的演变》，《新闻研究导刊》，2016 年第 11 期。

③ 张冠文：《人与互联网的同构 媒介环境学视阈下互联网交往形态的演化》，第 105 页。

④ [美] 约书亚，梅罗维茨：《消失的地域 电子媒介对社会行为的影像》，肖亚军译，北京：清华大学出版社，2002 年，第 36 页。

⑤ [美] 哈罗德·伊尼斯：《传播的偏向》，何道宽译，北京：中国人民大学出版社，2003 年，第 93 页。

⑥ 施建平，曹然：《五代出版与新闻传播研究》，苏州：苏州大学出版社，2019 年，第 238 页。

明的基始，"文化是在传播过程中生成、发展、变迁的，传播是形成、保存和发展人类文化的必由之路。只有通过传播，文化才有生机和活力，并不断发展下去"①；其二，儒家文化为汉藏之间的政治、经济等立体全方位地传播交流提供了"共延"语境与时空地理"媒介"；其三，在区域共轴联动、族际相互融合以及中华民族共同体以及共同体意识构筑过程中，儒家文化的传播对汉藏文化乃至中华文化的变迁与整合具有促进作用，"彼此的渊源、价值取向、目标定位各异的不同文化的整合过程，是一种不断适应、共同发展、逐渐融合为新的文化体系的过程"②。

（一）驿道与驿站作为中原—地方古代汉藏两地地理空间中重要的物质媒介，其不仅在静态空间中形成了线性横纵交织的交通传播孔道，而且每个平面点的驿站既与真实界的自然、人文链接、造塑成媒介生态，又是自然/人为造塑成某个地区区域范围内的二级传播"源"，产生局部地区的传播共振。从动力学角度讲驿道与驿站要素下的运行机制，使历代中原王朝通过经济、政治、文化等动因，进行着共性与差异的相互交往交流与交融。驿道、驿站作为古代汉藏政治、经济、文化、军事、社会全方位传播交流的"物质域"能指与所指，即"汉藏驿站的建立及驿道的开通为儒家伦理思想在藏区的传播提供了最为重要的基础条件"③，驿站建筑是构筑一个古代国家疆土实体空间可感知的外形符号与有形的物质性媒介，而驿道建设则是联结驿站建筑独立空间的重要方式与手段。通过驿道的开通链接，使得古代汉藏之间各种物理空间被联结起来，形成地理空间网络，也形成和拓展了中原王朝与地方的骨架和格局，塑造了"中心"与"边缘"的互动能指。从物质域的客观角度讲，吐蕃地处高原，地理生态险峻恶劣，本不利于汉藏之间的互联沟通，但是汉藏驿道、驿站的建设开通才真正开启了汉藏物质空间、虚拟空间、关联空间的互通有无。其物质空间保证了往来人员的衣食住行，"四方往来之使，止则有馆舍，顿则有供账，饥渴则有饮食"④，并凝塑了虚拟精神域"成千上万的陌生人有一种彼此联系共同在场的印象，而这有助于构建'想象的地理'"⑤、国家的地方感以及共同体的认同。其关联空间"强调现实中的空间往往是实体空间和虚拟空间杂糅混合而成的空间状态。同时，关联空间更加强调不同空间之间的互

① 宋建清：《跨文化传播视阈下的中国文化影响力提升研究》，太原：山西经济出版社，2019年，第8页。

② 水娟：《跨文化传播视域下的翻译问题再审视》，长春：吉林大学出版社，2020年，第24页。

③ 余仕麟：《儒家伦理思想与藏族传统社会》，第167页。

④ 宋濂：《元史》卷110，《志·第四十九》，北京：中华书局，1976年。

⑤ 薛超：《空间转向：地铁作为城市传播符号的建构与分析》，硕士学位论文，云南大学新闻学院，2018年，第26页。

动和张力……各种关系齐聚，呈现出复杂的形态"①，同时也构织出政治化的仪式与秩序，构成了传播效果上儒学风范、儒家形象的展现场域，"据《永乐大典》卷19420记载，自元代驿站设置完成之后，汉地进藏的通道完全打通。西藏地区的宗教领袖和地方官员经常持玺书、驿券和官员文牒在驿道上来往，有时"遣使驰驿不下百余匹"。这样一种频繁的交往，使得包括儒家伦理思想在内的中原文化很自然有效地在藏区得以传播和产生影响"②。这其中儒家文化的传播一则包括"正是通过唐蕃古道，文成公主入藏时带去了大量的汉文典籍、经史、佛像以及工艺、农林、医药书籍，同时还带去了数百名能工巧匠。金城公主入藏后还向唐朝索求《礼记》、《毛诗》等大量儒家经典。他们就这样通过艰险的唐蕃古道，将包括儒家文化在内的汉文化大规模地向吐蕃传播。文成公主在入藏途中，不仅让汉族工匠帮助藏族民众制作水磨，还沿途教导当时藏族开荒种地、纺织刺绣。青海玉树一带地区的藏族人民为了纪念文成公主，还雕刻公主像，建有公主祠"③。从传播接受者角度看，不仅有儒家意识文化的浸染，而且很多儒家文化已经通过实践成为现实实存，其中最为集中地体现就是儒家文化影响下的建筑文化，例如位于西藏山南市扎囊县雅鲁藏布江北岸桑耶乡的哈布山脚下的桑耶寺，"建筑风格上糅合了吐蕃、印度和汉地的三种寺院特点"④。"夏鲁寺的建筑在藏传佛教寺院中别具一格，是一座汉藏建筑艺术相结合的寺院，而且有古老的壁画和丰富的文物古籍"⑤。14世纪前后的贡塘王城⑥整体建筑群落的布局以及单体建筑皆仿照汉式修建。根据《汉藏史集》记载元朝藏地建筑体现儒家文化的风格愈发浓厚，受任宣政院平定萨迦派内乱的桑哥，在平定整顿期间，"到了萨迦，修建了东甲穷章康，其门楼的样子采用汉地风格"⑦。明清时代，拉萨西郊的罗布林卡"受汉式建筑和造园理论影响很大，从规划布局到建筑形式皆是汉式"⑧。从横向时空配置上看，"元朝实行的驿站制度使唐蕃古道的性质有了根本的改变，它从原来唐蕃两国的贸易和交往通道变为中国统一规范化管理的国内往来大道"⑨，其中根据地理环境、人口分布建立的兵站与

① 薛超：《空间转向：地铁作为城市传播符号的建构与分析》，第26页。
② 余仕麟：《儒家伦理思想与藏族传统社会》，第130页。
③ 余仕麟：《儒家伦理思想与藏族传统社会》，第131页。
④ 王东：《牧歌流韵·中国古代游牧民族文化遗珍·吐蕃卷》，兰州：甘肃人民出版社，2015年，第33页。
⑤ 尕藏加：《西藏宗教》，北京：五洲传播出版社，2017年，第112页。
⑥ 索朗旺堆：《吉隆贡塘王城与卓玛拉康遗址的调查与阿里贡塘王国若干问题的初步探讨》，《藏学研究论丛》，1993年第5期。
⑦ 达仓宗巴·班觉桑布：《汉藏史集》，陈庆英译，第159页。
⑧ 刘庭风：《中国古园林之旅》，北京：中国建筑工业出版社，2004年，第530页。
⑨ 余仕麟：《儒家伦理思想与藏族传统社会》，第134页。

驿道驿站无形间建立起了庞杂的传播交流网系，这一网系"不仅为汉藏上层的交流打开了方便之门，也为汉藏民间在各个方面的相互交流提供了便利条件，有利于儒家伦理思想通过民间渠道在藏区传播"①。

（二）通过政治力建立的驿道、驿站构建了"纵深拓展的'三大进路'。进路一：持续聚焦高势能运转的政治宣传"②与政治信息传授，其中蕴含着物质与意识域的双重属性及其张力关系；进路二：微政治传播模式始终存在于古代汉藏的微观政治与微传播的镶嵌与耦合之中，形成了共同体认同的潜意识；进路三："政治传播由国家宏观政治向万象丛生的社会微观政治领域的延伸和拓展"③，并且与古代汉藏之间的经济、文化等交叉混杂，展现为由中原向地方交互、多维向度传播的态势。儒家文化作为政治传播机制、内容、方式中重要的内容之一，其在汉藏古代传播过程的横纵结构中布展鲜明。正如范文澜先生所说："历史（包括神话传说）记载与民族发展有极密切的关系，吐蕃文化注意到历史学，有别于天竺的佛教文化，这应是汉文化对吐蕃文化的重大贡献"④，唐朝孤独及曾写信于吐蕃赞普道其汉藏交往"金玉绮绣，问遗往来，道路相望，欢好不绝"⑤，而在吐蕃占领敦煌期间，汉藏文化叠合，"在敦煌，藏、汉文都被确定为正式的官方文字，用两种文字书写的契约具有同等的法律效力。这些做法可以看作是确保吐蕃在敦煌的统治能达68年之久的重要原因之一"⑥，除此之外，从传授角度讲，"吐蕃王朝在政治、经济、文化、艺术等诸方面得以大量吸收汉文化的成果，并在吐蕃社会经济文化的基础上加以改造，使其吐蕃化"⑦，这其中主要包括，对中原汉王朝国家制度的效仿，"吐蕃王常用的尊号'天之子'、'神之子'、'圣'等就是对唐朝皇帝尊号的模仿"⑧、大国相制度⑨；军事、行政制度的效仿，模仿府兵制设置"茹"，并在社会结构中仿制唐朝设置"六大诏命、六个益仓、六文告手印、六缘、六豪杰等组织机构"⑩；藏文古籍《智者喜宴》所记载的吐蕃的三十六制，即六种大法、六大决议、六种告身、六种标志、六种褒贬、六种勇饰，皆与中原王朝关联密切表现出一种信息接收之后的融合异变情势。唐蕃时期，汉藏两族之间还通过互派学者进行儒家文化

① 余仕麟：《儒家伦理思想与藏族传统社会》，第 135 页。
② 童兵，朱安奇：《中国新闻传播学研究最新报告》，上海：复旦大学出版社，2019 年，第 204 页。
③ 童兵，朱安奇：《中国新闻传播学研究最新报告》，第 204 页。
④ 范文澜：《中国通史》，北京：人民出版社，1978 年，第 4 册，第 25—53 页。
⑤ 范学宗，王纯洁编：《全唐文全唐诗吐蕃史料》，拉萨：西藏人民出版社，1988 年，第 144 页。
⑥ 余仕麟：《儒家伦理思想与藏族传统社会》，第 141 页。
⑦ 余仕麟：《儒家伦理思想与藏族传统社会》，第 141 页。
⑧ 李方桂：《唐蕃会盟碑 (821～822) 考释》，吴玉贵译，《国外藏学研究译文集》，1992 年第 9 期。
⑨ 李方桂：《唐蕃会盟碑 (821～822) 考释》，1992 年第 9 期。
⑩ 蔡巴·贡噶多吉：《红史》，陈庆英，周润年译，拉萨：西藏人民出版社，2002 年，第 173 页。

的传播与传承，一方面吐蕃大量派遣学子前往长安学习，《汉藏史集》记载松赞干布要求前往中原学习的学子"学习对我们有益的学问……要努力成为学者"①，以儒家礼仪赞誉为"颇知书"②吐蕃大臣仲琮即为少年求学长安学子，吐蕃宰相名悉猎亦深受儒学浸染，被授"吐蕃舍人"。以"入侍"之法进入长安的学子接受唐朝优待，"深受儒家文化的熏陶。这些人留学回去后都借鉴包括儒家文化在内的中原文化，在改造和促进吐蕃社会文化的发展过程中发挥了重要作用"③，其代表人物如吐蕃大论禄东赞之子钦陵，曾"因充侍子，遂得遍观中国兵威礼乐"④，后期钦陵掌握吐蕃大权，成为重要的儒家文化传承者与传播者。另一方面，唐朝时期中原派往吐蕃的儒学之士颇多，"据汉文史籍记载，从唐玄宗开元元年到唐文宗即位这一百多年当中，唐朝派到吐蕃的使者甚众，其中的忠王友皇甫惟明、御史大夫崔琳、工部尚书李皓和崔光远、左散骑常侍兼御史大夫李之芳、左庶子兼御史中丞崔伦、宰相元载和杜鸿渐、大理少卿兼御史中丞杨济、和蕃使检校户部尚书兼御史大夫薛景仙、太常少卿韦伦、判官常鲁、鸿胪卿崔汉衡、前太子右谕德崔擀等"⑤，这些饱读诗书、通晓儒学的学者通过身体传播（言传身教）在吐蕃地区传播儒家文化，并在时间纵向聚合中连续不断，从而自上而下从达官贵族到民间百姓进行了显/隐式的儒学传播，"汉族地区的文化及其儒家伦理思想正是通过这些接触交往，潜移默化地影响着吐蕃使臣，从而使其产生效法心理。这些使臣的效法在吐蕃人之中影响极大，极利于汉族文化及其儒家伦理在吐蕃社会的流行推广"⑥。宋朝儒学开始了进一步地融合他者思想，自身异延变化，从而有了"在宋朝独领风骚的学术流派是所谓新儒学的理学（Neo-Confucianism）。理学是高度的智性综合集成，融合儒家的伦理道德原则与道家的形而上学说，表现典型佛家冥思自省的自我修行"⑦，加之宋朝政治高层注重儒学建设"获绍先业，谨守圣训，礼乐交举，儒术化成"⑧，由此从传播源的视域来看，宋朝作为儒学的主要传播主体自上而下不断强化儒学思想与儒学知识的构建，而在其传播方式中，一者通过直接传播方式进行，即与已归顺的藏族部族，如六谷部、角厮罗，假以封官授爵、军事支持、汉化推行等方式进行儒家文化的"播撒"；一则通过间接传播，即由于宋朝儒学对周边少数民

---

① 达仓宗巴·班觉桑布：《汉藏史集》，陈庆英译，第 87 页。
② 欧阳修，宋祁：《新唐书》卷 206—卷 217，北京：中华书局，1975 年，第 6076 页。
③ 余仕麟：《儒家伦理思想与藏族传统社会》，第 144 页。
④ 王钦若，杨仁：《册府元龟》卷 544，《谏诤部直诤十一》，北京：中华书局，1960 年。
⑤ 刘昫：《旧唐书·吐蕃传》，北京：中华书局，1975 年，第 144 页。
⑥ 余仕麟：《儒家伦理思想与藏族传统社会》，第 134 页。
⑦ [美] 修·昂纳，约翰·弗莱明：《世界艺术史》，吴介祯译，北京：北京美术摄影出版社，2014 年，第 268 页。
⑧ 脱脱：《宋史》卷 287，《列传·第四十六》，北京：中华书局，1977 年。

族政权皆影响甚重，从而儒家文化通过身体传播、文本传播等多元形式，从他者少数民族传播向藏族族群，例如宋中原—西夏—吐蕃以后宋中原—蒙古—吐蕃皆成为重要的儒学传播路径。

（三）"1206 年，成吉思汗建立蒙古汗国。1253 年，蒙古军队进入西藏，结束了西藏地区不相统属的混乱局面，统一了西藏。13 世纪下半叶，蒙古人入主中原，建立了包括蒙古族、汉族、藏族等在内的中华各民族和全国各地区空前大统一的元王朝。这之后，已经成为中国版图不可分离的一部分的西藏及其地方政权与中原地区及中央政权的联系就更为紧密。"① 这种大一统"共同体"的构成，生成了传播学空间意义上"共在性"传播场域，即中央与地方链接互动，横纵聚合的多元多维向物质 / 意识"在场"，这种在场一方面"是指社会运动的行为主体在一个特定地域内活动，这时运动发生的时间、空间是固定的，运动的空间和地点也是紧密联系的"②；另一方面则具有"建立在国家政权权威基础上的认同整合……包括制度性整合、功能性整合和认同性整合三个方面"③ 传播功能性，这种传播功能的动力之源就在于"一方面是在国家管理和政治传播中产生的政治社会化所建立起来的国家认识和所形成的国家意识；一方面是国家在执行民族区域自治政策的过程中产生的效应认识"④。作为儒家文化的接收、整合与再转换的传播源——元朝政治高层，实则由蒙古族贵族为主体，纳含了汉族地主阶级以及其他少数民族上层，这种本身就"自在"进行文化持续性交往交流交融的传播政体，其在藏地的儒家文化主要通过扶植藏域空间萨迦一派，从而产生一对多的辐射态势进而对十三万户侯进行统摄结构，这一结构中蒙元传播主体既是儒家文化的吸收者，又是儒家文化的再传播者，在这种双重交互中"开创元朝大帝国的元世祖忽必烈，更以开放的姿态接纳儒家文化。忽必烈当政后，认识到要统治以汉族为主的整个中国，必须采用中华传统文化熏陶下的法律和道德制度这种汉法"⑤，从而"帝中国当行中国事"⑥，在广泛吸收儒学基础上极力传播推广儒家文化。

（四）与元代扶植一方以令万户侯的政策不同，明代中原与西藏的文化传播，一方面通过"多封众建"在整个藏区空间建立多个传播点，由此通过点—点—面的传播模式进行全方位政治、经济、文化的传授，不仅形成了规约性的朝贡等制

① 余仕麟：《儒家伦理思想与藏族传统社会》，第 148 页。
② 宁继鸣：《孔子学院研究年度报告》，北京：商务印书馆，2018 年，第 81 页。
③ 卿志军，刘丽琼：《文化传播与认同达成 以黎族为例》，北京：中国传媒大学出版社，2017 年，第 168 页。
④ 卿志军，刘丽琼：《文化传播与认同达成 以黎族为例》，第 168 页。
⑤ 余仕麟：《儒家伦理思想与藏族传统社会》，第 151 页。
⑥ 宋濂：《元史》卷 160，《列传·第四十七》，北京：中华书局，1976 年。

度，而且"明朝时汉藏之间的关系之密切，交流之频繁，较之元朝时有过之无不及"①；另一方面明代进一步完善了中央管理西藏地区的相关机构，为了传播信息的顺畅，明朝在翰林院内设置"四夷馆"，选拔组织少数民族人才担任教习与翻译，从而为汉藏文化的进一步传播交流发挥了作用。例如"被藏史称为岷州三杰的明代高僧班丹嘉措、班丹扎西、释迦巴藏卜就是由明廷培养出来的著名人物。三人不仅长期活动于京师、藏区之间，还举荐岷州等地的藏族子弟到京师学习汉藏文化。三杰之一的释迦巴藏卜，自幼至京师，被永乐皇帝认为义子，直接受明廷培养，他们以后为藏、汉之间政治、文化交流作出了巨大贡献，也使岷州地区成为汉、藏文化交流的重要中转站之一"②。制度与机构的双重建构带来了儒学更为深层次的传播，一则随着技术的发展印刷传播儒家文化经典较之前朝更为便利，成本降低，从而加快了汉藏儒家经典文本的传播速率；一则明代对儒学持续重视，儒学从思想内容上转向为理学形态，但其国家正统的座架功能未变，甚至更加强化，这种被尊崇的思想意识形态就成为汉藏"意识域"链接的重要途径，"在这样的政治统治下，明朝时期的汉藏上层人士的密切关系和频繁交往，就不能不置身在儒家文化及其伦理思想的框架下。换句话说，备受明朝统治者尊崇的儒家学说及其伦理思想，在汉藏高层交往中自然会通过各种形式显现出来，让藏族上层人士在原有对以儒家文化为主的汉文化的认识的基础上，受到儒家文化及其伦理思想得更加深入地影响并带到藏族地区，从而慢慢地与藏族文化交融在一起，在藏民族的思想意识中扎下根来"③。

（五）清朝作为封建王朝最后一环节，"较之唐代防御性为重点的唐蕃关系和元代侧重军事控制的宗藩关系前进了一大步，尤其是设立'驻藏大臣督办藏内事务'，更进一步地确立了中央政府对西藏地方的绝对领导地位"④，政治高层组织之间的传播，更因为驻藏大臣的持续入藏，所实施的治民之策，自身言行的身体传播，使得儒家文化在西藏得到了前所未有的传播与交融。首先，从以驻藏大臣为核心的传播主体看，自小深受儒家文化浸染的各届驻藏大臣，其入藏履职的基本使命就蕴含儒家之志包括"仁以厉之"，"教以诚敬，示以忠信"⑤，"久之，众心我同，则民胞物与之化成……固可永安乐利也"⑥。其次，驻藏大臣以儒家仁治思想进行多元化的治理与安抚，这其中就包括驻藏大臣和林赴任西藏途中，逢见天花肆

① 余仕麟：《儒家伦理思想与藏族传统社会》，第 156 页。
② 吴均：《论明时河洮岷地位与洮岷三杰》，《藏学研究论丛》，1989 年第 1 期。
③ 余仕麟：《儒家伦理思想与藏族传统社会》，第 157 页。
④ 余仕麟：《儒家伦理思想与藏族传统社会》，第 160 页。
⑤ 《西藏研究》编辑部：《西招图略 西藏图考》，拉萨：西藏人民出版社，1982 年，第 1 页。
⑥ 《西藏研究》编辑部：《西招图略 西藏图考》，第 1 页。

虐之象，以仁义之心安置灾民，捐廉食物与药品，救治百姓，"和琳奉差以来，办理一切卫藏边疆军需事宜，订立章程，抚辑各部落、训练番兵，均能实心整饬，经理妥协"①。儒家仁爱利民思想的传播还体现在松筠、和宁任职驻藏大臣时期，面对藏在郭尔喀侵略战事之后的衰败景象，励精图治、各方奔走、安抚灾民，"奏准豁免前后藏民本年应交粮食及旧欠钱粮，并捐银四万两，抚恤失业穷民"②；张荫棠任职期间，不仅临危查办驻藏官员有泰丧权辱国行为，查办贪官污吏、整顿吏治，而且还极力兴办教育，其于 1907 年以儒家思想编写的《训俗浅言》《藏俗改良》，"倡导有利于人们健康、生活、生产以及发展经济、巩固国防等的良好风俗习惯"③。第三，以儒学"德业不朽"之重任，"不少驻藏大臣也确实做出了留名青史的壮举，在藏区身体力行地传播了儒家德业不朽的伦理思想，不仅使藏民族深受影响，也使他们本人至今仍受到藏族同胞的怀念"④。其中包括：儒家学说以"天下定于一"的思想基础准绳，"重视国家统一、重视文化存续的大一统理念是形成中华民族强大凝聚力的主要原因。可以说，大一统思想也就是一种倡导国家统一的思想"⑤。而清朝西藏内乱不止，政局动荡，驻藏大臣在每次内乱中秉承儒学精神极力解决冲突，甚至杀身成仁，传播出儒学典范之形。《清高宗实录》记载珠尔默特那木札勒仇视清廷"藏中有异己者将尽诛之"⑥，企图祸乱藏地。于是驻藏大臣傅清、拉布敦诛杀其贼，与叛乱者拼杀，最终殉国。乾隆皇帝亲撰《双忠词诗》碑文，赞其"吁嘻二臣力不逮，如归视死双躬捐"⑦，"忠臣报主如有此，智勇兼济诚通天"⑧，而应西藏僧俗要求亦在驻藏大臣衙门修建双忠祠"以表达藏族同胞对两位维护祖国统一的驻藏大臣的崇敬之情"⑨。第四，传播杀身成仁之志。清朝时期，外国势力觊觎西藏，屡次来犯，西藏先后遭受尼泊尔、印度、英国等侵占。乾隆时期"廓尔喀部落两次入侵后藏，驻藏大臣成德、额尔登保、鄂辉、和琳配合福康安将军率领的各族大军，与西藏同胞一道，经过一年多的艰苦征战，终于打败了侵略者"⑩；道光二十一年，驻藏大臣孟保亲自指挥反击拉达克侵略战争。光绪十二年，驻藏大臣

---

① 顾祖成：《清实录藏族史料》，拉萨：西藏人民出版社，1982 年，第 3898 页。
② 吴丰培，曾国庆：《清代驻藏大臣传略》，拉萨：西藏人民出版社，1988 年，第 97 页。
③ 余仕麟：《儒家伦理思想与藏族传统社会》，第 177 页。
④ 余仕麟：《儒家伦理思想与藏族传统社会》，第 178 页。
⑤ 赵存生：《中国精神读本》，合肥：安徽人民出版社，2008 年，第 63 页。
⑥ 《西藏研究》编辑部：《西招图略 西藏图考》，拉萨：西藏人民出版社，1982 年，第 218 页。
⑦ 张羽新：《清政府与喇嘛教·附清代喇嘛教碑刻录》，拉萨：西藏人民出版社，1988 年，第 367 页。
⑧ 张羽新：《清政府与喇嘛教·附清代喇嘛教碑刻录》，第 367 页。
⑨ 余仕麟：《儒家伦理思想与藏族传统社会》，第 178 页。
⑩ 余仕麟：《儒家伦理思想与藏族传统社会》，第 178 页。

文硕与藏族人民共同抗英。而驻藏大臣张荫棠在英俄威胁签订损害中国主权《拉萨条约》情况下，"殆欲坚决行使中国在藏主权，而不许地方当局自决，并欲阻碍英藏间一切直接交通"①。

结论

在中华民族共同体中，古代汉藏儒家文化亦以实物/形式媒介进行了多元、立体式的交往交流交融。其一，从空间传播视角看，驿道与驿站作为地理空间上构筑的媒介，在传播儒家文化方面，既具有传播媒介的基础特性，即"媒介有三个基本的物理属性：传播符号、传播载体和传播方式。它们是媒介自身固有的物质特性，是媒介得以进行传播活动的物质基础。任何信息都必须通过一定的符号来表示，信息符号又需要用物质载体来承载和传递，而承载和传递信息符号的媒介技术的不同，形成了不同的传播方式"②；又由于地理/空间与媒介/传播两元关系，伴随古代技术的发展，日趋融合，显现出"位置媒介"形态，由部分位置媒介和整体循环构建的传输媒介，"一方面，位置决定信息；另一方面，这种信息反过来影响人们对于位置的感知"③，这种感知就包括具身性的文化接受与思维认同，从而整协生成汉藏主体之间儒家文化持续循环的互融与延异。其二，从时间传播视角看，汉藏历史上的交往、交流、交融，从藏族文明的石器时期就已经有点状式的空间传播踪迹。唐蕃打开了中华文明体中汉藏政治高层交流的局面，属于传播源一方的唐朝中原文化纵横吸收丰富儒家文化，铸牢文明根基，而处于传播接收方的吐蕃因其物质域/意识域双重的需求展开倾向中原文化的东向拓展与广泛接触。宋朝与吐蕃之间相互依存，归顺态势、流官番官制、军事力传播皆成为汉藏儒家文化附着传播的主要形式，并构式了吐蕃各部族儒学传播的前传播、传播机构、实践传播等多元传授形态。其三，中国古代的政治传播中"政治是基础""传播是着力点""政治统摄传播"④相互之间的"关系"构筑了古代政治传播复杂的媒介生态环境以及横纵间的运行机制。空间媒介与时间述行双重效应下，汉藏之间儒家文化的传播类型、传播方式、传播内容不断递增完善，最终通过历朝历代的推波助澜，及与政治、经济、文化的横向聚集传输，使儒家文化在汉藏两族物质域、意识域构筑为共性认知与心理认同，为铸牢中华民族共同体及共同体意识发挥了重要作用。

① 荣赫鹏：《英国侵略西藏史》，孙旭初译，拉萨：西藏社科院汉编室，1983年，第270页。
② 吴莉：《传播学视阈内的汉语国际教育研究》，长春：东北师范大学出版社，2018年，第164页。
③ 童兵，朱安奇：《中国新闻传播学研究最新报告》，第231页。
④ 荆学民：《政治传播活动论》，北京：中国社会科学出版社，2014年，第26页。

短视频对少数民族节庆传播的文化空间建构

——以抖音平台"那达慕"为例

Cultural Space Construction of Minority Festival Communication by Short Video

——A Case Study of "Nadam" in TikTok

巴毅然　申金霞 *

Ba Yiran　Shen Jinxia

摘要： 以抖音平台"那达慕"短视频内容分析为基础，理论层面创新应用列斐伏尔空间理论，分析短视频对少数民族节庆传播的文化空间建构。研究发现，少数民族节庆文化短视频空间中，感知空间取景宏大，微观视角和建筑景别缺位；构想空间节庆文化符号丰富，但缺乏内涵映射；生活空间多元包容开放，空间异化需要警惕。在此基础上，围绕短视频拍摄和平台机制，从感知空间多样化、构想空间纵深化、文化空间正义化三个方面，提出如下相应建议：记录微观自然，重视特色建筑景观；丰富选题内容，精细拍摄角度，建构文化符号和文化精神的联系；完善短视频平台引流、引导、盈利及审核机制，强调文化内涵，增强优质内容的输出。

Abstract: Based on the content analysis of "Nadam" in Tik Tok and the spatial theory of Henri Lefebvre, the paper discusses the cultural space construction in short video of the minority festival communication. It is found that the perceived space is grand, but the landscape from micro perspective and architecture are absent; the

---

* 作者简介：巴毅然，中国传媒大学媒体融合与传播国家重点实验室互联网信息专业 2021 级硕士研究生，研究方向为网络舆情；申金霞，博士，中国传媒大学媒体融合与传播国家重点实验室副研究员，硕士生导师，研究方向为舆情治理、互联网内容生产与传播。

conceived space is abundant in festival cultural symbols, but it lacks connotation; the lived space is diverse and open, but space alienation needs to be vigilant. According to the result, focusing on shooting planning and platform mechanism, this paper puts forward the following corresponding suggestions from three aspects: diversify the perceived space, deepen the conceived space and justify the lived space. Practically, record nature from a micro view and pay attention to characteristic architecture. Expand the choice of scene and establish the contact between cultural token and cultural spirit.Improve the profit mechanism and censorship of short video platform, and multiply the output of high-quality content.

关键词： 短视频；少数民族文化空间；列斐伏尔空间理论；节庆传播

Keywords: Short video;Minority cultural space;Henri Lefebvre's Spatial Theory;Festival communication

　　我国是一个多民族国家，各民族在其长期发展历史中，沉淀出独特的民族文化。党的十九大报告明确指出：要坚持中国特色社会主义文化发展道路，激发全民族文化创新创造活力，建设社会主义文化强国。积极发展少数民族教育文化事业是我国长期以来坚持的民族政策。其中，抢救、保护和传播民族非物质文化遗产，不仅能够发展本民族的优秀遗产，而且能够丰富中华民族文化的瑰丽宝库。随着短视频等新媒介形态的兴起，媒介赋予更多"普通人"话语权。少数民族文化传播由政府主导宣传，逐渐演变出多元主体参与、媒介赋能传播的新格局。而学术界文化研究的空间转向，[①] 为短视频传播少数民族文化提供了一个崭新的研究视角。

　　作为空间研究的代表人物，列斐伏尔认为空间是社会实践的产物，与生产双向互动。社会实践生产空间，空间反作用于社会实践。现实生活里，少数民族节庆传播过程中的个体实践生产出文化空间，文化空间的生产又影响着他们的群体行为。而短视频对少数民族节庆传播文化空间的虚拟映射，表现为对节庆活动举办的实体物质空间与虚拟关系空间的数字化映射。这个虚拟的文化空间，不仅会影响少数民族的生活实践，也会对所有接受数字信息的受众产生影响。节庆文化是民族文化的重要构成部分，探究少数民族节庆传播文化空间的媒介化建构，对传播少数民族文化，促进各民族认同有重要意义。

---

① 孙玮：《城市传播的研究进路及理论创新》，《现代传播（中国传媒大学学报）》，2018 年第 12 期。

一、研究缘起及研究方法

文化空间起初指非物质文化遗产的形态样式。蒙古族传统节庆"那达慕"于2006年入选国家非物质文化遗产名录。2018年中共和静县宣传部、新疆网在抖音平台开展"那达慕上抖一抖"活动，借助短视频宣传"那达慕"文化并带动旅游业发展。相关视频达到314万次播放量。2019年第二季活动视频播放量激增至1441万。到2021年，全网"那达慕"视频播放量已超过6亿。空间视角下，短视频提高了"那达慕"的曝光度，建构了"那达慕"的原生态文化空间，对传播"那达慕"节庆文化发挥了一定的作用。但由于短视频媒介生态不成熟和文化折扣等问题，短视频中的"那达慕"文化空间呈现也面临着"浅表化""过度娱乐化"等挑战。

已有研究多集中在二维平面，探究短视频对传播少数民族节庆文化的媒介影响，① 针对文化空间的研究尚处于起步阶段。而文化空间经历"非物质文化遗产——一般节庆—泛文化空间"的三个发展阶段，已经进入越来越多学者的研究视野。国内研究以"治理"为出发点，建构不同的治理路径，如通过建构文化空间达到善治目标。② 国外研究集中在人文艺术、社会科学、环境生态科学三个领域，如探索如何通过打造独特的文化空间提高当地居民生活质量及经济发展。③ 从国内研究来看，在细致分析文化空间构造时，缺乏合理的划分理论，分析层次随意性强，解读角度混乱。部分学者把经过本土化解读的列斐伏尔理论迁移到文化空间研究中，以三元辩证空间为基础分析某领域文化空间构成，④ 是理论与实际结合较为成功的开创性尝试，同时为本文的理论应用奠定基础。

本文以内容分析为主要研究方法。以"那达慕"为关键词在抖音平台进行搜索。对近三年（2019.6.1—2021.10.30）⑤ 播放量排名前五的话题视频，按发布时间排序，每四条视频分为一组，每四组视频作为一个模块。每个模块中，第一组抽取第一条，第二组抽取第二条，以此类推。总计抽取25%的视频作为总样本，具体话题视频数量和样本抽样数量如下：

---

① 刘乃千，陈志超：《基于抖音短视频平台传播的东北满族民俗文化》，《华夏文化论坛》，2020年第2期。

② 陈波：《公共文化空间弱化：乡村文化振兴的"软肋"》，《人民论坛》，2018年第21期。

③ JU, LEE YOUNG; HOON, LEE BYUNG,A Study on Cultural Spatial Contents for Establishment of Local Cultural Space, *Journal of Korea Intitute of Spatial Design*,vol.14,no.1(2019),pp.129-140.

④ 周梦，卢小丽，李星明，张祥：《乡村振兴视域下旅游驱动民族地区文化空间重构：一个四维分析框架》，《农业经济问题》，2021年第9期。

⑤ 6—10月通常为草原旅游旺季，"那达慕"活动较为丰富。

表1：内容分析话题表

话题名称	播放量	内含视频数	抽样数量
# 那达慕 #	2.3 亿	589	147
# 玩转那达慕 #	2 亿	119	30
# 那达慕大会 #	400 万	277	70
# 那达慕上抖一抖 #	314.9 万	7	2
# 那达慕上抖一抖第二季 #	1441.1 万	231	58

针对上述样本的短视频进行内容分析，结合吴佳儒、[1] 刘可 [2] 在分析抖音、快手视频中用到的分析架构，本文应用的抖音短视频内容分析框架如下：

表2：内容分析类目表

一级类别	二级类别	具体内容示例
主题	赛事	摔跤（搏克）、骑马、射箭、打瑟日（敲牛骨）、进场、后台、其他
	美食	炖羊肉、奶茶
	开幕式	开幕式表演
	歌舞表演	音乐类型 MV、舞台现场
	游客行为	现场打卡、场外活动
	风景	自然风景、人工建筑
视频来源	官方媒体	县级媒体、市级媒体等
	个人	带货主播、内蒙古人气"uɔ 主"、内蒙古居民（包含运动员）、游客、自媒体团队
声音	同期声	无同期声、有同期声
	后期配乐	无后期配乐、蒙古族乐器类纯音乐、蒙古语歌曲、汉语歌曲、其他
画面呈现	呈现方式	现场实拍、视频素材拼接、照片 + 文字、故事演绎、实时主播出境
画面镜头	拍摄景别	特写、近景、中景、全景、远景、景别结合
	转场镜头	有转场镜头、无转场镜头
影响力	影响因素	转发数量、点赞数量、评论数量 （影响力 =0.2× 点赞数量 +0.3× 评论数量 +0.5× 转发数量）

本文以媒介对少数民族文化传播效果为研究的底层逻辑；以列斐伏尔空间理论为分析视角；基于短视频内容分析，以研究这一媒介中少数民族节庆文化的文化空间建构得失为技术路线；以改善少数民族文化传播效果、促进各民族文化交

---

① 　吴佳儒，张星翼：《疫情期间地方党媒短视频报道实践研究——以湖北日报抖音号为例》，《新闻研究导刊》，2021 年第 16 期。

② 　刘可：《"三农"短视频中乡村形象的媒介呈现——基于快手短视频平台的内容分析》，《新媒体研究》，2021 年第 14 期。

流、增强民族认同为上层目标。在探索媒介效果中引入空间度量概念，研究短视频对中国少数民族节庆文化的文化空间建构，为中国特色社会主义制度下少数民族的文化传播提供理论和实践参考。

二、文化空间产生：媒介赋权与空间"错位"

若将实在发生的、彼时彼地正在进行的"那达慕"构成的文化空间称为元空间，则由短视频构建的文化空间是对元空间的一种继承与重组。是人们使用短视频技术，以元空间为出发点，反映元空间并超越元空间的结果。这是一个数字化、网络化的空间，一个既映射元空间各种社会关系，又包含媒介使用者对元空间的能动关系的空间。

列斐伏尔以三元辩证的思想将空间划分为"空间实践""空间表象""表征性空间"三种形态，[①] 分别对应着"物质""构念""能动"三重属性，进而可以理解为"感知空间"（人需要通过感知了解物质存在）、"构想空间"（人需要通过构念形成对空间的理解）、"生活空间"（人需要通过能动的实践构造空间）。[②] 三种空间相互辩证存在，并非完全分离。通过短视频内容分析，短视频中"那达慕"文化空间呈现出以感知空间为基底，构想空间为表层，生活空间为内核的"三位一体"建构形态。

（一）基底·感知空间：草原生态宏观再现，微观空间成盲区

感知空间强调"物的空间本身"，即强调外部物质环境。"天苍苍，野茫茫"的情境构成了短视频中"那达慕"文化空间的物质景观基础。

表3：感知空间代表用户分析

用户 ID	用户身份编码定位	作品描述	影响力	用户粉丝数量
金子带你去旅行	自媒体	主题：草原自然景色 声音：以汉语歌曲《夏天的风》为后期配乐 画面：全景拍摄草原自然风貌，无转场	9	3170

---

① ［法］亨利·列斐伏尔：《空间的生产》，刘怀玉等译，北京：商务印书馆，2021年，第51—52页。

② 许伟，罗玮：《空间社会学：理解与超越》，《学术探索》，2014年第2期。

续表

用户 ID	用户身份编码定位	作品描述	影响力	用户粉丝数量
乡宁皇松鲜花店	游客	主题：草原自然景色 声音：无同期声，以轻音乐为配乐 画面：以全景镜头进行草原自然风景拍摄，无转场	24.3	8011
科右前旗融媒体中心	官方媒体	主题：草原自然景色 声音：以汉语歌曲《牧歌》为后期配乐，歌曲中有蒙古族长调元素 画面：大量航拍镜头，全景镜头展现草原风貌	364.7	48000

　　在以风景为主题的短视频中，蓝天草原自然风光数量高达76%。90%的拍摄者选用远景、全景或二者结合的方式，记录草原自然风貌。"乡宁皇松鲜花店"采取环绕式拍摄方法，以自身所处位置为基点，持手机环绕半周拍摄，试图以"全知"视角记录所见草原空间。此外还有约10%的短视频呈现了航拍镜头下的自然景观，"科右前旗融媒体中心"利用无人机俯拍草原，草原壮阔恢宏的气息扑面而来。大景别的运用，相对完整地复原了草原自然生态系统空间本身。在列斐伏尔看来，由于城市的扩张、资本主义的入侵，自然物质空间将受到侵蚀而不断退缩。但在媒介技术的作用下，自然空间以数字化形式被留存在短视频空间中，在虚拟化中实现了对元空间人地关系矛盾的超越。在大量的自然景观呈现中，偶见蒙古包等少数民族特色建筑点缀其中。约有24%的短视频出现了蒙古包、特色酒店等建筑景观。草原自然生态系统和以此为背景的人为建筑，构成了短视频中"那达慕"文化空间的感知空间。在这里，物理区隔模糊，"实在"与"拟在"共存。短视频感知空间不但包含了元空间的物质景观基础，拍摄者对元空间"选择"和"再制造"的思想流也嵌入其中。由此，这是一种基于物质性又超越物质性的存在。

　　然而这个感知空间的呈现过于宏大。在列斐伏尔辩证思想中，整体和局部应统一而生。但在短视频感知空间中，空间重心倾向了整体性一端。大景别的选择虽然完整地再现了草原的主要特点，但同质化的重描使得"那达慕"空间中的细致景观被模糊被忽略，感知空间并不完整，产生了"空间断续"，这种"空间断续"会阻碍观看者对感知空间的解码认知。① 草原中的涓涓小溪、野花、鸟兽虫鱼，这些同样建构着感知空间的景致，却几乎未曾出现在短视频当中。在固化的视觉逻

---

① 路程：《列斐伏尔的空间理论研究》，博士学位论文，复旦大学中国语言文学系，2014年，第52页。

辑之下，蓝天草原似乎成为蒙古族文化的物质象征。可蓝天之下是什么，草原之中有什么，社会大众尚未在媒介建构的空间中感受到这些具体而真实的存在。反观近日火爆网络的《丁真的自然笔记》，同样呈现自然物质景观，该视频聚焦细节，在潺潺水流声、骏马奔腾声、篝火燃烧声中，建立起一个更加翔实的感知空间。而在"那达慕"短视频文化空间中，数字化只作用到草原表层优势景别，细微之处却成了虚拟化感知空间的盲区。除此之外，建筑景观的缺位，也是短视频中"那达慕"文化感知空间的残缺。建筑是空间的元肌理，以其自身符号性意义凝缩空间的社会属性。在少数民族文化中，民族建筑蕴含着深厚的民族文化，[1] 是感知空间的重要组成部分。但在"那达慕"有关短视频中，少数民族特色建筑展示不多。通过建筑暗喻元空间社会关系，了解蒙古族文化的路径并不通畅。短视频建构的"那达慕"感知空间，有大致形态却较为粗糙，作为文化空间的基底有支撑作用却不够扎实。

（二）表层·构想空间：文化符号充斥"乌托邦"，文化内涵欠表达

构想空间是社会的"主导性空间"，通过某种形式的载体或者符号来实现自身。[2] 在列斐伏尔看来，科学家、城市规划者等人根据一定目标，主导城市空间的构想。而短视频中，官方媒体以宣传"那达慕"为目标，代表社会主流意识形态，有意引导人们的认知走向，在短视频中重新联结社会关系，为游客理解"那达慕"构建了一个中介化的概念形象，塑造了一个节庆文化符号鲜明的构想空间。

表 4：构想空间代表用户分析

用户 ID	用户身份编码定位	作品描述	影响力	用户粉丝数量
掌上巴彦淖尔	官方媒体（巴彦淖尔日报社）	主题：校园"那达慕"摔跤比赛，聚焦三届摔跤冠军 声音：以汉语歌《无敌》为后期配乐 画面：多段素材视频拼接而成，全景镜头还原摔跤现场及颁奖环节，有转场	299.8	1484000

---

[1] 王生鹏，王玉桃：《乡村振兴背景下甘肃民族特色建筑文化旅游开发研究》，《甘肃农业》，2021 年第 11 期。

[2] 曹宇：《列斐伏尔空间生产理论研究》，硕士学位论文，黑龙江大学，2018 年，第 23 页。

用户 ID	用户身份编码定位	作品描述	影响力	用户粉丝数量
通辽新媒体	官方媒体（通辽官博电视台官方抖音账号）	主题：比赛——敲牛骨（打瑟日） 声音：后期加入纯音乐配音，以及"只有真正的蒙古汉子才能徒手断棒骨"的汉语旁白 画面：以全景拍摄四个人徒手敲牛骨，用转场镜头衔接	508.3	249000
农视 NTV	官方媒体（中国农业电影电视中心官方抖音号）	主题：美食——石头炖羊肉制作 声音：经过处理的汉语旁白 画面：以对羊肉的近景拍摄为主，加入转场镜头，呈现整体制作过程	1017.1	3913000

从发布内容看，构想空间有意补充"行为文化符号"体系，丰富观看者接触内容，完善文化空间建构。官媒以"那达慕"开幕式和赛事呈现为主，相关内容占比 67%。除常见的摔跤骑马等内容，一些"小众"文化内容也出现在了官方媒体中。"农视 NTV"以现场直拍的方式，拍摄石头炖羊肉的制作过程，并加汉语旁白讲解。视频以器皿食材为画面主体，通过简单的画面转场串联起制作过程，获得 5000+ 赞，影响力位居第二。"通辽新媒体"以"敲牛骨"（即打瑟日）比赛为主题，以全景直拍人物动作的形式展现这项古老的蒙古族文化。这则短视频点赞量是其同期发布的"那达慕合集"视频的 10 倍。炖羊肉、打瑟日等不同于其他民族的特色文化符号，为构想空间填充了独具风格的色彩。列斐伏尔认为，一个"天然的人（身体）"和一个"寻求建构自身的自我"之间存在分裂，符号从这个裂缝中进入人们的认知。① 构想空间在观看者"不知"与"知"之间，构建了一个符号化的桥梁。从视听语言分析，50% 以上的视频使用了带有蒙古族元素的后期配乐（包括蒙古语歌曲和蒙古族乐器类纯音乐），以"声音文化符号"营造蒙古族文化氛围。影响力前 10 的视频中，70% 的视频使用了转场镜头。"锡林浩特市融媒体中心"以 HAYA 乐团马头琴曲《蒙古骏马》的节奏为镜头转换信号，在 44 秒的视频中转场 15 次，涉及三个不同的背景空间，呈现出精彩的开幕式，囊括摔跤入场、蒙古舞、哈达祈福等蒙古族特色文化。转场镜头的使用使得不同时空的"现场"被嵌套进入同一个空间，象征符号交叠补充融合，达到"单一视频"而"空间复合""视频有尽"而"空间无穷"的效果。在官媒塑造的短视频构想空间中，

---

① ［法］亨利·列斐伏尔：《空间的生产》，刘怀玉等译，第 299 页。

"意识形态"以战略的方式介入空间，[①]"支配"空间。元空间中的社会关系被重新映射，各方力量的纠葛和较量在构想空间中并未出现。美好的民族文化场景充斥着构想空间，丰富的节庆文化符号打造出"精神乌托邦"，现场游客欢呼雀跃，一派祥瑞。

在短视频中，以符号显著的构想空间更多地体现为文化空间的"表层"，"透明感"强烈，"镜像效应"无处不在，虚拟而又真实。谓其真实，是因为观看者通过短视频这面"镜子"的确了解了更多"那达慕"的文化风俗；而称其虚拟，则是因为这种了解停留于符号层面，其背后深层次的社会关系和文化内涵"消失"在"镜子"之后。中景全景的视频记录了空间中事件发生的全貌，体现了"那达慕"独有的文化符号，但用来展现人物精神人物性格进而凸显文化内涵的近景特写镜头，[②]在构想空间中是缺位的。视频中近景特写没有独立出现，景别结合的视频也罕见近景特写加入。复杂的转场耦合了大量的民族文化符号，但无冲突的、"浮光掠影"式的空间呈现，通常在一瞬间触动观看者的神经，却难以因其深刻的文化内涵在精神层面给观看者留下持续记忆。"空间应当被更高的现实栖居"，[③]短视频文化空间的存在应该由更坚实的文化内核支撑。

（三）内核·生活空间：多元空间嵌套融合，空间异化需警惕

填充短视频中文化空间内核的，正是由用户自主上传视频构成的"生活空间"。它根本上是质的、流动的及充满活力的。[④]短视频中"那达慕"生活空间张力更强，更加开放多元包容，戏剧性冲突性更加明显，体现着具有主体性的"人"的思考和作用。民族文化正是由具有能动性的人对其不断发展而生生不息。

表 5：生活空间代表用户分析

用户 ID	用户身份编码定位	作品描述	影响力	用户粉丝数量
Baagii（车载优盘）	带货主播	主题：歌舞表演——群星演唱《我的那达慕》 声音：演唱音频 画面：音乐类 MV，现场演唱与草原景观穿插	799.83	40000

① [法] 亨利·列斐伏尔：《空间的生产》，刘怀玉等译，第 154 页。
② 吴国华：《电视剧表演艺术的形式样态》，《当代电视》，2018 年第 8 期。
③ [法] 亨利·列斐伏尔：《空间的生产》，刘怀玉等译，第 53 页。
④ [法] 亨利·列斐伏尔：《空间的生产》，刘怀玉等译，第 63—64 页。

续表

用户 ID	用户身份编码定位	作品描述	影响力	用户粉丝数量
郭大才	自媒体团队	主题：游客打卡——无厘头搞笑视频（现场拍摄） 声音：同期声加后期音效 画面：以搞笑的形式呈现大雨将至的草原	2905.7	365000
锡林郭勒盟苏德	当地人气 up 主	主题：摔跤比赛后台 声音：后期纯音乐配音 画面：中景推进到特写，拍摄摔跤手后台	10827.4	739000

在抽取出来的 307 条研究样本中，UGC（用户生产内容）模式视频数达 270 条，占比 88%。这更倾向于一种"取用"的空间，个体为满足自身所需而对空间进行实践和改造。① 在"取用"的过程中，完成了对元空间内在关系的映射以及媒介使用者对元空间的重塑。视频上传者大致可分为内蒙古人气"up 主"、内蒙古居民、游客、自媒体团队、带货主播五类。前两者以发布摔跤内容为主，游客多记录旅行所见，自媒体多拍摄搞笑视频。有别于构想空间官方媒体的"直线型"宣传，生活空间带货主播的引导，弹性更强、张力更强，体现出更多"人"的思考与实践。仅 20% 的带货主播刻意引导消费，宣传产品；78% 的带货主播虽然根据自身经营范围发布有关的视频，但相关视频并没有刻意引导观看者的购买行为，而是以呈现"那达慕"文化为主，间接影响观看者购买意愿。"Baagii（车载优盘）"通过发布蒙古族歌舞表演，展示蒙古族文化魅力，潜移默化中培养观看者对蒙古族音乐的喜爱，为销售车载优盘奠定基础。通过对元空间的"剪裁"，塑造消费环境，实现了对元空间的重组。不同于构想空间中的全景写实，特写近景镜头的独到运用，使得视频中符号的"所指"更加清晰。如同样以"摔跤"为主题，构想空间中的视频基本只停留在重现摔跤现场动作，评论多以"摔得好猛"等直接形容出现；但内蒙古人气"up 主锡林郭勒盟苏德"的视频聚焦人物面部表情、出场的慢镜头动作、某部位的服饰，通过或坚毅沉静的眼神或勇猛果敢的表情，发挥在场参赛者"身体媒介"的作用，② 传达摔跤背后蕴含的"勇敢豪放"的蒙古族文化精神。评论中出现了"这种服饰意代表什么？"以及"是蒙古人的样子"等更深层次对蒙古族文化的思考。如果以做工精美的"产品"来形容官媒发布的视频，那么用户自主上传的视频则更像是列斐伏尔所言的"艺术品"。尽管"产品"

① [法] 亨利·列斐伏尔：《空间的生产》，刘怀玉等译，第 241—243 页。
② 喻国明，徐子涵，李梓宾：《"人体的延伸"：技术革命下身体的媒介化范式——基于补偿性媒介理论的思考》，《新闻爱好者》，2021 年第 8 期。

和"艺术品"之间有极为复杂的、已被建构的关系，但"艺术品"的不可复制性，使得生活空间"可读性"更强，内容更加深刻。比起构想空间，非蒙古族元素的后期配音由 50% 占比上升至 80%，而同期声的使用则由 19% 下降到 11%。主动选择其他元素的配乐，使得声音符号适配视频中蒙古族文化的视觉符号，蕴含着拍摄者的主动思考过程，体现着媒介使用者对元空间的改造，从而形成了多元文化空间的嵌套融合。在个体用户上传的视频中，一方面有游客融入"那达慕"文化的快乐"打卡"视频，以"照片 + 文字"形式呈现的比例上升到 8%。"我住隔壁我姓王"在英文倒计时的背景音中，卡点展出十张风景图片。在图片拼接成的视频中，异域空间相互嵌套。另一方面，也有当地居民对游客驾驶车辆碾压草坪的不满，对"那达慕"主会场被拆除的心酸难过等批判性视角内容，体现出生活空间由社会实践而造成的矛盾性冲突性。短视频生活空间充分反应元空间的矛盾，表达了社会各方力量之间的冲突，媒介使用者对元空间矛盾的思考又使得短视频生活空间更加丰富立体。如何保护草原生态文明，如何兼顾现代化发展和少数民族文化传承等深层问题的表达，使得短视频生活空间基于元空间而又超越元空间。媒介空间是建构集体认同的重要文化资源，[1] 在短视频建构的生活空间中，各民族文化在交流碰撞中跨越狭隘民族视角，形成了更广泛的群体认同，[2] 中华民族共同体意识由此铸牢。

作为文化空间的内核，生活空间保持兼收并蓄多元性的同时，需要警惕过度娱乐化带来的"空间"异化。自媒体以"那达慕"活动为背景，制作带有一定故事线的"沙雕"视频，以夸张的表现手法吸引众多关注。在影响力前 20 位的短视频中，5 个是该类型网红视频。"郭大才"的视频，以无厘头的搞笑赢得众多关注，但它对蒙古族文化传播的效用需要重新评估。"取用"并不代表"异轨"，沉浸体验不能被表层欢愉替代，吸引流量并不能和传播文化对等，娱乐受众也并不一定促进其对少数民族文化的理解认同。牧民视角的原生态内容输出在短视频生活空间中不占优势，其生存空间被流量视频不断挤压。"空间分配"失衡，短视频中生活空间的"空间正义"被不断挑战。

三、建议对策：精进拍摄策划，完善平台机制

针对目前短视频建构少数民族节庆传播文化空间的现状，在理论层面以列斐伏尔"多样性"空间、"正义化"空间思想为指导，围绕短视频创作实践提出以下建议。

---

① 李静：《1990 年代以来中国的消费文化与媒介空间》，《文化学刊》，2015 年第 9 期。
② 付文军：《铸牢中华民族共同体意识的五重底蕴》，《青海社会科学》，2021 年第 2 期。

（一）感知空间多样化：记录微观自然，重视特色建筑景观

列斐伏尔认为空间生产应该追求空间形态和空间中要素的多样性，如果偏离了空间多样性的生产，空间就会变得僵化从而失去活力。①

为解决感知空间中大量内容同质化的问题，从实操角度而言，一方面应增加自然景别中微观视角内容的生产，用充实细致的草原自然景观肌理去填充目前感知空间中的大框架，用多样化细节建构立体的感知空间。草原表面的自然地理景观、植被动物都是值得拍摄的对象。另一方面将少数民族建筑纳入短视频感知空间。少数民族建筑是少数民族文化的结晶，具有很高的艺术和历史价值。②少数民族建筑样式、装饰纹路传递着民族文化信息。除"居住容身"的建筑外，少数民族独特的祭拜"建筑"也应该被发掘被呈现。纪念碑暗含超码，祭拜"建筑"蕴含深刻的民族心理民族文化。如蒙古族用石头或沙土堆成的"敖包"，是蒙古族"以天为父、以地为母、万物相生、万物有灵"的自然崇拜和生态理念再现的物质基础。③以全景勾勒整体样式、近景特写描绘局部特色，借助短视频，充分展现少数民族建筑文化风貌，坚实短视频中的感知空间。

（二）构想空间纵深化：丰富选题内容，精细拍摄角度

针对短视频中的构想空间，应努力将空间中丰富的少数民族节庆文化符号，映射到民族文化内涵和精神中，拓展构想空间的深度。具体到实践层面，官方媒体可以通过调整选题策划、精细拍摄角度景别等方法，实现纵深化构想空间的目标。

除对"那达慕"现场的拍摄，可以增加对其"台前幕后"的记录。如河南蒙古族自治县文体旅游广电局官方抖音号曾发布了一则关于"那达慕"的蒙古语采访视频，影响力在所有官方媒体的视频中处于中游。但考虑到其语言面向的受众基数，该视频的影响力不容小觑。高焕静提出通过电视解说诠释民族文化，传播少数民族文化内涵。④在短视频中，采访类视频可以通过被访者的语言描述，直观地反映少数民族节庆文化表征符号和少数民族文化的渊源关系。

在全景镜头交代事件背景的同时，利用特写镜头烘托在场人物精神面貌，增

---

① 张布帆：《三农短视频的乡村文化空间生产与传播研究》，硕士学位论文，郑州大学，2020年，第49页。
② 朱利杰：《少数民族建筑认知系统设计与实现》，硕士学位论文，北方民族大学，2020年，第Ⅲ页。
③ 高亚涛：《内蒙古传统建筑敖包的地域性精神探究》，《砖瓦》，2021年第6期。
④ 高焕静：《媒介事件视角下的少数民族文化传播》，《传媒论坛》，2020年第2期。

强冲击感。^①四川理塘小伙丁真成为当地文化的一个显著标志，全景镜头下的丁真身着少数民族服装，在雪山中策马奔腾。特写镜头下的丁真双眸清澈，皮肤黝黑，笑容纯真。加之媒体"丁真为家乡代言"的引导，这样一张天真无邪又充满"野性"的脸庞，让网友很容易将他和理塘风光理塘文化联系起来。丁真的走红具有一定偶然性，是众多因素推动的，但如何通过媒介，建构符号化的"丁真"和理塘文化之间的联系，是具有普遍借鉴意义的。

（三）文化空间正义化：强调文化内涵，完善平台引流、引导、盈利及审核机制

列斐伏尔认为空间的非正义会严重制约空间的生产。^②空间正义以正义论为理论基础，以空间的社会性为理论取向，注重保障弱势群体的空间权益，实现正义的空间利益分配。^③在短视频构建的文化空间中，由于接触媒介时间较晚、媒介使用技术有限等原因，少数民族群体创作的、反应本民族生活文化内涵的短视频，在传播过程中往往不占优势。完善引流机制，通过适度引流等方式鼓励他们参与到短视频文化空间建构中，而非成为"被围观者"，避免少数民族群体的"集体失语"。完善引导机制，鼓励自媒体行业深耕少数民族文化空间，传播真正有意义有价值、体现民族精神和时代精神的少数民族文化，谨防低俗趣味弥漫。完善盈利机制，通过模式创新和技术研发来提高平台的生产效能，防止资本主导文化空间。^④

包容开放的前提是坚持正确的价值观取向，短视频生活空间为各民族文化的交流提供一个"公共空间"，但铸牢中华民族共同体意识是不可动摇的根基。完善审查机制，加强对涉嫌分裂民族团结内容的审查力度，严肃处置诋毁各民族文化的账号，以坚守意识形态为底层正义，以宣扬少数民族文化为表层正义，打造短视频正义文化空间。

结语

在可视化、碎片化的传播时代，移动短视频的浪潮席卷每一处文化空间。短视频加持下，"空间中的生产"走向"空间生产"的趋势愈加明显。短视频对少数

① 何先敏：《浅论新闻摄像中特写镜头的作用》，《新闻研究导刊》，2017年第2期。
② 张布帆：《三农短视频的乡村文化空间生产与传播研究》，第47页。
③ 刘超，李清：《"地摊经济"重启背景下的城市公共空间治理——基于空间正义视角的分析》，《四川行政学院学报》，2021年第4期。
④ 吕永峰，何志武：《逻辑、困境及其消解：移动短视频生产的空间实践》，《编辑之友》，2019年第2期。

民族节庆传播的文化空间建构，并非简单地将现实活动投射到视频平台，而是经历了一个能动的空间生产的过程。如何利用短视频完善"赛博化"少数民族节庆文化空间的建构，不仅是传播少数民族文化需要考虑的现实问题，更是促进各民族文化交流认同，增强中华民族认同感自豪感的时代需求。

但从内在实践逻辑而言，短视频的空间建构终究绕不开"资本积累"的逐利动机。商业性内容注入民族文化空间是"新剥削"还是"新赋能"，如何在获得经济效益的同时兼顾文化正统，仍然是需要思考的问题。媒介创造了少数民族节庆文化网络空间的同时，虚拟空间也会反作用于现实空间。这是否会给少数民族群体的生活带来困扰，是否会"规训"其生活方式淡化其民族文化内涵，应该是日后研究关注的重点。

华夏政治传播研究

从"乌台诗案"看宋代印刷文集的政治惩戒与法律风险

The political punishment and legal risk of printed works in the Song Dynasty from "Wutai Poetry Case"

何勇 *

He Yong

摘　要：苏轼"乌台诗案"是中国历史上第一起以出版物为罪证的文字案件。北宋雕版印刷的普及和民间出版的开放，为时人文集的出版、流通创造了条件，也给那些通过诗文议论时事的作者、资助者和出版者带来政治和法律风险。宋代文集出版的历史轨迹反映了印刷文学在历史传统与时代格局之下的生存状态。

Abstract: Su Shi "Wutai Poetry Case" is the first Literary inquisition with publications as criminal evidence in Chinese history. The popularity of block printing and lifting the ban on works publishing in the Northern Song Dynasty not only created rooms for the publication and circulation of intellectual works, but also brought political and legal risks to the authors who discussed current affairs through poetry and prose. The historical experience of the publication of anthologies in the Song Dynasty reflects the status of printed literature under the Joint influence of historical tradition "Speaker is not to be blamed" and specific political climate.

关键词：宋代；苏轼；乌台诗案；诗文集；法律风险

Keywords：Song Dynasty；Su Shi；Wutai poetry case；Poetry collection；Legal risk

---

* 作者简介：何勇，男，中国传媒大学文化产业管理学院法律系副教授。

宋代采取"右文致治"①的基本国策，倡导文教优先，文学创作鼎盛。《宋史·艺文志》称"君臣上下未尝顷刻不以文学为务。大而朝廷，微而草野，其所制作、讲说、记述、赋咏，动成卷帙，累而数之，有非前代之所及也"②。文学作品的极大丰富，伴随雕版印刷的推广以及商品流通的发展，造就了繁荣的出版业。

北宋神宗年间，制约民营出版的"擅镌之禁"（即所有印版皆送国子监审查）得以废弛。图书出版的平民化和商品化，给知识传播路径、以及意见产生机制带来新的变化。与此同时，出现了第一例以出版物为罪证，并因"镂版"传播的情节而加重罪行的"乌台诗案"（"乌台"为御史台古称）。北宋文坛领袖苏轼由于在《湖州谢上表》中的刺讥言语，以及印刷文集《元丰续添苏子瞻学士钱塘集》中指斥朝政和大臣的诗句，下诏狱审讯，最终被大理寺判处徒刑两年。

本文从北宋出版制度演变和传播秩序变局入手，梳理"乌台诗案"产生的文化渊源和时代背景；结合该案从弹劾立案，到定罪量刑的法律材料，分析印刷媒体发展初期，以文集为载体的文学表达和传播所面临的政治、法律风险；以此为基础，探讨传播技术革新和话语权力转移的背景下，文学与政治互动关系的紧张化和复杂化。

一、北宋文集出版和传播秩序变局

唐代魏徵在《隋书·经籍志》中将书籍分为"经史子集"四类，其中"集"所涵盖的就是后世所说的"文集"，即将一位或多位作者的文章、诗赋、词曲、小说、文学评论辑册成集。文集的发展脉络与文化价值，据《四库全书总目提要·集部总叙》所说：

"集部之目，楚辞最古，别集次之，总集次之，诗文评又晚出，词曲则其闰余也……至于六朝始自编次，唐末又刊版印行。〔事见贯休《禅月集序》。〕夫自编则多所爱惜，刊版则易于流传。古人不以文章名，故秦以前书无称屈原、宋玉工赋者。洎乎汉代，始有词人。"③

四库馆臣认为汉代刘向所编《楚辞》是文集的最早源头，之后依次出现了"别集"（个人文集），"总集"（多人作品汇编或选编），"诗文评"（诗文理论及评论），

---

① 宋真宗语，参见徐松《宋会要辑稿·崇儒四》，原句为"以武开基，右文致治"。

② 脱脱等撰：《宋史》卷二百二，"艺文志叙"，北京：中华书局，1985 年，第 5033 页。

③ 永瑢，纪昀：《四库全书总目》卷一百四十八，"集部一"，北京：中华书局，1965 年，第 1267 页。

"词曲"等类型。文集在六朝（三国吴、东晋、魏、齐、梁、陈）逐步演变成熟，并在唐末出现雕版文集。文中特别指出"洎乎汉代，始有词人"，指的从汉开始，文士才有了文词的自觉。言下之意，文集是文学自觉的结果和表现。

这里提到"唐末"刊版印行的文集，其实是前蜀干德五年（923年），唐末诗僧贯休的弟子昙域在贯休去世后"寻检稿草及暗记忆者约一千首，乃雕版刻部，题号《禅月集》"①。《禅月集》是现今所知最早的"别集"刻本。②另据《宋史·西蜀孟氏世家》记载："（毋守素）父昭裔，伪蜀宰相。昭裔性好藏书，在成都令门人句中正、孙逢吉书《文选》、《初学记》、《白氏六帖》镂版"③。这里的《文选》即南朝萧统组织编选的《昭明文选》，后蜀（934—966年）宰相毋昭裔命门人写其书并刻板印刷，这是目前所知最早的"总集"刻本。

宋代最早的时人刻本，目前可征者是"西昆体"诗人杨亿在真宗景德年间（1004—1007年）将与同僚的"唱和诗"结集而成《西昆酬唱集》④。依据是：大中祥符二年（1009年），杨亿被御史指控"唱和《宣曲》诗（《西昆酬唱集》中一首），述前代掖庭事，词涉浮靡"，即讥讽皇帝私生活。这直接导致真宗诏令严查文集出版："读非圣贤之书，及属辞浮靡者，皆严遣之。已镂版文集，令转运司择官看详，可者录奏。"⑤由此诏令推断，《西昆酬唱集》在此事之前应已镂版流通。

宋初的很长一段时间，民间镂版被严格限制。欧阳修在仁宗至和二年（1055年）写的《论雕印文字札子》中提到，"臣伏见朝廷累有指挥，禁止雕印文字"⑥；另据宋人罗璧《罗氏拾遗》记载，"宋兴，治平以前，犹禁擅镂，必须申请国子监。熙宁后方弛此禁"⑦。在英宗治平（起于1064年）之前，朝廷多次下令禁止民间镂版。到神宗熙宁年间，印版必须申请国子监的规定得以废弛，书籍出版可由地方审核，这成为宋代开放民间出版的重要历史节点。此后，书籍流通有了爆炸性增长。苏轼在熙宁九年（1076年）的感慨道："近岁市人转相摹刻诸子百家之书，日传万纸，学者之于书，多且易致如此！"⑧

---

① 胡大浚：《贯休歌诗系年笺注》附录，北京：中华书局，2011年，第1296页。

② 曹丽芳，贯休：《〈禅月集〉版本源流及补遗考述》，《盐城师范学院学报（社科版）》2015年第5期，第55页。

③ 脱脱等撰：《宋史》卷四七九，"毋守素传"，北京：中华书局，1977年，第13894页。

④ 参见《四部丛刊》（影印本）《西昆酬唱集·序》，"景德中，忝佐修书之任，得接群公之游，时今紫微钱君希圣，祕阁刘君子仪，并负懿文，尤精雅道，雕章丽句，脍炙人口。……凡五七言律诗二百四十七章，其属而和者又十有五人，析为二卷，取玉山策府之名，命之曰《西昆酬唱集》云尔。"

⑤ 脱脱等撰：《宋史》卷七，"真宗本纪二"，北京：中华书局，1977年，第140页。

⑥ 欧阳修：《欧阳修集》卷一百八，北京：中华书局，2001年，第2637页。

⑦ 罗璧：《罗氏识遗（一）》，北京：中华书局，1991年，第2页。

⑧ 苏轼：《苏轼全集文集》卷一一，上海：上海古籍出版社，2000年，第881页。

这里所说的"民间出版"，指的是以营利为目的，以"书坊"为主要渠道，贯穿编辑、印刷（坊刻）、售卖等环节的民营出版事业。在官方出版事业专注于经义、正史的情况下，民间书坊将诸子百家之书、古人和时人文集作为出版重点，以迎合市场的需要，推动了北宋士大夫文学与印刷媒体迅速结合。"乌台诗案"中作为罪证的《元丰续添苏子瞻学士钱塘集》，就是民营出版业和文学商品化突飞猛进时代的产物。

《元丰续添苏子瞻学士钱塘集》仅见于"乌台诗案"案档，后世不传。该诗集的出版时间，可推知在案发时间元丰二年（1079 年）之前。日本学者内山精也从"元丰续添"的说法，判断在元丰之前应该存在《苏子瞻学士钱塘集》，用以收录苏轼任杭州通判熙宁四年至熙宁七年（1071—1074 年）期间的作品。他还通过苏轼同时代大臣苏颂的自注，"前年，高丽使者过余杭，求市《子瞻集》以归"的说法，佐证《苏子瞻学士钱塘集》是确实存在的，而且很可能在熙宁九年（1076 年）之前就已面世，此时距苏轼杭州任期至多过了两年的时间，足见当时诗文创作与出版流通结合之紧密①。

史书中还有一条时代稍晚的，关于苏轼文集传播的记载：宋哲宗元祐四年（1090 年），苏轼之弟苏辙出使辽国，发现苏轼的《眉山集》已经传至北地。苏辙调查后发现，"此等文字贩入虏中，其利十倍"②。由前文高丽使者求买《子瞻集》，以及书商为牟利将《眉山集》卖到契丹，不难判断当时畅销文集不仅流通中土，而且已经远销异域。

北宋士大夫文集镂版的总体状况，可参考《宋史全书》中，崇宁二年（1103 年）徽宗下诏将元祐党人著作印版悉数焚毁的记载：

"四月乙亥，（诏）毁《东坡文集》、《唐鉴》、《冯子才文集》、《秦学士》、《豫章》、《三苏文集》、《东斋记事》、《豫章书简》、《湘山录》、《眉山集》、《别集》、《坡词》、《刘贡父诗话》、晁、张、黄先生文集、《秦学士文》。"③

这里提到了苏洵、苏轼、苏辙、黄庭坚、张耒、晁补之、秦观、范祖禹、范镇、刘敞、罗从彦等人的文集。可见熙宁以后、崇宁之前的三十年间，享有文名

① 内山精也：《传媒与真相：苏轼及其周围士大夫的文学》，朱刚等译，上海：上海古籍出版社，2005 年，第 281—283 页。
② 苏辙：《北使还论北边事札子五道（之一）》卷 2059，上海：上海辞书出版社，合肥：安徽教育出版社，2006 年，第 94 册，第 358—359 页。
③ 无名氏：《宋史全文》卷十四，宋史资料萃编第二辑，"宋徽宗"，台北：文海出版社，1970 年。

的士大夫将作品结集镂版是比较普遍的现象。

值得注意的是，宋代史书中提到"文集"的语境，基本上是审查或者毁版的场合。这并非巧合情况，而是真实反映出北宋印刷文学与政治的紧张状态。这种紧张状态，一方面是文学与政治间基本历史关系的延续；另一方面，则是由于印刷媒体成为文学的新兴载体，引发了传播秩序的变局，打破了文学与政治之间基于"言者无罪"传统所达成的默契与平衡。

我国文学创作以《诗经》为起点。"三颂""二雅""十五国风"清晰体现出文学与政治互动的源初特征，即赞美功能和讽谏功能（即"美刺"）。虽然这两个功能本质上是为政权服务的，但是在特定阶段，倾向自我觉醒的、文学化的讽刺手段不时超出统治者的宽容度。与"国风"并称"风骚"的《离骚》，"上称帝喾，下道齐桓，中述汤武，以刺时事"①，但终不见纳，就是一例。为调和这个矛盾，儒家通过《毛传》《郑笺》《正义》等一系列《诗经》诠释工作，确立了"上以风化下，下以风刺上，主文而谲谏，言之者无罪，闻之者足戒，故以风"②的权威义理，借肯定教化的主导地位，换得"委婉"劝谏的合法性。儒家学说与君主理性通过"经义协商"所达成的和解，一定程度缓和了文学与政治之间的紧张和冲突，保护了士大夫在文学创作中反映和干预现实的独立精神和批判秉性。

唐宋时期，文学（诗歌）的载言功能在"古文运动"的推动下进一步深化，"以文为诗""以议论为诗"形成独特的文化景观。唐代韩愈提倡文以载道，将明白如话的议论代入诗歌创作。代表诗人白居易"指言天下事，时人比之风骚焉"③。到了北宋，由于君主提倡与士大夫共治天下，知识分子抱有更加强烈的文化报国的倾向。文坛领袖欧阳修提出"开口揽时事，议论争煌煌"④的行文章法，反对粉饰太平。苏轼则是"以议论为诗"的集大成者。赵翼评价他的诗歌"大放厥词，别开生面，成一代之大观"⑤。这里"大放厥词"不是放言胡说，而是指"缘诗人之义，托事以讽，庶几有补于国"⑥。

北宋文学与政治关系的紧张化，与文学干预时事日渐深入有关，也与文集商品化、平民化、乃至个性化的新型传播属性相关。"以议论为诗"的客观后果，是

① 张少康，卢永璘：《先秦两汉文论选》，北京：人民文学出版社，1996年，第399页。
② 郭绍虞：《中国历代文论选》（一卷本），上海：上海古籍出版社，2001年，第30页。
③ 元稹：《白氏长庆集序》，王水照主编：《传世藏书》，海口：海南国际新闻出版中心，1997年，第4577页。
④ 欧阳修：《欧阳修全集》（上册），《居士集》卷二，"古诗"，"镇阳读书"，北京：中国书店，1986年，第14页。
⑤ 赵翼：《瓯北诗话》，北京：人民文学出版社，1981年，第56页。
⑥ 苏辙：《东坡先生墓志铭》，孔凡礼编：《苏轼年谱（上册）》，北京：中华书局，1998年，第450页。

知识分子的意见获得了更适合传唱的、口语化的表现形式，这在印刷技术和商业流动的加成和推动下，呈现出更为迅速、广泛和深入的社会影响力。苏轼以其文坛宗师、市场价值和言论张力，处于传播变局的中心地位。"乌台诗案"中御史台的弹劾状中有"宣传中外"（何正臣语）"鼓动流俗"（李严语）的评语，很大程度说明印刷文学贯穿社会各阶层、文化各领域的鼓动力。这在神宗竭力推行新政、期待思想统一的政治背景下，是不容忽视的杂音。

有鉴于此，统治者必须通过对文学的干预，即运用法律之手，明确追究士大夫吟诗作文的责任，来实现传播秩序的整顿，重构政治与文学的主从关系。这就是"乌台诗案"产生的时代背景。

二、"乌台诗案"：印刷品与讪谤罪的历史性结合

我国言论入刑的历史可以上溯到西周。《周礼·地官·大司徒》记载周朝"八刑"中有"造言之刑""乱民之刑"，郑玄注："造言，讹言惑众。""乱民，乱名改作，执左道以乱政也。"秦汉长期存在"非所宜言""诽谤""妖言"等言论罪。到隋唐时代，言论罪的罪名和处罚手段逐步稳定。诽谤君主的"指斥乘舆，情理切害"被纳入"大不敬"[①]（常赦不原的"十恶"重罪的第六恶）。唐律"职制律"规定："诸指斥乘舆、情理切害者，斩。言议政事乖失，而涉乘舆者，上请（情）非切害者，徒二年"[②]。这里将"指斥乘舆"分两种情况，一种是"情理切害"，即"大不敬"（宋律中，由于"敬"犯祖讳，改为"恭"），处斩；一种是议论涉及乘舆，经皇帝审查认定"非切害"，徒刑两年。宋代基本沿用唐律。

两汉以下，因诗文犯忌遭受处罚的情况并不鲜见。比如西汉杨恽因"田彼南山，荒秽不治"被腰斩；曹魏崔琰因"时乎时乎，会当有变时"被施以髡刑；南朝谢灵运因"池塘生春草，园柳变鸣禽"遇害；隋朝薛道衡因"空梁落燕泥"被杀；唐代刘禹锡以"玄都观里桃千树，尽是刘郎去后栽"被贬；五代路延德因"明时方任德，劝尔减癫狂"被沉河等等。

但总的来看，这些诗文案件的处罚都具有偶然性和随意性，官方基本延纳"以诗讽谏"的合法性，并未有意识地将言论罪与文学创作在制度层面上挂钩。宋仁宗年间诗文犯忌事件有勃发之势，蔡襄、石介、李淑、阮逸、柳永等人都因诗文被弃用和降职，但尚未出现以刑法治罪的情况。相比之下，"乌台诗案"作为"诏狱"，走过了刑事调查和审判的全部流程，最终言论罪成，无论在法制史还是出版史上都具有转折意义。胡奇光提出，"中国文祸进入自觉阶段，当以宋神宗时苏轼

---

① 刘俊文点校：《唐律疏议》，北京：法律出版社，1999年，第12页。
② 岳纯之点校：《唐律疏议》，上海：上海古籍出版社，2013年，第171页。

乌台诗案作为突出的标志的。"①

苏轼"乌台诗案"起于元丰二年（1079 年）六月二十七日御史何正臣的弹劾札子。此前苏轼在《湖州谢上表》中有"愚不适时，难以追陪新进；察其老不生事，或能牧养小民"等言语，何正臣将其作讥讽元丰新政的解读，以此控告苏轼："愚弄朝廷，妄自尊大，宣传中外，孰不叹惊！"札子还提到，"轼所为讥讽文字传于人者甚众，今犹取镂板而鬻于市者进呈"②。为了证明苏轼讥讽朝政的言语流毒甚广，他专门从市面上获取了雕版的诗文作为证据。案档中有《御史台检会送到册子》的说明："检会送到册子，题名是《元丰续添苏子瞻学士钱塘集》全册。内除目录更不抄写外，其三卷并录付中书门下。"③ 这是印刷文集第一次作为言论罪的罪证呈现在朝堂上。

同年七月二日，监察御史里行舒亶和御史中丞李定分别向崇政院递交札子弹劾苏轼，舒亶从《元丰续添苏子瞻学士钱塘集》中，摘取了相关诗句，作为苏轼谤讪朝廷的证据：

"至于包藏祸心，怨望其上，讪谤慢骂，而无复人臣之节者，未有如轼也。盖陛下发钱以本业贫民，则曰：'赢得儿童语音好，一年强半在城中'；陛下明法以课试郡吏，则曰：'读书万卷不读律，致君尧舜知无术'；陛下兴水利，则曰：'东海若知明主意，应教斥卤变桑田'；陛下谨盐禁，则曰：'岂是闻韶解忘味，迩来三月食无盐。'其它触物即事，应口所言，无一不以讥谤为主。小则镂板，大则刻石，传播中外，自以为能。"④

在后来御史台的审讯中，苏轼承认某些诗句确有刺讽的意味在内。比如"赢得儿童语音好，一年强半在城中"（出自《山村五绝》之四），是说农民们为了办理"青苗法"规定的贷款手续，一年中倒有大半年的时间耗在城里，耽误了生产，唯一的好处是孩子学会了城里人的口音。"岂是闻韶解忘味，迩来三月食无盐"（取自《山村五绝》之三），是说即使听了美妙的《韶》乐，也无法消解味道之失，因为百姓们已经三个月没吃盐了。新政中有禁止私盐，推行食盐官卖的法规，盐价高得百姓买不起，苏轼此句就是刺讽此事。御史台所认定包含讥讽的诗文中，也

———————

① 胡奇光：《中国文祸史》，上海：上海人民出版社，2006 年，第 51 页。
② 朋九万：《东坡乌台诗案》丛书集成，第 0785 册，北京：商务印书馆，1939 年据清代《函海》本排印。
③ 朋九万：《东坡乌台诗案》丛书集成。
④ 朋九万：《东坡乌台诗案》丛书集成。

有很多牵强附会。比如熙宁六年所写《和陈述古十月开牡丹四绝》，其一云"一朵妖红翠欲流，春光回照雪霜羞。化工只欲呈新巧，不放闲花得少休"。此诗被御史台曲解为讥讽当时执政大臣不断出台新法，让小民不得休息。

舒亶在弹劾中专门提到苏轼的传播手段"小则镂版，大则刻石，传播中外，自以为能"。他还判定了此案的性质"旁属大臣而缘以指斥乘舆，盖可谓大不恭矣"[①]，即借攻击大臣来指斥君王，属于"大不恭"。"大不恭"的罪名如果落实，苏轼有判处死刑的可能。

御史台的弹劾上呈后，得到神宗批复，由御史台负责查办此案。由皇帝下令成立项目组进行审讯，此案性质就成为"诏狱"，即宋代最高层级的刑事案件。同年七月二十八日，苏轼在湖州任上被逮捕。八月十八日下御史台狱审问。审讯时间自八月二十日始到十一月三十日"录问"结束。在长达一百天的审讯中，苏轼逐步向御史台"坦白"了与其他官员的文字交往，并"交代"了相关诗文（部分诗文并未收录在诗集中）的用典和实际意义。最终御史台认定苏轼关涉讥讽的诗文达百余处，以及与此相关涉案人员二十九人，包括司马光、黄庭坚、苏辙、曾巩等。十一月三十日，御史台审讯程序正式结束。案件转交大理寺，进入定罪量刑阶段。《重编东坡先生外集》收录的大理寺结案记录如下：

"一，到台累次虚妄不实供通。准律，别制下问，报上不实，徒一年，未奏减一等。一，诗赋等文字讥讽朝政阙失等，到台被问，便因依招通。准敕，作匿名文字，谤讪朝政及中外臣僚，徒二年。又准《刑统》，犯罪案问欲举，减罪二等，今比附，徒一年。一，作诗赋寄王诜等，致有镂板印行，讽毁朝政，又谤诋中外臣僚。准敕，犯罪以官当徒，九品以上官当徒一年。准敕，馆阁贴职许为一官。或以官，或以职，临时取旨。"[②]

本案的量刑主要根据三方面的犯罪情节，第一，对奉诏来问的御史不说实话；第二，以诗赋谤讪朝政及中外臣僚；第三，通过印刷媒体讽刺朝政和臣僚。根据上述情况，大理寺数罪并罚，判定"徒两年"，刑部和审刑院核准无异议。此案最终结果，据《续资治通鉴长编》记载，为"徒二年，会赦当原"[③]。之所以判两年又赦免其罪，是因为当年年末，神宗大赦天下，而苏轼属当赦之列，所以免罪释放。

---

① 朋九万：《东坡乌台诗案》丛书集成。
② 明刊本：《重编东坡先生外集》，《四库全书存目丛书》集部第十一册，济南：齐鲁书社，1997年影印本
③ 李焘：《续资治通鉴长编》卷三百一，上海：上海古籍出版社，1986年，第2829页。

之后御史中丞李定仍旧穷追不舍,提出"轼之奸慝,今已具服。不屏之远方则乱俗,再使之从政则坏法。伏乞特行废绝,以释天下之惑"。最后神宗下旨"苏轼可责授检校水部员外郎,充黄州团练副使,本州岛安置,不得签书公事"①。虽然事实上苏轼是被贬官外放,但是他的"徒两年"的判罚确曾成立。

此案关键,不在于苏轼的诗歌是不是存在讥讽的情况,而是"主文而谲谏,言之者无罪"的合法性基础是否依然牢固。由于印刷媒体的出现,"以诗讽谏"的环境和功能都发生了变化。本来局限于体制内或精英层的政策讨论,加速泛化为社会舆论和民间意见,讽刺和批评的色彩显著提升。如此不自觉地触及了君主容忍的底线,并为御史台将其与"毁谤"挂钩提供了便利。北宋程颐的弟子杨时评价此案说:"尚谲谏,唯言之者无罪,闻之者足以戒乃为有补;若谏而涉于毁谤,闻者怒之,何补之有?观苏东坡诗,只是讥诮朝廷,殊无温柔敦厚之气,以此人故得罪之。"(《龟山集》卷十"语录")杨时认为,诗谏在效果上应注重"于事有补",在方式上更注重"温柔敦厚"。这反映出"言者无罪"传统在特定传播环境下可能需要的转变。南宋罗璧则说"诗直者伤于讦,美者近于谀",②是对宋代诗歌"美刺"功能更全面的评价。

从判决内容看,虽然法官没有将其判定为"大不恭",但"非切害"的"指斥乘舆"是成立的。更为重要的是,判决中特别强调诗歌的传播管道,即镂版情节。根据此案的特别构成,法律责任涉及作者苏轼和帮助出版的人。大理寺判决中说苏轼"作诗赋寄王诜等,致有镂版印行",说明《钱塘集》的出版并不是苏轼自己编辑及花钱印刷,而是通过友人帮助,或者是这些友人被书坊恳求将诗稿交其出版。驸马都尉王诜因此事被"追两官勒停"。至于文集《元丰续添苏子瞻学士钱塘集》的命运,虽然没有明确记载,但是可以推断,必然被毁版封禁。

《宋史·苏轼传》为此案定性说:"(苏轼)以事不便,民者不敢言,以诗托讽,庶有补于国。御史李定、舒亶、何正臣摭其表语,并媒蘖所为诗,以为讪谤,逮赴台狱,欲置之死。"③即御史台通过断章取义、歪曲污蔑,制造了这起冤假错案。日本学者内山精也提出,此案是媒介环境巨变的场景下,统治阶层为了应对诗歌被各种媒体刊载并广泛传播的社会现实,对身处这个社会现象中心、最具象征性的意见领袖苏轼给予有目的的打击④。这种说法或许拔高了统治阶层对媒介现象的

① 朋九万:《东坡乌台诗案》丛书集成。
② 罗璧:《罗氏拾遗(二)》,"诗从寺",北京:中华书局,1991年,第53页。
③ 脱脱等撰:《宋史》卷三百三十八,"苏轼传",北京:中华书局,1985年,第10809页。
④ [日]内山精也:《传媒与真相:苏轼及其周围士大夫的文学》,朱刚等译,上海:上海古籍出版社,2005年,第255页。

把握能力。更客观地说，统治集团出于政治敏锐性，对"文学干预时事"的社会扩散效应抱有天然的警惕。在新政受到广泛批评的环境危机下，君主与掌握御史台的新党迅速达成一致，对苏轼本人及其作品予以严厉"敲打"，以起到朝廷内外的警示作用。

因政见不合或派系之争，动用言论罪对异见派及其作品予以压制和打击，"乌台诗案"开启了一个恶劣的先例。哲宗时宰相范纯仁批评日渐增多的"以言罪人"现象时说："方今圣朝，务宜宽厚，不可以语言文字之间，暧昧不明之过，诛窜大臣。今日举动，宜与将来法式，此事甚不可开端也。"① 范纯仁一语中的，此后宋朝的诗案文祸、文集禁毁俨为例程。

三、"看详"与"禁毁"：宋代特定的文集管理轨迹

"乌台诗案"标志着政治与文学关系的历史性转变。宋代文集管理的历史脉络，可以分为"看详"和"禁毁"两条线索。前者表现为针对文集出版平民化和商品化的特点，建立以"看详"为核心的常态化审查制度，并明确了"有益于学"的审核标准；后者表现为元丰以后，印刷文集以其原生的政治属性和个性特质，成为士大夫政治站位的连带品和牺牲品，在权臣专权、党同伐异的政治格局之下，不可避免地陷入"禁毁"的困境。法源性的审查和政策性的禁毁营造了宋代文集出版特定的法律和政治环境。

我国图书审查制度在北宋得以确立并走向完备。印刷文集的审查在真宗时代就已经出现。上文提到真宗大中祥符二年（1009 年）的"看详诏令"，针对《西昆酬唱集》的"浮靡"和"僭越"倾向，诏令"读非圣贤之书，及属辞浮靡者，皆严谴之。已镂版文集，令转运司择官看详，可者录奏"。为防止不符合儒家价值观的图书传播，朝廷要求将已经镂版文集交各地转运司审看后方可发行。

仁宗天圣五年（1024 年）再下"看详诏令"："今后如合有雕印文集，仰于逐处投纳，附递闻奏，候差官看详别无妨碍，许令开版方得雕印，如敢违犯，必行朝典，仍候断遣讫，收索版印，随处当官毁弃。"② 这次诏令的背景是商旅们将官员议论时政的文集带往边境榷场，有机密外泄之虞。朝廷要求在镂版前将原稿送交审查。"时政"和"边事"亦加入官方重点审查内容。

仁宗景佑四年（1037 年）的杭州刻本《白氏文集》附有杭州详定所颁发的"准印牒文"，记录该文集根据当时朝廷"毁弃淫、侈、浮、浅、俚、曲、秽辞"

---

① 李焘：《续资治通鉴长编》卷四二七，北京：中华书局，1980 年，第 10323 页。
② 徐松：《宋会要辑稿》刑法二之十六，上海：上海古籍出版社，2014 年，第 2796 页。

的"条制",经转运司审看,并由礼部贡院核准,方才得以印行①。这里的"曲"即"曲学",是指偏离经典经义的学说。"准印牒文"的出现说明仁宗朝对于出版内容的审查已经具体化和制度化。

文集出版审查制度基本完备出于哲宗元祐五年(1090 年)的"详定诏",诏令"凡议时政得失、边事军机文字,不得写录传布,本朝会要、实录不得雕印,违者徒二年,告者赏缗钱十万。内国史、实录仍不得传写。即其他书籍雕印者,选官详定,有益于学者,方许镂版。候印讫,送秘书省,如详定不当,取勘施行。诸戏亵之文,不得雕印,违者杖一百,委州县监司、国子监觉察"②。这次诏令除规定了详定、复核和取勘的审查程序之外,对审查内容(时政得失、边机文字、会要实录、戏亵之文)、处罚手段(徒刑、杖刑等)、告发奖赏等都加以明确,已经是非常完整和系统的法律表述。

"详定诏"特别提出"有益于学"(即有益于教化)的审查标准。这个原则性概括将所有不符合主流价值观的内容作为禁载对象,是出版制度的重大变化。此前一年(元祐四年,1089 年),出现"乌台诗案"后另一起著名的文字狱"车盖亭诗案",新党领袖蔡确在湖北"车盖亭"所写的诗被举报"讪谤",蔡确被贬到新州。相隔不到十年的两起诗文"讪谤"案,以及元祐五年"详定诏"中对文集"有益于学"的强调,反映了文学与政治紧张关系的持续,以及北宋官方逐步强化文学领域意识形态管理的历史倾向。

"详定诏"的基本框架在整个南宋得以沿用,"有益于学"的原则一直处于核心位置。绍兴十七年(1147 年)镂版的王禹偁《小畜集》书末所附牒文引用当时的"绍兴令":"诸私雕文书,先纳所属,申转运司选官详定,有益于学者,听印行。"③南宋嘉泰二年(1202 年)谢深甫编修的《庆元条法事类》卷十七"雕印文书"中的敕令,与"绍兴令"完全一样。可见此令基本贯穿整个南宋。

出版审查体现了法律层面的国家建设。虽然建立了较为完备和稳定的出版审查制度,但是梳理《宋会要辑稿·刑法》中的相关记载,自仁宗时代起到南宋末年,几乎所有皇帝治下都有屡禁不止的出版犯禁的问题。究其原因,既存在书坊逐利冒法的因素④;也存在崇尚文学的大环境之下,看详机构及其官员对文集出版持宽纵态度的可能性,当然前提是"有益于学"的审查标准本身存在很大含糊性

① 王兆鹏:《从〈白氏文集〉准印牒文看北宋文集出版的审查制度》,《江汉论坛》,2015 年第 5 期,第 82 页。

② 徐松:《宋会要辑稿》刑法二之三八,上海:上海古籍出版社,2014 年,第 8304 页。

③ 王兆鹏:《从〈白氏文集〉准印牒文看北宋文集出版的审查制度》,《江汉论坛》,第 84 页。

④ 程民生:《宋代社会自由度评估》,《史学月刊》,2009 年第 12 期,第 32 页。

和自由裁量空间。南宋绍兴二十六年（1156 年），有官员提出地方详定官审查不力，建议将刻书最多的福建、四川两地文集调赴入京，由国子监统一审查。秘书省正字张震反驳说："恐妄以私意，将近世名公文集尽行毁版，不问是非，玉石俱焚，真伪两失，不足以称朝廷宽大本意。"① 张震的言辞透露出，中央政策与地方执行之间之所以存在偏差，问题可能出在中央政府。执政官员出自"私意"，"不问是非"的文集禁毁，对朝廷文治政策的贯彻，以及平稳的法制运行产生了严重干扰。实际情况也是如此。宋代文集，尤其是"近世名公"印刷文集的出版风险并不在于法律性质的常规审查，而在于那些脱离法制轨道的、因政治需要和政策变动所引发的"禁毁"行动。

"禁书"是图书管理的极端情况。威胁到政权安定的"妖书""谶书""天文"等在历朝历代都属当禁之列，这尚在法律范畴之内。相比之下，作为诗文载体的文集从本源上说具有正统性和合法性。文集禁毁的情况只在特定政治条件下出现，且具有间断性和随意性。宋代文集禁毁的高发，很明显是在元丰"乌台诗案"以后出现的②。

宋代书禁有两种发起方式。一个是由文集本身内容导致书禁，比如说嘉定六年（1213 年），《北征谠议》《治安药石》被禁，因为其中涉及"边机"③；理宗宝庆元年（1226 年），杭州刊印的诗文总集《江湖集》中，收录有刘克庄《落梅》一诗，被指控讥诮宰相史弥远，被禁毁劈板④。另一个是由政治迫害而引发书籍禁毁，这是更为突出和主要的方面。由"党禁"到"学禁"、再延伸到"书禁"，是两宋书籍禁毁的一般逻辑。

哲宗朝高太后当政时（元祐元年至元祐八年）元祐党人（旧党）得势，王安石编纂的《字说》受指控"糅杂释老，穿凿破碎，聋瞽学者"⑤，被朝廷查禁。哲宗亲政后元丰党人（新党）重新得势，元祐党人的著作，尤其是苏东坡、黄庭坚的文集遭到打击："是时书坊畏罪，坡、谷二书皆毁其版"（杨万里《棪召溪居士集·序》）。

徽宗崇宁年间蔡京专权并以新党自居，推动"元祐党禁"及学术之禁，引发文集禁毁高潮。《靖康要录》卷七载"自崇宁以来，京贼（指蔡京）用事，……至于苏轼、黄庭坚文集，范镇、沈括之杂说，畏其或记祖宗之事，或记名臣之说，

---

① 李心传：《建炎以来系年要录》卷一七一，北京：中华书局，1956 年，第 2811 页。
② 林平：《宋代禁书分期述略》，《中华文化论坛》，2007 年第 1 期，第 57 页。
③ 徐松：《宋会要辑稿》刑法二之一三八，上海：上海古籍出版社，2014 年，第 8367 页。
④ 李越深：《江湖诗案始末考略》，《浙江大学学报》，1987 年 9 期，第 111—115 页。
⑤ 晁公武：《郡斋读书志校正》，上海：上海古籍出版社，1990 年，第 165—166 页。

于己不便，故一切禁之。购以重赏，不得收藏"①。因为"祖宗之事"或"名臣之说"与自己政见不符，干脆将文集"一切禁之"。崇宁二年（1103 年）四月下诏焚毁苏轼《东坡集》，半月后又下诏"三苏集及苏门学士黄庭坚、张耒、晁补之、秦观及马涓文集，范祖禹《唐鉴》、范镇《东斋纪事》、刘攽《诗话》、僧文莹《湘山野录》等印板，悉行焚毁"②。同月，辞官归隐的程颐因"学术颇僻"，朝廷担心他"以入山著书为名，切虑如野史小说之类，妄及朝政，欺惑后世"，"诏颐追毁出身以来文字，其入山著书，本路监司觉察"③。同年十一月有诏"以元祐学术政事聚徒传授者，委监司举察，必罚无赦。"④所谓"元祐学术"，即元祐党人所作诗赋文字，苏轼和黄庭坚的诗文被作为元祐学术的代名词。徽宗宣和五年（1123 年）七月中书省言："勘会福建等路，近印造苏轼、司马光文集等，诏今后举人传习元祐学术以违制论。印造及出卖者与同罪。"⑤宣和六年（1124 年）十月，诏"有收藏苏、黄之文者，并令焚毁，犯者以大不恭论"⑥。"违制"和"大不恭"是史上给予"传习"方、"印造"方、"出卖"方和"收藏"方最严厉的处罚。元祐学术之禁跨度近二十年，是北宋时期规模最大的文集之祸。

南宋绍兴年间，秦桧为推行自己的政治和外交路线，以文字狱打击异己。赵翼《廿二史札记》说"秦桧赞成和议，自以为功，惟恐人议己，遂起文字之狱，以倾陷善类"⑦。该札记罗列了秦桧当政期间构陷案件近四十起，涉及官员超过六十人。《宋史·秦桧传》称其政治诬陷"无罪可状，不过曰谤讪，曰指斥，曰怨望，曰立党沽名，甚则曰有无君心"⑧。绍兴九年（1139 年）九月，下令禁毁民间刊行的《吐金集》，其中收录的前右迪功郎吴伸的北伐上书，被秦桧指控"指斥圣躬（即高宗）"⑨；秦桧和蔡京一样，对民间文集中关于前朝政事的记载尤其敏感。绍兴十四年（1144 年）"禁野史，许人首告，并禁民间结集经社"⑩。这里的"野史"也

---

① 佚名：《靖康要录》，北京：中华书局，1985 年，第 46 页。

② 黄以周等：《续资治通鉴长编拾补》卷二一，"崇宁二年四月乙亥"，北京：中华书局，2004 年，第 741 页。

③ 无名氏：《宋史全文》卷十四，"宋徽宗"，《宋史资料萃编第二辑》，台北：文海出版社，1970 年。

④ 脱脱等撰：《宋史》卷十九，"徽宗纪一"，北京：中华书局，1977 年，第 368 页。

⑤ 徐松：《宋会要辑稿》刑法二之八八，上海：上海古籍出版社，2014 年，第 8330 页。

⑥ 脱脱等撰：《宋史》卷二十二，"徽宗纪四"，第 414 页。

⑦ 赵翼：《廿二史札记》卷二六，"秦桧文字之祸"，北京：中华书局，1984 年，第 514 页。

⑧ 脱脱等撰：《宋史》卷四七三，"秦桧传"，第 13765 页。

⑨ 李心传：《建炎以来系年要录》卷一三二，"绍兴九年十月辛未"，北京：中华书局，1988 年，第 2128 页。

⑩ 赵翼：《廿二史札记》卷二六，第 516 页。

称"私史"，并不是一般意义上私人撰述之史，而是所有涉及当代史事的书籍①。绍兴二十年（1150 年）前参知政事李光因编着《小史》被弹劾，以"语涉讥谤"被"贬昌化军""永不检举"②。其子李孟坚因为播扬《小史》被押至峡州（今湖北宜昌）编管。除此以外，还有因秦桧与赵鼎政治斗争引发出对程颐学术的禁毁。绍兴十三年（1143 年），下令"将见在版本不系六经子史之中，而又是非颇缪于圣人者，日下除毁。"③

宁宗庆元年间（1195—1200 年）韩侂胄专权，掀起"庆元党禁"。朝廷宣布以朱熹为代表的理学为"伪学"，颁"伪学逆党"党籍者五十九人，禁理学学术。庆元二年（1196 年），朝廷下令将七先生《奥论》《发枢》《百炼真隐》，江民表《心性说》，李无纲《文字》，刘子翚《十论》，潘浩然《子性理书》等书"合行毁劈"④。庆元四年（1198 年），国子监以"主张伪学，欺惑天下"⑤的罪名禁毁以《太学总新文体》为代表的一批时文图书。

宋代出现的三个文集禁毁高潮，基本表现为由政治构陷（以言论罪和思想罪为主要名目）引发的学术和文集禁毁。其精神实质与"乌台诗案"一脉相承且另有发展。这种不论是非的禁毁手段，有时反而扩大了文集的影响，引发了人们更多的传播和收藏。比如崇宁、大观年间严禁苏轼的海外诗（即苏轼在崖州时所作诗歌），"赏钱增至八百万"，但"禁愈严而传愈多"⑥。当然在文化影响上，宋代将文集与个人政治生命相衔接，与讪谤罪作最为广泛的关联，其示范效应是非常恶劣的。清代文字狱和文集禁毁的根源，很大程度上是来自宋代"乌台诗案"以下形成的"以文陷人"和"因人废文"的，在知识分子群体政治理念根深蒂固的文网传统。

结语

雕版印刷技术带来知识传播的革命性变化，既造就了图书出版的商品化和法制化，也引发了政治与文学更为深入的互动。文学本身所具有的独立性和批判性，使得"言者无罪"的豁免越来越被政治格局所限制。后世文字狱的根源，很大程度上来自宋代"乌台诗案"以下形成的脱离法制的"以文陷人"的传统。开放性的出版体系和完善的法律制度是相辅相成的。法律既要为传播内容的合法性负责，同时也应该为作者的创作自由和出版权利发挥保障作用。

---

① 王盛恩：《宋代"私史之禁"起源献疑》，《历史文献研究》，2013 年第 32 辑，第 204—210 页。
② 李心传：《建炎以来系年要录》卷一百六十，北京：中华书局，1988 年，第 2608 页。
③ 徐松：《宋会要辑稿》刑法二之一五一，上海：上海古籍出版社，2014 年，第 8379 页。
④ 徐松：《宋会要辑稿》刑法二之一二七，第 8355 页。
⑤ 徐松：《宋会要辑稿》刑法二之一二九，上海：上海古籍出版社，2014 年，第 8358 页。
⑥ 朱弁：《风月堂诗话》北京：中华书局，1988 年，第 108 页。

华夏传播观念研究

哲学方法论视角下老子信息观念研究

A study of Laozi's information concept from the perspective of philosophical methodology

韩锡鹏[*]

Han Xipeng

摘　要：方法论是哲学家思想的重要组成部分，是针对现实生活解决方案的根本指导思想。本文从老子的思想方法入手，分析老子"无"的哲学方法论对其传播观念的指导，并集中讨论老子对有关信息问题的处理方法。"无"是老子传播观念的基本特征，这是由老子思想中的哲学方法论所决定。老子思想中对于传播问题的讨论，均是围绕"无"的方法所展开。其中对于信息的分类与信息的认识，都是基于此种方法。"为腹"与"为目"是老子对信息的基本分类模式。对于信息的具体认识方法，在"无"的基础上，针对不同的信息老子提出了"观""学""法""知"等不同的认识方式，以取得不同的传播效果，达到老子所提倡的"道"。

Abstract: Methodology is an important part of philosophers' thinking, and is a fundamental guiding idea for real-life solutions. This paper analyzes the philosophical methodology of "nothing" that guides Laozi's concept of communication, and focuses on Laozi's approach to the problem of information. "Nothing" is the basic characteristic of Laozi's concept of communication, which is determined by the philosophical methodology in Laozi's thought. The discussion of communication issues in Laozi's thought is all centered on the method of "nothing". The classification of information and the understanding of information are based on this method. "For the belly" and "for the eyes" are the basic classification modes

---

　　* 作者简介：韩锡鹏，男，山东青岛人。厦门大学传播学博士，山东科技大学文法学院讲师。研究方向：华夏传播，政治传播。

of Laozi's information. For the method of information recognition, on the basis of "nothing", for different information Laozi proposed "view", "study", "method" and "knowledge". "Knowing" and so on, in order to obtain different effects of communication and achieve the "Tao" advocated by Laozi.

关键词：老子、道家、华夏传播、信息处理

Keywords: Laozi, Taoism, Chinese communication, information processing

对道家传播观念的研究，绝大多数的研究者都以"消极""否定"等词语予以概括。从民国时期朱希祖[①]、唐君毅等人的研究开始就有此种定论。在张玉法先生的《先秦传播活动及其影响》这本早期的传播学著作中，道家的传播观念就被定性为"消极"的，尤其体现在老子和庄子身上。[②]何庆良、全冠军等人在对先秦诸子的整体研究中，在传播功能、传播媒介方式、论辩思想、传播技巧诸方面对道家的传播观念做出分析研究，将道家归类为"无为派"。

已有的种种关于老子传播观念的研究，集中在于描述老子传播观念的特征，对于老子观念何以产生，并没有给予足够的重视，给予的研究也较为罕有。黄星民提出，对于对思想家传播观念的研究，应该从其哲学方法论予以入手，从而可以完整的了解其传播观念，而不是对其只言片语展开片面的讨论。[③]本文沿用此种研究思路，从老子的哲学方法论入手，讨论其思想中一以贯之的方法，完整地理解解释老子的传播观念。

一、"无"：老子的哲学方法论

"无"是老子哲学方法论中的根本。"无"作为哲学概念是老子所独创，但并非首次出现。在《道德经》之前的典籍，如《尚书》、《易经》中也已出现。但直到老子，才将"无"变成为一个哲学范畴，"无"开始具有了抽象的意义。[④]

对"无"的论述，《道德经》开篇就有"无，名天地之始；有，名万物之母。故常无，欲以观其妙；常有，欲以观其徼。此两者，同出而异名，同谓之玄。玄之又玄，众妙之门。"对这句话，陈鼓应翻译为"无，是天地的本始；有，是万物

① 高海波：《被遗忘的中国早期传播研究——评朱希祖的〈道家与法家对于交通机关相反之意见〉》，《国际新闻界》，2011年第1期。
② 张玉法《先秦的传播活动及其影响》，台北：商务印书馆，1993年，第2页。
③ 黄星民：《"染论"与"难论"——从哲学方法论的角度探讨墨翟与韩非的传播效果论》，《新闻与传播研究》，2005年第1期。
④ 葛晋荣：《中国哲学范畴论》，北京：商务印书馆，2009年，第227页。

的根源。所以常从无中，去观照道的奥妙；常从有中，去观照道的端倪。"① 可见，老子的"无"并不仅仅是单纯虚空的"无"，而是包含了"无""有"两种性质的综合。庞朴从"无"最初的文字发生学的角度解读，同样认为"无"字本身即包含了"有无相对"的概念。②

在"有""无"这组概念中，起着主导作用的是"无"的力量。"无"在老子的论述中并不仅仅是一种固定静止的状态。在老子的描述中，道的存在方式具有"无""有"两种样貌。"老子的道是'有'与'无'的统一。……有无同出于道，道一方面是无，一方面是有。"③ 詹剑锋也认为"道统有无……有与无，皆道之常……老子作书，命意所在：以道统有'有''无'而一之也"。④

为了让人能够更直观地感受到"无"的功用，也就是"无"向"有"的转化。在十一章中，老子举了事例来做说明：三十辐，共一毂，当其无，有车之用。埏埴以为器，当其无，有器之用。凿户牖以为室，当其无，有室之用。故有之以为利，无之以为用。

在这段话中，老子准确地表达了"无"是如何在生活中体现出"有"的功用，"有"能够产生作用，恰恰是以其"否定性"的"无"为基础的。由此可见，"无""有"在方法论上的结合，是老子方法论的一个重要原则。通过上面的例子，老子展现了"无"在生活中实际中的用处，有力地证明了，"无"具有一种通过转化，实现"有"的目的的特性。这种对于"无"的重视，以及看重"无""有"之间转化，是老子方法中的精髓，也是他推崇的方法，由此抽象化成为他的哲学方法论。

老子对世界的认识，是存在对立统一，以及对立面之间的相互依存、相互转化的，而这种依存转化，都是永恒的。按照陈鼓应的总结，主要包含以下四点：其一是"对反"的思维式，其二是"循环往复"的思维方式，其三则是天"道推衍人事"的思维方式，最后是天地人"整体性思考"的思维方式。这四种又可归约为两个原则，一是推天道而明人事，即天地人一体观，一是对立及循环观。[80]所以，人们可以从事物对立的一面去把握该事物，从而找到认识事物的根源，解决这个问题的方法。当然，事物之间对立统一的转化运动，也同时成为"道"的运动形式：这就是"有生于无""有无相生"。

《道德经》一书中主要针对的是人事与政治两方面的事务。对于这两者，老子

① 陈鼓应：《老子注释及评价》，北京：中华书局，2003年，第47页。
② 庞朴：《说"无"》，《当代学者自选文库（庞朴卷）》，合肥：安徽教育出版社，1999年，第162页。
③ 张岱年：《老子哲学辨微》，济南：山东人民出版社，1979年，第17页。
④ 詹剑锋：《老子其人其书及其导论》，武汉：湖北人民出版社，1982年，第253页。

也有一般方法的论说，是对"无"的哲学方法论的更加具体的解释。在人事方面，老子表现的更多是"守柔"。而对于政治领域的表现，则是以"无为"为特点。第三章的是以圣人之治，虚其心，实其腹，弱其志，强其骨。常使民无知无欲。使夫智者不敢为也。为无为，则无不治可为一例。

二、"无"的方法在传播活动中的主张

正如上文所说，"无"是老子思想中最为基本的哲学方法。这种方法对传播问题也有相当的讨论。

《道德经》第一句即是道可道，非常道。按照王中江的看法，在《道德经》一书中，"道"的形而上学还有很大的局限性，说法还比较模糊。[①]但是从传播学的角度出发，这种"局限性"的存在，恰恰是老子所主动追求的一种描述方式。老子在著作《道德经》的时候，就已经意识到了自己在写作过程中可能遭遇的问题，所以，他在《道德经》开篇就提出道可道，非常道；名可名，非常名。刘笑敢在《老子古今》中将其解释为"……基本上是否定可道之道与可名之名"。[②]

老子在《道德经》中之所以无法将"道"的概念做一个清晰明确的定义，并非是他没有对"道"有一个清楚地认知和理解。而恰恰相反，正是因为他深刻地理解"道"的本质，他才选择了一种模糊、多面的构建概念的方式。对"道"这个极度抽象化而又高度歧义化的概念，从不同角度去描述它，以建立从不同面向接近这个概念的可能性。而只有理解了"道"的无法准确描述性，才能够理解为何"无"这个方法论能在老子的传播观念中贯彻始终。正是这种矛盾的表现，让老子认识到传播活动的局限，始终与事物的本质存在距离，所以，他提出了从"无"的角度对事物进行描述，处理信息。这既是一种权宜之计，也是最合适的方法。

在首章中，"常名"中的"常"则是"真常不易"的含义，与"常名"之"常"不同。"常名"就是老子自指其书中所用之名而言。从开篇就论述到"道""名"这两个带有言说色彩的词汇，就可见《道德经》一书中，有关传播的问题在本书的论述中占据者相当重要的位置。开篇老子就提出了两种"道"，两种"名"，一种是可以论述的"可道知道""可名之名"；而另一种则是无法表达的"常道""常名"。这两者间如何能够实现实际上也表现出了老子对这两者的重视，而不仅仅是字面意义上的否认和抛弃。这也表示，老子在《道德经》一书中，传播活动是极为受到重视的领域。

---

①　王中江：《道家学说的观念史研究》，北京：中华书局，2015年，第86页。

②　刘笑敢：《老子古今》，北京：中国社会科学出版社，2006年，第4页。

在接下来的论述中，又有"无，名天地之始；有，名万物之母"。在此，又提出了"无""有"这一组概念。在上文所侧重的，是"无""有"这组概念在哲学方法论的表现。"无""有"这组概念，需要注意的是，它们是被"命名"为"天地之始""万物之母"，而本身并不是万物，它们仅仅是建立万物的原始的依据。这也是强调了名与实之间的任意性。

"无"能够成为一种有效处理传播问题的方法，其根本在于此处的"无"，已经不单单是一种代表着"虚无""乌有"的概念，而是包含了"无""有"两部分内容的一个集合式的概念。这在上文分析"无""有"关系的时候，已经有所体现。"无""有"既是一组相对的概念，同时"无"还能够产生"有"。从这里出发，就可以看出"无""有"之间的关系了。而从字义上出发，"无"同样也蕴含这种意思。

结合第二章所列举的"美恶"、"善不善"、"有无"、"难易"、"长短"、"高下"、"音声"、"前后"等相对立的概念进行比较，可以将其看作是"无有"这对概念的具体的一种表现。所有的相对的概念都是共同存在的，缺一不可。只有对两者同时有所认知，才能对其中一端的特点得出结论。

老子在强调"有生于无，有无相生"，这实际是强调了"无""有"的转换性，也是如上文所说的转化。在"无名""有名"之间，在"可道／不可道"之间，并没有一个严格意义上的区别，在传播过程中，这两者都是可以消弭的。而非要执着于某一种固定的立场，而忽视了这种动态性，就忽略了老子"无"的真正内涵。

在讨论其在传播活动中的表现的时候，老子所运用的方式往往诉诸于比较，提出一对相应的概念，用"正言若反"的方式，通过"有"的比较，来体现出"无"的表现。也因此"无""有"的互相转换，在实践中的"无"能够产生"有"的效果，能够在传播活动中实现能够为人所感知的传播效果"有"，能够成为一种良好的传播效果。这种"有""无"的转换，邵培仁也认为这是先秦诸子所共有的一种传播观念。[①]

作为老子的哲学方法论，"无"对于传播问题有极为深刻的认知，从根本上分析了"道"作为根本的理念在现实生活中的认识问题。而"无"向"有"的转化，则是从理论到现实，具体指导了传播活动在日常生活中所应该遵循的方式。而其中最基本的，就是下文所要分析的，老子对于信息内容的分类与认识。

---

① 邵培仁，姚锦云：《传播辩证论：先秦辩证传播思想及其现代理论转化》，《杭州师范大学学报（社会科学版）》，2014 年，第 2 期。

三、"为腹"与"为目"：老子的信息分类

在传播活动中，信息是贯穿始终的要素。对它的认识，是对传播活动分析的前提。因此，如何看待信息、如何对待信息，就是传播活动中最先需要考察的内容。而老子"无"的传播观念在此领域有充分的体现。

根据信息对人的作用，老子区别了两种可以获得与不需获得的信息。一类是"为腹"，一类是"为目"。前者是传播活动所必需的，是能够提供有效传播效果，维持人类正常传播活动的信息；而后一类信息，则往往会影响人的感官，破坏安定稳固的生活，是在传播活动中应该极力避免的。十二章有：

> 五色令人目盲；五音令人耳聋；五味令人口爽；驰骋畋猎，令人心发狂；难得之货，令人行妨。是以圣人为腹不为目，故去彼取此。

在解释中一般将"五色""五音""五味"理解成统治阶级的骄奢淫逸，过度享受。[①] 这是强调过度的物质追求对人的正常生活的损伤。这些信息，也可以理解为来自各种渠道的信息，包括视觉、听觉、乃至味觉等，强调这些事物带来的坏处就在于会令人"目盲、耳聋、口爽、心发狂、行妨"等，使正常的活动受到影响。而随之老子给出的对策就是"为腹不为目"，"摒弃物欲的诱惑而保持安足的生活"。[②]

这种带有负面的信息，也就是"为目"的信息，正是老子所排斥的。这种信息的分类，在今天信息超载的环境中同样有参考意义。如果将外界信息不加区别地全盘接受，就会使得感官疲劳，感觉混乱，内心难以安定。在第一步如果没有明确信息在价值上的区别，也就无法具体的实施接收信息的行为。这种分类算不得是一个具体的方法，但是可以帮助人们理解了信息的分类，在具体实施接受行为的时候，也才能树立有关信息甄别筛选的意识，更有效率的接收信息，接受正确的信息。

究竟何为"为目"的信息，老子在书中也给出了具体的指示。在十三章有：

> 宠辱若惊，贵大患若身。何谓宠辱若惊？宠为下，得之若惊，失之若惊，是谓宠辱若惊。何谓贵大患若身？吾所以有大患者，为吾有身，及吾无身，吾有何患？故贵以身为天下，若可寄天下；爱以身为天下，若可托天下。

---

① 陈鼓应：《老子注释及评价》，北京：中华书局，2003年，第117页。

② 陈鼓应：《老子注释及评价》，第117页

这一类信息就是属于"五色""五音",是有关于个人的评价。不管是赞誉或者是贬损,对于个人来说,都是超过了一般需要的信息。同样,这段引文的后半部分,也可以看作是老子对于"荣辱"这种负面信息对人的影响的具体说明。这类信息无论具体的评价是什么,都对于个人本身的人格是一种额外的负担,会使得个人的人格尊严无形的萎缩下去,使人的尊严不得已要依附于外界的评价。这个后果就是损伤的个人的完整,与老子所提倡的"贵身"所相悖。

在四十四章有"名与身孰亲?身与货孰多?得与亡孰病?"(四十四章)也是如此。在这里则是比较了"身"与"名"两个概念,再次强调了"身"的重要性远超于"名",认为人不应该为外界的褒贬荣辱所左右。而这里的"名",也可以看作是一般的符号。应该分得清不同的信息,究竟是"为腹"的还是"为目"的。如果因为后一种,而失掉自身,则是得不偿失的行为了。而两种信息的获得,老子也说出了"为学日益,为道日损。损之又损,以至于无为。"(四十八章)获得不同的知识,得到的后果也是不同。"为学"看上去是受益,但是却离"道"越发的遥远;而获得的信息如果是围绕的"道",则成就就是实现"无为"。也如仝冠军所言老子把外向的传播叫作"为学",叫作"知人",把内向的传播叫作"为道",叫作"自知"。老子更加重视的是人的人内传播,追求传播活动的"自然"状态,反对外来力量的干涉和强制。[①]

四、"观""学""法""知":老子认知信息的基本方法

接受信息是所有传播活动的第一步,是为接下来所要处理的工作提供对象。老子在该过程中,利用"无"的哲学方法论,提出相应的具体方法,可以总结成"观""学""法""知"等手段。

(一)观的方法

在信息接收过程中,最重要的是"观"。在《道德经》首章就有"故常无,欲以观其妙;常有,欲以观其徼。此两者,同出而异名,同谓之玄"。"观"在这个地方是关照、观察的意思。在"道"的最重要的两种状态中,"观"在其中起到了一个至关重要的作用。"观"是连接了普通人与道的一个管道。正是通过"观",可以实现人们窥视"道"的面貌。其中"无""有"是道的状态,也是"观"所要面对的对象。而能从这两者所获得的信息,则是"妙""徼"。"妙"一词,可以解释为"奥妙",徼则是"边际"的意思。[②]"有"的"边际",可以引申为事物的与

---

① 仝冠军:《先秦诸子传播思想研究》,博士学位论文,北京大学,2005年,第106页。
② 陈鼓应:《老子注释及评价》,北京:中华书局,2003年,第1页。

众不同之处，其概念的内涵与外延与他者的不同。这种情况下，也就进一步演化出"名"的概念。在后文中的"同出而异名"也即如此。"名"在这里是"名称"的意思。这也就是混合了"有""无"之间含义的区别，强调仅仅是名称不同。

这种情况下，"观"的意义就凸显出它的作用不仅仅是要通过"名"来区别无有，更要通过细致地区别两者的不同。在接收信息的过程中，同时需要对其进行筛选。有的信息需要关注其"妙"的一面，有的信息需要关注其"徼"的一面，而对于世间各种纷杂的信息，也需要在吸收的时候考察期不同侧面带来的不同特色。

在"观"的时候，老子尤其强调既要对"有"的一面有所吸收，对于"无"的同样要体察。这也是上文所说的"转化"原则的体现。对于主动、直接传播的信息比较容易理解，而一些并非明显的信息，同样不应错过。在传播活动中除了明显的语言符号之外，不容易被人察觉的符号同样存在，"非语言传播"也大量存在。非语言行为往往是转移性的，能够释放和缓解身体和心理的紧张，而传播者一般不会意识到自己的转移性行为，通常情况下这同样属于信息行为。[1]比如在传播中表达出的空间关系、性别意识也都可以通过信息为人所知，但是却不需要传播者特意表达，这种情况却透露对方内心的真实想法。这种信息行为所表达出来的"弦外之音"或是"说者无意"，对于受传者而言就属于"常无"的信息。在"观"的时候，对于这些内容，如果有忽视，则会出现偏颇。所以，"观"就应该既重视直接传播"常有"的一方面，也要重视并未直接表达"常无"的一方面。

（二）学的方法

"学"在《道德经》中，共有3处4次。分别是：

绝学无忧。唯之与阿，相去几何？美之与恶，相去若何？人之所畏，不可不畏。（二十章）

为学日益，为道日损。损之又损，以至于无为。（四十八章）

是以圣人欲不欲，不贵难得之货；学不学，复众人之所过，以辅万物之自然而不敢为。（六十四章）

"学"的义项相对简单，在"绝学无忧"以及"学不学"的第二个"学"中，"学"是做名词，强调的是学问，知识；而在"为学日益"与"学不学"的第一个

---

① ［美］斯蒂芬·李特约翰著：《人类传播理论》，史安斌译，北京：清华大学出版社，2004年。

"学"中，则是做动词，是"求学，学习"的意思。

结合上下文来看，"学"的方法目标以及结果，极为明确。在学习的目标方面，老子强调是"学不学"，就是学习的内容，不应该是人们乐意学习，主动追求的。而他们学习的东西恰恰是冷门，恰恰不是常人热衷的，只有这样学会了这种知识才有可能复众人之所过补救众人的错误。这种现象在当今社会中也是层出不穷，热门的信息往往让人一哄而上投入极大的注意力，而众多深刻的基本的道理，则没有人关注。越是深刻的信息，所关注的人也就越少，得到的理解也就有限，而圣人与众不同之处就在于能够在别人追求热点的时候，静下心学习这种别人都忽视的知识，从而在根本上保证社会正常的运转，解决社会发生的重大问题。

"学"的结果，老子也已经指出：为学日益，为道日损。损之又损，以至于无为。无为而无不为。（四十八章）"为学"，指的是探求外物的知识活动；而"为道"则是指通过冥想或体验以领悟事物未分化状态的"道"。[①]"为学"可以称得上是"益"，但是与"为道"相比，显然它只是一种等而下之的认识信息的方式。正如冯友兰对这两者的分析，《道德经》并不是完全不要知识，所以它还要用观点方法去求对外界的知识。他认为，"为道日损，为学日益"，但所损所益却并不是单指一方面的事情。"日损"，损失的是欲望感情之类琐事；而"日益"，获得的是积累知识的问题。这两者并不完全矛盾。"为道"所得到的是一种精神境界，"为学"所得到的是知识的积累，这是两回事。[②]

（三）法的方法

第三种认识信息的方式则是"法"。二十五章有人法地，地法天，天法道，道法自然。通过"法"这个字，老子重申了人可以通过自身的努力，达到"道"、达到"自然"的层次。具体来说，老子首先提到"法地"，即"教人处于卑下"。这也符合老子一贯的乐于使用自然形象的论证特点。[③]将"法地"进一步扩展，会发现"法定并非只重在居卑下，而在法地上之物之'由卑弱而趋向地，以得生成于地，更为他物之所归趋'之道。简言之，即'法物质趋地，而更为他物所趋之物势中之道'；更简言之，即法物之'由趋地而得生存、或存在于地上之道'"。[④]由唐君毅所说进一步阐发，"地"所象征的是传播对象，应该以谦卑的态度向对方请教；而"地上之物"，则是对方所说出的话语。从这个角度出发，"法地"则就是

① 陈鼓应：《老子注释及评价》，北京：中华书局，2003年，第250页。
② 陈鼓应：《老子注释及评价》，第250页
③ 唐君毅：《中国哲学原论·原道篇》，北京：中国社会科学出版社，2006年，第174页。
④ 唐君毅：《中国哲学原论·原道篇》，第174页。

接受对方传达信息的具体方法。侧重受传者的接收信息时候的心态，用一种谦卑的心态去接受。"地"指的是传播者，无论是否主动表达，都会让对方可以有东西效仿、学习；而"地上之物"则未必，因为并非每一个人都会主动表达信息。这两者的并列，也是前文所提到的"无"与"有"的联系。"有"的信息未必总存在，但是"无"的信息始终可以让人学习。

老子在《道德经》一书中，极为推崇"自然"。"道"的形象难以被捉摸，天地辽阔苍茫，无法所法，所以就只能用自然间的常见之物作为譬喻。[①] 其中上善若水（八章），旷兮其若谷（十五章），为天下溪（二十八章），譬道之在天下，犹川谷之于江海（三十二章），是故不欲如玉，珞珞如石（三十九章），上德若谷（四十一章），江海之所以能为百谷王者，以其善下之，故能为百谷王（六十六章），草木之生也柔脆，其死也枯槁（七十六章），天下莫柔弱于水，而攻坚强者莫之能胜，以其无以易之（七十八章）。由此可以看出，所谓法天地，就是假借天地自然做比喻。[②] 此处的自然界种种，实际上也就是"自然""天""地"所法之物。通过自然之物，接收信息来源，也是老子所推崇的。天地万物无不蕴含了道的规律，多以观察，就能够参透天道，以获得人道。

在种种的譬喻中，尤其是"水""谷"为多，这也是老子所对圣人"谦逊"的一种形象化描述。人应该处于低姿态，才会如八章所言：

水善利万物而不争，处众人之所恶，故几于道。居善地，心善渊，与善仁，言善信，正善治，事善能，动善时。夫唯不争，故无尤。

陈鼓应认为水的譬喻，强调的是"最完善的人格应该具有的心态与行为"。[③] 如这点所言，在接收信息的时候，有太多需要学习的内容，所以必须放低自己的姿态，接收信息的重要。而不应该满足于已有的信息，自满自足，拒绝吸收重要的信息。

按照老子的描述，"自然"的信息，并不需要人们付出巨大的努力，只要个人保持着谦逊好学的态度，自然会水到渠成的接收信息。而积极索取的状态，实际上大可不必。如果信息本身是具有价值的，自然会传递到所需之处，而没有必要去太过于主动追求。在追求的过程中，就容易获得相当多的繁杂而不必要的信息。而这种态度，在庄子处则形成了"坐忘"的状态。

---

① 钱锺书：《管锥编》，北京：生活·读书·新知三联书店，2007年，第673页。
② 唐君毅：《中国哲学原论·原道篇》，第174页。
③ 陈鼓应：《老子注释及评价》，第173页。

（四）知的方法

最后一个有关接收信息的词汇则是"知"，这同样是也是老子用来表达接收信息的一个动作。它在《道德经》中，出现 56 次，也是非常高频的一个词。"知"主要有三个层面上的意思：作为名词，强调的是有机心；作为形容词，侧重的是对事物有了一定了解；而最重要的则是它作为动词，意思是偏向于"了解，知道"。在这三种用法中，最后一种尤为重要，因为"知"后面的内容，直接就点明了所要"知"的内容，也就是所要认知的信息。所要认知的东西，大致可以分成两部分，一类是具体的内容，另一类则是老子反复对"知道"的强调。而在数量上，以第一种居多。

在老子所提倡的"知"的内容，包括美善（二章），常（十六章，五十五章），众甫之状（二十一章），雄（二十八章），止（三十二章，四十四章），人（三十三章），无为（四十三章），满足（四十六章），万物（五十二章），治国方略（五十七章），事物根本（五十八章），自身（七十一章）等……通过老子对这些领域的归纳，无不是对于"道"的一个更为细致的描述。而显然，老子更为关注的是掌握这些信息之后，得到的更为有益的效果。"知"对于老子而言，仅仅是第一步而已，更为重要的是如何利用这种"知"。在二十八章中有：知其雄，守其雌，为天下溪。……知其白，守其辱，为天下谷。……

这句话的意思是，"深知雄强，安于雌柔，作为天下所遵循的蹊径。……深知明亮，却安于暗昧，作为天下的川谷"。[①]"知"仅仅是"道"的行为的第一个阶段，后续的行为才是关键。而认知与行动之间的转化并不是直接的，而是要依照老子一贯的"有无转化"思路，才能够成功。认知与行为之间的过程，实际上就是老子关注的信息处理问题。

上文已经说明"知"还有名词、形容词的意思。在前一种，"知"主要是作为"机心"的含义出现，如常使民无知无欲（三章），这里的"无知"，绝非愚昧的意思，而是要与"欲"的含义相结合，实际上是伪诈的心智的含义。还有一种意思，则是智慧。"知者不言，言者不知"。这里的"知"就并不是侧重负面的意思，还是褒义的智慧。知者不博，博者不知（八十一章）中同样也是此义。而庄子在这点上有进一步的阐发，如《庄子·人间世》说：德荡乎名，知出乎争。名也者，相轧也；知者也，争之器也。《庄子·列御寇》有：知道易，勿言难。知而不言，所以之天也；知而言之，所以之人也；古之人，天而不人。这些也都是强调了言意之间的偏移性。

---

① 陈鼓应：《老子注释及评价》，北京：中华书局，2003 年，第 109 页。

（五）各种方法的比较

在上文，对于"观""学""法""知"各自做了分析。从《道德经》中出现的频度来看，"观"和"知"显然是占据了大多数。比较这两点，会发现老子更多理论上的分析集中在"观"与"法"上面。在讨论观的时候，其后面所接的内容更为抽象，如妙、徼（一章），这都是针对"有无"而言，也是道的状态。而"观"较为具体的一种用法，主要是五十四章的"以身观身，以家观家，以乡观乡，以邦观邦，以天下观天下，"这里的"观"的内容就更为具体。而"法"则是求道过程中最为推崇的信息接收方式。与"学"比较而言，"学"的对象就更为宽泛，内容包含有"为目"的信息。实际上"学"并不是老子最为推崇的认识信息的方法，而是他认为现实生活中不得不使用的方法，对其可能产生的问题也做出了详细的说明。

在"知"中，除了用于名词和形容词的用法之外，主要说明的是"知"的内容。其中大多数都是一种非常具体的认识对象，都是"道"的表现，或者行事的根本原则。而将其与"观""法"比较，不难看出，老子对两种方法已经有了明确的分别：一个是用来认知抽象的内容，一个则是用来认知具体的内容。

了解各种方法侧重的不同，也就了解老子如何认知外界信息的基本方法。一方面，老子在各个方面对信息都在不同层次上的分类，区别信息是否需要被认知。而在这一部分，则是指出对于不同信息应该采取何种认知方式。对信息的分类，时时刻刻发生在现实生活中。必须对生活中的各类信息予以筛选加以分类，对它们赋予不同的重视程度，才能够更有效的获得内容。而同时，对不同的信息，也需要不同层次的方式。抽象的信息，具体的信息，外在的信息，冥想的信息都需要用不同的方式来面对使用，只有在这种情况下，才能更好地实现老子所提倡的"无"的信息认识。

结语

本文从老子思想中的哲学方法论入手，讨论了"无"作为老子哲学方法论所具有的根本特征。指出"无"作为老子根本的方法论特征，实际上包含"无""有"两种概念，它们之间存在对立统一、相互依存、相互转化的可能。而正是这种转化，"无"能够作为一种哲学方法在具体的传播问题上做出指导。

具体到老子的传播观念，根本上是立足于一种"无"的态度。而以此作为根本方法，本文主要分析了老子对于"信息处理"的具体操作方式。其一是对信息的分类，分成"为腹""为目"两种，其中为腹的信息更为贴近"道"，而"为目"的信息则偏负面，远离"道"的本质。老子对于信息处理的认识，主要提出了三种方式"观""学""知"。三种方式处理不同的信息，以达到不同的目的。为信息的进一步处理打下基础。

结合老子对于信息处理的具体主张，可以看出老子哲学方法的应用性。而实际上，老子"无"的哲学方法同样是道家其他思想家所遵循的最重要的方法。庄子、黄老道家，都各自继承了老子"无"的方法中的最重要的方面。其中庄子更加偏向于"无"的一面，而黄老主要继承了"有"的一面。在接下来的研究中，需要对这两者做出更细致的分析，进一步丰富完善道家传播观念，以图建立系统完整的道家传播理论。

华夏地域传播研究

"又一个东北"

——移动音频平台塑造东北区域形象的内容分析

"Another Northeast"

——A Content Analysis of Northeast Regional Image in Mobile Audio Platform

黄媛　吴晓东 *

Huang Yuan　Wu Xiaodong

摘　要： 随着在线音频行业的发展，移动音频平台成为塑造东北区域形象的一个新场域。本文将喜马拉雅 FM、懒人畅听、荔枝 FM、酷狗音乐这四大移动音频平台作为主要研究对象，通过先验编码、数据统计、词频分析等量化研究方法，对五类音频节目进行内容分析。结果显示，民间鬼仙灵异类故事在有声书、评书类节目中占比最多，而东北女性形象在脱口秀节目和音乐类节目中格外突出。另一方面，东北区域形象呈现出严重的泛娱乐化倾向，且形象过于单一和陈旧，缺乏经济政治公共话语，且存在传播主体缺乏政府角色参与的问题。

Abstract: With the development of online audio industry, mobile audio platform became a new field to model Northeast Regional Image. This research based on four mobile audio platforms which include Ximalaya FM, Lanrenchangting, Lizhi FM and Kugou Music, then through quantitative research methods such as transcendental coding, data statistics and word frequency analysis to make a content analysis of five categories of audio programs. The results showed that folk tales of ghosts and spirits

---

　　* 作者简介：黄媛，女，青海海东人，渤海大学新闻与传播学院研究生；吴晓东，男，吉林延吉人，博士，渤海大学新闻与传播学院教授。

make up the largest proportion of audiobooks and storytelling programs, and that female images are particularly prominent in talk shows and music programs. Furthermore, the image of northeast shows a serious tendency of pan-entertainment, and the image is too monotone and twicetold, lacking of economic and political public discourse. And, there is the problem thatthe main body of communication lacks the role of government.

关键词： 东北区域形象；移动音频平台；内容分析；区域形象

Keywords: Northeast Regional Image; Mobile Audio Platform; Content analysis; Regional Image

一、研究缘起

国家政府和主流媒体一直致力于批评"地域黑"的反理性，也不断地通过各种媒介手段改善和重塑东北区域形象，但现有官方媒体是否占据着东北区域形象塑造的至高话语权？如何理解并引导公民媒体对于东北区域形象的塑造？东北区域形象的重塑和更新在当下媒介环境中面临着哪些阻碍？这些问题是需要直接面对和亟待解决的现实关怀。

自互联网掀起知识付费热潮，在线音频出版行业开始蓬勃发展，东北音频行业发展较快，除了有声阅读、评书、广播剧、音乐等节目以外，在移动音频平台中还能涉及很多的脱口秀及谈话节目，拥有一定粉丝量的音频节目主播作为意见领袖正在成为塑造东北区域形象的重要有机成分，使得移动音频平台成为东北文艺复兴的一种重要媒介方式。

学界在影视剧和文学作品中的东北区域形象呈现研究已有一定成果，也有大量的学者将目光集中在了论坛、微博等网络媒介环境中，但鲜有学者针对音频节目研究形象传播和塑造，为避免重复研究，提高研究创新度，故选择音频作品作为主要研究对象。

二、文献综述

最早对东北区域形象进行全面、系统的研究当属学者陈倩的《区域形象"脸谱化"的传播定式——以东北媒介形象传播为例》（2012 年），该研究不仅在北京、河南、福建三地调查了获取东北信息的途径占比，还通过互联网调查、实地调查和报纸抽样三种方式，研究东北区域形象的"脸谱化"过程，并与受众心中的东北印象进行对比，给出突破刻板印象的策略。或许是受到学界研究习惯的影响，东北区域形象的研究基本围绕在媒介形象的探究上，大量的东北区域媒介形象以传统媒体的新闻报道为研究对象，研究重复且无新意，就算是在新媒体兴起后，研究仍未摆脱新闻框架的"制约"，例如《国家重点新闻网站对吉林省新区域形象的构建》（2020 年）等。但针对社交媒体，东北区域形象的研究开始突破原有框架，切入文化传播视角，也更加关注应用价值。《自媒体语境中的东北形象及其塑造机制》（2018 年）的研究视角遍及微信自媒体、视频创作者和音乐创作者，探析自媒体语境中东北区域形象特殊的传播机制，并认为充满道德性、说教性，甚至是政治性的传统媒体在重塑东北形象方面不再具有优势。东北区域形象研究所需的量化分析也趋于精细化、全面化，学者高宁，田雷（2019 年）通过网络爬虫技术抓取了三家主流媒体在 2018 年发布的与黑龙江相关的所有微博内容，对黑龙江省媒介形象的塑造现状进行了公众、经济、社会、政府和自然几个方面的内容分析[①]。在制定传播策略的研究中逐渐突破"5W"模式，学者周大勇在《重塑东北形象：刻板印象的转变与积极传播》（2019 年）文章中依据艾利·爱若汉姆关于大众媒体对城市报道的四种类型研究，将东北媒介形象按照报道态度划归为正面的"丰裕形象"、负面的"一维形象"，并提出应利用积极传播和整合传播理论转换东北的刻板印象，做出了东北区域形象研究的理论创新。

总结以上，东北区域形象传播研究成果相对而言体量较小，尚未进入全面、深刻的研究阶段。单就研究对象来说，网络论坛、社交自媒体、移动音频媒体等尚未进入东北区域形象传播研究的视野。东北区域文化资源丰富，重塑和更新东北区域形象的空间相对较大，新兴媒介在这一层面的价值和功能还未被学界完全地发掘和肯定。基于媒介文化研究视角，东北区域形象作为东北地域文化的一种体现，其在不同媒介上的建构和塑造现状值得关注，结合移动传播时代的听觉回归研究，东北区域形象在移动音频平台上的塑造现状更应得到深入考察和思考。

三、研究设计

（一）研究对象平台的选取

1. 移动音频平台的定义

移动音频平台是指在手机、平板等智能移动终端提供网络音频内容及相关服务的应用平台，同类还有网络音频平台、移动音频媒体等称谓。但不是所有的移动音频平台和通过网络传播和收听的音频媒介内容都被列为此次的研究对象，例如"得到"等单一的知识付费类平台，只是依托音频媒介提供知识付费综合服务，如"咪咕阅读""番茄小说"等网络文学平台，也只是将文字搬运至音频媒介进行

---

① 高宁，田雷：《移动互联视域下黑龙江省媒介形象塑造的难点及解决途径——〈人民日报〉〈新京报〉〈生活报〉相关微博内容为例》，《新闻研究导刊》，2019 年第 10 期。

传播，再如"微信""QQ"等具有音频服务功能的综合社交媒体平台，并未将提供网络音频内容作为其主要发展业务，故这些平台不在此次研究范围之内。

2. 移动音频平台的分类

根据艾瑞咨询发布的 2020 年中国网络音频行业研究报告，网络音频平台可分为综合性音频平台和综合类阅读平台 [①]，综合性音频平台比较全面，提供包括音频播客节目、付费内容、音频直播、网络电台、有声书等全类型在内的音频内容或服务，综合类阅读平台是有声书的重要"根据地"，它提供网络文学、出版电子书、漫画、有声书在内多种形式数字阅读内容。另外，学者郭缨在 2018 年的博士论文研究中指出，移动听觉媒体可分类为依托传统广播电台而建的移动电台、专注某一细分领域的垂直类应用、提供多种类型的音频聚合平台及具有音频服务功能的其他类移动听觉媒体 [②]。这两种分类方式各有依据，但后一种分类方式较为全面细致，被采用来确定研究对象。

移动电台中有代表性的是央广新媒体的"云听"、北京人民广播电台的"听听FM"、上海广电的"阿基米德 FM"、吉林人民广播电台的"沐耳 FM"等；垂直类听觉应用包括有声书类、音乐类、新闻资讯类及生活感情服务类，对应的平台有"懒人畅听""企鹅 FM""QQ 音乐""酷狗音乐"等；头部的综合音频聚合平台有"喜马拉雅 FM""蜻蜓 FM""荔枝 FM"等。

根据以上分类基础，在华为应用市场搜索各类音频平台的下载量，发现由传统广播电台转型而来的移动电台应用下载量远不如其他几类，考虑到传播效度，故将研究对象的选择范围放在垂直听觉应用和综合音频聚合平台中。在综合音频聚合平台中，"喜马拉雅 FM"和"蜻蜓 FM"皆属于相同类型平台，研究范围重复，而"荔枝 FM"因具有大量 UGC 创作内容被破例（下载量）选入，以扩大研究范围。综合平台类型及下载量考虑，"懒人畅听""酷狗音乐""喜马拉雅FM""荔枝 FM"这四个平台被选为最终研究对象，分别代表具有一定用户数量的有声书类垂直应用、音乐类垂直应用、优质内容综合平台及 UGC 内容综合平台。

① 上海艾瑞市场咨询有限公司：《中国网络音频行业研究报告 2020 年》，《艾瑞咨询系列研究报告（2020 年第 5 期）》，2020 年，第 43 页。

② 郭缨：《移动传播时代听觉回归研究》，博士学位论文，华中科技大学新闻传播系，2018 年，第 98 页。

表 1　各类音频平台的下载量对比

平台分类		平台名称	下载量（次）
垂直类听觉应用	有声书类	懒人畅听	3 亿
		番茄畅听	7519 万
		猫耳 FM	3239 万
	音乐类	酷狗音乐	45 亿
		网易云音乐	33 亿
综合音频聚合平台		荔枝 FM	1 亿
		蜻蜓 FM	4 亿
		酷我畅听	5571 万
		喜马拉雅 FM	44 亿
移动电台		听听 FM	283 万
		阿基米德 FM	1540 万
		沐耳 FM	98 万
云听			1721 万

（二）研究样本的选取

前文已阐明选择"懒人畅听""喜马拉雅 FM""荔枝 FM""酷狗音乐"四大移动音频平台作为主要研究对象的原因，以及对五类音频节目进行筛选的标准，研究样本的抽取遂围绕这四个平台、五类音频节目展开。

首先，在四个平台中分别进行人工搜索"东北"有关的音频内容，搜索结果参差不齐。和东北有关的音频内容根据平台类型的不同而各有偏重，综合来说主要有有声书、评书、脱口秀、音乐和曲艺五种音频内容，因曲艺类节目的语言内容识别困难，故暂对前四种音频节目进行内容分析，曲艺节目仅做研究的辅助性判断。

第二，因节目种类涉及较多，故采用立意抽样法，对四个平台中的五类音频内容进行抽样，选取播放量排名前五的播单音频节目或单集音频节目组成抽样框，这种抽样方法能较好体现出塑造东北区域形象的主要音频内容。抽样框共由 64 个播单音频节目和 10 个单集音频节目组成，共 74 个音频节目。其中，除去曲艺类节目不做内容分析之外，其余 59 个音频节目，去重后共形成了 8812 个单集样本，单集节目时长在 3 分钟至 120 分钟不等。音乐类节目歌词采用方便，但大部分音频内容尚无文本信息可直接拿来做内容分析，故需大量的人工转换和校正，所以将抽样框全部内容进行内容分析不具备可操作性。

　　最后，鉴于工作量，便用到随机抽样法，对抽样框中除音乐类节目以外的音频节目进行随机抽样，从每个播单里随机选出 2 集音频内容进行内容转曲，人工转为文本形式，形成后续文本样本，以进行内容分析研究。即在含有 8812 个单集样本的抽样框中，最后筛选得到了 186 个音频内容作为最终研究样本，被转化为文本形式。

　　据统计，四大移动音频平台的数量占比分别为喜马拉雅 FM 占 27%、懒人畅听占 27%、荔枝 FM 占 20.2%、酷狗音乐占 25.6%，五类音频节目的数量占比分别为有声书占 27%、评书占 16.2%、脱口秀占 29.7%、音乐占 6.7%、曲艺占 20.2%，音乐类节目因为是全样本分析，所以实际占比并不低，总的来看，抽样占比比较均衡、全面。

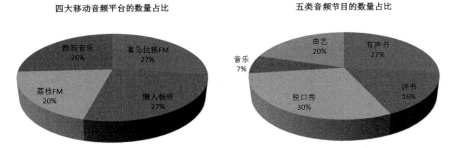

图 1　研究样本选取的数量占比

（三）编码表的设计

　　编码表的设计仅针对内容分析对象，即有声书、评书、脱口秀和音乐类节目。这些节目都是塑造东北区域形象的重点音频内容，但因内容风格不同，篇幅不一，无法建立一个统一的内容编码表和统一的分析单元，为达到编码表完整性、唯一性、可操作性等要求，必须针对相似的节目内容分别建立独立的编码系统，即有声书和评书节目为一组，脱口秀和音乐节目各建一组，共产生三组独立的编码表。这样才能准确的达成研究目的，呈现东北区域形象的塑造现状。

　　1. 有声书、评书节目的编码表设计说明

　　有声书、评书类节目都属于故事讲述类文体，且篇章结构相似，故可放在一起进行内容分析。这两类节目的分析单元为每个单集样本，共有 54 个待编码的研究样本。通过反复的编码和检验，确定这类的编码系统由两级类目组成，一级类目体现有声书、评书类节目通过讲述故事塑造东北区域形象时的大致倾向，分为民间鬼仙灵异类、抗日战争类、犯罪故事类和历史故事类这 4 个主要类目，二级类目通过呈现具体的故事情节来反映东北区域形象的塑造表现，民间鬼仙灵异类包括鬼怪修仙玄幻故事、人类与鬼仙故事、万物志怪故事，抗日战争类包括东北儿女英雄传、东北儿女抗日故事、东北军人故事，犯罪故事类包括犯罪刑侦故事、悍匪犯罪故事、黑道传奇故事、官场与黑道纠葛故事，历史故事类无二级类目，共 11 个二级类目。

除以上编码工作以外，还需要对有声书和评书的详细信息进行梳理，比如透过单集内容推断整个故事的时代背景、故事发生的主要地点、主要人物等。时代背景主要被分为古代、近代（1919 年—1949 年）、现代（20 世纪 80 年代和千禧年），故事发生的主要地点被分为城市和农村，主要人物则根据故事发生情节来划分。这些信息的梳理一方面有助于站在听众角度理解，在收听东北有关的有声书、评书节目时脑海中会产生怎样的东北区域形象，另一方面也防止了编码员针对的单集内容编码会以偏概全，忽略故事整体的表现倾向。

2. 脱口秀节目的编码表设计说明

脱口秀节目共有 30 个待编码样本，但这些脱口秀节目可以分为以下四类：与听众连麦脱口秀、讲段子笑话脱口秀、趣闻吐槽脱口秀及特定话题谈话节目，其中只有谈话节目是固定话题进行讨论，所以可以整篇编码，其余类型脱口秀因内容指涉太多而无法整篇编码。故将脱口秀—谈话节目的分析单元定为单集样本，则待编码样本数量为 5 个，其余类型的脱口秀内容的分析单元按照涉及话题的不同分为不同段落，则待编码样本数量为 250 个。

这种差异性所占比重不多，为了方便统计起见，所有类型的脱口秀节目均使用统一的编码系统，共分为两级类目。一级类目定位宏观话题分类，分为情感类话题、社会类话题、经济类话题、文化类话题和其他话题，意在展示东北区域形象的宏观环境。二级类目是一级类目的细分及延展，情感类话题分为两性、男女恋爱、婚姻生活和家庭生活，社会类话题分为民生、时政、职场、校园、疫情、政策、医疗 / 卫生 / 健康、公民权利、道德评价及外貌，经济类话题分为创业、电商、收入、公益、购物、灰色产业、服务业，文化类话题分为养宠、社交活动、饮食、回忆、娱乐、东北明星、休闲活动、东北方言、鬼怪灵异、梦想，其他类话题一般指主播粉丝见面会、粉丝留言表白主播等内容，无细分二级类目。总的来说，脱口类节目共有 5 个一级类目，32 个二级类目。除编码工作以外，脱口秀主播是否为东北户籍也在统计之中。

3. 音乐节目的编码表设计说明

音乐节目因内容文本较短，获取较为容易，遂进行全样本研究，按照该类别节目的研究筛选标准共获得 102 个待编码样本，并建立了三级类目的编码系统。

一级类目定位音乐内容对东北区域形象的大致呈现，分为诉思想道理、唱赞东北家乡、咏东北人民、唱东北情歌及其他。二级类目是一级类目的细分，诉思想道理分为诉人生哲理类、诉友情相处之道、诉家庭相处之道、诉做人做事原则，唱赞东北家乡分为唱赞家乡风物、唱赞家乡民俗及唱赞东北方言，咏东北人民分为咏赞东北女性、咏赞东北男性、咏赞东北人、唱东北明星人物，唱东北情歌分为唱民间二人转爱情小调、东北方言唱情歌及东北流行歌曲结合二人转小调，其他类无二级类目。三级类目针对可继续细分的二级类目，比如诉家庭相处之道可分为两性相处之道和家庭相处之道，咏赞东北人可分为咏赞东北人和咏赞东北农民。总结共有 5 个一级类目，14 个二级类目和 4 个三级类目。

整个编码过程需要用到三组编码类目表、三组编码表和相应的编码资料，由两个编码员共同完成。编码员在阅读编码类目表，并理解所有编码类目定义后，根据编码资料在编码表中一一进行编码。因为在之前的研究中没有发现可以借鉴的编码表，所以此研究属于"先验编码"，通过反复对文本进行研究和分析，反复编码来获得最后的编码系统。

在第一轮两位编码员完成编码后，需要测算编码表的信度指数，如果信度指数不够高说明编码类目表还存在定义不清晰或者完整性不足的问题，需要进行类目调整，并开始第二轮甚至第三轮编码。在确定编码员间信度 Cohen's Kappa 系数值[①]之后，对还有疑问的编码样本进行单独讨论，或请第三位编码员定夺，确定悬置的编码样本的具体归属，获得最终唯一的数据结果。本研究的三组编码类目表，经过多次反复修改及编码，最终通过 SPSS 数据统计软件获得三组编码员间信度指数，即 Kappa 系数值分别为有声书、评书节目 0.463、脱口秀节目 0.678、音乐类节目 0.688，总的来说，这三组编码系统具有中等至较高的信度。

表 2　Cohen's kappa 系数值表

Cohen's Kappa 系数值	一致性强度
<0.20	较低
0.21—0.40	一般
0.41—0.60	中等
0.61—0.80	较高
0.81—1.00	强

① Cohen's kappa 系数值的一致性强度代表两位编码员间信度，即达成一致的可能性高低。

四、研究发现

（一）有声书、评书节目里的东北区域形象

有声书、评书的类目内容分布表见下图，该图展现的是这类节目的主要故事情节分析，除此以外，从时代背景、主要地点、主要人物这三个维度还进行了统计分析。从 54 个研究样本的所得数据可看出，在自然环境、文化环境、社会环境层面，东北是民间鬼仙灵异事件的"高发地"，这一区域形象通过多部有声书、评书作品深入人心，这类型的虚构故事占比达 44%。其次呈现出东北是黑帮悍匪的江湖，这类作品占比 30%，最后才是广为人知的东北抗战英雄故地形象，这类作品占比 22%。

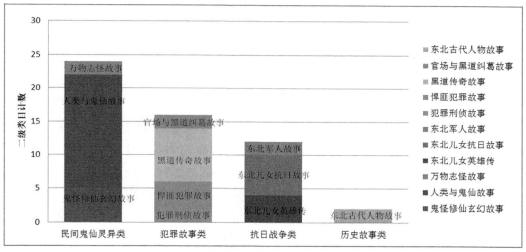

图 2　有声书、评书类目内容分布图

1. 鬼仙灵异之乡

在这类内容中，人类与鬼仙的灵异故事多发生在落后的东北农村，农村地区作为主要地点占比高达 83%，这一特征很大程度上为东北的农村地区蒙上了一层神秘的灵异色彩，63% 的故事主人公皆经历着从人类向仙家或者弟子的身份转换，只因其出生时背负着"仙缘"。所谓东北仙家、东北大仙、出马弟子等称谓，从文化意义上来说，起源于东北萨满教"万物皆有灵"的宗教习俗，一般有"狐、黄、白、柳、灰"五大仙，分别对应着狐狸、黄鼠狼、刺猬、蛇和老鼠这五类动物。在移动音频平台中，黄皮子，也就是黄鼠狼化身的黄大仙，以及狐狸狐仙出场频率较高，扮演主要角色，除外还有别的生物例如人参娃娃、塔山山神等"显灵"。在有声故事、评书故事中，这些"仙家"受到东北农村地区人民的供奉，认为其

可修炼幻化成人形，或附体在人类身上，保佑村村户户顺遂平安。另有值得说明的一点，75% 的这类故事时代背景不明晰，即给予听众很大的想象空间，认为这种"看事儿"的灵异文化，在东北至今仍然存在，无论是家人生病，还是运势不佳，都可以找到东北大仙进行求助。

2. 黑帮悍匪江湖

在这类故事中，75% 的故事主人公身份是东北黑道或东北悍匪，其中纪实类人物就有东北黑社会头目乔四、东北二王王宗方和王宗玮、东北贼王黄瘌子等。75% 的故事均发生于 20 世纪 80 年代，且故事主要发生地点都在城市环境中。即是说，这类故事将东北限定在了一个上世纪八十年代旧工业化城市的区域形象之中。八十年代之前的东北，作为"共和国长子"肩负工业化发展的重担，城镇化水平高居全国前列，在苏联的帮助下，东北三省，尤其是辽宁省，迅速成为当时国家经济发展的中心和重心，社会和谐、人民富有。但 1978 年改革开放后，中国经济发展中心南移，东北逐渐成为老工业基地，在外界看来，东北的戏剧和二人转开始登上人民的舞台，而只有长居在东北的人民才能深深感受到历史遗留的伤痛。大批的下岗失业潮一定程度上影响了社会稳定的秩序，失业意味着混乱、饥饿，甚至流离失所，社会动荡的大环境必定会成为滋生犯罪的土壤。当国家的意识形态机器运转出现问题，社会缺乏正向引导的舆论力量，大胆、谋略、狠辣、旁门左道等便成为立足社会的一种新的张力，催生出黑社会头目、悍匪、黑白通吃的黑帮大佬等这些反面角色。与其说听众在"猎奇"，在窥探这些风云人物背后的生活与故事，在想象东北黑社会的"义""勇""谋"，还不如说人们在缅怀那个高光时刻的东北，怀念东北傲居全国、地富民强、安居乐业的时代与形象。

3. 抗战英雄故地

这类故事总占比 22%，时代背景皆处于 1919 年至 1949 年之间，从东北广袤的山林土地、辽河松江，到民国时期经济发达的哈尔滨、大连、沈阳等城市，农村形象和城市形象均有展现。在主要人物的刻画身上，有东北的绿林好汉、义匪、进步军官、无产阶级革命者等个人形象，也有东北的民间抗联军、大义抗日军、国民救国军等群体形象。但是在这类故事中，历史真实人物的塑造并不是很多，仅占 33%，东北一代枭雄张作霖是为数不多的历史人物之一，对其生平故事的传奇改编和英雄豪杰般的人物塑造成为东北民国旧时代形象中浓墨重彩的一笔，另有历史人物萧祥，萧队长在著名评书艺术家袁阔成的《暴风骤雨》中，带领元茂屯儿的父老乡亲进行激烈的土地革命。而大多数的抗战时期英雄故事则属于半虚构作品，例如以冯家崴子为中心的辽河两岸儿女英雄传、辽西宜凌大义抗日军的传奇故事等。这里对于"半虚构"的定义在于，故事的发生地点、主要事件都是真实存在的，源自创作者自身的生活经历和记忆，而人物大多是创作出来的。所以在移动音频平台上，"张学良"等不再是代表东北英雄人物的唯一，还有东北进步军官冯德双、抗日军白狼纵队队长刘万德、自发组织抗日救国的义匪方振山等，以及很多代表民间力量的百姓人物，这些传奇而伟大的英雄故事正丰富着听众心里的东北红色形象、巩固东北红色文化。

表3 从四个维度对有声书和评书节目进行内容分析

主要情节	时代背景	主要地点	主要人物
民间鬼仙灵异类 （总24个）	不明18个 古代1个 近代2个 现代1个	农村20个 不明4个	人类有仙缘成为仙家或者弟子15个 遇到灵异事件的人类9个
犯罪故事类 （总16个）	现代16个 （20世纪80年代12个、2000年至今4个）	城市16个	东北警察2个 东北从政军人2个 东北黑帮8个 东北悍匪4个
抗日战争类 （总12个）	近代12个 （1919年—1949年）	城镇+农村2个 农村8个 城市2个	东北民间抗日武装8个 东北进步军官2个 丰碑无产阶级革命者2个
历史故事类 （总2个）	公元1000年以后2个	不明2个	东北古代名人2个

以上三点提取了这类节目在移动音频平台上塑造的东北区域形象特征，需要深度反思的是，大比例的鬼仙灵异类故事虽然为东北蒙上了一层奇幻的色彩，联合占比排名第二的黑帮悍匪类故事，一起满足着部分听众的"猎奇"心理需求，但这些高播放量节目对于塑造全新的现代化东北区域形象毫无益处。

前者将听众的注意力聚焦在了东北农村，忽略东北城市形象的塑造，时代背景的不明晰又会让听众把东北农村信奉"保家仙"的迷信色彩联想到现今东北社会，甚至会将陈旧、迂腐、落后等形象符号放大至整个东北地域。

而黑帮悍匪类故事虽然有了东北城市地域的影子，但故事背景均被设置在20世纪80—90年代东北社会转型期，大量的黑社会背景纪实人物和虚拟人物的社会活动渲染，加固了"东北黑社会"这一地域刻板印象，且将东北城市固定在衰败的、混乱的、暴力的老工业基地这一形象符号之中。即便是带有红色文化的抗日英雄类故事，对于传奇人物背后风流韵事的挖掘，对土匪、军阀等黑幕角色的塑造，也无形中削弱着东北区域红色形象的伟大叙事。

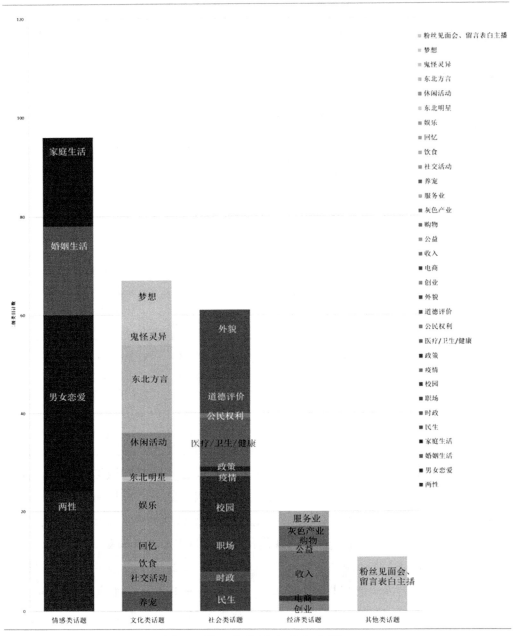

图 3　脱口秀类目内容分布图

最重要的是，有声书、评书类节目看似冠以"东北"的标题，将故事发生地、人物活动都限定在东北地域，可实际在收听过程中发现关于东北自然风貌、城乡景观、民俗活动等具体性的形象事物描述的很少。这种仅仅将"东北"悬置于节目标题当中，而在内容里较少"软性植入"东北的有声节目，对东北区域形象的更新与塑造也无法起到积极作用。

（二）脱口秀节目里的东北区域形象

以脱口秀节目主播的微博注册信息为主要统计根据，该类节目主播有 73% 为东北户籍，黑吉辽三省均有涉及，故节目内容的选择对东北有很大的倾向性。另一方面，部分主播会在节目开始自报家门，点明其东北户籍，听众在收听节目时，会不自觉把收听内容与东北相联系，形成东北区域形象的沉淀和固化。所以针对脱口秀节目会涉到的话题进行内容分类分析，255 个研究样本中，情感类话题以 37.6% 的比例占据榜首，次之是占 26.3% 的文化类话题，第三为占 23.9% 的社会类话题，经济类话题排第四，仅有 7.8%。

从占比最多的情感类话题中再细分出男女恋爱、两性话题和婚姻生活这一类与男女两性相关的子话题，和家庭生活这一类与家庭教育相关的子话题，主要触达的是东北区域形象中受文化影响的社会形象。深入分析这两类子话题的内容偏向发现，东北被赋予"女性地位较高"的社会形象，东北家庭与粗犷和佛系的教育方式挂钩。前一社会形象甚至可以用"反厌女"来总结和提炼，而后一社会形象则可以用"反溺爱"来突出体现。

1."反厌女"社会

或许用这种严肃的分析方法对待以娱乐和幽默为主的脱口秀节目不太适宜，但从听众角度出发，这些指向性明显的段子、笑话会潜移默化地塑造或加强特有区域形象，因此进行深度分析是必要的。

此处必须先行解释一下何为"厌女文化"，了解这个概念后才能结合音频内容得出东北社会有"反厌女"倾向这个结论。所谓"厌女（Misogyny）"，也叫"厌女症"，《文学批评术语词典》将其定义为"女性主义批评批判男性中心文学时常用的术语，指歪曲、贬低妇女形象，把一切罪过都归诸女人的情绪或主题"。[①] 现实生活中，在以男性中心的性别秩序里，女性只能按照一定的地位、角色等规范和期待来生活，例如男人天生在外打拼，女人天生更适合在家相夫教子；女子无才便是德；好女不嫁二夫郎等话语皆体现出"厌女"的思想投射和男性凝视。

而在脱口秀节目中的东北，女性的社会地位，尤其是家庭地位，是远高于"平等"这一级别的。从男女恋爱、两性和婚姻生活这三个二级类目内容分析中可见，

---

① 王先霈，王又平：《文学批评术语词典》，上海：上海文艺出版社，1999 年，第 609 页。

恋爱中的东北女孩是直爽泼辣的，勇敢追爱，手撕渣男，洒脱利落；婚姻中的东北女性是被丈夫捧在手心里的，不仅手握家庭经济权力，丈夫还会主动承担家务、带娃等婚姻琐碎，言语上不敢稍有怠慢，遭受"暴力"待遇是常有之事，充分体现了东北"反厌女"的社会文化。虽然脱口秀节目为了播出效果会使用夸张、幽默的表现手法，但反观东北的历史文化和当下社会发展现状，东北在移动音频平台上呈现出的男女平等社会形象是可以得到印证的。

2021 年第七次全国人口普查公布数据，在全国范围内男性人口均多余女性人口的趋势下，辽宁省和吉林省竟然出现了相反的情况，女性人口占比均为 50.08%，男性人口占比均为 49.92%（数据来源于国家统计局）。中国实行计划生育国策的 20 世纪 80 年代，已迈入工业社会的东北是计划生育政策执行力最高的地区，最先跳脱出了重男轻女的封建思想。2017 年 3 月 8 日，沈阳市妇联、沈阳市民政局联合建立了沈阳市家庭暴力庇护中心，首创增设了男性庇护宿舍，成为全国第一家男性家暴庇护中心，这一事件甚至反转了东北男人彪悍、爱打老婆等地域刻板印象。历史上，东北自然生存环境的恶劣，女性就必须参与到实际生产活动中，在渔猎、游牧、拓荒、迁徙等危险而艰苦的活动中锤炼出坚韧的精神品质，因此东北女性性格泼辣、行为果敢、情感粗放、思维直率。[1] 东北父母教育子女也是男女要平等相待、互相尊重，女孩也要勇敢干练、能担事儿、有闯劲儿。脱口秀节目中拥有更高家庭地位的东北女性或许是东北社会的真实写照，呈现出东北"反厌女"的社会形象。

2. "反溺爱"家庭

家庭教育这个二级类目本身是针对亲子教育、亲子活动等内容建立的，此类脱口秀内容大量的呈现出东北父母粗犷和"佛系"的教育方式，包括直言不讳地说出孩子的错误和缺点，孩子学习上进行"放养教育"等，而更多的是出于关心的角度直接动手教育孩子。为了节目效果，脱口秀上的东北父母个个身手了得，经常会给孩子打出"脑震荡"（娱乐效果）、红手印。能听出东北父母是期待自己的孩子具有顽强的生命力，遇事洒脱豪放、性格乐观积极，相比循循善诱的教育方式，东北父母不屑于和孩子磨嘴皮子，能动手解决的问题绝不动嘴。

或许性格直爽、彪悍的东北父母喜欢用"行动"教育孩子，可是在教育培养的支持和关注力度上，节目中放养式家庭教育的形象似乎在东北现实社会中站不住脚。中国第七次人口普查结果显示，东北拥有大学（大专及以上）文化程度的人口接近甚至高于全国平均水平，全国 15467 人 /10 万人，辽宁 18216 人 /10 万

---

① 孟繁华：《东北文化与东北文艺》，北京：科学出版社，2019 年，第 123 页。

人，吉林 16738 人 /10 万人，黑龙江 14793 人 /10 万人。在全国 15 岁及以上人口的平均受教育年限方面，东三省也全部超过全国平均水平，全国 9.91 年，辽宁 10.34 年，吉林 10.17 年，黑龙江 9.93 年（数据来源于国家统计局）。可见脱口秀节目在东北家庭教育这一社会形象的宣扬中会起到一定的消极作用。

除以上形象元素以外，在文化类话题中"东北方言"也值得在此探讨和说明。脱口秀主播通过东北方言演绎节目吸引听众已属惯常事例，但该类话题下占比约 26.9% 的"东北方言"内容则是脱口秀主播专门介绍和解释东北方言文化，并模仿和对比东北方言，详细见下表 4。

表 4 东北方言的演绎细则

项目	详细介绍
东北方言演绎生物名词	家巧儿（小鸟）、马灵（蜻蜓）、胡铁儿（蝴蝶）、扁担钩（蝗虫）等
东北方言演绎和解释日常用语	"五脊六兽、埋了吧汰、毛愣三光、秃噜反账，造的皮儿片的、整的魂儿化的、尿性"等，分别是"特别无聊、脏乱不堪、办事不踏实、地方弄得乱七八糟的、脸不常洗弄得特别脏、厉害"等意思
借助热点事件进行方言对比演绎	日本著名乒乓球选手福原爱（会说东北话）嫁给中国台湾运动员江宏杰，主播进行东北方言和台湾话对比演绎，"我要给你整个世界。""那你整呗。""你造吗？爱酱，你做锅包肉真的好好吃哦！""我不造，你造吧，你可劲儿造啊。"①
科普东北话入门指南	主播在节目中介绍"东北话极简入门指南"，直言"凡事儿加个大，一秒学会东北话。"

任何方言都是地域的文化形象名片，东北方言脱胎于冀鲁官话和胶辽官话，给东北区域形象赋予了豪放、直率、幽默等文化特征。①

可是反观音频脱口秀的整体语言风格，无论是哪类话题内容，都会充斥着大量的三俗内容（庸俗、低俗和媚俗），或是打着色情内容的"擦边球"，传播性相关的话题。缺少脱口秀对社会现状的反思和批判，缺少内容的独立思考，主播缺少正面宣传东北区域形象的意识。虽然节目满足了听众娱乐化的需求，但是对东北区域形象的塑造产生着负面的影响。不过放眼音频脱口秀节目整体，不光是东北脱口秀存在以上问题，别地域脱口秀同样存在这种"泛娱乐化"倾向。

---

① "造"在东北方言里是"吃饭"的意思，一般运用在关系比较亲近的亲友身上。

（三）音乐节目里的东北区域形象

去重及去除与东北无关的歌曲后，对 102 个音乐类节目进行内容分析，发现在一级类目中唱赞东北家乡的歌曲占比最高，为 27.5%，其次是咏赞东北人民类的歌曲，占 25.5%，最后两类是诉思想道理歌曲与唱东北情歌歌曲，占比相同，均为 22.5%。鉴于音乐节目是全样本抽样，且单个文本量较少，为深入了解歌曲的详细内容，可分门别类地进行词频分析。例如，对占比最大的唱赞家乡风物和民俗类歌词进行名词词频统计，对占比第二的唱赞东北人类歌词进行形容词词频统计等，见图 4。

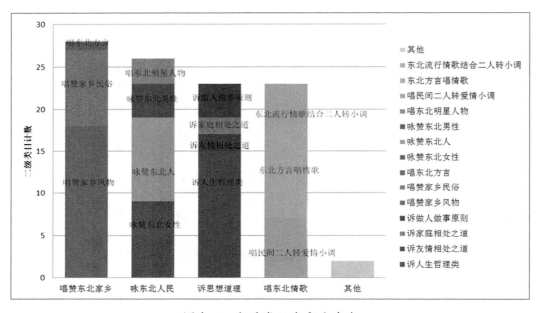

图表 4　音乐类目内容分布表

1.“二人转、黑土地、关东”——东北家乡

将唱赞东北家乡风物和民俗的歌曲歌词（名词）输入至图悦词频分析工具中后发现，排名前十的名词分别是“二人转、黑土地、关东、秧歌、炕头、锣鼓、棉裤、唢呐、雪花”。可以看出，排名前三名词所指代的风物与民俗是与东北历史文化紧密相关的，“二人转”在东北已有 300 多年的历史，自中国的媒体发展重心从广播转为电视后，东北二人转凭借多次登上春晚舞台成为东北文化的重要代名词之一，受到全国人民的喜爱。“黑土地”则凝练了东北农业产业发展态势良好的形象符号，东北地区作为“中华大粮仓”，拥有黑龙江和吉林两个农业大省，广袤的黑土地成为东北区域形象的特征实至名归。再说“关东”地域，以山海关为界，再往东北方向的地界统称“关东”“关内”，离开东北叫“出关”“去关西／关外”，

"闯关东"即是我国自清初起直至新中国成立前期的移民活动，也是人类历史上最大的移民潮，更是形成当前东北移民社会和关东文化的直接成因。凸显以上形象元素的代表性歌曲有《家在东北》《东北二人转》《东北的冬》《二人转东北人》《东北东北》等。

东北歌手对家乡的寄思和咏赞充满了乡土气息，不仅歌词语言过于直白，缺乏审美的想象，而且缺少城市形象等多元参与，比如东北城市地区的著名景点、特色建筑、街区闹市等元素皆缺位于这类歌曲当中。对比 2016 年走红网络的《西安人的歌》，"古城墙""大厦高楼""护城河"等关键歌词将历史气息与城市钢铁森林紧密结合在一起，"贾平凹"还增添了西安形象的文学色彩，将"阳春白雪"与"下里巴人"形象元素平衡起来进行传播，是在东北歌曲中看不到的。

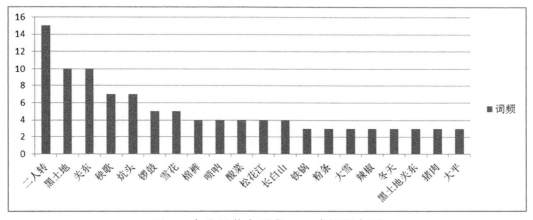

图 5　东北风物与民俗——名词词频图

2. "亮嗓门、豪爽、热情"——东北人

在唱赞东北人的这类歌曲中，形容词被作为关键词频统计被录入，结果发现"亮嗓门、豪爽、热情、善良、实实在在、火辣、好客、敞亮、孝顺、老爷们"这十个形容词排名前十，与笔者既存的东北人印象基本一致，也与电视荧幕中小品、相声、影视剧等节目中的东北人形象类似，例如有《东北汉子》《东北人》《关东小子就是这么犟》《东北人都是活雷锋》等，笔者认为这类歌曲加固了听众心中既有的东北人刻板形象。

值得注意的是，对东北女性的唱赞歌曲数量是多于东北男性的，在这类歌曲中，全篇唱赞东北女性的歌曲占 34.6%，单纯唱赞东北男性的歌曲仅占 15.4%。前文所述的东北女性社会地位高这一内容，或可在这里得到印证。东北地区的女性角色在大众传媒上有突出表现，这对北方地区来说是相对特殊的，因为从固有印象出发，北方地域形象倾向于塑造威武雄浑的男性形象，而南方地域则偏向于塑造温柔秀美的女性形象，这是不同地域环境影响下的不同性格特征，而东北女性的"出圈"表现能够打破这种固有印象，使得女性形象成为东北区域形象中的一个特殊元素。唱赞东北女性的代表性歌曲有《东北女人》《东北姑娘》《姐是东北的》《东北女人贼拉拉的美》等。

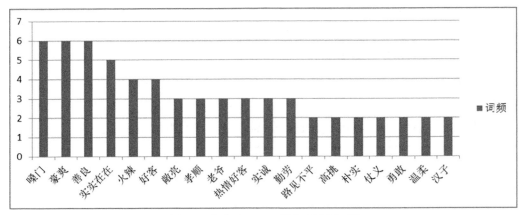

图 6　东北人——形容词词频图

除以上形象以外，"诉思想道理"和"唱东北情歌"类音乐节目还体现出了东北人民具有一定倾向性人生哲思和情感态度，前者主要表现在人生哲理、亲友相处之道、做人做事原则等方面，代表性歌曲有《求索》《要啥自行车》《扎心了老铁》《活出个样来给自己看》《多点真诚少点套路》《没事儿少扯》等，后者则主要是与爱情相关的情感抒发，例如《送情郎》《叹情缘》《亲爱的姑娘》《情人迷》等。对这些抒发情感、带有主观价值的音乐节目进行全样本词频分析，形成如下图所示的词频云图，可看出面对生活中的困难和坎坷，东北人倡导继续拼搏和努力，用坚韧的态度去面对，遇到挫折尊崇情谊至上、欢乐无价。这种积极又简单的态度同样适用于东北人对爱情的追求，坦率直白的表达、诙谐幽默的抒情，透着对于感情的自信和骄傲，以及对爱情和婚姻的向往，这种大开大合极度有别于喜欢迂回表达、曲折婉转的南方抒情流派，这些节目丰富和饱满了东北人民形象，融合成东北区域的道德环境和情感环境。

最后，前文提到曲艺类节目因内容识别困难仅做辅助性分析，对抽样框中的15个曲艺类节目播单进行分类统计，发现东北大鼓类曲艺节目仅占20%，而另一类曲艺节目为东北二人转，占比高达80%，这一数据倾向又把东北区域形象与"二人转"形象符号进行挂钩，强化了该印象元素。

五、结语与反思

在东北区域形象并不完全等同于东北区域的现实形象时，研究移动音频平台对区域形象产生的塑造作用意义重大，因为"大众传播影响范围最广、传播速度最快，对区域形象的塑造产生的作用最为明显①"。但是反观数据结果，这四大移动音频平台中的五类音频节目所塑造的东北区域形象是存在一定问题的，结合具体音频内容与现实情况，从以下几个方面提出反思与总结。

（一）呈现泛娱乐化倾向，形象塑造滋生负面影响

前述移动音频平台中的五类节目均存在泛娱乐化的内容倾向。在有声书、评书类节目中，占比最高的属民间鬼仙灵异类故事，其次是犯罪故事类，在娱乐化需求的引导下，这些故事叙事让东北充满迷信、灵异和暴力的色彩。结合内容，故事文本透漏出空泛、夸张的娱乐化气息，节目主播或在极力渲染东北"看事儿"、"拜仙儿"的灵异气氛，或在编排黑道"风云人物"威霸一方的野史韵事，较少实质性的传播与东北文化相关的内容。在脱口秀节目中，低俗化的娱乐倾向更为严重，用东北话讲段子和笑话的脱口秀节目透着"愚乐""低智""庸俗"，缺乏严肃的思考，还夹带着大量色情、低俗的相关内容，极尽娱乐之能事，为了娱乐而娱乐。虽然在大众传媒环境中，东北人向来擅长制造欢乐，但过度的娱乐营销必然会侵占东北积极精神文化的领地，缺乏传播东北地域文化和积极形象的优质节目，使得"劣币"驱逐了"良币"。

随着有声书节目愈来愈受到资本的青睐，音频节目的制作方为了追求片面的经济效益将无视节目的形象塑造和人文教化功能，目前移动音频平台主流节目的表现能否满足听众的精神文化需求尚值得怀疑，但一定对塑造正面的东北区域形象存在的消极影响。

（二）形象元素单一陈旧，缺乏经济政治公共话语

先说东北区域形象元素单一的问题。"所谓区域形象，就是一区域内部公众和外部公众对该地区政治、经济、社会、文化与地理等方面状况的认识与评价。"②基于以上定义，区域形象的呈现应该是全面的、多元的，但是在移动音频平台中，东北区域形象中的政治、经济、地理（自然）等如此重要的形象元素竟然是缺位的。这种"单一化"倾向具体到细节，可结合"陈旧化"一起分析。

---

① 王新萍，康福升：《从传播学的视角探索区域形象塑造》，《新闻知识》，2006年第1期。
② 郑萍，陈样平：《"大型媒体行动"塑造陕西区域形象效果探析》，《新闻知识》，2010年第4期。

1. 东北农村地区形象占比较大，乡土化严重，缺少城市地区形象的参与

这和问题主要体现在有声书、评书及音乐类节目中。就算是以城市环境为背景，也被聚焦于 20 世纪 80 年代至 21 世纪 00 年代这一个固定区间，陈旧的、混乱的东北旧工业基地形象展漏无疑，暂未发现现代化的新东北形象音频内容表达与叙事，存在东北区域形象媒介表达异化的问题。

2. 东北方言"天下一套磕"

借助东北小品、相声等语言类节目被全国观众所熟悉的东北方言，在移动音频平台上出现了重复化、陈旧化、同质化等问题，"嘎哈呀""你瞅啥""削你啊""要啥自行车"等土味幽默的东北话被运用到泛滥，这些东北方言相对具有年代感，它们的过度使用与重复消费不免会让东北区域的文化形象走向娱乐的尽头，没有新鲜血液的填充，进而逐渐空壳化。

3. 东北区域形象陈旧的"赵本山化"

从频繁穿插"本山式"民间喜剧元素的东北脱口秀节目，到多以"赵家班"为主唱歌手的东北歌曲，移动音频平台，尤其是酷狗音乐平台，东北区域形象仿佛仍停留在受《乡村爱情》《马大帅》《刘老根》等农村生活喜剧影响的状态下。尽管赵本山本人在当下已经在文艺圈中几近销声匿迹，但其于 2001 年始塑造的东北新农村形象再无更新，旧形象仍绕梁于移动音频平台中。

（三）形象顶层设计缺位，传播主体缺少政府参与

问题的存在需要追根溯源，在这里将从传播内容逐渐引申至传播主体分析。此次研究样本中，单以播放量为衡量维度，四大移动音频平台没有一个由官方制作和发布的节目入选，可以判定，东北的官方"声音"在这类平台中塑造东北区域形象时是失语的，甚至无效的。对入选的传播主体做一个大致分类，分别是拥有有声书版权的专业配音生产机构、拥有评书版权音频节目团队、脱口秀节目声优工作室或调频广播、个人 UGC 兴趣主播等，可以看出虽然传播主体市场化程度较高，但缺少政府主体的参与。

搜索黑龙江、吉林、辽宁三省人民政府网站，仅在黑龙江省文化和旅游厅印发的《"十四五"文化和旅游发展规划》的通知上发现了该省对数字文化产业结构优化提出了推进建议，"实施文化产业数字化战略，推进艺术品、文物、非物质文化遗产等文化资源数字化转化与开发，……提高网络游戏、网络文学、网络音乐、网络表演等网络文化产品原创能力和文化品位。"未发现官方针对具体网络传媒平台发布的区域形象管理文件，缺乏依据媒体种类和特性进行区域形象传播和塑造的顶层设计与规划。

　　但不能完全否认东北地区政府主体为塑造各级区域形象做出的努力，有一些由官方主导的区域形象传播样态因播放量问题未被选入笔者的研究样本中，在此进行说明和补充。喜马拉雅 FM 移动音频平台的首页主频道中开设了以城市为主要单位的音频频道，包括本地电台、热点新闻播报、古城历史、城市周刊等，用户可任意切换想要了解的城市。每个城市依据其文旅信息的丰富程度下设不同的音频内容，但基本上只有国内一、二线城市和各省省会城市的频道内容比较丰富。以东北三省为例，分别收听了哈尔滨、长春、沈阳、大连等省会和旅游城市频道，发现一些由市文化广播电视、文化和旅游局、网络与信息化办公室，甚至由市公安局等职能部门主导发布的音频内容。虽然这些音频节目丰富和补充了东北区域形象，但却因播放量等投放宣传问题未能进入到东北主流音频内容阵营当中。

　　区域形象的形成过程要实现三种形态的转变，即"区域现实形态——区域形象传播形态——区域形象公众认知形态"[1]，立足移动音频平台研究东北区域形象的塑造现状则是针对第二形态，或者说第二阶段进行的。随着移动音频媒体发展愈见壮大，应该极力关切该类融合媒体平台对区域形象传播和塑造的潜力。

---

　　[1]　张蓉，杨春娜：《传播学视域下的陕西区域形象研究》，《陕西广播电视大学学报》，2009 年第 11 期。

中国近代海外第一份官办英文报纸:《联合公务报》*

The first overseas official English newspaper in modern China: United Service Gazette

种晓明**

Chong　Xiaoming

摘　要: 1876 年至 1878 年间,晚清海关在英国伦敦秘密筹办了一份英文官报:《联合公务报》(United Service Gazette)。该报以民办报纸的面目出现,但从现有资料考得,在这一时间段内,它是由清政府官方出资买办的,应该属于清政府的官方报纸,该报也是中国新闻史上第一份海外官办的英文报纸。文章从当时存留的相关史料中寻绎出《联合公务报》的办报原因背景、办报过程及宣传内容,探究赫德治下的晚清海关对外宣传中国形象的主要方式及其效果。

Abstract: From 1876 to 1878, the Chinese Imperial Maritime Customs During the Late Qing Dynasty secretly run an English official newspaper named "United Service Gazette" in London. The newspaper appeared as a private newspaper, according to currently available studies, it was bought by the Qing government and should belong to the official newspaper of the Qing government. This newspaper is also the first official overseas English newspaper in Chinese Journalism history. The article finds out the background, process and the propaganda contents of "United Service Gazette" from the relevant historical materials at that time. It explores the main approaches that Robert Hart, the founder of the newspaper and the Inspector-General of Chinese Imperial Maritime Customs Service, publicized the image of China, and

---

*　基金项目:本文为安徽大学新闻传播学院孔正毅教授主持的国家社科基金项目"我国古代媒介制度研究"(项目编号:19BXW007)阶段性成果。

**　作者简介:种晓明,女,1981 年,合肥人。安徽大学新闻传播学院,讲师,安徽大学新闻传播学院新闻学 2019 级博士生。主要研究方向:外国出版,版权法规,阅读研究。

figues out its effect.

关键词：《联合公务报》；英文官报；海外办报

Keywords: United Service Gazette; English official newspaper; Run a newspaper overseas

目前，关于中国报刊史的研究范围，多集中在国内外中文报刊的发生、发展概况等方面，国内的外文报刊研究尚处于零星的散点透视阶段，[①] 而由中国政府出资筹办的外文海外报刊，更是闻所未闻。最近，笔者在整理晚清海关图书文献时，发现一份由晚清政府出资在海外兴办的英文报纸：《联合公务报》（United Service Gazette）。这是目前发现的最早的中国政府在海外所办的官报，也是中国新闻史上第一份海外官办的英文报纸。

1876 年至 1878 年间，晚清海关总税务司罗伯特·赫德[②] 指示大清海关驻伦敦办事处主任金登干[③] 在英国伦敦秘密买办了一份英文报纸，由《泰晤士报》记者威廉·霍华德·拉塞尔[④] 出面协商并且作为名义上的购买者和主事者。

由于特殊的历史原因，这份报纸的买办情形比较复杂。它在本质上是由清政府在英国所办的官办报纸，但又不得不遮遮掩掩以"民间面目"出现。它的兴办机构晚清海关是中国的行政机构，但实行的是外籍税务司管理制度。其兴办者赫德虽然坦言"我固为英国人"[⑤]，但他时为清政府幕僚官员，代表清政府处理海关事务。《联合公务报》由赫德代表清政府出资买办，其性质当然属于清政府的官报。由于该报主办人赫德的特殊身份和"民间代理"等原因，才使得这份由中国政府主办的海外英文报纸，尘封了一百多年，未被揭晓。

一、《联合公务报》的基本情况

《联合公务报》（United Service Gazette）的基本情况据《大不列颠及爱尔兰的 19 世纪新闻词典》（*Dictionary of Nineteenth-century Journalism in Great Britain*

---

① 例如，程曼丽：《〈蜜蜂华报〉研究》，北京：清华大学出版社，2015 年；张西平：《＜中国丛报＞篇名目录及分类索引》，桂林：广西师范大学出版社，2008 年。

② 罗伯特·赫德（Robert Hart，1835—1911），英国人。1861 年到 1908 年，他任职晚清海关总税务司近半个世纪之久。

③ 金登干（James Duncan Campbell，1833—1907），英国人。他任晚清海关驻伦敦办事处主任时，秘密主管《联合公务报》的买办事宜。《中国海关密档：赫德、金登干函电汇编,1874—1907》一书共辑赫德与金登干往来信件 3528 封，电稿 4496 份，其中多封含有关于《联合公务报》买办的内容。

④ 威廉·霍华德·拉塞尔（William Howard Russell，1821—1907），《泰晤士报》记者。他因有一子名叫劳俄（W.B.Russell）在中国海关工作，故与赫德往来密切。

⑤ 郭嵩焘：《郭嵩焘日记（第三卷）》，长沙：湖南人民出版社，1983 年，第 49 页。

and Ireland）载：该报创刊于 1833 年 2 月，1921 年 12 月终刊，出版周期为周报[1]。该词典把它归类到军事周刊（military periodicals）中，属于为军队服务的报纸，尤其是 1850 年之前，服务军队的宗旨更为明显。

该报创办人 Alaric Watts 既是记者也是编辑，他办报的意图是侧重于报道军队（尤其是英国皇家海军陆战队）的消息。后来该报由于经营不善，几经转手。在 19 世纪 40 年代，每周的发行量大约 1300 多份。又由于它的订户多为军团，所以，该报的实际读者估计平均每份有 30 到 50 人。[2]

此外，根据英国报纸档案馆网站[3]的检索记录，《联合公务报》的报道和评论曾被诸多同时代的报纸引用，相关记录达到 4 万多条。但从被引用的数量上看，1876 年后，其被引的记录越来越少，这也符合该报在 1876 年左右出售给晚清海关税务司的事实。在 1876 年至 1878 年间，该报成为晚清政府的海外英文官报，主要登载晚清中国政府较为客观或正面的信息，因此，据此推测，当时其他对中国有敌意的英国报纸，转载或评论它的数量自然就会逐渐变少。

另据称：澳大利亚图书馆现存有 1879 到 1886 年的该报部分报纸，标注它的类别是军事类，海军和国际大都会的纪事报（military, naval, and cosmopolitan chronicle），由 Spottiswoode 有限公司印制，[4]具体情形有待进一步访查。

二、《联合公务报》的买办背景

《中国海关密档：赫德、金登干函电汇编（1874～1907）》第一卷和第二卷中，共存有赫、金往来函电十几封，是关于购买《联合公务报》的背景和具体原因的。

（一）购买《联合公务报》的根本原因

当时国外对中国的各种印象和言论较为负面，但赫德认为维持清政府的统治现状是最佳选择，他希望通过报纸宣传使得国外政府和公众更加客观全面地了解中国和清政府，同时也为了宣扬自己在海关的政绩。

欧洲启蒙运动后期，由于《鲁滨逊漂流记》等小说的负面描写以及早期西方使团在华被驱逐的经历，逐步造成了西方人对中国的批评和蔑视超过了此前的赞美。鸦片战争后，随着国门洞开，旧中国落后愚昧的记载被来华的外国人不断传

---

① Brake,L., & Demoor,M eds., *Dictionary of Nineteenth-century Journalism in Great Britain and Ireland*, Ghent:Academia Press, 2009, pp.412.

② Brake,L., & Demoor,M eds., *Dictionary of Nineteenth-century Journalism in Great Britain and Ireland*, Ghent:Academia Press, 2009, pp.646.

③ 英国报纸档案馆网站：关于《联合公务报》的检索记录，2020 年 7 月 5 日。

④ 澳大利亚图书馆网站：关于《联合公务报》的检索记录，2020 年 7 月 5 日。

播，西方的一般公众对中国普遍存在轻视态度①。如，在《联合公务报》买办前夕，正是美国加州等地排挤中国人的高潮。1876 年，为了争夺加州选票，两党更是力主排斥中国人的政策②。更深层的原因是 19 世纪西欧等列强已经逐步形成了全球化殖民体系，通过把自己塑造成拯救者的形象来"污名化中国"，目的是为了掩盖其真实的侵略意图。正是在这一历史背景下，武力改造甚至瓜分中国的观点成为当时西方的主流声音。金登干在信中多次描述当时英国媒体上对中国的言论情况，如"报纸上充斥着来自中国的耸人听闻的电讯"③。

赫德在中国海关任职长达半个世纪，对中国的问题有深刻而清醒地认识，他曾写过一系列关于中国当时状况的论文，发表在国外的报纸上，被后人结集出版为《这些从秦国来——中国问题论集》。论集中，他站在清政府雇佣官员和英国代理人的立场上对列强处置和剥削中国等问题，系统地阐述了自己的主张。

他反对当时列强普遍存在的"瓜分论"和"改朝换代论"，认为这两种方式将会导致中国动乱苦难或软弱耻辱，这样做对列强不利，特别是对英国不利。赫德赞成并极力主张的是"补缀满洲人的统治"。他认为"现在的这个王朝还远没有衰老，它的命令还通行于全中国，承认这个王朝将会是所有国家都同意的最容易的解决办法，而给它以支持会比任何其他行动都能更迅速、更有效地恢复全面的安宁"④。因此，赫德一直致力于缓和中外关系，希望通过舆论来塑造正常的清政府和海关形象。

（二）《联合公务报》买办的直接诱因是"马嘉理事件"

"马嘉理事件"发生后，赫德作为该事件中英双方的斡旋人，与英国公使威妥玛理念不合，甚至发展到互不理睬的地步，赫德希望借助舆论促使英国更换公使人选。

"马嘉理事件"又称"滇案"。1875 年 10 月，为了打通进入中国西南的贸易交通线，英国上校柏郎带领探路队员约 200 余人，想从缅甸境内进入中国云南。英国公使威妥玛派出心腹马嘉理（时任英国驻华使馆副领事）作为翻译并为他们带路。马嘉理等先遣人员遇到当地哇椒硐及云岩硐人索要"过山礼"，马嘉理贸然开

————

① 李勇：《世界的中国形象丛书：西欧的中国形象》，北京：人民出版社，2010 年，第 212—214 页、第 224—225 页。

② [美]哈罗德·伊萨克斯：《美国的中国形象》，北京：时事出版社，1999 年，第 98 页。

③ 陈霞飞主编：《中国海关密档 1：赫德、金登干函电汇编（1874 ~ 1907）》，北京：中华书局，1990 年，第 291 页。

④ [英]赫德：《这些从秦国来——中国问题论集》，天津：天津古籍出版社，2005 年，第 31—32 页。

枪后被砍死①。事发后，威妥玛认为当地官员是主谋，借机节外生枝，向清政府提出了多年来中英间一直悬而未决的问题，包括增辟商埠、租界内外国商品免征厘金等。威妥玛在交涉中态度蛮横，动辄以断绝外交关系来进行恫吓，并离京赴沪，使和谈陷入僵局。

赫德虽然与威妥玛根本利益一致，但个体利益有别。在华多年，赫德长袖善舞，与清政府高层关系密切，他深知采用怀柔政策并保全清政府的面子是更好的谈判方法。但威妥玛与李鸿章协商"马嘉理案"时，狂妄无礼，使老于官场、持妥协态度的李鸿章也"殊甚骇异"②。1876 年 5 月 12 日，赫德写信向金登干抱怨道："威妥玛现在在总理衙门陈述他对云南的司法工作的看法。他明显地表示不满，在以后的几个星期，他会给我们带来各种焦虑和不安的。他还不知道他将要求的是什么，但是他现在寻求的是一种虚幻的目标，一种必须保证未来的东西！"③这说明双方关系的紧张。

威妥玛和部分列强为了逼迫清政府出让更多的利益，在国内外媒体上大肆制造战争舆论④，这与赫德的对华理念有根本冲突。1875 年 10 月 1 日，金登干写道："来自中国的电讯很令人吃惊，而此间舆论强烈主战——然而，假定这些消息属实，我相信中国已到了紧急关头。"⑤；1875 年 10 月 8 日，金登干又写道："我 10 月 4 日给您发过电报，告诉您此间关于对华战争的公众舆论情况；今天又给你发电报，告您德比勋爵昨晚在利物浦演说中的言论。大多数人耽心迟早会和中国兵戎相见，并且他们觉得越早发动越好。"⑥

可见，国内外舆论与赫德对于中国的态度大相径庭。在此种背景下，赫德想通过主办一个刊物的方式，来扭转舆论的不利局面。于是，他电报指示金登干"策动报纸建议和鼓吹派遣一个特别使团"⑦。这或许是买办该报的一个重要契机。

（三）当时大多数外国报纸对中国报道的偏见是《联合公务报》创办的客观原因

晚清时期，大多数外国报纸对中国问题，或漠不关心或存在偏见，愿意为赫德和清政府鼓吹的报纸很少，还经常出现各种差错甚至负面报道。因此，赫德只能

---

① 孙代兴：《"马嘉理事件"之历史考察》，《云南社会科学》，1987 年第 3 期。
② 陈霞飞主编：《中国海关密档 1：赫德、金登干函电汇编（1874～1907)》，第 291—292 页。
③ 陈霞飞主编：《中国海关密档 1：赫德、金登干函电汇编（1874～1907)》，第 398 页。
④ 陈霞飞主编：《中国海关密档 1：赫德、金登干函电汇编（1874～1907)》，第 306 页。
⑤ 陈霞飞主编：《中国海关密档 1：赫德、金登干函电汇编（1874～1907)》，第 305 页。
⑥ 陈霞飞主编：《中国海关密档 1：赫德、金登干函电汇编（1874～1907)》，第 308 页。
⑦ 陈霞飞主编：《中国海关密档 1：赫德、金登干函电汇编（1874～1907)》，第 441 页。

寄希望一份中国自己办的报纸。

根据西方新闻发展史，当时的西方报业多数已成为典型的商业化产业。19世纪50年代到80年代，英国的廉价大众报刊兴起。到了19世纪下半叶，又出现了众多规模较大的报纸，报纸竞争激烈。而作为消费者的一般公众对中国这个遥远的国度，或者很少在意，或者偏听偏信。因此，愿意刊登中国正面消息的英国报纸很少。[①]

从相关史料看，金登干当时供稿的媒体主要有两家，分别是《泰晤士报》（The Times）和《帕尔慕尔报》（Pall Mall Gazette）[②]。这两家报纸当时都属于规模较大的知名报纸。《泰晤士报》还是英国唯一在中国有"特派记者"的报纸，所以，它们的报道都较有权威和影响力。

金登干与这两家报纸往来密切。如1875年2月12日金登干致信赫德："上星期六各报登载一则电讯，大意是醇亲王之子已登位成为皇帝，而恭亲王则被排除出内阁。……我把它写成一小段报道，在当晚的《帕尔慕尔报》上发表了，并由《泰晤士报》和其他报纸在星期一的'上午版'转载了。关于恭亲王的最后一段，是《帕尔慕尔报》自己加的。"[③]1875年7月2日金登干致信赫德："您上一封关于科普兰、步枪、弹药、使馆和汉口的总督的电报，是星期一下午我在克利夫顿收到的，正好来得及把后面部分电告《帕尔慕尔报》，在最后一版登出来，这一电讯在星期二该报上重登了，并且也登在《泰晤士报》上了，因为我给该报也发了电报。"[④]可以看出，当时这些英国报纸时常刊登金登干所写的一些关于中国的政经新闻。

但是，这两家报纸并不总是理睬金登干，金登干想要与它们维系良好关系并随时刊登消息的目的往往很难如愿。如：1875年2月5日金登干致信赫德："我摘录了您宣布皇帝驾崩的第一封电报，发给了《泰晤士报》和《帕尔慕尔报》：'皇帝驾崩。继位人未定。'我收到了《泰晤士报》的感谢信，现附上，但《帕尔慕尔报》却没有回信，虽然它刊登了此讯，而《泰晤士报》却没有登。您的第二封信……我发了一封简短电报给《泰晤士报》，中午以前定能收到，远比它们出版第二版早；当天晚些时候我给《帕尔慕尔报》发了相似的电报。《帕尔慕尔报》刊登了此讯并寄给我如所附的感谢信，而《泰晤士报》却并无回音，虽然他们在第二

---

　　① 陈力丹、董晨宇：《英国新闻传播史》，北京：人民日报出版社，2015年，第146—150页。
　　② 《帕尔慕尔报》是1865年在伦敦创立的晚报，每日发行。由于参与众多轰动性的政治运动，该报一度成为伦敦最具影响力的报纸之一。
　　③ 陈霞飞主编：《中国海关密档1：赫德、金登干函电汇编（1874～1907）》，第205—206页。
　　④ 陈霞飞主编：《中国海关密档1：赫德、金登干函电汇编（1874～1907）》，第275页。

天早版报第 6 版下部予以通告，我把此种事实的报道送给《泰晤士报》和《帕尔慕尔报》的目的，是为了取得他们的好感，以备万一我们有事，需要它们刊登。关于皇后自尽等事，路透社还没有电报来。"①

以上通信说明：作为独立报纸，这些大报会时登时不登金登干传来的中国信息，这种做法不能满足金登干随时发布中国新闻的要求。必须要自己办一份报纸来满足赫德他们的新闻发布需要。

在马嘉理事件中，上述两份报纸也存在竞争关系，在刊登相关消息上出现了很多分歧。1876 年 9 月 15 日，金登干在信中提到："要是星期二的《泰晤士报》用小号字把两条电讯都登了的话，《帕尔慕尔报》可能就根本不予理睬了——各报之间的忌妒竟至于此！……《泰晤士报》看来不大可能说一些与它的'本报记者'意见不同的话，而目前报纸一般地对中国事务既无知又漠不关心。"②可见，上述英国报纸都不能准确表达赫德的中国观点。

除此以外，上述报纸的中国报道还时有差错。如《泰晤士报》居然出现把海关名称弄错的乌龙事件。金登干曾把赫德关于公使馆一事的电报摘要寄给了《泰晤士报》："他们把'总税务司署'叫做总'公司'署了！我立即给副主编写了一封便笺，指出这个错误，并补充说，签上我的名字只是要他知道，我收到的是官方的而不是私人的电报，我并不希望把我的名字登出来。他写了一封很客气的回信，并在第 2 版作了更正，如附上的剪报字样。"③这些错误，让赫德和金登干等人很不满意。

当然，也有一些报纸对中国较为关注，但是金登干认为它们的影响力不够。如他曾提到"《中国电讯报》和《中国快报》④可能对这些电报重视一些——但是我认为把消息提供给这种报刊的编辑，是不慎重的"⑤。可见，赫德、金登干等人根本看不上这些小规模的报纸。

更不用说一些国外媒体常常传播不利于清政府和海关的消息，如路透社等。1875 年 12 月 24 日，金登干在信中提到："在通过路透社发的报道您辞职和任命一名中国官员为总税务司的电讯究竟是什么目的？！我今天上午见了《帕尔慕尔报》

① 陈霞飞主编：《中国海关密档 1：赫德、金登干函电汇编（1874～1907）》，第 199 页。
② 陈霞飞主编：《中国海关密档 1：赫德、金登干函电汇编（1874～1907）》，第 441 页。
③ 陈霞飞主编：《中国海关密档 1：赫德、金登干函电汇编（1874～1907）》，第 299 页。
④ 《伦敦中国快报》（London & China Express）和《伦敦中国电讯报》（London & China Telegraph），均系 1859 年伦敦出版的报纸。前者摘登在华英文报道的中国消息，后者刊登中国订户感兴趣的欧洲新闻（《中国海关密档 2》第 584 页注解）。赫德曾在信中提到"去年一年里《中国电讯报》按时寄到，我对这份报纸除了它对事件的反应以外，不太重视；但对《中国快报》则不然，它是目前我唯一爱看的国内报纸。"
⑤ 陈霞飞主编：《中国海关密档 1：赫德、金登干函电汇编（1874～1907）》，第 441 页。

的副主编，并且向他解释说，您给我的电报一定是在北京邮班到达上海后从那里拍发的。"① 实际上，路透社的这一信息也是错误的，当时，总税务司还是赫德。

总体上看，由于愿意听命于赫德的国外媒体很少，不能令他满意，他就想在不透露名字的情况下，"能不时地向报界提供可靠的消息，或者在必要时纠正错误报道或提供说明"，作为大清官员的赫德只能寄希望于办一个"中国政府办自己的机关报"②。

质言之，赫德之所以购买该报，一方面是为了消除英国公众对中国的敌意，维护清政府的正面形象；另一方面是为了维护英国在华的根本利益。

三、《联合公务报》买进卖出始末

由于上述原因，金登干在 1876 年 9 月初通过电报向时任《泰晤士报》记者拉塞尔询问，在不透露自己是中国海关驻伦敦办事处主任的情况下，如何控制关于中国的舆论。拉塞尔回复："唯一的办法……就是中国政府办自己的机关报。"③

1876 年 9 月 15 日，金登干又在伦敦登门拜访拉塞尔，见面协商，在此之前恰巧有人想向拉塞尔兜售《联合公务报》。拉塞尔顺水推舟地提出替中国海关买下该刊物，又绝不透露是中国政府机关报这一背景。拉塞尔保证由他本人任主笔，"逐步办成中国和其他东方问题的权威"。④

金登干处事谨慎，不仅于 1876 年 9 月 15 日致电赫德询问"对中国政府在英国办一个机关报来代表其观点一事"是否可行，还在随后向赫德夫人侧面询问关于赫德对办报的态度，均得到了肯定的答复。⑤

1876 年 10 月 17 日，金登干又与拉塞尔面议，拉塞尔告诉他《联合公务报》售价 2000 英镑，包括一切在内。如果拉塞尔当了"业主"，赫德此后就不必为业务和维持再花钱。金登干在次日的信中说："假如能满足您（赫德）的要求的话，这是一个少有的机会和难得的交易。"⑥

1876 年 11 月 10 日，拉塞尔答应另付 25 英镑，得到了报纸再给两星期的优先购买权的应允⑦。1877 年 1 月 5 日，拉塞尔再次会见该报老板，最终同意用 2000 英镑把报纸买下来，条件是报社房屋继续租用，一切应保持秩序井然。⑧

---

① 陈霞飞主编：《中国海关密档 1：赫德、金登干函电汇编（1874～1907）》，第 335 页。
② 陈霞飞主编：《中国海关密档 1：赫德、金登干函电汇编（1874～1907）》，第 442 页。
③ 陈霞飞主编：《中国海关密档 1：赫德、金登干函电汇编（1874～1907）》，第 442 页。
④ 陈霞飞主编：《中国海关密档 1：赫德、金登干函电汇编（1874～1907）》，第 443 页。
⑤ 陈霞飞主编：《中国海关密档 1：赫德、金登干函电汇编（1874～1907）》，第 443—444 页。
⑥ 陈霞飞主编：《中国海关密档 1：赫德、金登干函电汇编（1874～1907）》，第 454 页。
⑦ 陈霞飞主编：《中国海关密档 1：赫德、金登干函电汇编（1874～1907）》，第 459 页。
⑧ 陈霞飞主编：《中国海关密档 1：赫德、金登干函电汇编（1874～1907）》，第 482 页。

晚清海关和赫德则隐身幕后，由金登干和拉塞尔商量大约一个星期后，"私人之间将悄悄地缔结某种协议"。协议书上将只有金登干自己的名字，"所有其他人的名字一概不提"。① 金登干几个月后将协议书寄给赫德时，还支付律师的费用和油饰及裱糊办公室的一笔小开销。双方约定拉塞尔不再提出任何进一步的要求，从此后由拉塞尔支付一切业务上的费用，同时得到所有收益。②

1877 年 1 月 18 日，由于与西班牙等国的外交摩擦也不断升级，赫德在北京回信金登干，肯定了购买报纸的紧迫性，"当最初提出时，我没能下决心，但是，你给的时限刚过，这里发生的事情又使我感到值得把它买下来"。③ 同一日，金登干在英国普利茅斯陪驻英使节郭嵩焘④ 等人视察炮艇。2 月 22 日，他在信中提到"拉塞尔博士和他的儿子当时也在场，他所写的报道很可能会刊登在下星期出版的《陆海军公报》或《联合公务报》上"。⑤

据此，可以推断《联合公务报》的控制权这时已经掌握在晚清海关手中，而报纸收购的成交时间大约在 1877 年 1 月 5 日原老板同意出售到 2 月 22 日之间。

然而，拉塞尔并没有很快如赫德的设想一样，立即开始关于中国和清政府的正面宣传。他向金登干解释说是因为迟迟没有确切地获悉赫德的意向之前，他不敢着手办任何事情。因为赫德之前是希望报纸不动声色地"转变到"经常报道中国的消息，拉塞尔认为"那样只能引用其他报纸"会显得不够权威，他主张应该"定期刊登关于中国权威性的消息而不是第二手材料"⑥。对此解释，金登干半信半疑，但也认同应该获得赫德的明确指示。

1877 年 3 月 1 日，金登干在信中写道："我担心拉是一位难以与之打交道的人，如果他想利用报纸为他自己谋利益而不是为您谋利益的话，尤为难办。"⑦ 1877 年 9 月 28 日，他又给赫德写信："我担心这父子俩（拉塞尔和其子劳俄）都是狡猾的家伙，我什么时候可以得到您对于报纸问题的书面意见呢？我一直在推迟就这个问题给您写信，而企盼着每一个邮班能把您的意见送来。如果能赶在这个邮班截止收件时间以前的话，我要把拉塞尔写给我的一些信件的抄件寄给您。他认为，在根据您的指示做好改版计划的安排之前，就刊登来自中国的消息，是不合适的。然而，要说明的一点是，如果在报社主人易手之后，立即开始（逐渐）刊登中国

---

① 陈霞飞主编：《中国海关密档 1：赫德、金登干函电汇编（1874～1907）》，第 482 页。
② 陈霞飞主编：《中国海关密档 1：赫德、金登干函电汇编（1874～1907）》，第 530 页。
③ 陈霞飞主编：《中国海关密档 1：赫德、金登干函电汇编（1874～1907）》，第 487 页。
④ 郭嵩焘被任命为首任清朝驻英国钦差大臣，负责马嘉理事件的道歉事宜，于 1877 年 1 月 21 日抵达英国南安普敦。
⑤ 陈霞飞主编：《中国海关密档 1：赫德、金登干函电汇编（1874～1907）》，第 509 页。
⑥ 陈霞飞主编：《中国海关密档 1：赫德、金登干函电汇编（1874～1907）》，第 530 页。
⑦ 陈霞飞主编：《中国海关密档 1：赫德、金登干函电汇编（1874～1907）》，第 513 页。

消息，也会引起某些怀疑。"① 这说明清廷海关、特别是赫德在接手该报后，对报道中国消息的改版计划上还有些犹豫。

此时的赫德困在调解"滇案"等各种事务中，迟迟没有给他们两人明确的答复，造成双方隔阂愈加变深。赫德的回信经常拖延此事，如"关于那家报纸的事，我下周一定争取写一封信给你。这里的工作量天天增加，我无法赶完积压了的事情，也忙不过来当前的工作"！② "关于报纸的事，我将在下个星期写信给你"③、"我还没有写出我对报纸问题的备忘录，不忙"。④ 有时赫德的措辞也显得模糊，如"我们并不愿意让它的版面清一色地、经常地为中国的事情所占。我们的全部要求是要这份报纸及时刊登一些我们必须公诸世界的消息，或无所诽谤的评论"，⑤ "我所以要授权给你去买下那家报纸，就是为了让它刊登我们可能需要它刊登的任何东西，别的时候它一个字也不必刊登有关中国的消息"⑥。但是，在宣传方式上到底是逐步刊登还是定期刊登中国的消息，赫德始终没有明确的答复。

然而，在拉塞尔接手管理后一年多时间里，报社经营状况日渐惨淡，赫德的宣传目的也没有达到。关于原因，金登干为自己开脱责任，并将过错归结到拉塞尔身上："我认为我对这件事一点也没有疏忽之处。一切决定于拉塞尔的诚实；而考虑到他的名誉、地位，又考虑到他有一个儿子在海关工作，我们只能相信他办事是真诚的。书面上的收益是靠不住的，这家报纸之所以弄成目前这样的局面，与其说是由于缺乏诚意，不如说是由于经营不善，但也可能两者是互相关联的！"⑦

金登干的这段话，基本上可以推定：此时，《联合公务报》的主办权已经归于赫德及其晚清海关，换言之，此时，该报已经属于清政府海关的机关报了。

拉塞尔则辩解称，该报经营惨淡完全是由于广告的减少，而宣传目的没有达到是因为赫德的宣传指令不够清晰。

金登干在1878年6月3日的信中转述道，"当初他（拉塞尔）之所以建议把这家报纸买下来，那是因为他认为，只有买下来，才能实现我们的目标，即：视情况需要，随时刊登有关的消息或评论。但是他建议，为了使这家报纸成为中国问题的权威，在乐于了解中国事务的人们中间扩大发行量，应该定期发表从中国发来的正规消息。因此，当您（赫德）电示买下这家报纸时，他断定，您已接受了这

① 陈霞飞主编：《中国海关密档1：赫德、金登干函电汇编（1874～1907）》，第605页。
② 陈霞飞主编：《中国海关密档1：赫德、金登干函电汇编（1874～1907）》，第490页。
③ 陈霞飞主编：《中国海关密档1：赫德、金登干函电汇编（1874～1907）》，第491页。
④ 陈霞飞主编：《中国海关密档1：赫德、金登干函电汇编（1874～1907）》，第636页。
⑤ 陈霞飞主编：《中国海关密档1：赫德、金登干函电汇编（1874～1907）》，第491页。
⑥ 陈霞飞主编：《中国海关密档1：赫德、金登干函电汇编（1874～1907）》，第622页。
⑦ 陈霞飞主编：《中国海关密档2：赫德、金登干函电汇编（1874～1907）》，北京：中华书局，1990年，第40页。

一主张。而当后来您又来电说'要渐渐地走上经常发布中国消息的轨道'时，他认为，最好还是等着看看您的书面指示再说；因为他考虑到，如果转载其他报纸的消息，那些消息不一定真实可靠，也不一定符合您所要支持的政策，而转载哪些和不转载哪些，可能会产生判断上的失误和偏颇。……报纸不值我们所付的 2000 英镑，然而，他同时又认为，对于那些想'掌握'一家报纸，把它作为机关报来向全世界表达某些观点的人来说，它的价值也许比 2000 英镑要多得多。刊登在《联合公务报》上的文章，特别是那具有较强说服力的，批评其他作者意见的文章，由于他的影响，将被其他报纸竞相转载。这是他料想不到的或未能预见的"①。

最终，拉塞尔也同意，如果赫德"不打算利用它，唯一的办法当然是只好把它卖掉"②。

1878 年 6 月 3 日，拉塞尔和金登干商议，先去询问原来的持有者科尔斯顿是否有意把报纸买回去，拉塞尔先去"非常小心翼翼地进行试探，以免使科尔斯顿以为，他想卖掉它，随便给什么价钱都行"。而金登干去找拉塞尔雇的会计，仔细查看了会计报告书，并且"去《联合公务报》社去了解一下与这家报纸的财政状况有关的进一步消息"③。

随后，他向赫德报告"附上一封好像是拉塞尔博士寄来的信。也许他已就报纸问题给您写过信，现附上最近期间他和我之间几封往来函件的抄件，您从中可以了解到这件事情的现状。他已把这份报纸弄到如此贫困不堪的地步，致使我们恐怕很难找到买主。看来他好像是和科尔斯顿沆瀣一气。欧礼斐④认为，我们要摆脱掉这家报纸，最直截了当而又最稳妥的办法莫过于同科尔斯顿达成协议，那样就不致有探究报纸的名称等问题了。"⑤赫德显然更偏向金登干的看法："我还收到了你 11 日寄来的 H/14 号函。拉塞尔的信不需要回信。我现在要对你说的仍是以前说过的话：我希望毫不拖延地把这份报纸脱手，当然要尽量减少损失。你可以按照你认为最好的办法去处理，只是不要让拉塞尔（或其他任何人）把我们套住！"⑥

金登干根据指示，很快就将报纸脱手，他向报纸买卖的中间人巴勒斯施加压力说："除非拉在一定时间内找到买主，否则，我就要把这件事交给一些声望卓著

① 陈霞飞主编：《中国海关密档 2：赫德、金登干函电汇编（1874～1907）》，第 41 页。
② 陈霞飞主编：《中国海关密档 2：赫德、金登干函电汇编（1874～1907）》，第 42 页。
③ 陈霞飞主编：《中国海关密档 2：赫德、金登干函电汇编（1874～1907）》，第 42 页。
④ 欧礼斐（Charles Henry Oliver，1857—1937），英国人。他在 1878 年赫德回欧时被聘请来华，1879 年进中国海关，在北京同文馆任教习。根据赫、金的往来信件，他此时在伦敦协助金登干处理转手报纸的事宜。
⑤ 陈霞飞主编：《中国海关密档 2：赫德、金登干函电汇编（1874～1907）》，第 48 页。
⑥ 陈霞飞主编：《中国海关密档 2：赫德、金登干函电汇编（1874～1907）》，第 50 页。

的报纸代理人去办，在找到买主之前，由他们代为经管这份报纸。我说，我有位朋友，随时准备应我之邀帮助我办这事，他对报刊、杂志的出版、编辑等项业务富有经验。"①

最终，由于不愿让报纸落入别人手里，1878 年 8 月 27 日，拉塞尔自己以 750 英镑的代价，自己把报纸买了下来并付款给欧礼斐。这 750 英镑中除去付给巴勒斯的佣金 25 英镑和杂费 25 英镑，海关净收回的款额是 700 英镑。金登干对结果很满意："在目前情况下，这个数额超过了我的预期。""一项契约合乎要求地实现了：我把报纸转让给了拉，而拉把我从与此有关的一切要求或债务中解脱出来。我很高兴，此事总算已完全了结！"②赫德此时也显得对这份官办报纸毫无留恋："我把拉塞尔博士的信件退还你，很高兴我们了结了这件事。"③

至此，这张在英国秘密接办的清政府官方英文报纸就此彻底转手。《联合公务报》的办报时间，从 1877 年 1 月 5 日筹备买进到 1878 年 8 月 27 日卖掉，前后大约一年零八个月左右。

四、晚清海关对外宣传中国的举措及其评价

鸦片战争之前，中国的封建王朝一直奉行"人臣无外交"的外事规则。刘锦藻在《清朝续文献通考》中认为近代以前的中国对外关系不过是"自抚其藩属，非外交也"④。由于时代和视野的局限，清末官员在对外宣传以及国家形象塑造上，并没有现代化的意识。晚清国门洞开之后，相较一些中国官员或故步自封或盲目轻贱，作为外籍官员的赫德却一直力劝清政府重视对外塑造和宣传国家形象，他治下的晚清海关开展和参与了多方面的文化交流活动，重视对外宣传内容的把关。在特殊的历史节点，这些举措具有一定的必然性，客观上确实打开了世界了解中国的窗口，起到了一定的对外传播的积极效果，但另一方面也要清醒地认识到晚清海关介入中国对外事务有其复杂性和多面性。

（一）在对外宣传和文化交流的具体措施上，晚清海关有一系列的"组合拳"，是最早具有现代意识的清政府机构

1. 除了主办海外官报，晚清海关下属的出版社"海关造册处"长期对外输出

① 陈霞飞主编：《中国海关密档 2：赫德、金登干函电汇编（1874～1907）》，第 99 页。
② 陈霞飞主编：《中国海关密档 2：赫德、金登干函电汇编（1874～1907）》，第 99 页。
③ 陈霞飞主编：《中国海关密档 2：赫德、金登干函电汇编（1874～1907）》，第 153 页。
④ 刘锦藻撰：《清朝续文献通考》卷 337《外交考一》，北京：商务印书馆，1936 年，总第 10781 页。

和赠送书籍，多方支持海关洋员翻译关于中国国情的书籍，时间之长、数量之巨，是为官办新闻出版机构的第一家。清政府向外派驻公使、参与世界博览会等事务，都有赫德和海关洋员的参与和促进，意在向外介绍和宣传中国。

以《联合公务报》为例，海外主办官报并进行舆论造势，确实是当时一般的清廷官员视野所限、无法想到。可谓是特殊历史节点，赫德治下的晚清海关在中国新闻史上所记录的特殊一笔。从宣传内容看，《联合公务报》确实为清政府在海外进行舆论上的造势斡旋。如，除了刊登郭嵩焘等人视察炮艇的消息外，赫德还曾经指示金登干把"太古行趸船案"通过报纸公布给国外公众。1874 年 2 月，英商太古洋行把一艘趸船停泊在镇江江面，用浮桥和英租界相接，导致河堤在该年夏天由于漩涡被冲陷。威妥玛认为此事涉及水域主权，他对赫德的调解，态度蛮横，拒绝转移船只。赫德只好建议总理衙门将此案转交给郭嵩焘在伦敦解决。赫德在背后推动事件的处理，同时指示金登干在伦敦帮助郭嵩焘。1877 年 10 月 25 日，他写信给金登干："我曾想过，有关太古行趸船案的梗概就可以构成一篇既有用又有说服力的文章的骨架。如今我已回到北京，今冬也许能够给你寄去几篇文章。在这期间，你能把趸船案公之于众吗？"[①] 可见，《联合公务报》在宣传报道的内容上，赫德是有其希冀的。

遗憾的是，由于上述种种原因，而且办报时间较短，《联合公务报》关于中国的具体报道有哪些，特别是接办之后，该报的中国报道有何变化，除了上文提到的郭嵩焘访问英国报道之外，其他方面还有待进一步考察。

据英国报刊档案馆网站记录《联合公务报》的被引量，算是一个参考[②]：

表 1：1850—1899 年《联合公务报》被其他报纸引用的数量
（包括文章、广告、图片等）

年份	被其他报纸引用的数量（次）
1850—1859 年	20923
1860—1869 年	12782
1870—1879 年	4173
1880—1889 年	2624
1890—1899 年	960

其中，1870—1879 年的被引内容，或许存有关于中国的报道。

---

① 陈霞飞主编：《中国海关密档 1：赫德、金登干函电汇编（1874 ～ 1907)》，第 622 页。
② 英国报纸档案馆网站：《联合公务报》的查询被引记录，2020 年 7 月 5 日，

2.此外，对宣传内容的把关和国家形象的呈现上，晚清海关也是最早具有现代化意识的国家机构，相比总理衙门还在被动接受和适应现代化国际关系，赫德很早就制定了较为成熟的制度来把关宣传内容。1880 年 12 月 22 日，赫德命令海关税务司:"兹就有关年度贸易报告之前发通令指出编写报告应注意下述各点:(1)切忌指责中国官员或中国政府之所作所为。(2)切忌批评外国官员或政府之所作所为。(3)切忌批评公司或个人之所作所为。(4)对个人、公司、外国政府、外国官员、中国政府及中国官员之所作所为虽不予批评，若但预计其作为可能有涉及商业、企业、工业，或者国际关系时，则可加以叙述。(5)若评论可能为海关招致麻烦，或在任何程度上被当作诽谤或中伤之评论而招致反对，则应加以避免。……每份贸易报告交付印刷前，造册处应负责仔细阅读，并有权对违背告诫之任何段、句、字予以删除。"①在具体操作上，晚清海关对造册处的出版物实行了严格的编校制度和印后检查制度。

(二)在中西文化碰撞的特殊时期，清末海关对外宣传举措起到了一定的积极作用，但对其"国际官厅"的复杂性质上仍应保持客观认知

19 世纪末的清王朝外身处在内忧外患的逼迫，在对外关系的处理上被动地由朝贡制度开始向近代外交转型，开始近代化的进程。而晚清海关作为"独立王国"，在应对世界形势上做出清醒而迅速的反应。不难看出，上述宣传措施顺应了时代潮流，而且方式上更多是潜移默化、徐徐为之，更易被海外人士接受。有一些外国权威人士和外媒开始为中国说好话。如，法国经济学家莫里斯·冉默德 1884 年出版了一本论述中国的书，他写信向赫德夫人主动请求提供资料，并把赫德的肖像作为卷首插画，并且说对他在"海关在华的工作等将予以正确的评价甚至是赞扬"②。又如，对于 1883 年中国展区在世博会上取得的成就，一份报纸评价说"中国满载荣誉"③。可见，通过官办《联合公务报》等政策，晚清海关对清政府改变对外宣传方式和影响上，具有主动性和积极性。

不过，晚清海关介入中国对外关系具有多面性和复杂性。晚清海关本质上仍然是列强控制中国经济命脉的工具，是近代中国与西方列强之间权力和利益博弈的焦点。赫德虽为晚清海关职员，但毕竟是英国人，其最终目的还是要服务于英

---

① 海关总署编:《旧中国海关总税务司署通令选编 1》，北京:中国海关出版社，2003 年，第 242 页。

② 陈霞飞主编:《中国海关密档 3:赫德、金登干函电汇编 (1874 ~ 1907)》，北京:中华书局，1992 年，第 473 页。

③ 陈霞飞主编:《中国海关密档 3:赫德、金登干函电汇编 (1874 ~ 1907)》，第 267 页。

国政府。海关开展各种外宣活动的最终目的是服务于英国的在华利益。通过《联合公务报》的买办过程，我们可以看出，"滇案"结束后，赫德成功排挤了威妥玛，并且得到清廷"更加强而有力"①的支持，为英国乘机增开了若干口岸，实现了他在中国的诸多愿望。因此，他也就不再关心办报事宜，这也许是他结束接办《联合公务报》以及该报官办后不够成功的重要原因。在根本目的这点上，赫德完全不同于康有为等改良派和孙中山等革命派在世界各地办报，后者最终是为了中华民族自立自强。因此在中国报刊史的研究上，《联合公务报》仅能作为一个特殊案例看待，尚且无法惠及学术史的知识脉络。

综上考释，晚清海关筹划了这一中国近代第一份海外英文官报，虽然过程曲折，时间也较短，宣传中国的预期目标似乎也没有达到，但是，毕竟是代表大清政府在海外所办的第一份英文官报，在中国新闻史和对外宣传史上有其个案性的研究的价值和意义。

---

① 陈霞飞主编：《中国海关密档 1：赫德、金登干函电汇编（1874 ～ 1907)》，第 573 页。

民国时期（1912—1948）广州广告的传播特色

The Characteristics of Advertising in Guangzhou during the Period of the Republic of China (1912—1948)

林升梁　田智勇[*]

Lin Shengliang　Tian Zhiyong

摘　要： 民国时期广州的历史发展可以分为特色鲜明的四个阶段：1912—1926年（革命）、1927—1937年（内战）、1938—1945年（抗日）、1946—1948年（解放）。这些不同阶段的主旋律在民国时期五彩纷呈的广州广告里也有所体现。民国时期广州广告的特色主要有五个：报刊广告发达、西式文明影响大、本土化特色明显、广告表现手段多样化、时代烙印明显。任何广告都不可能仅仅是经济行为，它在传达产品信息的同时，也肩负着映照社会政治文化变迁的历史使命。民国时期广州广告深刻反映了当时当地的社会剧变，真实记录和再现了诸多历史事件。

Abstract: The historical development of Guangzhou during the Republic of China (1912-1948) can be divided into four distinctive stages: 1912-1926 (revolution), 1927-1937 (Civil War), 1938-1945 (Anti Japanese), 1946-1948 (liberation). The themes of these different stages were also reflected in the colorful advertisements of Guangzhou during the Republic of China(1912-1949). During this period, there were five main characteristics of Guangzhou advertising: developed newspaper advertising, great influence of Western civilization, obvious localization characteristics, diversified means of advertising expression, and obvious brand of the times. Any advertisement can not be just an economic behavior. It not only conveys product information, but also shoulders the historical mission of reflecting the changes of

---

　　* 作者简介：林升梁，福建莆田人，暨南大学新闻与传播学院教授，博士，硕导。研究领域：广告传播；田智勇，男，汉族，河北人，暨南大学新闻与传播学院学生，研究方向：广告传播。

social, political and cultural. During the period of the Republic of China(1912-1948), advertisements of Guangzhou profoundly reflected the local social upheaval, and truly recorded and reproduced many historical events.

关键词： 民国；广州；广告史

Key words: Republic of China(1912-1948); Guangzhou; Advertising history;Characteristics of Advertising

20 世纪 20 年代，当时广州销量最大的报纸《广州民国日报》的广告投放量达到 82 则（每天），到 1932 年该报的广告投放量超过 100 则（每天）。时人曾这样形容报刊广告的巨大影响力："一纸风行，不胫而走。故报纸所到之区，即广告势力所及之地……是故新闻愈发达，广告之作用亦愈宏。"[①]1914 年，第一次世界大战爆发，趁着西方列强无暇东顾中国，我国民族工业获得一定程度的发展，广告也随之兴旺，涉及银行、香烟、百货、保健、医药等行业。民国时期广州广告主要注重文字、排版、油画等，突出广告的艺术性。除报刊广告，广播广告、霓虹灯广告、墙体广告、路牌广告、公交广告、橱窗广告等形式也丰富多彩，引人入胜。民国时期广州的历史发展可以分为特色鲜明的四个阶段：1912—1926 年（革命）、1927—1937 年（内战）、1938—1945 年（抗日）、1946—1948 年（解放）。这些不同阶段的主旋律在民国时期五彩纷呈的广州广告里也有所体现。

一、报刊广告发达

最早接触并引入西方文化的城市是广州，尽管鸦片战争后中西文化交流的中心逐渐向上海转移，但广州的近代化进程从未被中断。在众多华侨的影响下，广州学习西方先进科学技术和城市建设的经验，经受着西方文明的洗礼。中国最早的报刊起源于外国的传教士，先是在香港、澳门等地，后来辗转到广州乃至上海。尽管经济文化中心的转移，民国时期广州办报办刊仍很盛行，也仅次于上海。民国时期的广州，因应军阀混战的时局，革命报刊大量而生，多数宣扬国民革命、启发民智。《广州民国日报》刊行了大量的政治宣传广告，从 1924 年 8 月 9 日开始，该报在学汇版持续刊载"倡导国民革命"的书报，不仅宣扬孙中山先生思想的《建国方略》《孙中山先生十讲》等，还直接介绍其他进步报刊，如《上海民国日报》等。

民国时期的广州，广告公司众多，广告业务竞争激烈。当时书刊是广告的主

---

① 赵琛：《民国报纸广告》，《中国广告》，2005 年第 4 期。

要载体，印务公司林立，且彼此竞争激烈，大都展开广告攻势。印刷行业是书报文化领域的承载体，由此，当时广州文化传播领域的繁盛景象可窥一斑。同新闻报刊业密切相关的另一行业便是新闻通讯业。20世纪20年代，先后有新潮通讯社、公民通讯社、觉悟通讯社、中央通讯社、南方通讯社、华侨通讯社、广州通讯社、民意通讯社等多家通讯社在《广州民国日报》刊登广告。报刊和通讯社相互刺激，促进了广州民众对新闻信息需求的增加，这也是广州社会文化欣欣向荣的表现。民国时期的广州社会转型，不仅包含物质方面的提高和民主意识的觉醒，还包含广州城市生活方式和价值观念的变迁。广州民众由封建臣民转向新生市民，在不断接触和碰撞西方文明过程中，广州市民与世界同步，广州社会的进步与世界融合。可以说，民国时期的广州新生元素为现代广州的发展奠定了坚实的基础、埋下了希望的种子。①

二、西式文明影响大

20世纪60年代，美国学者罗杰斯提出创新扩散理论，他认为，创新扩散是一种基本的社会传播过程，通过广告传播与社会构建，新事物、新发明等逐渐被大众所接受。总之，西式文明在广州的创新扩散中，广告传播扮演着重要角色。

1.交通运输广告大发展

1922年，广州建市，整个城市重新焕发活力，进入大发展时期。市政发展迅速，完成了珠江铁桥的建设，修改了城内道路，海关进出口总量在全国数一数二。在《广州市展览会宣言》中这样的介绍："不特居住本市者所能言，亦世界人士所共知也。"民国初期新旧并存，但毫无疑问，进步的主流力量推动着历史的前进。在西方先进科技影响下，广州广告含有大量基础设施建设和体现现代管理方式的信息，如"粤汉铁路加开旅客快车广告"一则中公布了新增多辆快车（图1）②，"广东公路局开投工程"中鼓励"有志承建者"到局中"竞投"（图2）。③

---

① 张靖瑶：《广州革命政府时期民众生活的新元素——从1923到1926年〈广州民国日报〉广告来考察》，《岭南文史》，2006年第4期。

② 未名：《粤汉铁路加开旅客快车广告》，《广州民国日报》1926年1月12日，第5版。

③ 广东公路局：《广东公路局开投工程》，《广州民国日报》1926年1月20日，第2版。

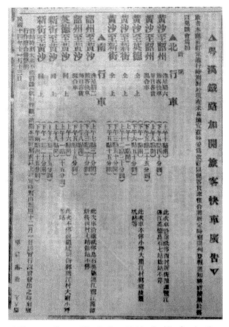

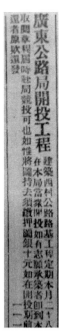

△粤漢鐵路加開旅客快車廣告▽

△北行車

黃沙至韶州

黃沙至韶州

黃沙至英德

黃沙至新街

黃沙至新街

△南行車

韶州至黃沙

韶州至黃沙

英德至黃沙

新街至黃沙

新街至黃沙

图 1：粤汉铁路加开旅客快车广告

廣東公路局開投工程

建築西村公路路基工程定期本月二十八

在本局當衆開投如有志願承築者即到本

取閱章程屆時赴局競投可也如惟將圖持去須繳押圖銀十元如在開投期前

還者原欵滙發

图 2：广东公路局开投工程广告

2. 炒股广告涌现

股份制属于现代企业制度的重要组成部分，但当时广州已经开始刊登诸多企业的承股、退股等相关信息的广告（图 3）[①]，说明广州已经成功引入这一新型制度，社会上涌现出炒股的交易热潮。

承股告白

啟者本堂前與張誠德堂黃愼遠堂區良驛等合股購置廣州市一德路壹百柒拾伍號即原日會仙街第弍號逢源店開張銅鐵生理現張誠德堂等志願別業願將所占股份及本舖所有四圍墻壁上蓋連現（深圖照契）磚瓦木石門欄樓板以及騎樓地等一應俱全議歸本堂全盤承受經已交定標貼訂期本年夏歷肆月內交易此舖及各股份如有來歷不明按典揭借担保會項舉洋數目轇轕未清等情俱向張誠德堂黃愼遠堂區良驛子孫等理妥一經交易之後概與本堂無涉特此聲明

民國拾叁年夏歷肆月吉日

逢源店承股人張餘慶堂

退股告白

啓者我張誠德堂黃愼遠堂區良驛與張餘慶堂合股購置廣州市一德路一百七拾五號即原日會仙街第弍號逢源店開張銅鐵生理現我張誠德堂等志圖別業願將所占股份及舖業讓與股友張餘慶堂全盤承受經已接定立帖訂期本年夏歷四月內交易此舖所有生意數目當經彼此核算清訖兩無存欠嗣後生意盈虧與退股人無涉

民國拾叁年夏歷肆月吉日

逢源號退股人 區良驛 張誠德堂 黃愼遠堂

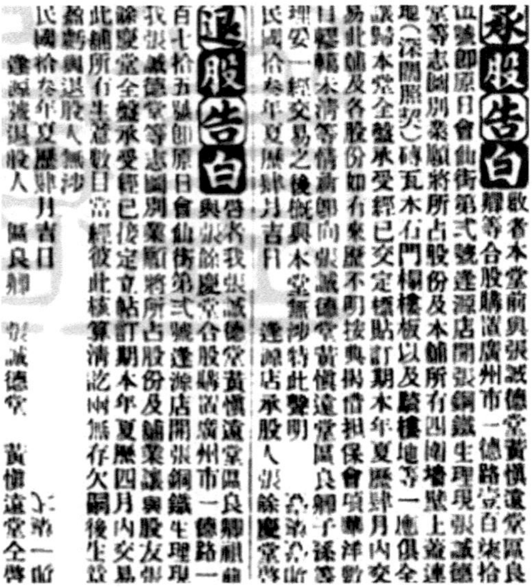

图 3：退股、承股广告

① 未名：《退股告白 · 承股告白》，《广东七十二行商报》1924 年 5 月 22 日，第 1 版。

3. 律师广告层出不穷

在中国，律师的前身是讼师。由于长期受到儒家等级观念的影响，讼师的社会地位极低，甚至官府长期将其视为社会的不稳定因素。进入民国时期，西方的现代法治观念传入中国，加之商业发展，相关民事案件数量不断增长，百姓民智初启，传统的讼师被现代律师所替代。这一时期，律师的广告层出不穷。比如有一则典型的律师广告："律师王素受沙湾何朝树聘为法律顾问，此后如有侵害其一切法益，本律师当依法负保障之责，此布。"（图4）① 当时广州律师之盛在广告里得到充分体现（图5）。②

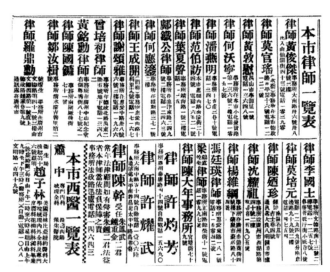

图4：律师王素受聘广告　　　　　图5：律师广告繁多

4. 招生广告盛行

在西方文明影响下，西式教育盛行，广州报纸上出现大量招生广告。《广州民国日报》在黄埔军校筹备处成立（1924年2月19日）不久，便刊登了一则广告《陆军军官学校采用下级干部布告》，登载"本校始创伊始，端赖贤才，才始臻完备……大凡有左列资格之志愿者，限于本月二十三日前投递简明履历于东堤二号洋楼本筹备处"③。在《广东七十二行商报》中，有多则招生广告，涵盖无线电职业学校、广州中医药专科学校、私立学校等。

---

① 未名：《律师王素受沙湾何朝树聘为法律顾问》，《广东七十二行商报》1938年3月21日，第4版。

② 未名：《律师广告》，《广东七十二行商报》1936年5月8日，第4版。

③ 黎淑莹：《黄埔军校驻省办事处地址之考辨》，《岭南文史》，2011年第1期。

广州是中国最早创办女校的城市，对女性的教育在这个开放的城市得到重视。1921 年就有人提出，要广设妇女工读讲习所，意在争取"一半自来不能生产的妇女得以谋经济的独立"①。广东女界联合会"以女佣未有求学的地方,特创女佣传习所,凡入学者每月津贴一元"②。广东与西方联系较早，受西方文化影响较大，掌握英语成了女人们求职的竞争力，因此英文学校也备受欢迎，以至于"应酬各地求学者起见，特再添聘教员，另增学额"③。

三、本土化特色明显

英国社会学教授、媒体理论家、文化研究批评家霍尔是当代文化研究之父，他提出文本的解读方式有三种：优先式解读、妥协式解读和对抗式解读。欧美国家的企业在中国的广告宣传虽然新颖，但仍然遇到本土化问题。最初西方公司照搬照抄西方消费者喜欢的商标和广告，但很快发现中国受众对广告的解读呈现对抗的情绪，市场反应冷淡。于是，他们开始调整营销策略，主动适应中国本土文化，采用中国元素、传统神话、历史典故、民间故事等，契合中国消费者心理，制作了大量本土化特色明显的广告，赢得受众的优先式解读，从而打开中国市场。在强大的本土化广告宣传攻势下，民国时期的广州民众早已对许多洋货耳熟能详。④

1. 本土风情与广告的融合

当时广州的报纸广告，表现手法多种多样，舶来品将本土风情巧妙地隐含在广告当中，让消费者不知不觉地接受广告的信息。如美丽牌香烟广告在《广州民国日报》（1924 年）上刊载一则广告："偕伴侣游荔湾，携美丽牌香烟，可增添无限风光。"（图 6）⑤广告中设置了这样的场景：荔湾湖里碧波荡漾、清风徐徐、柳树飘飘，一对青春男女穿着时髦、划船赏景、相互倾诉，海鸟腾空飞翔，好一幅怡人的风景！美丽牌香烟巧妙地运用中国传统古典风情的审美元素，为舶来品创造本土文化场域，拉近了广州市民与商品之间的距离。

① 周大林:《余的妇女观》,《新海丰》1921 年第一卷第一号。
② 未名:《女佣传习所开学》,《广州民国日报》1924 年 4 月 30 日，第 7 版。
③ 未名:《投考女子英文学校之拥挤》,《广州民国日报》1926 年 3 月 4 日，第 5 版。
④ 孙绍君:《百年中国品牌视觉形象设计研究》,苏州:苏州大学硕士论文,2013 年，第 30—31 页。
⑤ 黄柏莉:《清末民初广告：岭南风土人情浓厚》,2016 年 8 月 12 日，https://www.sohu.com/a/110237662_259469,2021 年 12 月 30 日。

图 6：美丽牌香烟广告

2. 本土名胜与广告的嫁接

不仅洋货，许多国货也争先采用本土名胜元素进行广告宣传。当 1933 年海珠大桥通车时，许多商家利用其影响力来命名商品，如"铁桥香烟"（图 7）。"铁桥香烟"广告语"人人争羡、新出靓野、应要试吓"，这种使用地方方言、节奏鲜明、韵律明快的"乡音乡调"很容易就拉近了消费者与商品之间的情感距离。与此异曲同工的是中国华商烟草公司的"珠江"牌香烟（1925 年），同样取名于广州著名景观"珠江"，广告语"欲寄相思，无红豆；斜晖归棹，买珠江"。构思来自诗歌《相思》与《临江》，其广告效果同样令人满意。

图 7：铁桥牌牌香烟广告

3. 本土方言与广告的接洽

此外，广告中岭南风情的粤腔粤韵重。民国时期广州广告常配以方言乡音，如发冷丸广告语（《时事画报》，1905 年 9 月）："错错错，疟当魔，话无正方揾符敕，功唔见，苦加多。一服此丸，就脱沉疴，非寒非燥，性甚平和。良方出，广传播，长乐街。总售所，恒安别馆就係咯。"①补身生水丸广告语（《天趣报》，1906年9月14日）："年迈食斯丸，能转老返童，夫妻食斯丸，能称好命公，产后食斯丸，精神血气充，乳少食斯丸，乳汁如泉涌，病后食斯丸，十日如牛龙。"②1931年《国华报》上一则鹰奶粉广告，直截了当以完全口语化的地方方言"唉！你无驶闭翳"（唉！你不用忧愁）为标题。广告中，一位年轻的妈妈因为宝宝日夜啼哭而烦恼，另一位经验丰富的妈妈劝说："唉！你无驶闭翳，买罐鹰奶番归，你睇令郎终日呀喺咁悲啼，佢且夕不安究竟因乜底纽，一定食阻个罐脱脂牛奶，令佢喊到力竭声嘶，咪话价格相宜就纸顾求经济……用番鹰奶，佢奶质精良极合婴儿嘅口胃，老牌鹰奶久已誉满中西……"③

4. 本土特产与广告的互照

广州天气湿热，容易长疮、发烧感冒，中药凉茶是广州的本土特产，喝中药凉茶成为广州人的一种习惯。有间常炳堂"快应茶"，店内有一老者装扮成戴竹笠、穿蓑衣的药农，用大喇叭为茶店叫卖："常炳堂快应茶，消暑散热有揸拿。"而在四牌楼往东的惠福西路围墙处，则竖着一个擦得光亮如新的铜葫芦壶，桌上有一尊不倒翁笑佛，一老者赤膊坐在一旁，摇着蒲扇大声吆喝："饮杯黄振龙斑痧茶，发热发冷有揸拿。"④这些口语化的招徕广告可以看出当时凉茶生意的竞争已经很激烈了。

四、广告表现手段多样化

修辞学是广告学的基础学科。除了其色彩、画面、音乐等因素外，广告真正吸引人们注意的是广告修辞手法和表现方式，它是广告的灵魂所在。民国时期广州广告中大量运用了修辞手法，展现了高超的语言艺术。"爱屋及乌"在心理学上被称晕轮效应，这种爱屋及乌的强烈知觉的品质或特点，就像月晕的光环一样，向周围弥漫、扩散，所以也称为光环效应。民国时期广州广告中女性代言人众多，正是遵循传播理论中的光环效应。同时，眼动研究表明，视觉信息比语言文字信息更能引起注意，因此商标的图像传播在民国时期已经得到很好的运用。而民国时期广告媒介推陈出新，正验证了麦克卢汉"媒介即讯息"的观点：人类只有在

① 黄柏莉：《清末民初广告：岭南风土人情浓厚》，2016年8月12日，https://www.sohu.com/a/110237662_259469，2021年12月30日。
② 黄柏莉：《清末民初广告：岭南风土人情浓厚》，2016年8月12日，https://www.sohu.com/a/110237662_259469，2021年12月30日。
③ 百家讲坛：《清末民国广告里的岭南风土人情》，2016年8月11日，https://news.zxxk.com/article/703947/1.html，2021年12月30日。
④ 叶世光：《老叶看广州·新城旧影：老广州影像馆》，广州：岭南美术出版社，2012年，第42—43页。

拥有了某种媒介之后才能从事对应的信息传播活动。整合营销传播的出现，标志着民国时期广州已经出现以消费者为中心的思想萌芽。

1. 修辞手法丰富

近代商业的飞速发展，使处于开放前沿的广东商人保持对新鲜事物的敏锐感。中华民国时期是中国走向现代化的重要转型时刻，不仅工业上得到发展，国人的卫生意识也得到巨大提升。广州梁姓兄弟合作生产的梁新记牙刷，在许多户外广告牌上都可以看见他们的广告，在广告上方，是"梁新记牙刷一毛不拔"九个醒目大字，一语双关。而双十牌牙刷也抓住人们对于卫生的重视，凭借实惠的价格，与良好的品质，取得巨大成功。为促进销量，该厂还聘请当时体育明星杨秀琼为其代言。[1]

一语双关的修辞手法还应用在很多场合。1928 年梅兰芳来广州演戏，南洋烟草公司在《广州民国日报》（1928 年 6 月 1 日）上刊登香烟广告，黑体大字注明"梅兰芳来粤"，文案为"观梅兰芳佳剧，吸梅兰芳香烟，国色天香，并皆佳妙"。（图 8）美丽牌香烟也推出一语双关广告"美丽香烟，如梅之芬，似兰之芳"。长堤一家制药公司还推出了"梅兰霜"护肤品。[2]

图 8：梅兰芳香烟广告

民国广告贴近百姓生活，切实关注老百姓生活中出现的种种问题。但无论是《华商报》还是《广州民国日报》，抑或是其他各类报纸，针对肾病、性病、生育、各类疑难杂症的广告层出不穷。为达到宣传目的，夸张和对比的广告手法被广泛

---

① 黄莹，黄志伟：《中国近代广告：为世纪代言》，上海：学林出版社，2004 年，第 224 页。
② 南方都市报、广东省立中山图书馆：《广州旧闻——听报纸讲过去的故事》，广州：南方日报出版社，2007 年，第 108 页。

应用，例如"十年咳血一旦全愈"广告（图9）。① 我们必须看到，夸张的修辞手法容易造成虚假广告。

图9："十年咳血一旦全愈"广告

1926 年 10 月 22 日，一则精彩的"阿红是谁"悬念广告在《广州民国日报》刊登："阿红是谁？阿红丽质天成，装饰时髦……束带脂红……尤其身香似麝，气美如兰，夜半谈心，花前接吻，令人意醉，使我魂销，由是交际场中，无阿红不足以资点缀，果何人斯，其散花之天女耶，抑造世之爱神耶，请诸君有以告我。"（图10）20 天后，中国三兴烟草公司揭秘：阿红是红牌香烟。可见悬念的修辞手法引人入胜。

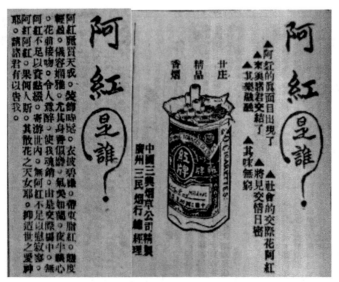

图10："阿红是谁"悬念广告

---

① 未名：《十年咳血一旦痊愈》，《广州民国日报》1925 年 6 月 2 日，第 1 版。

2. 女性代言比重大

民国时期广州广告中充斥着视觉冲击强烈的"美女"，如当时广州的梅兰芳香烟广告，画面配以梅花少女歌舞剧团的青春美少女，承诺购买梅兰芳香烟可得梅花少女歌舞剧团的入场券，撩拨消费者声色神经。又如广东兄弟树胶公司（创办于1917年）由南洋华侨创立于广州河南之鳌州大街，相比起皮鞋、绣花鞋、布鞋，该厂生产的橡胶跑鞋轻便、耐穿、价廉、适应性强，深受大众的喜爱。该厂聘请主演过《渔光曲》《野玫瑰》的王人美小姐，及出演过《艺海风云》《到自然去》的黎莉莉小姐担任其产品代言人。凭借两位女明星代言，该厂的胶鞋击败了众多竞争者，畅销北京、南京、广州、开封、南昌等22个城市。[①]

双妹花露水广告（《国华报》，1919年9月9日）里，天未亮时一对姐妹就背着花篓去田间采摘带露水的花，运到城里贩卖。广告画面很容易触发广州民众对旧时广州采花场景的眷恋。广告语也很煽情："采得百花成香露，为谁辛苦为谁怜？"有意思的是，广告文案"本行之花露水经英国皇家化学师验过"。这种中西结合、相互论证、互相交融的表现手法，充分表明广州社会中西拼盘的社会状态。1924年6月1日《广州民国日报》上的成珠小凤饼广告（图11），三个小孩围着一位身穿圆点白衫黑裙、脚踏高跟鞋、手提成珠小凤饼的时髦女子讨吃，广告让人回想起儿时向亲戚讨吃的场景，令人回味无穷。

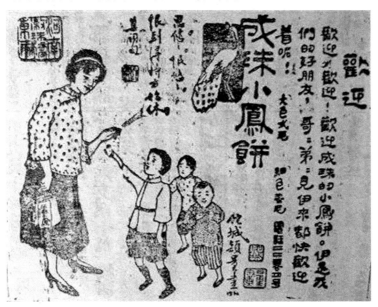

图11：成珠小凤饼广告

---

① 黄莹、黄志伟：《中国近代广告：为世纪代言》，上海：学林出版社，2004年，第87页。

3. 商标广告发达 ①

民国时期中国近代民族工业兴旺，在实业救国思想的影响之下，民族企业繁荣，国人商标意识觉醒，否则某家店铺很容易被同行"盗版"。1927年11月，国民政府学习西方，成立全国注册局（商标局前身），1928年12月正式改组为商标局，切实保护了企业的合法权益。

民国初年直到一战期间，中国民族工业觉醒，兴起了一股举办实业的热潮。民国时期商标的繁荣，正是那时实业兴旺发达的见证。在实业救国思想的影响之下，虽然当时中国社会列强欺压、政府腐败、战乱不断、民众疾苦、负担沉重，近代中国工商业仍取得相当程度的发展。那些为数众多、品类丰富、设计巧妙的商标档案背后，透露出民国时期民族企业家振兴中华的艰辛努力和爱国情怀。在商标中，体现出新旧时代的交替、中西文化的碰撞、创意火花的激情。广州"雷昌济"药酒商标（图12）以图为主，文字很少，画中元素是嘉禾、云卷纹等装饰性图案，商标呈现多层次的视觉效果。广东袜厂的"袜字"商标（图13），图案仍然是多重的视觉冲击，中间采用五位舞女的腿组成"袜"字，使袜子与使用场景勾连起来，充分展现出袜子的韧性。

图12：广州"雷昌济"药酒商标

---

① 蔡全周：《民国老商标里的"生意经"》，《中国档案报》2019年10月18日，第4版。

图 13：广东袜厂"袜字"商标

1938 年 5 月，广州老字号王老吉凉茶获得国民政府商标局颁发的注册证。王远珍（王老吉曾孙）向商标局申请了两种注册商标："杭线葫芦"和"王老吉公孙父子图"。"杭线葫芦"商标葫芦上印有"省港远恒济王老吉正祖铺"字样，配以金色网格线葫芦形状，左右两条飘带上分别印有"杭线葫芦"和"注册商标"字样。而"王老吉公孙父子图"商标（图 14），印有"王老吉公孙父子图注册商标"字样，配以五角星内印有王老吉公孙父子 4 代共 6 人的头像。而南洋兄弟烟草公司在商标设计上融入中国古典事件和历史传说来传递爱国主义，在国货运动中脱颖而出，与欧美烟草公司相抗衡，受到广州民众的欢迎。此外，有些商标还在本土元素基础上，融入西方元素，如飞机、齿轮等，体现中西合璧的特点。

图 14：王老吉商标广告

4. 广告媒介推陈出新

民国时期广州的墙体广告也十分常见。广州越秀区中山四路 2 号在拆迁时发现一堵墙上有民国时期美丽牌香烟广告（图15），广告占据墙体的中心位置，顶部从右向左写着"香烟"两个繁体字，中间画了一罐20支装的香烟和一盒10支装的香烟，墙面右侧的美女（当时上海滩著名影星吕美玉）商标栩栩如生。

图15："美丽"牌香烟墙体广告

1914年，由蔡昌、蔡兴两兄弟在广州惠爱中路（今中山五路四号）买地并兴建一座楼高50米、12层的钢筋混凝土大楼，创办了民国时期广州四大百货公司之一的新大新公司（原名大新公司，与新新、先施、永安并称为广州四大百货公司）。1922年，大楼落成，是当时广州最高的大厦，有"九重天"之称。当时大楼天台装饰着巨大的广告牌："大好山河，四百兆众；新开世界，十二层楼。"入夜时广告牌上的霓虹灯光芒四射，全城皆知。[①]

5. 整合营销传播初现

"李占记"创始人李兰馨年少时在香港钟表店当学徒，练就一身过硬本领。1912年，他在香港文咸东街9号自办钟表行。1915年，他在广州十八甫90号、广州惠爱东路等地开设分行。李兰馨对内严格管理，规定每位师傅每天只能修表三只，首创质检员制度，所有客户钟表修好后都贴上"李占记修"字条（图16），所有的包装都有"李占记"广告（图17），拆修时发现其他隐患不退件，而是不计成本修好。对于被客户投诉两次以上的技工，则以"鸡宴款待"，炒鱿鱼的一种委婉做法——"食无情鸡"。这种"百金求名，千金买誉"的诚实作风，赢得了顾客的信任。

---

① 南方都市报、广东省立中山图书馆：《广州旧闻——听报纸讲过去的故事》，广州：南方日报出版社，2007年，第166—167页。

20 世纪 30 年代，十八甫"李占记"不断创新营销手段，在店铺橱窗里聘请活人打扮成关公、张飞模样，手持大刀长矛，像一对门神。这种新型广告马上引起轰动，顾客络绎不绝，旗开得胜。李占记"店里挂着一副对联广告，上联为"占得利权天下观"，下联为"记得时刻寸分量"。秉持这种理念，李兰馨针对当时广州民众看病难的问题，对那些购钟者，免费赠送印有"李占记"广告的痢疾散一包，对一些上门求助的患者，也慷慨赠送。[1]

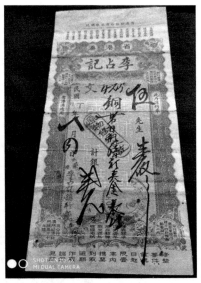

图 16："李占记修"字条

图 17："李占记"包装广告

五、时代烙印明显

广告不仅是社会发展的一面镜子，还是社会发展的一张晴雨表。作为意识形态的一种形式，广告与社会的经济基础相适应，经济基础的变动是广告发生、发

---

[1] 叶世光：《老叶看广州·新城旧影：老广州影像馆》，广州：岭南美术出版社，2012 年，第 18—20 页。

展的原动力，广告则敏锐地感受、反映社会经济状况的细微波动。同时，任何广告都不可能仅仅是经济行为，它在传达产品信息的同时，也肩负着映照社会政治文化变迁的历史使命。民国时期广州广告深刻反映了当时当地的社会剧变，真实记录和再现诸多历史事件。可以说，某种程度上广告是历史的活化石。

1. 民族主义色彩浓厚

1923 年 8 月 23 日，孙中山与夫人宋庆龄在广州大沙头机场主持中国第一架本土设计与制造的飞机试飞典礼，宋庆龄参与试飞。孙中山用她的英文名 Rosamonde 命名了这架飞机"乐士文 1 号"，并亲笔题词"志在冲天""航空救国"。1923 年 8 月 23 日，《广州民国日报》刊登了这则政治名人代言广告，饱含着浓厚的民族主义和爱国主义情感（图 18）。①

图 18：孙中山与夫人宋庆龄的代言广告

20 世纪 20 年代，中国经济被动纳入全球化浪潮，洋货控制着人们的生活，民族资本也开始发动起来，渴望在逆境中成长。为了和洋商竞争，民族企业的广告大打民族主义牌子："各尽其能，同赴国难""国难当头，岂分男女""为国从军，媲美木兰""宁为枪下鬼，不做亡国奴"等等。广州一家风筝铺外面悬挂的风筝幌子上写着"结成团体，抵制美货"的广告口号。1926 年 8 月 1 日，《广州民国日报》刊登了"韩将军哪里去了？"的广告，韩将军是《水浒传》梁山泊里一百零八将的韩滔。中国华商烟草公司生产的"三星"牌香烟在烟包里暗藏《水浒传》

---

① 未名：《孙大元帅偕夫人行新造飞机开幕礼》，《广州民国日报》1923 年 8 月 23 日，第 3 版。

108 个好汉的小画像，如果能积满 108 张画像，可换黄金二两或留声机、自行车等赠品。但是，广州市民总是收集不到韩将军的画像，于是就有了报纸上的回应广告。为了满足收藏者需要，厂家赶印了一批加有边框的韩滔小卡片，但不能兑换赠品。[1] 为了适应中国市场，许多洋烟也不得不在广告里加入中国元素，如大炮台香烟广告运用了《红楼梦》的人物形象，大胆想象如果林妹妹用了大炮台香烟就不会郁郁而终。

反帝国反封建是近代中国的革命任务，随着中国国土的沦陷和民族权力的丧失，民族思潮在中国社会掀起惊涛骇浪。面对强大的外国侵略者，中国人民迸发出高涨的爱国主义情怀。在逐利的本能外加爱国主义的社会氛围的影响下，广州商人也在思考如何使商业价值的实现与民族主义的时代脉搏同频共振。位元堂的养阴丸的广告文案中讲道"国难临头，世界不景，农村破产，商业凋零，苟复身罹缠绵难治之病，虽具救国之心，奈无致病之术。危机四伏，祸患当前，试问有何办法之可言？养阴丸功用广大，具驱逐病魔之力，有转弱为强之功用"[2]。

图 19：华商香烟敬告同胞广告

中国华商香烟用三分之二的广告篇幅书写下遒劲有力的十六个大字："敬告同胞，救国雪耻，请用完全国货香烟。"（图 19）[3] 十六个字洋洋洒洒，笔锋刚劲，震人心魄，敬告同胞，字字玑珠，饱含深情。观此广告者多半会为这十六个字所吸

① 叶世光：《老叶看广州·新城旧影：老广州影像馆》，广州：岭南美术出版社，2012 年，第 12 页。
② 范程琳：《〈广州民国日报〉的中医药广告医疗社会史研究 (1929—1936 年)》，《郑州航空工业管理学院学报 (社会科学版)》2020 年第 4 期。
③ 中国华商烟公司：《中国人请吸中国烟》，《广州民国日报》1924 年 7 月 13 日，第 8 版。

引，爱国之情勃然而发。中国南洋烟草兄弟公司也趁势宣传："救人一命胜造七级浮屠，这国产的宝塔香烟是救中国的命，诸君见了这七级浮屠，便当想了救国的责任。"（图 20）[①] 而工整的诗句传达的爱国之情也常常受到商家的追捧，例如先施有限公司的汽水广告："国产汽水先施最良，制作精美远胜外洋，生津止渴美味芬芳，夏日食此如吸琼浆，热心爱国盍（何不）共提倡，虎牌商标遐迩名扬。"（图 21）[②]

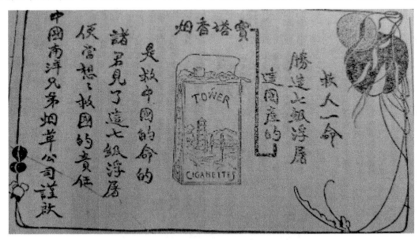

图 20：宝塔香烟广告

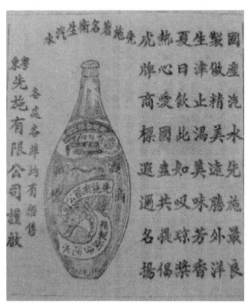

图 21：先施有限公司的汽水广告

① 中国南洋兄弟烟草公司：《宝塔香烟》，《广州民国日报》1926 年 5 月 12 日，第 5 版。
② 先施有限公司：《先施著名卫生汽水》，《广州民国日报》1926 年 6 月 2 日，第 5 版。

1931年"九一八事变"之后，广州救亡图存浪潮高涨。香烟公司再次借此炒作："抵制日货，困日人之经济，努力造产，裕国人之经济，积极制造……为著名国货，曾经登报证实。是打倒外贷之利器。务请尽力提倡。国贷之幸。邦国之光。"（图22）① 药材行业也打出民族主义广告："改造人心救国，大家用人心来抗日救国，大家食人参来想法子振兴土货。"（图23）②

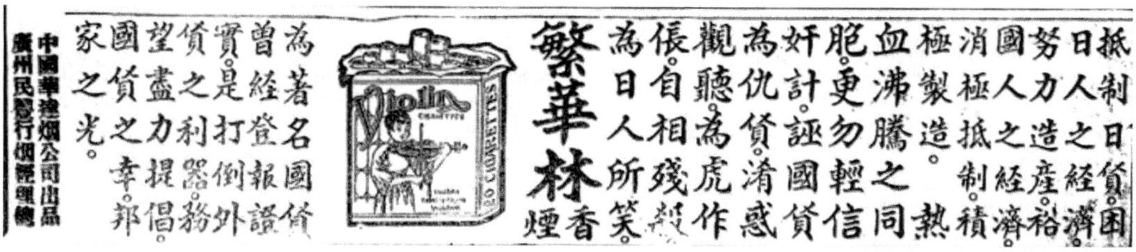

图22：繁华林香烟广告

图23：人参广告

近代中国经济发展畸形，中国的对外贸易长期处于入超状态，作为近代中国外汇最主要来源之一的华侨汇款对国民经济影响甚大。据国民政府统计1931—1940年，华侨汇款收入相当于全国外贸超额的38%—96%。1936—1940年间，华侨汇款更是年年超过中国的外贸入超，1940年出现最高峰。可以说华侨汇款是当时中国政府最重要的外汇收入。③ 而广东的汇入量占近代华侨汇款总额的80%左右。可以这么说，华侨的广告在广州近代广告史中占有重要地位。不仅如此，广州与海外华侨联系紧密，诸多华侨在广州报纸上刊登募捐的爱国主义广告。"航空处前特派员司徒管同志前往澳洲及南太平洋……一带募捐，并宣传航空救国政策，深得各界侨胞欢迎……四千余元……以求迅速成立。"（图24）④ 爱国之情溢于言表。

---

① 中国华达烟公司：《繁华林香烟》，《愚公报》1932年3月2日，第4版。
② 裕长堂：《改造人心救国》，《愚公报》1931年10月27日，第2版。
③ 侨务委员会：《中华民国侨务统计》，广东省档案馆藏1942年全宗号28目录1。
④ 未名：《澳洲华侨汇款赞助民用航空实现》，《广州民国日报》1926年11月24日，第7版。

图 24：华侨募捐广告

2. 革命色彩鲜明

提及中国近代慷慨悲壮的革命斗争，广州始终是一个绕不过去的历史空间节点。1911 年 4 月同盟会组织黄花岗起义（三·二九起义），这场起义被描述为中国革命史上极凄惨极光明而又极有价值的记录。[①] 此后中国南方的大地上掀起了民主革命的风暴，或许百姓还无法仔细体悟到革命之后的不同，但广州商人们却敏锐地捕捉到"革命"背后的巨大商机，就连普通的鞋子广告都要挂上"革命的革履"（图25）。

图 25："革命的革履"广告

为了建立革命武装，1924 年 5 月，孙中山在广州长洲岛创办了陆军军官学校（黄埔军校）。孙中山任校总理，蒋介石任校长，周恩来、熊雄、恽代英等担任教

---

① 　未名：《三二九革命运动发生的原因和结果》，《宣传周报》1931 年第 21 期。

官，中国共产党也派出很多党员团员加入。6月16日黄埔军校举行了隆重的开学典礼，孙中山亲临主持，发表了慷慨激昂的现场演讲广告（图26），可以看成是典型的革命檄文，正式宣告黄埔军校成立。

图 26：孙中山黄埔军校开学典礼现场演讲广告

又如《广州民国日报》刊登的一则反基督教宣言（图27），其中内容"……反基督教大示威运动，使全广州民众都知道基督教是帝国主义者侵略我们的工具……自五卅沙基惨案发生后……"这是中国人民自我觉醒觉，与外国侵略者奋勇抗争的宣言书。"他们在沙面增派战舰，高叠沙包，他们又雇佣无赖打手……"直接控诉帝国主义的无耻行径，又积极提出"希望大家从此加倍认识基督教是帝国主义者无形战争的工具，更希望大家从此加倍努力反对基督教，我们时时刻刻便高呼和实现下列口号，'反对文化侵略，收回教育权，援助教会学校压迫同学，教会学生退出教会学校，基督教徒觉悟起来，打到基督教，打倒帝国主义'"①。这并非是第一次反基督教宣言，激烈的陈词与期盼反映了广州人民在那个倍受奴役的时代国家意识的高度觉醒，以及对人权的不懈追求。

---

① 未名：《广东反教总同盟第二次宣言》，《广州民国日报》1926年1月6日，第11版。

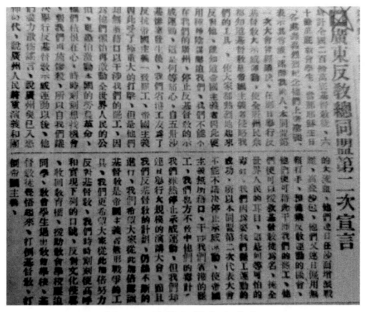

图 27：反基督教宣言广告

1926 年 9 月 7 日，广州农工商学联合委员会发布布告："本月四日早晨，突有英舰数艘，无端驶泊西濠口堤岸，持枪架炮，如临大敌，英帝国主义此举，显系挑战行为，当此北伐胜利之际，我各界同胞，务需坚持镇定，勿堕其奸谋，一切听外交当局解决，如各舰水兵入我市购买物品，我商界同胞，务宜一致坚持经济绝交宗旨，则彼设计虽毒未必有机可乘。"这是北伐之际，广州民众反帝斗争中的理性表现。

3. 反革命广告猖獗

汪精卫和蒋介石在北伐战争后期违背孙中山遗志，悍然发动反革命政变，对昔日盟友——中国共产党进行清洗，并长期在报纸开篇版面大篇幅宣传反革命言论。（图 28、图 29）①② 国民党政府为彻底肃清中共，还苦心经营了捕谍队。（图 30）③

---

① 中国国民党广东特别委员会宣传委员：《广告》，《广州民国日报》1927 年 5 月 20 日，第 1 版。
② 中国国民党广东特别委员会宣传委员：《广告》，《广州民国日报》1927 年 5 月 3 日，第 1 版。
③ 未名：《广属警备司令组织谍捕队》，《广州民国日报》1927 年 7 月 11 日，第 6 版。

图 28：宣传反革命广告

4. 殖民广告洗脑

1938 年 10 月 23 日，日军占领广州，开始长达 11 年的殖民统治。日伪时代广州的报纸主要有《广东迅报》《民声报》《公正报》《中山日报》4 家，自日本入侵以来，日本厂商的报纸广告层出不穷。日本参天堂株式会社和竹村制药厂宣传治疗淋病的药物"猛力打淋，人类的淋病不久绝灭，完全无缺的化学疗法竟告成功"。（图 31）[1]"强利比儿，淋病空前灵药之新发现"（图 32）[2] 等。日本武田大药厂宣传补血药"保利他民，补血·强壮"。（图 33）[3]

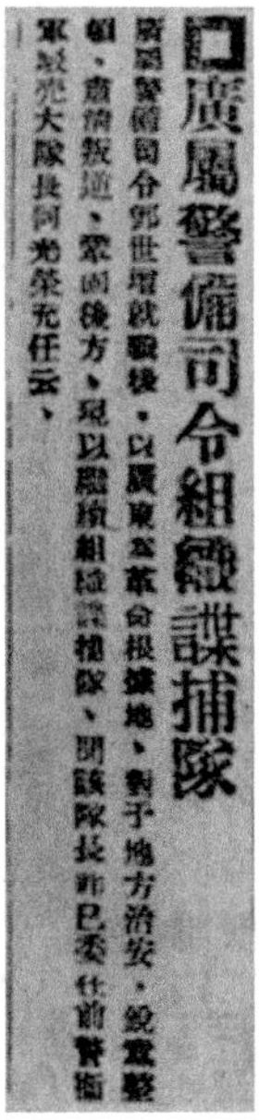

图 30：捕谍队广告

---

[1] ［日］参天堂株式会社：《猛力打淋》，《广东迅报》1941 年 3 月 28 日，第 2 版。
[2] ［日］竹村制药厂：《强利比儿》，《广东迅报》1941 年 3 月 1 日，第 2 版。
[3] ［日］武田大药厂：《保利他民》，《广东迅报》1941 年 3 月 29 日，第 4 版。

图 31：参天堂株式会社产品广告

图 32：竹村制药厂产品广告

图 33：武田大药厂产品广告

　　或许单独拿出前三幅广告无法明显表现出日本殖民主义，但第四幅广告版面的对比却能深刻说明问题。该广告上方密集地聚集了 10 则中国广告，自己则占用了下方更大的版面，只刊登一则日本广告。（图 34）[①] 此时广告内容并不重要，版面的表现形式却深刻地反映出一个主权丧失的国家面临任人宰割的悲惨命运。

———————

① ［日］NISSEN：《保热翁》，《广东迅报》1940 年 8 月 4 日，第 4 版。

图 34：保热翁广告

不仅仅是商业上的打压，日本人以胜利者姿态大肆宣扬"皇军"的赫赫战绩。一则为"日海军航空部队轰炸皖溉口镇蒋军"广告，另一则为"华北日军昨发表扫荡鲁南蒋军战况……蒋军死百余"广告，均大肆宣扬对中国军队的战绩，可见其灭亡中国之心不死。（图 35）[1]

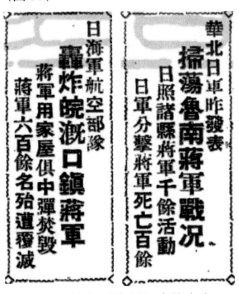

图 35：宣扬"皇军"战绩广告

殖民者在广州借助汪伪政府粉饰太平，大肆宣扬"大东亚共荣圈"。华南派遣军宪兵队长林清刊登告示："写有本告示记载以外之有番号通行证者。宜即刻缴还

---

① 　未名：《轰炸皖溉口镇蒋军 & 扫荡鲁南蒋军战况》，《广东迅报》1941 年 3 月 2 日，第 1 版。

附近之宪兵队……昭和十五年二月七日。”（图 36）[①]一方面以通行证的形式限制中国百姓的出行，另一方面改用日本年号，力图在潜移默化中改造中国的国民性，成为日本的奴隶。宣传”大东亚共荣圈“是日本法西斯粉饰侵略本质的谎言，殖民政府不断通过广告对该话语体系进行修补重构。

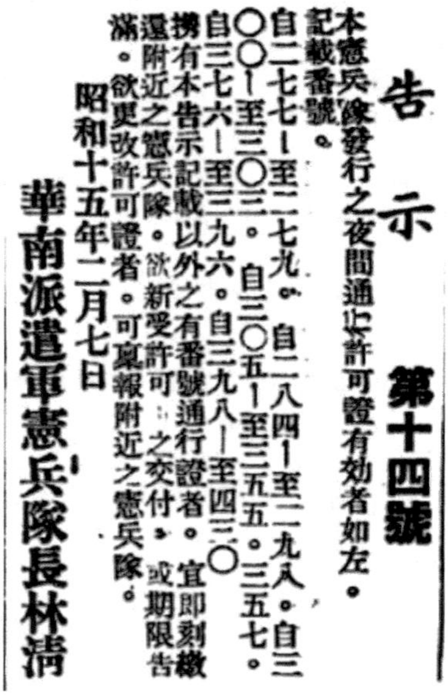
告示 第十四號
本憲兵隊發行之夜間通行許可證有効者如左。
記載番號。
自二七一—至二七九。自二八四—至二九八。自三
〇一—至三〇三。自三〇五—至三三五。三五七。
自三七六—至三九六。自三九八—至四二〇
攜有本告示記載以外之有番號通行證者。宜即刻繳
還附近之憲兵隊。欲新受許可之交付。或期限告
滿。欲更改許可證者。可稟報附近之憲兵隊。
昭和十五年二月七日
華南派遣軍憲兵隊長林清

图 36：宪兵队长林清刊登告示

比如，殖民者一方面借助汪伪政府“还都”一词重树正统地位，积极栽培日本在中国的代理人（图 37）[②]，另一方面表面上是洋洋洒洒的“大东亚共荣圈”“东亚新秩序”“民族协作之大道”等广告（图 38、图 39）[③④]，背地里却加紧入侵、压榨中国人民。又如，殖民者热烈庆祝纳粹党成立十周年，呼应希特勒的政治宣言，鼓吹“今日战争将决定吾人生存竞争原则，惟有牺牲者精神始能创造出新生命。”“……德全国各地热烈庆祝……”（图 40）[⑤]，歪曲强调战争最后的胜利必属于诸轴心国。

---

① 林清：《告示》，《广东迅报》1940 年 2 月 13 日，第 3 版。

② 未名：《东亚共荣》，《广东迅报 1941 年 3 月 30 日，第 1 版。

③ 未名：《东亚共荣》，《广东迅报》1944 年 1 月 1 日，第 1 版。

④ 未名：《中山日报庆祝中华民国卅二年元旦特刊 & 中山日报新年特刊》，《中山日报（汪伪）》1943 年 1 月 1 日，第 2 张第 1 版。

⑤ 未名：《德国社党秉政十周年纪念 & 纳粹党秉政十周年纪念》，《广东迅报》1943 年 2 月 1 日，第 2 版。

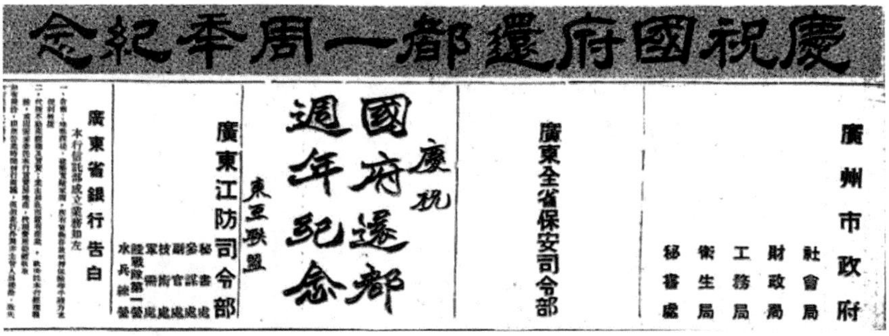

图 37:“大东亚共荣圈”广告

图 38:“大东亚共荣圈”广告

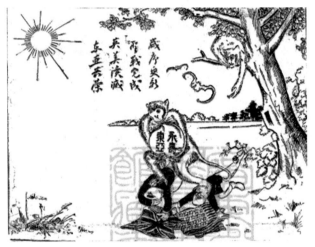

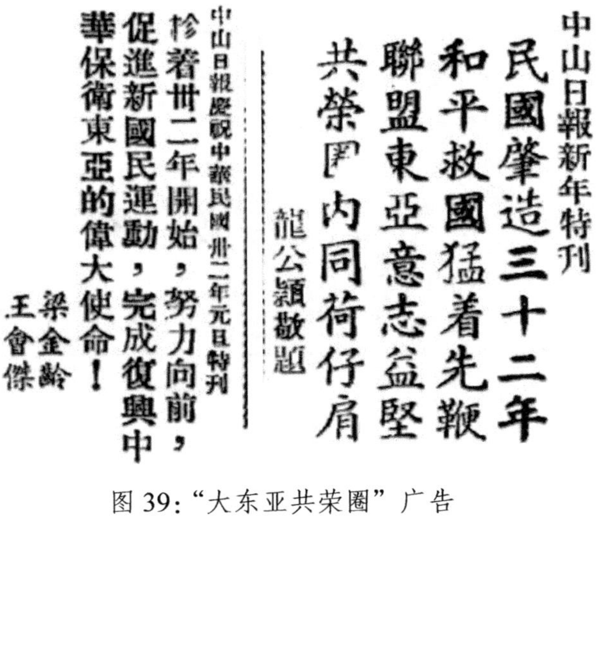
中山日報新年特刊
民國肇造三十二年
和平救國猛着先鞭
聯盟東亞意志益堅
共榮圈內同荷仔肩
龍公潁敬題

中山日報慶祝中華民國卅二年元旦特刊
趁着卅二年開始，努力向前，促進新國民運動，完成復興中華保衛東亞的偉大使命！
梁金齡
王會傑

图 39:“大东亚共荣圈”广告

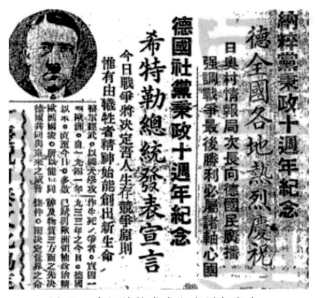

图 40：庆祝纳粹党成立十周年广告

5. 美国广告补缺

　　第二次世界大战结束后，以美国为首的资本主义国家和以苏联为首的社会主义国家两大阵营为了拉拢盟友，开始扶持中国国内的代言人，以取得在华利益。蒋介石政府依赖美国帝国主义的援助，悍然发动内战。日本完全退出广州市场，美国商品大量涌入广州，迅速填补了日本的位置。1945—1949 年期间，广州报纸上美国商品的广告所占版面激增。美国钟表（图 41）[①]、头蜡（图 42）[②]、旅行社（图 43）[③]、汽车及零件（图 44）[④] 等各种商品信息充斥着广州报刊。

　　美国的资本渗透已经进入广州方方面面。比如图 44 中，广州信和发行是美国道奇汽车两广总代理，在 1947 年 12 月的《华南日报》发布广告："近到有最新式轿车卡车及零件，廉价现货出售。兼办到美国羊毛绒线。零沽批发一律欢迎。"

图 41：瑞威钟表行广告

①　瑞威钟表行：《广告》，《华商报》1947 年 1 月 15 日，第 1 版。
②　散发妹头蜡：《广告》，《华商报》1948 年 9 月 11 日，第 1 版。
③　菲律宾航空公司：《广州直飞美国》，《华南日报》1947 年 6 月 1 日，第 4 版。
④　信和发行：《广告》，《华南日报》1947 年 12 月 1 日，第 3 版。

图 42：散发妹头蜡广告

图 43：菲律宾航空公司广告

图 44：信和发行广告

政府传播研究

数字政府与我国政府传播模式的转型及其反思 *

Digital government and the transformation of China's government communication model and its reflection

董 浩 **

Dong Hao

摘 要：在当今的媒介化时代，随着数字政府的建立，我国政府的传播模式与数字政府建立前基于大众传播媒介的政府传播模式相比，确实发生了非常显著的变化。但通过文献综述发现，目前，学界已有的研究，要么主要是对基于大众媒体的传统政府传播模式的概括、总结；要么是探讨互联网等新媒体技术的发展对我国政府传播模式产生的影响上，而很少有从政府传播模式的角度对其进行一个系统的概括与总结。故为了更好地探究这个问题，文章将从政府传播模式的角度对"数字政府建立后我国政府传播模式发生了什么样的变化"这一十分具有现实意义的问题进行研究与探析。

Abstract: In today's mediatization era, with the establishment of digital government, the communication mode of our government has indeed changed significantly compared with the government communication mode based on mass media before the establishment of digital government. However, through literature review, it is found that at present, the existing research in the academic circles is either mainly the generalization and summary of the traditional government communication mode based on mass media; Or it is to explore the impact of the

---

* 项目基金：本文系国家社科基金重大项目"我国青少年网络舆情的大数据预警体系与引导机制研究"（20&ZD012）的阶段性成果。

** 作者简介：董浩，山东枣庄人，南京林业大学人文社会科学学院广告与传播学系讲师，主要从事新闻传播史论、媒介社会学、政治传播研究。目前在《新闻界》《新闻与传播评论》《重庆社会科学》等期刊发表文章二十多篇。

development of new media technologies such as the Internet on China's government communication mode, but there is little systematic summary from the perspective of government communication mode. Therefore, in order to better explore this problem, this paper will study and analyze the very practical problem of "what changes have taken place in China's government communication mode after the establishment of digital government" from the perspective of government communication mode.

关键词：数字政府；政府传播模式；政治传播；社会治理；媒介化

Key words: digital government; Government communication mode; Political communication; Social governance; Mediatization

　　鉴于随着互联网等新媒体技术在现代政府传播、社会管理活动和公民政治参与中的作用越来越重要，甚至逐渐成为公共媒介和公共政治新的基础结构，[①] 国家也在不断努力提高使用互联网的方法，"以争取在政治市场上形变为消费者的国民支持"[②]，来加强自身的存在并使自身的行动合法化[③]。其中，政府的数字化、媒介化建设，就是一个非常重要且必不可少的环节。数字政府建立后政府传播模式，与数字政府建立前的、基于大众传播媒介的政府传播模式相比，不仅在当代中国的政治与公共生活中的作用越来越大，而且其在政府与职业媒体之间的关系、政民沟通方式、媒介化治理方式等方面均发生了非常显著的变化。因此，数字政府建立后我国政府传播模式发生了什么样的变化，十分值得研究。但通过文献综述发现，目前，学界已有的研究大都停留在以下两个方面：一是对基于大众媒体的传统政府传播模式的概括、总结上；二是主要探讨互联网等新媒体技术的发展对我国政府传播模式产生的影响上，而很少有从模式的角度对数字政府建立后我国政府传播模式发生了什么样的变化进行一个系统的概括与总结。

　　因此，为了更好地探究这个问题，文章将从政府传播模式的角度对"数字政府建立后我国政府传播模式发生了什么样的变化"这一十分具有现实意义的问题进行研究与探析。具体而言，文章首先将概括、总结我国基于大众媒体的传统政府传播模式；其次，文章将结合我国数字政府的主要功能，尝试着建构数字政府的传播模式；最后，文章将对数字政府传播可能存在的现实问题进行批判性的

① [英]库尔德利：《媒介、社会与世界：社会理论和数字媒介实践》，何道宽译，上海：复旦大学出版社，2014年，第131页。
② Mazzoleni,G,Towards a videocracy？:Italian political communication at a turning point,*European journal of communication*,1995,pp.308.
③ [美]查德威克：《互联网政治学》，任孟山译，北京：华夏出版社，2010年，第2—3页。

反思。

一、单向非互动传播协同治理型模式：我国传统的政府传播模式

在传统政府传播模式研究方面，目前，已有多位学者对此进行概括、总结，如王海涛在《政府传播基础理论研究：概念、渠道和模型》中提出的政府传播要素分析模式；高波在《政府传播论》中提出的政府传播的"社会—政府—公民"模型等。具体而言，王海涛在将政府传播简化为相关要素之后认为，"政府传播是一个高度复杂的传播过程，涉及很多方面的因素，但主要因素依然是传者、渠道、受众这三部分"[①]。

图 1　政府传播要素分析模式

高波在将政府传播的研究视域扩展到社会整体的基础上提出了政府传播的"社会—政府—公民"模型。这个模型有两大部分组成：一是"政府—社会"关系，即"社会优位"的观念，在"信源端"实际上社会才是信源的原生地；二是"政府—公民"关系，即"（权力）为权利服务"的观念，在"接收端"公民享有充分的知情权和表达反馈的权利。[②]

[①] 王海涛：《政府传播基础理论研究：概念、渠道和模型》[EB/OL].http://media.people.com.cn/GB/22114/44110/44111/3620102.html，2022 年 3 月 30 日。

[②] 高波：《政府传播论》，北京：中国传媒大学出版社，2008 年，第 48—50 页。

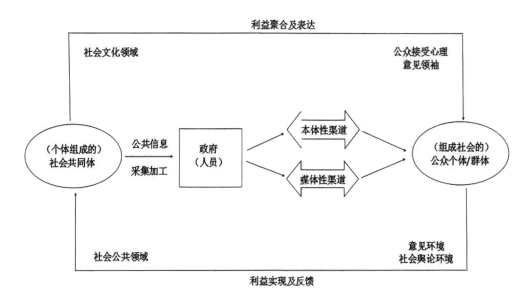

图 2　政府传播的"社会—政府—公民"模型

　　当然，也有学者从其他视角对政府传播模式进行概括、总结，如甘惜分先生在《传播：权力与权利的历史性考察》一文中提出的"传播的权力与权利"模式。他认为，掌握政权的传播者、争取传播权利的传播者、广大受传者三者之间微妙的关系，是传播政治学的核心所在。详而言之，即（1）是暂时的强大者，（2）是暂时的弱小者，这两者是相互冲突和对抗。而其共同争取的目标对象是（3）广大受传者。真理在（1）和（2）之间的任何一方，（3）就倾向于谁。（3）的这种倾向，可能使（1）变为更加强大，也可能使（2）由弱变强，由小变大。这是现代的传播者们不能不时刻加以注意的问题。胜败之数不在天，而在人为。[①]

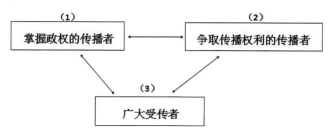

图 3　"传播的权力与权利"的模式

　　张宁从传播学的视角出发，在将政府传播模式理解为一般的传播模式的基础上认为，传播学中的线性传播模式、交互传播模式和循环传播模式同样适用于用

---

①　甘惜分：《传播：权力与权利的历史性考察》，《新闻爱好者》，2004 年第 12 期，第 11—13 页。

来理解政府传播模式①。换言之，即政府传播模式像一般的传播模式一样，同样具有线性传播模式、交互传播模式和循环传播模式等模式。

　　综上可知，已有的传统政府传播模式研究大都认为，我国政府传播的模式是一种以传统媒体为主要传播渠道的单向非互动模式。这种政府传播模式，概括起来讲，主要有以下几个特点：自上而下的单向传播、需要借助大众媒体等传播媒介作为渠道进行传播、以宣传为主的传播内容、工具论为中心的媒介观念、缺乏科学的传播技巧等②。

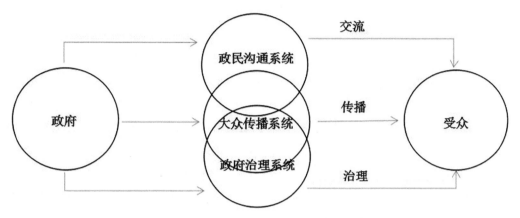

图 4　传统的单向非互动传播协同治理型政府传播模式

　　但通过以上的考察发现，事实上，我国传统的政府传播不单单具有传播功能，其还有着一定的沟通功能、协同政府进行社会治理功能。故从此意义上来讲，我国传统的政府传播模式，其实，是一种单向非互动传播协同治理型模式。这种模式最突出的特征就是传统的以大众传播媒介为主要传播渠道的单向非互动的政府传播系统联动与之相互分离的政民沟通系统、政府社会治理系统并协同运转。客观地讲，这种政府传播系统、政民沟通系统、政府社会治理系统相互协同的模式有着其自身的优势，并且一直在数字政府建立前的政治生活中发挥着积极的作用，但随着媒介化时代的来临，互联网等新媒体技术逐渐发展为公共媒介和公共政治的新基础结构，③不仅传统的以大众传播媒介作为主要传播渠道的政府传播系统受到严峻的冲击与挑战，几乎濒临传播失效、传播失灵的危险，而且连带着政民沟通系统、政府社会治理系统都受到冲击与挑战。这正如库尔德里所言，随着互联

　　① 张宁：《政府传播：公共管理视野中的传播课题》，长春：吉林人民出版社，2007年，第105页。

　　② 张宁：《政府传播：公共管理视野中的传播课题》，第28页。

　　③ [英]库尔德利：《媒介、社会与世界：社会理论和数字媒介实践》，何道宽译，上海：复旦大学出版社，2014年，第131页。

网等新媒体技术的发展，传统媒介机构（和依附其上的社会治理模式）在当今的媒介化时代受到越来越多的挑战。[①]

详而言之，在政府传播系统方面，随着互联网等新媒体技术的发展，我国以传统媒体为主要传播渠道的、单向非互动的政府传播系统在多个方面均受到冲击与挑战。首先，在政府传播的受众方面，由于传统媒体的受众大量转移到网络空间中，以传统媒体为主要传播渠道的政府传播效果就在很大程度上大打折扣；其次，在政府传播的渠道方面，由于接收政府信息的受众大量流失，所以这种以传统媒体为主要传播渠道的政府传播就在一定程度上失去了其应该发挥的传播效力。故为了弥补传统媒体的传播失灵、失效[②]问题，传统媒体与政府积极采取措施予以应对。具体而言，即传统媒体在党和国家的鼓励与支持下纷纷进行媒介融合转型。不过，从实际的融合效果来看，传统媒体的转型并不是十分成功。因而，在此情况下，我国政府为了保证政府信息能够顺畅地传达到广大人民群众中，采取各种措施，如在网络空间中建立起自己的数字化平台，不仅包括自办起政府网站，直接面向公众进行政治传播[③]，而且包括在用户众多的今日头条、微博、微信、支付宝、抖音等互联网平台上开设政务账号来进行政治传播。

在政民沟通系统方面，数字政府建立前，尤其是在报纸、广播、电视等大众传播技术发明之前，我国政府与公民之间的交流、互动往往是通过面对面的咨询、信访制度等方式。但这些传统的政府与公民交流、沟通的方式在发挥积极作用的同时，也常常由于多方面的原因而存在一定的弊端，如在传统的信访制度运作中甚至是出现过举报人的信息泄露而遭到被举报人的打击报复的情况。而到了近代，随着报纸、广播、电视等大众传播技术发明，在传统的政民沟通制度外，大众传播媒体也逐渐成为政府与公民之间直接或间接地进行交流、互动的平台，只不过这种借助大众传播媒体的政民交流、沟通方式是一种单向的方式。现在，随着互联网等新媒体技术的发展，传统的以大众传播媒体为中介的、单向的政民交流、互动方式又逐渐让位于由更加快速、便捷、双向的互联网等新媒体技术所建构的政民交流、沟通方式，如网络民意征集、网络咨询、网络信访、网络回应社会关切等。

在政府治理系统方面，在数字政府建立前，大致来讲，政府进行社会治理的

---

① ［英］库尔德里：《中文版序》，［英］库尔德里：《媒介仪式：一种批判的视角》，崔玺译，北京：中国人民大学出版社，2016 年，第 2 页。

② 潘祥辉：《传播失灵：一种基于信息传播非理想状态的研究》，《浙江学刊》，2012 年第 02 期，第 194-200 页。

③ 董浩：《中纪委网站反腐信息的再媒介化传播——以报纸对中纪委网站反腐信息的传播为例》，《传媒观察》，2020 年第 10 期，第 65—72 页。

方式主要以下几种方式为主：一是通过设计的制度、发布的政策等为公民到政府部门办事提供渠道与规则；二是对公民通过一些制度渠道、媒体等途径反映的情况进行处理。而我国传统的以大众传播媒体为主要传播渠道的政府传播与社会治理之间的相互协同关系就属于第二种政府进行社会治理的方式。客观地讲，这种以大众传播媒体为主要渠道的政府传播协同政府进行社会治理的方式，与大众传播媒体出现之前的政府传播协同政府进行社会治理的方式相比，确实优势十分明显。但这种以大众传播媒体作为中介的政府传播系统与依附其上的政府社会治理模式，即政府传播系统、政民沟通系统、政府社会治理系统等系统之间相互协同运行的模式，随着互联网等新媒体技术的发展，也受到越来越多的挑战。概言之，这主要是指因互联网等新媒体技术的去科层化效应与政府科层制之间的运行逻辑时常相互龃龉而导致以大众传播媒体为中介的政府传播协同社会治理模式很难满足互联网时代网民的需求。

因此，在这种情况下，如何借助互联网等新媒体技术不断地发展与完善政治制度，并不断的调适政治制度化的速度与扩大人民群众政治参与水平之间的最佳值，促使其两者协调共振，[1] 进而将大众有效地纳入社会治理体系之中[2]，将成为我国政府传播模式未来发展的方向。这正如国外学者研究所言，对于二十一世纪的政府来说，由网络而引发的主要问题不是探讨网络技术能否推动民主，而在于现存的政治制度能否找到一种同信息通讯技术相适应的新形式，借以更新它的合法性，并在新的民主政治中适得其所。[3]

二、双向互动传播治理型模式：我国数字政府的传播模式

现在，随着我国各级政府在网络空间中建立起包括政府网站、政务微博、政务微信、政务抖音等各种数字政府平台，直接进行政治传播，我国传统的以大众传播媒体为中介的政府传播模式也发生了显著的发展、变化。概言之，即随着我国政府通过信息化、数字化、媒介化建设，建立数字政府之后，虽然，传统的以大众传播媒介为主要传播渠道的政府传播模式依旧存在，但政府与大众传播媒介、受众之间的关系均发生了较大的变化：数字政府建立后，政府不仅可以在不需要经过传统大众媒介"中介"的情况下，就可以直接向公民进行信息传播，并且数

---

① ［美］亨廷顿：《中译本序》，［美］亨廷顿：《变化社会中的政治秩序》，北京：生活·读书·新知三联书店，1986年，第5页。

② 李良荣：《新传播革命》，上海：复旦大学出版社，2015年，第20页。

③ Christine Bellamy and John A. Taylor, *Governing in the Information Age*[M]，Milton Keynes: Open University Press，1998，pp.118。

字政府与大众传播媒介还形成了一种相互转载彼此信息的传播关系，公民也可以通过各种数字政府平台随时随地的与政府直接进行交流、互动。简言之，即数字政府建立后我国政府逐渐建立起一种政府与公民之间可以直接进行双向互动、传播、治理的政府传播模式。

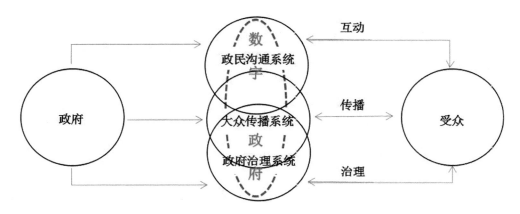

图 5　数字政府与双向互动传播治理型政府传播模式的建立

具体而言，我国数字政府建立后，传统的政府传播系统、政民沟通系统、社会治理系统等原来相互独立、分散的系统的一部分功能逐渐融合成一个有机的整体。换言之，即数字政府平台既是我国政府的传播系统，也是我国政府与公民进行交流、互动的系统，同时也是我国政府进行社会治理的系统。而数字政府建立后我国政府传播之所以会发生这样的变化，究其根本，主要是因为我国数字政府是利用互联网、物联网、大数据、人工智能等新媒体技术建构起来的，而这些互联网等新媒体技术又是利用计算机的二进制语言"0/1"——一种几乎可以将世界上的一切都化约为统一的、并通行于全世界的"元语言"。因此，数字政府能够将政府传播系统、政民沟通系统、社会治理系统在长期的传播实践中融合为一，并物化为能够为社会提供各种服务的政治基础设施[1]。这一点从我国数字政府的重要平台政府网站所具有的功能：政务信息发布、提供在线服务、与公众交流互动[2]就可以看出。并且从目前的发展态势来讲，我国数字政府正在不断地朝着平台化方向发展。在这个政府铸造的数字化平台上，网民通过各种媒介终端可以随时随地的与虚拟形态的政府进行交流、互动，查阅政务信息、接受政府的在线服务等。

在数字政府建立前，我国传统的政府传播系统、政民沟通系统、社会治理系

---

[1]　[英]库尔德利：《媒介、社会与世界：社会理论和数字媒介实践》，第148页。

[2]　国务院办公厅：《国务院办公厅关于加强政府网站建设和管理工作的意见》，电子政务理事会编：《中国电子政务年鉴（2012）》，北京：社会科学文献出版社，2013年，第49页。

统等各要素之间，总的来讲，主要是一种彼此各自独立运行的关系，系统与系统之间的可沟通性也比较差；而数字政府建立后我国政府传播系统、政民沟通系统、社会治理系统等各要素之间则融合在一起，并成为一个有机的整体。这样，我国政府传播模式，由于数字政府的建立，就不再只具有传播功能，而是开始兼具传播、沟通以及社会治理等多种功能于一体的复合体。因此，从可沟通性的角度来讲，数字政府传播模式各组成系统之间的可沟通性就相对比较好。故而，其能够在很大程度上推动我国现代传播体系、国家治理体系与治理能力的现代化发展与建设，成为"机构内部和机构之间关系交互的平台"①。

三、数字政府背景下我国政府传播的实践性反思

在当今的媒介化时代，随着数字政府的建设，我国政府传播模式在发生重大变化的同时，也引发了一些问题，如政府与新闻媒体之间身份的模糊与边界的调整，缠绕在一起的技术与资本、政治对社会的渗透与控制等。虽然，对现存制度来说，以互联网为核心的现代技术"似乎成了一种新的、更加有效、更加令人愉快的社会控制和社会团结的形式"②，但随着以互联网为核心的现代技术对日常生活的介入程度越来越深、影响程度越来越大，我们不得不对以互联网为核心的现代信息传播技术所带来的负面问题进行反思。

（一）媒体政务化与新闻传播的职业边界

新闻媒体作为一个职业、一个行业，是有着自己的专业领域，但现在，在当今的媒介化时代，随着政治不断的媒介化，政府业务与媒体业务出现了一定的融合与交叉，以至于两者的身份边界逐渐模糊，并相向发展，即新闻媒体政务化、政府媒介化。新闻媒体有着它自身的传播规律与相对独立性，它虽然可以在当前的体制下为政府及其媒介化建设服务，是政府进行宣传、传播、社会动员与社会治理的重要工具与手段，但不能够将这两者完全等同。

具体而言，这是因为新闻媒体为了应对互联网等新媒体技术所带来的冲击与挑战，纷纷投入大量的人力、财力、物力，进行媒介融合与转型，但从实际的转型效果来看，并不是十分理想。故在这种情况下，如何开发新的媒体业务，创造新的盈利模式，就成为事关新闻媒体生存、发展的首要问题。在新的盈利模式探索中，其中一个重要的发展模式就是与政府合作，作为政府的智库、成立专门为

① [丹麦]夏瓦：《文化与社会的媒介化》，刘君等译，上海：复旦大学出版社，2018年，第39页。
② [美]马尔库塞：《批判的停顿：没有反对的社会》，刘继译：《单向度的人——发达工业社会意识形态研究》，上海：上海译文出版社，1989年，第7页。

各级政府负责的舆情公司、承担一部分政府的数字化建设任务等。

以县级融媒体建设为例来讲，当下，融合了媒体与政府等两方面资源的县级融媒体，确实功能更加多样，既是主流舆论阵地、综合服务平台和社区信息枢纽，同时又具有媒体服务、党建服务、政务服务、公共服务、增值服务等功能。但与此同时，也造成了媒体自身身份的模糊。从县级融媒体的构成机构县级报、县级广播电视等传统媒体来讲，县级融媒体是媒体机构，但从县级融媒体的构成机构县级政府网站、县级政务新媒体等数字政府来讲，县级融媒体在一定程度上又是政务媒体机构。因此，在县级融媒体建设中，如何认识与理解政府力量与媒体力量这两股支撑其发展始终的重要力量以及它们与县级融媒体之间的关系等等，均亟须厘清。这在党媒和政务发布之间的职能方面也可以看出，目前，有学者通过调研发现，党媒职能与政府发布职能存在一定重复，如以宁波为例来讲，宁波的地方政务平台"宁波发布"、各个政府部门创立的官方微信公号等在业务上与宁波日报报业集团的"甬派"客户端之间就存在一定的同质化问题。[①]

（二）政府的媒介化与媒介权力的规训

从理论上讲，我国的新闻媒体为国有制，是党和政府、人民的耳目喉舌，理应为党和政府、人民服务。具体到政治媒介化方面，我国政治的媒介化则应该更多的是一种政治主动的适应互联网等新媒体技术，来为政治服务的模式，而不同于西方的那种媒体殖民政治的政治媒介化。从实际的发展情况来讲，也确实如此。融合了政府传播系统、政民沟通系统、社会治理系统一部分功能的数字政府，作为一种具有传播、沟通、治理多种功能于一体的平台，确实在很大程度上优化了政府传播、政府媒介化治理的方式，提高了政府使用互联网的方法，充分释放了现代媒介有助于社会秩序建设的功能，削弱了其弱化社会秩序的功能。详而言之，具有多种功能的数字政府平台，不仅成为我国现代传播体系的基础结构，而且成为国家治理体系建设的基础结构。

因此，未来，我国现代传播体系与国家治理体系的建设应在继续重视与运用传统媒体及其新媒体、商业媒体力量及其所构成的现代传播体系的同时，还要重视与发掘数字政府系统所具有的信息传播、政民沟通、社会治理功能，并且为了实现更高水平的发展，还"应按照公民的接受能力和需要量体裁衣地制定独立自主的传播和信息体系"[②]。这个系统十分类似于麦克切斯克在《传播革命：紧要关

① 李沁，徐诚，赵凡瑜：《技术、传播与社会：中国主流媒体融合发展路径——以长三角地区12家主流媒体为例》，《中国人民大学学报》，2020年第3期，第136页。

② Dahl，Robert A. *Democracy and Its Critics*,New Haven：Yale University Press,1989,pp.338。

头与媒体的未来》中所描述的那样，"在即将到来的时代里，我们拥有一个前所未有的机会去创造一个传播系统"：它具有强大的力量推动社会的平等、人性化、可持续性和创造力，并为公共媒介和公共政治提供新的基础结构。① 机会的窗口——我称之为"紧要关头"——不会长久的存在，我们将遭到那些实力强大、根深蒂固的公司和政治利益集团的反对。②

但与此同时，我国政府的媒介化建设还应谨防媒介殖民政府。因为近年来，随着互联网、大数据等信息传播技术的迅速发展，各级政府不仅在日常业务中越来越多地强调公共关系和媒体的作用，而且不断改造和创立新的机构和机制，如新闻发言人制度、舆情监测制度、专业时评队伍和网评员队伍等③，以至于媒介逻辑逐渐渗透到政府的各个部门、各个环节。因此，在此情况下，我国数字政府在利用自主性、能动性均不断增强的现代媒介及其所构成的传播、沟通、治理作用的同时，也要谨防媒介化可能带来的媒介对政府的殖民、异化。

（三）数字政府建设与中介公司的技术霸权

在当今的媒介化时代，国家的力量虽然依旧很强大，并且也在非常努力地提高管理网上社会与政治行为的手段、方法，但随着互联网等新媒体技术的不断迭代、升级，媒介逐渐成为一种像其他社会制度一样独立、自主的力量，以至于存在于媒介网络之中的权力比存在于国家之中的权力更加强大。④ 因此，国家不得不借助其他的社会力量，尤其是中介公司的技术力量，如中宣部主管、阿里巴巴负责开发的"学习强国"。自2019年1月1日"学习强国"学习平台建成以来，政府的宣传、舆论引导、意识形态、理论宣传等工作得到了极大的改善与提高。截至2019年4月初，"学习强国"学习平台注册用户总数就突破了1亿，每日活跃用户比例也高达40%—60%。俨然间，"学习强国"学习平台已成为我国各级政府工作人员与全国党员学习的新平台。

任何事物都有两面性，技术也是如此。哈贝马斯认为，科技进步可以成为统治的合法性基础。这种合法性不是靠强权奠定的，而是借助科技进步的成果所带来的对公众需求的有效补偿，从而获得广大群众对现有制度的忠诚和支持。⑤ 马尔

---

① ［英］库尔德利：《媒介、社会与世界：社会理论和数字媒介实践》，第131页。
② ［美］麦克切斯尼：《传播革命：紧要关头与媒体的未来》，高金萍译，上海：上海译文出版社，2009年，第2页。
③ 王维佳：《反思当代社会的"媒体化政治"》，《新闻大学》2017年第4期，第3—5页。
④ ［加］霍华德：《卡斯特论媒介》，殷晓蓉译，北京：中国传媒大学出版社，2019年，第21页。
⑤ 骆正林：《我国网络空间的建设理念和规划思路》，《山西大学学报（哲学社会科学版）》，2020年第1期，第61页。

库塞与哈贝马斯的观点相反。他认为，"对现存制度来说，技术成了社会控制和社会团结的新的、更有效的、更令人愉快的形式""在技术的媒介作用中，文化、政治和经济都并入了一种无所不在的制度，这一制度吞没或拒斥所有历史替代性选择。这一制度的生产效率和增长稳定了社会，并把技术进步包容在统治的框架内。技术的合理性变成了政治的合理性"。① 因此，我们在看到技术在当今的媒介化时代发挥积极作用的同时，也要看到技术的负面作用。

在我国数字政府的建设中，许多部分都是外包给一些中介公司。这些中介公司资质与能力经过了相关政府部门的严格审核、把关，总体上来讲，是过硬的，但少数中介公司利用政府不太了解技术的发展状况。在政府与中介公司合作初期，中介公司先以非常优惠的价格"帮助"政府进行数字化、网络化建设；后期，却在运维过程强迫政府进行技术更新，甚至是利用政府掌握的海量数据来从中牟利。更加可怕的是，中介公司的技术解决方案会将本质上属于政治领域的问题处理成技术问题，并逐渐取代了其他的问题解决方式。政治现实也变成了一种受技术要求所支配而形成的制度和实践活动。②

结语

综上可知，数字政府后，我国政府传播模式确实发生了显著的变化，即我国以大众传播媒介为基础的单向、非互动、协同治理型政府传播模式，逐渐演变为一个将政府传播、政民沟通、社会治理等多种功能融为一体的双向、互动传播、治理型的政府传播模式。

与此同时，对我国政府传播模式的数字化转型的探究，不仅明晰了我国政府传播在政治传播、宣传、舆论引导、政民沟通、社会治理等方面的发展、变化，而且为我国各级政府与各政府部门接下来的数字政府建设与政府传播模式的整合和建设提供了一定的借鉴与参考。但在研究中也发现，我国政府的媒介化进行的比较突然，总的来讲，是一种被动的媒介化。因此，在未来的媒介化过程中，我国政府要主动进行媒介化，掌握媒介化过程中的主导权，合理地处理好与媒介、技术之间的关系，进而重构媒介化社会的传播与社会秩序。③

---

① ［美］马尔库塞：《批判的停顿：没有反对的社会》，刘继译：《单向度的人——发达工业社会意识形态研究》，第7—8页。

② ［美］温纳：《自主性技术——作为政治思想主题的失控技术》，杨海燕译，北京：北京大学出版社，2014年，第202页。

③ 董浩：《新时代网络反腐的媒介化实践及其制度重构——以中纪委网站的反腐实践为例》，《传媒观察》，2021年5期，第78—86页。

纪念"讲话"的政治意蕴：
《人民日报》"七一"纪念中的领导讲话 *

The political implication of commemorating the "speech": Leaders' speech in the "July 1" Commemoration of the people's daily

李易霖 **

Li Yilin

摘　要： 2021 年 7 月 1 日是建党一百周年纪念日，当日国家领导人发表"七一讲话"，纪念党的百年风雨。"领导讲话"作为最为严肃和权威的纪念文本与话语，在党的"七一"纪念中具有重要的纪念价值与政治意蕴。以《人民日报》"七一"纪念的领导讲话为考察样本，对其进行文本分析与量化呈现。在纪念文本属性向度，它具有领导讲话伊始、国家最高级别领导人讲话伊始两个重要的时间节点与"年度例行纪念""逢十"大型纪念、"重大国家事件时间讲话缺位"的纪念规律。在纪念表达向度，中共领袖以政治纪念发动者与领导人、思想精神整合者与代言人和党组织形象塑造者与象征身份贯穿"七一"纪念，且注重由人民群众与历史选择两种话语为"七一"纪念赋权。在纪念价值向度，"七一"纪念中的领导讲话通过讲话实践不断流动化塑造执政党身份合法性、构建"民族""国族"与"族群"的共同体意识，并实现党群间的话语隐喻沟通、党际间的领导与监督关系调整、国际间"他者化"塑造的目的。

----

　　* 项目基金：本文为 2021 年度河南省哲学社会科学规划项目"中共报刊'七一'纪念的新闻生产研究"(2021BXW019)、2021 年度郑州大学新闻与传播学学科建设专项课题"中共报刊'五一'纪念的文献整理与研究"(21XKJS014) 之阶段性成果。项目基金：本文为 2021 年度河南省哲学社会科学规划项目"中共报刊'七一'纪念的新闻生产研究"(2021BXW019)、2021 年度郑州大学新闻与传播学学科建设专项课题"中共报刊'五一'纪念的文献整理与研究"(21XKJS014) 之阶段性成果。

　　** 作者简介：李易霖，女，南阳人，郑州大学新闻传播学院，新闻学硕士。研究方向：新闻史。

Abstract: July 1, 2021 is the 100th anniversary of the founding of the party. On that day, national leaders will deliver the "July 1 speech" to commemorate the Centennial storm of the party. As the most serious and authoritative commemorative text and discourse, the "leadership speech" has important commemorative value and political implication in the party's "July 1" commemoration. Taking the leader's speech commemorating "July 1" of the central party newspaper People's daily as the investigation sample, this paper makes a text analysis and quantitative presentation. In the attribute dimension of commemorative text, it has two important time nodes: the beginning of leaders' speech and the beginning of national leaders' speech, and the commemorative law of "annual routine commemoration", "every ten" large-scale commemoration and "absence of time speech of major national events". In the dimension of commemorative expression, the leaders of the Communist Party of China run through the "July 1" Commemoration with the political commemoration initiator and leader, the ideological and spiritual integrator and spokesperson, the image shaper and symbolic identity of the party organization, and pay attention to the two words selected by the people and history to empower the "July 1" commemoration. In the dimension of commemorative value, the leader's speech in the "July 1" Commemoration continuously fluidizes through speech practice, shapes the legitimacy of the ruling party's identity, constructs the community consciousness of "nation", "national nation" and "ethnic group", and realizes the purpose of discourse metaphorical communication between the party and the masses, the adjustment of leadership and supervision relations between the parties, and the shaping of "otherness" internationally.

关键词：中国共产党；"七一"纪念；《人民日报》

Key words: Communist Party of China; "July 1" Commemoration; People's daily

前言

七月一日是中国共产党诞辰纪念日，是党和国家重要的年度性纪念节日，中共会在纪念期间以党报为媒介展开中央视角的纪念活动，党的领导人常于"七一"在党报发表重要讲话，阐释党的百年风雨征程，建构及巩固有关于党的建立、建设和发展的历史记忆，并根据国内外当前工作实际调整讲话重心，服务于国家与历史的前进方向，建构过去又向指未来。

1938年5月26日到6月3日，毛泽东在《论持久战》中首次提出："今年七月一日，是中国共产党建立的十七周年纪念日。"① 中国共产党的建党纪念自此拉开了帷幕，在形式上，中共建党纪念向来注重报刊纪念的媒介形式，其中又以领导讲话最为严肃、完整和权威，涉及内政外交、军事文化、社会建设与思想动员等多个内容层面，讲话主旨也依时依政况而变，讲话重点因循"我是谁、从哪来、到哪去、干什么、怎么干"的叙事逻辑和"回顾历史-总结经验-着眼现实-展望未来"②的历史因果链条，因而领导讲话是一种阐释历史、建构记忆、巩固认同的官方媒介。在时间上，"七一"建党纪念领导讲话遵循着中国纪念节日的普遍性纪念规律，即"年度例行纪念""逢十"大型纪念和重大国家事件时间大型纪念，三者纪念篇幅、纪念规格、纪念形式等都均有侧重。在功能上，《人民日报》的"七一"领导讲话不仅具有纪念活动的普适功能，包括"塑造中国共产党的党政形象""动员全社会力量投身社会建设"和"推动马克思主义中国化和大众化"③。除常规功能价值外，"七一"纪念不断建构自我身份叙事，在叙事意识、叙事内容、叙事重心中"既有一以贯之的价值立场和叙事方法，又有依据形势变化和实践发展而得出的新认识新结论，体现了变与不变的辩证统一"④。同时，在七一报道当天，领导讲话多会作为当天第一、二版新闻进行报道，与其他纪念形式，诸如纪念大会、邮票纪念、党员纪念文章等联合呈现，"通过开展'七一'纪念活动，辅以媒体持续一个月的报道，'七一'建党纪念这种政治事件演变为全民关注的仪式，乃至'狂欢'"⑤。在群众"情感共振"所呈现出的仪式氛围与狂欢氛围能够使得全国人民的注意焦点自然地聚集仪式的动员者和狂欢的发起者——中国共产党，党中央领导讲话不可避免地成为七一纪念的灵魂之言，成为全民关注、观看的"政治纪念文本"。

　　《人民日报》自《晋察冀日报》和晋冀鲁豫《人民日报》合流以来便作为党中央的机关报，成为党和政府的官方喉舌，自然也成为党"七一"诞辰纪念中的核心媒介和领导讲话考察选取的最佳样本。以人民日报"七一"纪念当中的领导讲话文本为分析对象，尽管其作为纪念史的一部分无法跳脱权力支配的话语框架，然而"对于宣传的话语而言，其本身又何尝不是历史"⑥。对中共角度的话语文本进

　　① 毛泽东：《毛泽东选集》（第2卷），北京：人民出版社，1991年，第440页。
　　② 潘娜娜，常晨曦：《百年来中国共产党"七一"讲话的叙事分析》，《中共杭州市委党校学报》，2021年第3期，第11页。
　　③ 郭永虎，邢炜真：《中华人民共和国成立以来中国共产党"七一"纪念活动的历史嬗变及其当代价值》，《北华大学学报（社会科学版）》，2021年第5期。
　　④ 潘娜娜，常晨曦：《百年来中国共产党"七一"讲话的叙事分析》，《中共杭州市委党校学报》，2021年第3期，第16页。
　　⑤ 褚金勇，陈楠：《人民日报》"七一"纪念中的贺电新闻与仪式政治，《青年记者》，2021年第18期。
　　⑥ 魏建克：《文本话语与历史记忆：1921—1951年中国共产党的"七一"纪念》，北京：人民出版社，2012年，第3页。

行阿尔都塞的"症候式"解读与思索，正是在探究文本背后的社会、政治、记忆等层面的深层意蕴关联。

李大钊先生曾言："实在的事实是一成不变的，而历史事实的知识则是随时变动的；记录里的历史是印版的，解喻中的历史是生动的。"[①] 正是基于历史事实的不变性与生动性，在进行纪念史研究方法选择时，特择取文本分析和内容分析相结合——以原始文本的"解喻"为主，辅之以科学的量化呈现，从质和量两个方位准确呈现与分析《人民日报》自 1948 年创立以来的"七一"纪念领导话语文本。研究框架可以分为三个部分，即《人民日报》七一纪念中领导讲话的纪念文本的量化特点、《人民日报》七一纪念中领导讲话的纪念表达符旨、《人民日报》七一纪念中领导讲话的纪念价值，由此三方面，可将历史与媒介纵起来研究，将纪念价值与社会生活横起来考察，"吾人欲把人事现象充分的施行科学的研究，二者悉所必要。自其学问的性质上说，二者有相资相倚的关系，自不待言"[②]。

据此，文本拟提出三个研究问题，即：

第一，《人民日报》七一纪念中领导讲话文本的历史变迁如何？

第二，《人民日报》七一纪念中领导讲话的纪念表达遵循了何种逻辑？是怎样串联起表达脉络的？

第三，《人民日报》七一纪念中领导讲话文本的纪念价值在何处？

一、《人民日报》七一纪念中领导讲话的纪念文本

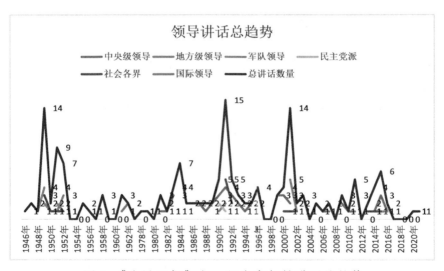

图 1 《人民日报》七一纪念中领导讲话总趋势

---

① 李大钊：《史学要论》，上海：上海古籍出版社，2013 年。
② 李大钊：《史学要论》，上海：上海古籍出版社，2013 年。

表 1　《人民日报》七一纪念中领导讲话分析

时间／讲话数量	中央级领导	地方级领导	军队领导	民主党派	社会各界	国际领导	总讲话数量
1946 年	1						1
1947 年	2						2
1948 年			1				1
1949 年	4	2	4	1	3		14
1950 年		1			1		2
1951 年	1	1	2	4	1		9
1952 年	1	3	1		1	1	7
1953 年							0
1954 年							0
1955 年			1			1	2
1956 年					1		1
1957 年							0
1958 年	1	1				1	3
1959 年							0
1960 年							0
1961 年	1	1				1	3
1962 年						2	2
1963—1977 年							0
1978 年	1						1
1979 年	1						1
1980 年							0
1981 年	1					2	3
1982 年	1						1
1983 年	3				1		4
1984 年		4	1	1		1	7
1985 年	2						2
1986 年	2						2
1987 年	2						2
1988 年	1		1				2
1989 年	2						2
1990 年	3	1		2			5
1991 年	4	2	2	1	5	1	15

续表

时间 / 讲话数量	中央级领导	地方级领导	军队领导	民主党派	社会各界	国际领导	总讲话数量
1992 年	3				2		5
1993 年	2		1				3
1994 年	1			1			2
1995 年	2						2
1996 年	4						4
1997 年							0
1998 年							0
1999 年	3						3
2000 年	3				1		4
2001 年	2	5	1	2	1	3	14
2002 年		1			1		2
2003 年	1		1	1			3
2004 年							0
2005 年		1			1		2
2006 年	1						1
2007 年	1				1		2
2008 年							0
2009 年	2				1		3
2010 年	1						1
2011 年	1	3			1		5
2012 年							0
2013 年		1			1		2
2014 年	1	1		1	1		4
2015 年	3	1		1	1		6
2017 年							0
2018 年							0
2019 年							0
2020 年	1						1
2021 年	1						1

根据研究问题，以《人民日报》1946 年创刊以来的新闻文本为样本，以"讲话""纪念"为关键词，抓取了《人民日报》数据库中历年 6 月 25 至 7 月 10 日的文本，共获得 4430 条，经去重、删除无效信息后，共获得 166 条有效文本，即《人民日报》1946—2021 年所刊发的领导讲话，经过核实总计 166 条。

根据文本收集和分类，"七一"纪念中的领导讲话以领导者级别为横轴，大致可分为中央级领导人物讲话、地方级领导人物讲话、军队领导人物讲话、国外领导人物讲话、民主党派领导讲话、社会各界领导人物讲话六大类，纵向看来，不同量级的领导讲话文本各有话语指向，横向观去，总的来说均服务于中国共产党成立这一历史事实的宣传目的，基本能够完成历年的纪念宣传，仅在部分复杂的政治局势和繁重国内任务的年代有所中断。

（一）"领导讲话"的纪念节点

首先，在《人民日报》领导讲话纪念发展上有两个重要的时间节点，其一是《人民日报》领导讲话的伊始，《人民日报》"七一纪念"的领导讲话始于1946年中共晋冀鲁豫中央局纪念大会上薄一波所发表的讲话①，纪念党的二十五周年诞辰。1947年，相比较第一年的领导讲话，第二年的领导讲话人物数量增加、内容也相应丰富，由1946年的第二版位置上升到第一版位置，7月3日，中共中央领导人物滕代远和廖承志两位同志作讲演以纪念党的二十六周年。1948年并未发表领导讲话，林伯渠、贺龙、马明芳分别作重要报告②，地方党委冷楚同志于"七一"在太行区纪念大会作报告③。

其二是《人民日报》国家最高级别领导人发表讲话节点，以毛泽东发表讲话为始开"七一"纪念领导讲话先河，并在日后经过中国历任党和国家最高领导人发表讲话而渐成惯习。1949年7月1日，毛泽东为纪念中国共产党二十八周年，发表《论人民民主专政》，随后朱德、薄一波、彭真、民主人士沈钧儒、文学家郭沫若等人在北平"七一"纪念大会发表讲话，此次《人民日报》"七一"纪念中国共产党和国家领导集体的讲话数量骤增，可以显示出中共对于1949年前"七一"纪念的重视。1978年7月1日第1版《人民日报》刊登了毛泽东《在扩大的中央工作会议上的讲话》，这次讲话开了《人民日报》领导讲话——国家最高领导人讲话的先河，且多发于第1版。此后逐渐形成了国家最高领导人发表讲话的惯习，如1983年7月1日第1版邓小平《解放思想，实事求是，团结一致向前看》的重要讲话，1993年7月1日第1版江泽民《在纪念中国共产党成立七十二周年座谈会上的讲话》，2003年7月1日第1版胡锦涛《在"三个代表"重要思想理论研

① 薄一波：《中央局纪念党的二十五周年诞辰 一波同志号召力争全国和平民主 牢记毛主席指示：谨慎、谦虚、戒骄、戒燥。》，《人民日报》1946年7月5日，第2版。
② 林伯渠、贺龙、马明芳：《延安学习动员大会号召 加紧学习掌握政策》，《人民日报》1948年7月14日，第1版。
③ 冷楚：《纪念"七一"太行直属机关 加强政策学习》，《人民日报》1948年7月9日，第1版。

讨会上的讲话》等等不胜枚举。另外，在新时代党和国家最高领导人讲话的发表时间上有一个细微的渐进特点，即国家副主席在接续前主席工作之前的前几年会接续前主席"七一"纪念发表领导讲话。如 2001 年 7 月 2 日第 1 版，时任中华人民共和国副主席职位的胡锦涛发表了《在庆祝中国共产党成立八十周年大会上的讲话》，2003 年 7 月 1 日第 1 版，任中华人民共和国主席职位的胡锦涛发表了《在"三个代表"重要思想理论研讨会上的讲话》。

需要注意的是并不是历年领导的政治讲话都会结合"七一"纪念，领导讲话的发表时而因当时的国家大事件调整发表时间从而结合不同的纪念事件，抑或因政治动荡而有所中断。例如，1966-1977 年间，因文革《人民日报》仅见社论而未见领导讲话，领导讲话的发表出现暂时的中断。又如 1995 年"两岸"三通协商在即，《人民日报》"七一"未发表最高级别的领导讲话，但是早在 1 月，祖国大陆航运界人士发起成立"海峡两岸航运交流协会"。1 月 30 日《人民日报》便发表了江泽民主席《为促进祖国统一大业的完成而继续奋斗》的重要讲话。另外，有一些讲话也会出现滞后发表，如《中原"七一"致电毛主席 坚决执行中央路线政策》，中原中央局李雪峰作讲话报告纪念七一，但是在《人民日报》上却是 7 月 10 日发表。报道滞后的原因必须要考虑到当时正值解放战争，而且国内通讯条件不畅，所以消息、讲话存在滞后发表的可能性。

（二）"领导讲话"的纪念规律

其次，《人民日报》领导讲话纪念规律上大体可以分为，"年度例行纪念"、"逢十"大型纪念、"重大国家事件时间讲话缺位"。

在"年度例行纪念"上，《人民日报》"七一"纪念的领导讲话种类丰富，中央级、地方级、民主党派、社会各界领导讲话等每年有不同频次的出现，总的领导讲话纪念是沿着年度例行的规律进行。

在"逢十"大型纪念上，则主要由时下党和国家最高领导人来发表讲话，领导者级别规格上升。例自《人民日报》创刊以来，1951 年和 1961 年均由时任党和国家领袖刘少奇发表讲话，1951 年《人民日报》"七一纪念"尚未形成党和国家最高领导人发表讲话的惯习，尽管如此也是由中共领导层发表讲话，7 月 1 日纪念大会毛主席亲临，刘少奇作讲话；1961 年则由时任中华人民共和国国家主席刘少奇发表讲话《在庆祝中国共产党成立四十周年大会上的讲话》；1971 年和 1981 年由于特殊原因，国家主席职位长期处于空缺状态，因此"七一"纪念的领导讲话也相继空缺；1991 年 7 月 1 日，正如前文所述的国家主席与副主席之间"七一纪念"领导讲话接续的"渐进性"特征，由副主席江泽民发表《在庆祝中国共产党成立七十周年大会上的讲话》；2001 年 7 月 2 日由副主席胡锦涛发表《在庆祝中国共产党成立八十周年大会上的讲话》；2011 年 7 月 2 日由国家主席胡锦涛发表《在庆祝中国共产党成立 90 周年大会上的讲话》；2021 年 7 月 1 日由习近平总书记发表《在庆祝中国共产党成立 100 周年大会上的讲话》。在"重大国家事件时间讲话缺位"上，主要是由于时逢国家大事，如香港回归、习马会会等等最高领导人讲话纪念便有所侧重于当时重要事件，以阐发党重要意向意见、主旨，由地方级、民主党派、社会各界领导者讲话补充。除了在领导人职位规格上，自领导讲话的字数篇幅与版次安排也可知不同的时间段纪念规格的不同。如历次"逢十"，领导讲话文本平均字数在一万一左右，最高达一万八，而其他年份和其余种类的领导讲话则大多不超过 4000 字。

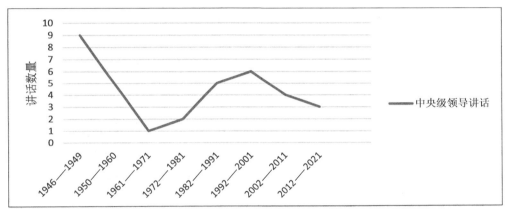

图 2　《人民日报》中央级领导讲话数量

表 2　《人民日报》"逢十"纪念的最高领导人文章

"逢十"纪念的最高领导人文章				
时间	领导人	新闻报道	版次	字数
1951年7月1日	刘少奇	《刘少奇同志在中国共产党成立三十周年庆祝大会上的讲话》	第2版	4千
1961年7月1日	刘少奇	《在庆祝中国共产党成立四十周年大会上的讲话》	第2版	1万
1981年7月2日	胡耀邦	《在庆祝中国共产党成立六十周年大会上的讲话》	第1版	1万3
1991年7月2日	胡锦涛	《在庆祝中国共产党成立七十周年大会上的讲话》	第1版	1万8
2011年7月2日	胡锦涛	《在庆祝中国共产党成立90周年大会上的讲话》	第1版	1万4
2021年7月1日	习近平	《在庆祝中国共产党成立100周年大会上的讲话》	第1版	7千

　　最后，在纪念形式上，虽然《人民日报》"七一"纪念的领导讲话主要以讲话为对象，然而就效果来说，领导讲话难以仅靠单一讲话形式来实现最佳的纪念效果，故而多有形式上的联动与创新，如党员来信、群众来信、广播与广播词等配合"七一"纪念的领导讲话主旨，还会根据时事展开新的联动，如 1950 年 6 月 30 日，中国保卫世界和平大会委员会上海分会为响应中国人民政治协商会议全国委员会发动全国人民展开和平签名运动的号召，决定于七月一日起举行和平签名运动周。①

三、《人民日报》七一纪念中领导讲话的纪念表达

　　领导讲话的纪念文本以其"讲话"属性而归于表达文本的一种，因此对纪念文本的"解喻"，实质上是对于"纪念表达"的解喻，根据对《人民日报》1946—2021 年所刊发的 166 篇表达文本进行解析，可得"中共领袖贯穿七一纪念""人民群众与历史赋权七一纪念"两类表达规律。

---

① 《中国保卫世界和平大会上海分会决定　七月一日起举行和平签名运动周》，《人民日报》1950年 6 月 30 日，第 3 版。

（一）中共领袖贯穿七一纪念

1. 政治纪念发动者与领导人

《人民日报》"七一纪念"领导讲话当中，最为核心与特色之处便是"领导"二字，"领导"作为讲话文本主体——中共领袖参与"七一"纪念，并不属于日常的纪念主体，"领导"本体具有三个明显特征，即极为浓厚的官方性、政治性与指导性，是官方与政治的代言人。具体说来，"领导者"本体就是政治体制中的一部分，是政治体制得以稳定运行的重要环节，因此其纪念文本始终难以剥离官方立场与政治属性。指导性是指"领导讲话"的文本内容自然会渗透进工作的本职属性与需求，即指导下属与群众实现特定目标。因此，身兼此三大特征的"领导讲话"与"七一"纪念的结合，势必会以政治纪念发动者与领导人的身份贯穿其中，发挥其政治纪念发动与领导的功能。"七一"纪念的领导讲话从不讳言自身的党政属性，不断巩固、强化民众对于党政权威性、合法性的认知与认可，从而将党政主体符号转化为文本权威性的来源。例 1991 年江泽民在中共成立七十周年大会上发表讲话的第一句便是，"今天，我们隆重集会，庆祝中国共产党成立七十周年。我们的目的，就是要在新的历史条件下，继承和发扬党的优良传统，进一步动员全党和全国各族人民，努力实现社会主义现代化建设的第二步战略目标，在建设有中国特色社会主义的道路上继续前进"[①]。文本的第一段便揭示出纪念的领导主体、领导目的、领导内容等。

2. 思想精神整合者与代言人

其次，"七一"纪念领导讲话文本注重以讲话主体的身份来组织、联络、贯通、搭建党的思想精神与中华民族精神，同时擅长以历任国家"领导人"形象为象征符号在群众中传递思想与精神。如 1983 年邓小平发表重要讲话，指导人民与全党解放思想，实事求是。[②] 其余领导讲话中多次提及党内作风整改问题亦是同理。2003 年"七一"纪念胡锦涛领导讲话中提到本次思想理论会议的四个问题，首当其冲便是，"'三个代表'重要思想同马克思列宁主义、毛泽东思想和邓小平理论是一脉相承而又与时俱进的科学体系，是马克思主义在中国发展的最新成果"[③]。标题中将马克思列宁主义、毛泽东思想、邓小平理论与江泽民"三个代表"重要思想串联起来，形成思想脉络凝练为党的思想象征。

---

① 江泽民：《在庆祝中国共产党成立七十周年大会上的讲话》，《人民日报》1991 年 7 月 2 日，第 1 版。

② 邓小平：《解放思想，实事求是，团结一致向前看》，《人民日报》1983 年 7 月 1 日，第 1 版。

③ 胡锦涛：《在"三个代表"重要思想理论研讨会上的讲话》，《人民日报》1993 年 7 月 2 日，第 1 版。

3. 党组织形象塑造者与象征

复次，"领导讲话"始终以党组织为讲述对象，以建设党组织为重任，是党组织建设的领导者与党组织形象的塑造者。一是中共领导会以领袖身份，结合纪念话语的原则性和灵活性策略来据现实需要确定与宣传不同历史阶段的党组织性质。如 1946 年—1949 年解放战争时期，中共"领导讲话"在提及党性时秉持民族立场与阶级立场，1947 年"七一"纪念廖承志发表讲话，"（我党）已在全国人民面前被证明与被公认为全国人民的解放者，中华民族的救星。"[①] 新中国成立后，中共"领导讲话"则强调执政党立场与人民立场，如 1951 年"七一纪念"刘少奇在中共成立三十周年庆祝大会上的讲话，"我们的党已经成为全国人民公认的领袖，同时，又是全心全意地为人民服务的人民的公仆，人民的勤务员"[②]。

二是，中共领导讲话中非常擅长使用领袖人物作为符号，凭借领袖人物的人民威望来塑造党组织形象正确性与合法性，以领袖符号塑造党组织党性形象。如毛泽东在 1949 年"七一纪念"《人民民主专政》中多次提到孙中山："一九二四年，孙中山亲自指导的有共产党人参加的国民党第一次全国代表大会，通过了一个著名的宣言 .... 这里所说的民权主义，是和我们现在所实行的人民民主专政相符合的。"[③] 刘少奇 1951 年"七一纪念"讲话中反复提到毛泽东："如果没有毛泽东同志在各个时期的正确的领导，我们党和中国人民要取得今天这样的胜利，乃是不可能的。"[④]

三是中共"领导讲话"中会通过报告党当前的发展状况，对党员开展思想建设与作风建设，树立党员榜样等，以事实为依据证明党组织的壮大历程。如 1947 年"七一纪念"时廖承志讲演："在这大的变动当中，我们党已具有近两百万正规军，两百万民兵。"[⑤] 1951 年"七一"刘少奇讲话中，"在今天，我们党已经发展成为领导伟大的中华人民共和国的大党了。我们党现在有五百八十万党员"[⑥] 等。

① 廖承志：《廖承志同志演讲词》，《人民日报》1947 年 7 月 3 日，第 1 版。
② 刘少奇：《刘少奇同志在中国共产党成立三十周年庆祝大会上的讲话》《人民日报》1951 年 7 月 1 日，第 2 版。
③ 毛泽东：《论人民民主专政——纪念中国共产党二十八周年》，《人民日报》1949 年 7 月 1 日，第 1 版。
④ 刘少奇：《刘少奇同志在中国共产党成立三十周年庆祝大会上的讲话》，《人民日报》1951 年 7 月 1 日，第 2 版。
⑤ 廖承志：《廖承志同志演讲词》，《人民日报》1947 年 7 月 3 日，第 1 版。
⑥ 刘少奇：《刘少奇同志在中国共产党成立三十周年庆祝大会上的讲话》，《人民日报》1951 年 7 月 1 日，第 2 版。

（二）人民群众与历史赋权七一纪念

1. 人民群众赋权七一纪念

人民群众不仅是党"七一"纪念的受众，也是党"七一"纪念权力的来源与"领导讲话"的内容。简单说来，正是人民群众创造与选择了党，是人民群众赋予了党纪念的权力，正如胡锦涛在 2006 年的"七一讲话"所说："中国人民正是在长期的历史比较中，选择我们党作为自己根本利益的代表，作为国家和民族复兴的领导力量。历史表明，只有深刻认识人民创造历史的伟力，真诚代表中国最广大人民的根本利益，一切为了人民，一切依靠人民，我们党才能得到人民的充分信赖和拥护，才能无往而不胜。"[①] 领导讲话的人民话语明确点明，人民才是中国共产党"无往不胜"力量的来源。

对于"人民"话语与符号的运用主要体现在三个方面，首先，党性定义中，人民是根本主体无可动摇，如 2011 年"七一纪念"的国家领导人讲话中，"以人为本、执政为民是我们党的性质和全心全意为人民服务根本宗旨的集中体现，是指引、评价、检验我们党一切执政活动的最高标准"[②]。其次，在领导讲话中军队话语中也非常注重将军队与人民相关联，如 2021 年 7 月 1 日，习近平在中共成立 100 周年大会上发表讲话："坚持党指挥枪、建设自己的人民军队，是党在血与火的斗争中得出的颠扑不破的真理。"[③] 最后在对党员动员与党组织检查也时刻依靠人民，1981 年《人民日报》"七一纪念"胡耀邦发表讲话："在人民中，共产党员任何时候都是少数，所以我们的一切工作都要依靠人民，相信人民，吸取人民的智慧，尊重人民的创造力，并且接受人民的监督。如果不是这样，我们就会一事无成，就会遭到失败。"[④]

2. 历史选择赋权七一纪念

"作为对历史事件和人物的纪念而言，纪念又孕育着新的历史，这就注定了纪念与历史的关联。"[⑤]1991 年 6 月 27 日至 7 月 1 日，中共中央党史工作领导小组召开了全国党史部门工作经验交流会，副组长邓力群明确指出，"地方党史部门要配

　　① 胡锦涛：《在庆祝中国共产党成立 85 周年暨总结保持共产党员先进性教育活动大会上的讲话》，《人民日报》2006 年 7 月 1 日，第 1 版。

　　② 胡锦涛：《在庆祝中国共产党成立 90 周年大会上的讲话》，《人民日报》2011 年 7 月 2 日，第 1 版。

　　③ 习近平：《在庆祝中国共产党成立 100 周年大会上的讲话》，《人民日报》2021 年 7 月 1 日，第 1 版。

　　④ 胡耀邦：《在庆祝中国共产党成立六十周年大会上的讲话》，《人民日报》2021 年 7 月 2 日，第 1 版。

　　⑤ 魏建克：《文本话语与历史记忆：1921—1951 年中国共产党的"七一"纪念》，北京：人民出版社，2012 年，第 1 页。

合学习提供所征集整理的有关党史资料，并对如何搞好学习向党委提出建议。"①中共"七一纪念"的领导讲话极为重视党史的介绍，讲话一般都将党史介绍作为开头，为历史定性，"对历史进程定性，相当于对过去历史发展进行素描，给人以整体印象，这是建构历史记忆的关键。"②1947年"七一"滕代远讲话中对中国革命历史进行简短的总结，1949年朱德在北平"七一"纪念大会以党史为开场，1951年刘少奇"七一讲话"、1981年胡耀邦"七一讲话"、1991年江泽民"七一讲话"等等不胜枚举，并且中共"领导讲话"的历史视野并不仅局限于党史的书写，还包括历史使命的承担者形象塑造与世界意义的人类解放者塑造。2001年"七一纪念"江泽民阐释中国与世界、与人类的关系，"中国人民和各国人民都渴望世界持久和平，渴望过上稳定安宁的生活，渴望建立公正合理的国际新秩序，渴望实现国际关系的民主化，渴望促进共同发展和共同繁荣，共创人类美好的未来"③。中共"领导讲话"中宏大叙事的历史书写模式沿袭至今，并以历史为源为中国共产党的存在、发展、勃兴、统治赋权。

四、《人民日报》七一纪念中领导讲话的纪念价值

《人民日报》七一纪念中领导讲话蕴含着重要的纪念价值与明确的纪念指向，以实现文本背后深层的"意识形态"政治意蕴，具体可以概括流动化塑造执政党身份合法性、构建"民族""国族"与"族群"的共同体意识，以及实现党群、党际、国际间政治化功能。

（一）流动化塑造：执政党身份合法性

党作为执政党身份合法性的塑造是经过了一个流动的过程，党初期的纪念活动尚处于萌芽阶段，服务于革命实际，尚不是建党纪念的最佳时机。新中国成立前由于内部动乱和外部侵略，共产党与国民党的党际关系几经变迁，合作又斗争，因此出于复杂局势和两党力量不平衡的考虑，党的合法性建设不具备大规模公然纪念的时机和条件，也处于不稳定阶段。新中国成立后党的执政党身份得以确立，自然而然需要展开党的合法性建设稳固政权，塑造、巩固党的合法性，这是政权建设的实际需要、基础与必要步骤。因此建党纪念开始成为党的主要纪念对象。

① 窦广生：《党史部门工作经验交流会召开》，《人民日报》1991年7月1日，第4版。
② 方涛，郭文亮：《当代中国政治生活中的"讲话"功能探析——以改革开放以来党代会前夕总书记重要讲话为中心的考察》，《理论与改革》，2018年第6期。
③ 江泽民：《在庆祝中国共产党成立八十周年大会上的讲话》，《人民日报》2001年7月2日，第1版。

实现了"七一"纪念的常态化。以《人民日报》1946 年至 2021 年时间段为例，中国共产党执政党身份合法性的塑造历经三个阶段，筹备动员阶段、初期建立阶段、巩固强化阶段。

新中国成立前的筹备动员阶段时期的"领导讲话"主要通过反蒋反帝的群众动员来塑造共产党的正义性与群众的支持度，如 1947 年"七一纪念"的"领导讲话"中，滕代远第二个重要的讲话主题"新时期的标志"分为四个部分叙述，"蒋政权的空前危机""蒋占区人民民主爱国运动空前高涨""解放区军民愈战愈强，每条战线都在打胜仗，大部分地区已掌握了主动权"、"国际形势亦对我有利"，通过对蒋占区反蒋运动的规模与群众范围的叙述比对说明国民党人心相背，不仅鼓舞中共军心，而且隐蔽地为中国共产党未来的执政与建国打下历史地基。1949 年"七一纪念"中毛泽东在开国前反复论证工人阶级领导中国的正确性，能够如苏联一般团结人民稳步走到目的地——光辉灿烂的社会主义国家①。

新中国成立后中共执政党身份初期建立阶段，"七一"纪念的"领导讲话"中着重于塑造党员优秀品质，以合法化党员和党的领导地位，如 1951 年"七一纪念"中刘少奇说到："他们中间的大多数都有高度的觉悟水平，因而他们具有大公无私的精神，不论在战场上，在劳动中，在各种工作中，他们都是奋不顾身的，聪明而沉着的……这就是说，我们的党已经成为全国人民公认的领袖，同时，又是全心全意地为人民服务的人民的公仆，人民的勤务员。"②同时，领导讲话中极为重视党组织内部的素质提高，设置了优秀党员和形象标杆，不断提高党员干部的领导水平和思想觉悟，七一纪念会有党员来信、群众来信等进行配合，在干部来信中，其中包括女工干部的信件，主要能体现两件事情，首先新中国给予女性以晋升的空间，解放了女性权利，提升了女性政治权利的自觉性，表明党是真正为人民，一视同仁党，能够证实党的执政能力。其次，通过将女工干部人生经历的改变与建党纪念日相联系可以通过女工对于党的信仰来丰富党的精神内涵，提高党的精神力量，通过女工的自觉性提升可以得出党的动员效果如何，如"解放前，我是一个什么都不懂的被服厂工人……解放后，我参加了学习班，且回厂后不久，就当选为工会主席"。"我明白：今天的成就是党给的，我一定永远的在党的领导下，贡献出自己最大的力量。"③

————————————

① 毛泽东：《论人民民主专政——纪念中国共产党二十八周年》，《人民日报》1949 年 7 月 1 日，第 1 版。

② 刘少奇：《刘少奇同志在中国共产党成立三十周年庆祝大会上的讲话》，《人民日报》1951 年 7 月 1 日，第 2 版。

③ 《读者来信》，《人民日报》1951 年 6 月 26 日，第 2 版。

中共执政党身份巩固强化阶段，"七一纪念"的领导讲话中主要通过两种身份强化执政党地位和身份，其一是党的成就叙事，其二是党的新任务目标建构。前者以2001年党的八十周年纪念江泽民讲话为例，"中国共产党的80年，是把马克思列宁主义同中国实践相结合而不断追求真理、开拓创新的80年，是为民族解放、国家富强和人民幸福而不断艰苦奋斗、发愤图强的80年，是为完成肩负的历史使命而不断经受考验、发展壮大的80年。事实充分证明，中国共产党不愧为伟大、光荣、正确的马克思主义政党，不愧为领导中国人民不断开创新事业的核心力量"①。"事实充分证明""不愧为"等若干词语语含褒奖与自我使命完成的骄傲感，也能够使得人民群众"在同自身生活变化的比较中，形成了对中国共产党及党的领导人的初步判断"②。这些判断的进一步发展、感受的会不断提升，会汇集为人民群众对中国共产党的认同。后者则以2021年党的一百周年习近平讲话为例："回首过去，展望未来，有中国共产党的坚强领导，有全国各族人民的紧密团结，全面建成社会主义现代化强国的目标一定能够实现，中华民族伟大复兴的中国梦一定能够实现！"③讲话中将宏大梦想叙事与党的领导相关联，可以在不自觉中提高党的执政地位和执政地位，巩固强化既有的政治地位。

综合说来，《人民日报》七一纪念中领导讲话对于执政党身份合法性的发展性塑造以时间为横轴可知其筹备动员阶段、初期建立阶段、巩固强化阶段，以形象为纵轴，可知其主要依靠党内与党外来建构执政身份，党内主要依靠不断强化党员群体的先进性、纯洁性、自觉性来塑造党执政的合法性、合理性。党外则主要依靠领导人物作为建构党形象的符号和主体，笼络民心，建构民众的政治认同。

（二）共同体建构：民族、国族、族群

"中华民族是由56个民族与族群组成的，是与现代国家同构的、具有国民身份同一性的国族。"④然而族群、民族、国家的概念并非生而有之，也并非起初就是中国共产党的底色，伴中共而生，而是中共根据现实情况的转变，利用具体象征物经过一段时期被逐步建构起来的。那么中共"七一纪念"中的领导讲话是如何

---

①　江泽民：《中共中央举行大会隆重庆祝建党八十周年》，《人民日报》2001年7月2日，第1版。

②　魏建克：《文本话语与历史记忆：1921—1951年中国共产党的"七一"纪念》，北京：人民出版社，2012年，第145页。

③　习近平：《在庆祝中国共产党成立100周年大会上的讲话》，《人民日报》2021年7月1日，第1版。

④　许纪霖：《国族、民族与族群：作为国族的中华民族如何可能》，《西北民族研究》，2017年第4期。

建构党的国族观念与记忆的？

前期共产党的民族主义思想是与无产阶级革命思想并生的，而无产阶级革命所具有的世界意义使得中国共产党的民族主义诞生之初便携有浓厚的国际色彩与奉献意识，表现出无产阶级的民族主义和无产阶级的国际主义立场，"对于中国共产党的创世者来说，民族主义是以无产阶级利益为前提的，他们反对笼统地谈论民族主义，认为空谈民族主义实际上扼杀了阶级的存在，主张'万国一致的阶级色彩，不能带爱国的色彩'"[1]。尽管共产党的国际意识和国际立场得到了共产国际的承认，也确实做出世界性历史意义的贡献，然而就本国的民族主义、族群观念的建构上则存在相左、相悖的部分，并未作出充分的历史意义的贡献。诚如陈独秀所言："我们爱的是国家为人民谋幸福的国家，不是人民为国家做牺牲的国家。"[2]

"中国人若要把中国视为一个民族，应先知道世界上还有某些非中国的价值。"[3]并且"早期的民族不一定与国家有关，只是自然共同体，用英国历史学家霍布斯鲍姆的话说，叫作'原型民族主义'，其基础存在于一般民众的信仰、认知与情感中，是区分'我族'与'他族'的笼统概念。"[4]20世纪三四十年代，中共的民族和族群认识基于日本入侵、中华民族生存危机而发生转型，开始自觉运用民族主义符号作为凝合剂整合国共两党力量共同抗击日本侵略，如1937年4月6日毛泽东撰写黄帝祭文《苏维埃代表林伯渠参加民族扫墓典礼》[5]，"祭文中提出了'始祖'、'吾华'、'民族'、'列祖'等词汇，在文中较多地使用关于祖先、民族等词汇，并且明显地以追溯祖先丰功伟绩来整合人心，而不像此前一贯强调的阶级、阶级斗争等口号"[6]。在抗日的过程中，伴随着中共独立性和自觉性的成长，在抗日战火中淬炼的民族主义也由"原型民族主义"转向"近代民族主义，"，从自在的民族到自为的民族，"近代的民族主义所指向的，都不是那些一般人类学、民族学意义上的原生性民族，而是具有建国冲动的、与近代国家密切相关的国族。"

新中国成立前中共敏锐地意识民族观念的重要性，将有关民族的思想和意识一以贯之的保留下来，并逐渐在纪念文本中强化与重用。如《人民日报》"七一"纪念文本中有关"民族"话语的关系物向度逐年递升，关涉对象的规格因循逻辑由"党（微观）"——"国家（中观）"——"世界（宏观）"。以《人民日报》领

① 陈独秀：《陈独秀文存》，合肥：安徽人民出版社，1987年，第431页。
② 陈独秀：《陈独秀文存》，第432页。
③ 郝时远：《中文"民族"一词源流考辨》，《民族研究》，2004年第6期。
④ 许纪霖：《国族、民族与族群：作为国族的中华民族如何可能》，《西北民族研究》，2017年第4期。
⑤ 张治江：《抗战前夕中国共产党民族主义思想略探》，《湘江论坛》，2008年第1期。
⑥ 张治江：《抗战前夕中国共产党民族主义思想略探》，《湘江论坛》，2008年第1期。

导讲话文本为例，《人民日报》1947年的"七一"讲话中强调："我们党……已在全国人民面前被证明与被公认为全国人民的解放者，中华民族的救星。"与党员是中华民族最优秀的儿女的指称，"这些同志都是中华民族最优秀的儿女，无产阶级忠诚的战士，我们党最宝贵的领导的干部"①等。领导讲话通过"中华民族"符号与党的身份地位、党员身份相联系，贯通党与民族的共同性。新中国成立前夕的中共领导讲话不仅在党史书写中强调"中国共产党救中华民族"之义，并且从世界、阶级层面将党的民族符号与积望甚高、得有民心的孙中山符号相连，与共产党的历史任务——反帝国主义相连，号召全世界受压迫民族联合起来推翻帝国主义压迫。

"没有对民族同一性的认知，无法建立一个近代的民族国家，形成国族的观念。"②因此新中国成立后，在纪念上也由民族维度拓展到国族维度，重视党的领导下国家符号与民族符号的结合，1949年"七一"纪念薄一波讲话开篇第一句，"这是我们党的最主要的一个纪念日，也是中华民族和中国人民最重要的纪念日之一"③。将党建纪念与中华民族建立联系。

同时，在国族的向度中，"七一纪念"中的领导讲话的"民族"叙事转向"族群"叙事，即"中国各民族团结"，1951年刘少奇讲话结尾，带上了明确的族群符号的运用，"中国人民革命的大团结，中国各民族、各民主阶级、各民主党派和民主人士的革命统一战线万岁！"④1961年刘少奇，"我们的一切成就，应该归功于全国各民族的人民群众"⑤。同时，地方性少数民族领导也注重民族、族群团结的阐述，1952年中共中央内蒙古分局书记乌兰夫在"七一"庆祝大话上着重说明了，"党对少数民族的解放事业及少数民族工作上的辉煌成就，并对今后少数民族地区政治、经济、文化建设等问题作了详细阐述"⑥。1956年班禅堪布会议厅委员会副主任委员德勒热布旦以及各界代表在拉萨日喀则纪念大会上讲话。他们表示："要以拥护民主改革和社会改革的实际行动来纪念党的生日，今后一定向着党所指引

① 廖承志：《廖承志同志演讲词》，《人民日报》1947年7月3日，第1版。
② 许纪霖：《国族、民族与族群：作为国族的中华民族如何可能》，《西北民族研究》，2017年第4期。
③ 朱德：《北平"七一"纪念大会上的讲词 朱总司令的讲词》，《人民日报》1949年7月3日，第2版。
④ 刘少奇：《刘少奇同志在中国共产党成立三十周年庆祝大会上的讲话》，《人民日报》1951年7月1日，第2版。
⑤ 刘少奇：《在庆祝中国共产党成立四十周年大会上的讲话》，《人民日报》1961年7月1日，第2版。
⑥ 乌夫兰：《各地人民欢庆中国共产党成立三十一周年 上海市一万一千多位工人代表"七一"隆重集会》，《人民日报》1952年7月4日，第1版。

的道路前进"等等，中共满城县委员会女性干部于执礼在七一纪念时期的《人民日报》读者来信，信中讲述了自己作为少数民族的经历，中共通过少数民族领导与干部的自我讲话，通过党领导下的民族、族群团结的场景呈现，建构了中华各民族的国族身份与国族认同。

（三）政治化功能：党群、党际、国际间

1. 党群间政治话语的"隐喻"功能

"七一"纪念领导讲话最为重要的纪念功能之一就是以纪念文本为通道实现政治信息的顺利自由流通，实现党群、党际、国际之间自上而下、平级、自下而上等多种类型的沟通与对话。

首当其冲便是党群之间的政治对话，中国作为人民民主专政的国家，人民是国家的主人，是党的监督者和忠实的服务对象，因此实现党与人民之间在政务信息上的流通是实现党和国家一切目标的基本保证。而"政治话语作为话语研究的一种特定的话语类型能否实现预期的政治交流的目的，关键在于政治话语的内容与形式是否能够影响听众的意志与情感从而达到相应的劝说效果"[1]。在习近平总书记的"七一"讲话当中非常重视隐喻的运用，尤其是诗词的隐喻，能够丰富与协调政治话语的表达与劝说，以人民群众所熟常的诗句典故的"规约隐喻"来陈述政治概念与话语，如2021年习近平"七一"讲话："一百年来，中国共产党团结带领中国人民，以'为有牺牲多壮志，敢教日月换新天'的大无畏气概，书写了中华民族几千年历史上最恢宏的史诗。"[2]讲话中诗意且为大众耳熟能详的诗句引用，以"日月新天"隐喻"伟大征程"等，不仅丰富了讲话的历史与古典蕴意，"包装了无形的政治，给予抽象问题以生命力"[3]。更重要的是，隐喻，特别是以诗句为例照的常规隐喻，往往早已融入人民群众所共享的价值观念和信念体系，帮助说者诱使听者参与阐释行为，营造历史的共同归属感，有利于拉近政府与受众之间价值层面上的距离并最终实现劝导的目的。

2. 党际间领导与监督关系的"共识"功能

在党际之间，存在着复杂的共存关系，需要时刻进行党的领导与时刻接受各党派的监督，而领导讲话正是串联其间的重要文件与文本，能够明确不同时期下

① 唐舒航，袁卓喜：《政治话语中隐喻的劝说功能探析——以中方就南海仲裁案的外交讲话为例》，《牡丹江大学学报》，2018年第27期。

② 习近平：《在庆祝中国共产党成立100周年大会上的讲话》，《人民日报》2021年7月1日，第1版。

③ 唐舒航，袁卓喜：《政治话语中隐喻的劝说功能探析——以中方就南海仲裁案的外交讲话为例》，《牡丹江大学学报》，2018年第27期。

党对于当前党际关系的认知与指导，1949 年新中国成立前夜"七一"领导讲话，不仅有中央级别的领导，还有民主人世（各党派）沈钧儒、文学家郭沫若发表讲话，可见新中国成立前夕党际、社会各界之间的交往往来中领导对话对于达成共识的重要性。同年"七一"纪念，朱德总司令的讲话，在新中国成立前的党际沟通中明确了革命的营垒，朋友的界限，"我们的革命营垒是由工人阶级和共产党领导，以工农为基础，团结小资产阶级和民族资产阶级组成的，我们要划清敌人和朋友的界限"①。1961 年"七一纪念"刘少奇讲话中论及党际关系又调整了策略："我国的民族资产阶级分子，在经过生产资料所有制的社会主义改造以后，在政治、思想的自我教育和自我改造中也有了新的进步。应该帮助他们，继续进行根本改造，使他们成为自觉的社会主义劳动者。"② 时至 1987 年"七一"纪念，薄一波就新型党际关系深切强调了各民主党派的监督对于党领导的重要作用，"在几十年革命和建设中，我们党和各民主党派建立了长期共存、互相监督、肝胆相照、荣辱与共的亲密关系"③。

各民主党派在"七一"纪念时也会发表讲话于《人民日报》，以示对中共执政的肯定与中共政权的拥护，表达出各民主党派对于中国共产党执政地位的政治认可。如 1949 年民主党派人士沈钧儒在北平"七一"纪念大会上讲话："全中国同胞！各民主党派各革命阶级的人士！让我们用行动来祝贺中国共产党的生日罢。全国人民要永远和中国共产党靠拢，向中国共产党和人民领袖毛泽东学习。"④

3. 国际间外交与"他者化"塑造功能

"党史研究的视野一定要开阔……把党史放在中国历史特别是近现代历史的宏观框架内、放在世界现代化的总体进程中进行审视。"⑤ 在《人民日报》的"七一"纪念中，非常重视国际视野，常在七一纪念前后与国际纪念联动，如《人民日报》1948 年"七一"纪念前多次纪念越南，纪念越南的抗战千日，同时积极评价越南共产党为越南人民斗争、越南共和国成立、世界反法西斯解放战争、反帝爱国中所作出的历史贡献。与此同时，还强调了越南"与我国广东、广西、云南接壤，

---

① 朱德：《北平"七一"纪念大会上的讲词 朱总司令的讲词》，《人民日报》1949 年 7 月 3 日，第 2 版。

② 刘少奇：《在庆祝中国共产党成立四十周年大会上的讲话》，《人民日报》1961 年 7 月 1 日，第 2 版。

③ 薄一波：《纪念建党六十六周年薄一波答记者问 改革使中国共产党充满活力》，《人民日报》1987 年 7 月 1 日，第 1 版。

④ 沈钧儒：《北平"七一"纪念大会上的讲词 沈钧儒先生讲词》，《人民日报》1949 年 7 月 3 日，第 2 版。

⑤ 杨凤城：《关于党史研究的规范和话语 、视野和方法问题》，《教学与研究》，2001 年第 5 期，第 13 页。

它的面积比法国本土大三分之一,两倍于我国河北省。共有人口二千三百万其中有华侨五十万"①,以此来搭建中国人民与越南人民的联系共同性,拉近中国人民对越南、越共的情感,进而强化民众对于反帝爱国斗争与世界范围内共产党的认可,对于越南和越共等国际共产主义来说,也加深了双方的友好与合作,共同完成民族解放与反帝国主义的使命。

《人民日报》"七一"纪念中也报道国际主体所举办的中共建党纪念大会,发表国际领导讲话,如 2001 年 6 月 29 日古巴共产党中央委员会在首都哈瓦那革命武装部队部礼堂举行大会,隆重庆祝中国共产党建党 80 周年。1955 年为庆祝中国共产党成立三十四周年,越南民主共和国主席、越南劳动党主席胡志明不仅访问中国,而且在"七一"纪念大会上用中国话开场、并用越南语发表讲话:"亲爱的毛主席,亲爱的同志们! 首先让我代表越南民主共和国政府代表团向中国共产党、毛主席和参加游园大会的同志们、朋友们,致热烈的感谢! 在中国解放以前,我来过中国,解放之后又来到了中国,前后的面貌大不相同。我亲眼看见中国人民在建设社会主义中的伟大成就。这种成就犹如越南人民的成就一样。越南人民和劳动党看到这种成就感到非常鼓舞。"②1962 年 6 月 30 日,朝鲜最高人民会议代表团团长朴金喆在人民大会堂宴会厅发表讲话,他说到,"我们为两国的党、政府和人民间的友谊团结日益加强而感到非常满意。我们代表团这次访问中国各地,亲眼看到了中国人民在中国共产党领导下,在革命和建设中所取得的伟大成就,并且看到他们克服种种障碍,向着新的胜利阔步前进的刚毅的斗争面貌。"③讲话的国际政治主体,能够从国际的维度来塑造中共的权威地位,也可以在友好的纪念互动中加强国际共党间、国与国间的党际关系与国家关系,充分发挥"七一"纪念领导讲话的政治价值。

结语

自中共建立以来,纪念性活动便成为其塑造社会形象、影响集体记忆、谋求政治目的的有力宣传武器,这也是纪念性新闻与媒介的意义所在,即媒介的文本具有着其本身的话语意识指向。

通过对 1946 年来中共党报《人民日报》有关建党的纪念话语文本——"领导

① 新华社:《英勇的越盟》,《人民日报》1948 年 6 月 29 日,第 2 版。

② 新华社:《庆祝"七一"并欢迎胡志明主席和越南代表团北京市举行盛大游园晚会》,《人民日报》1955 年 7 月 2 日,第 1 版。

③ 新华社:《朝鲜最高人民会议代表团举行告别宴会 刘少奇、董必武、朱德、周恩来、邓小平等党和国家领导人出席 朴金喆团长和朱德委员长发表了充满两国人民兄弟情谊的热情讲话》,《人民日报》1962 年 6 月 30 日,第 1 版。

讲话"的考察，可以梳理在中共"领导讲话"的纪念发展起始与历史过程，尤其重在与宏观视野中的历史、时代、媒介等社会因素结合起来，对纪念文本进行"症候式"考察，寻找文本所体现的症结之地。综合说来，中共领导讲话的领导型使得其作为领袖符号贯穿了"七一"的纪念活动、纪念仪式、思想精神与党组织形象象征过程。人民群众和历史选择更是为党的"七一"纪念赋予权力，在筹备动员阶段、初期建立阶段、巩固强化阶段上塑造执政党身份的合法性，如筹备动员阶段以反蒋反帝的群众动员来塑造党的正义性与群众的支持度，初期建立阶段，以塑造党员优秀品质，以合法化党员和党的领导地位来进行塑造，巩固强化阶段，以党的成就叙事和党的新任务目标建构来深入塑造执政党地位和身份。在"民族、国族、族群"三个概念上，"七一"纪念的"领导讲话"历经了从"原型民族主义"—"近代民主主义"—"现代国族主义"的经验过程，最终建构中华国族共同体。同时，党的"七一"领导讲话充分发挥了党群间政治话语的"隐喻"功能、党际间领导与监督关系的"共识"功能、国际间外交与"他者化"塑造功能，有效地促进了不同政治主体间的沟通与传播、国家形象塑造，进而反映中共在应对时局变化中把握民心与舆论的政治智慧。

书评

政民沟通的情感关系观 *

——评袁靖华《沟通：社交网络时代的政府与民众》

邵鹏　邓洁 **

Shao Peng　Deng Jie

摘　要：《沟通：社交网络时代的政府与民众》以突出情感与关系的双向"沟通"替代单纯强调信息传递的"传播"，提出了"社会—沟通—媒介"这一更加贴合中国语境的新型政民沟通理论视角，并基于田野调查研究社交媒体沟通的评价模型、实践功能及行动策略。在西方传播学理论和华夏传播思想的学理对话中，作者袁靖华教授立足沟通研究的本土化创新，扎根中国社会政府传播的现实土壤，深刻解释媒介与人的关系，也从沟通理论视角重新阐释了中国社交网络时代的政府与民众的关系，开启了基于情感与关系的双向沟通研究，对当前中国社会的传播现象更具有解释力。作者关于沟通的情感与关系的研究视角，深谙中国式社会关系及其非理性因素在传播中的作用机制与深层影响，形成了颇具创新价值的政民沟通的情感关系观，弥补了西方传播学研究基于控制论传统的线性信息传播模式的缺陷，丰富了华夏政治传播与公共传播的理论与实践成果。

关键词：沟通；关系；情感；政民沟通

前言

"水能载舟亦能覆舟"，政民沟通恰是华夏传播研究中勾连古今、关照当下的重要领域。譬如，谢清果教授认为稷下学宫或是春秋战国时代政民沟通的雏形，稷下学者在"纷纷争鸣、宣扬己说的过程中，彼此之间形成了必然的交流、融合，

---

* 项目基金：国家社科基金"人类命运共同体理念与全球传播秩序重建研究"（18BXW062）。

** 作者简介：邵鹏，1982，男，江苏淮安，浙江工业大学人文学院教授，副院长，研究方向：全球传播、媒介记忆、媒体融合；邓洁，1997，女，四川南充，浙江工业大学人文学院新闻传播学硕士研究生，研究方向：全球传播、影视传播、新媒体。

在某些论点上形成了理解和共识"，"不担任官职而参政议政"①。朱鸿军教授提出宋代"经筵会讲"在"士人对帝王进行儒学教化"和"士人向帝王提供政治咨询"两种传播行为的基础上，形成了"自下而上"的政治传播传统②，一定程度上也具有政民沟通的借鉴价值。

在华夏到中国的时空移换中，中国人独特的哲学思想、生活方式及文化传承依然滋养着、影响着中国当下的政民沟通。譬如"道家语言传播思想是通过'言'（'名'）与实，'言'（'名'）与'意'（'道'）关系的深刻阐释，表达了语言在传播中应当秉持真、善、美价值取向的立场"③。"善"体现了中国传播思想中的"关系"，"美"体现的价值和意境追求都表现出终极的沟通观念。老子提出了"'处无为之事，行不言之教'的无为而治思想"，"根据其"无为而无不为"的思想，统治者应明确分工、各得其所、顺乎众性、借众治国"④。政民沟通的重要性在早期华夏传播的哲学思想中就得到了凸显。政民沟通思想亦体现在中华文化延续对政治实践方式的形塑中。"中国人从实践中产生了对人在文化继替中获得社会性的看法"，孔子的"文（历代文献）、行（社会生活的实践）、忠（对他人的忠诚）、信（与人交际的信实）"又可归结为"礼"，指导了中国人的实践的文明秩序；"礼"对人的约束是温和的，中国人"小大由之"，"通过大事小事对"礼节"的遵循，来成就以'义'为中心的君子社会"⑤。"礼"为沟通提供了信义的前提条件。政府和民众平等尊重的沟通方能使双方的情感价值均获得一定的满足，对形成正向的政民关系起到推进作用。

当然，西方的传播学研究同样关注到了政民关系的重要性。如卡尔·多伊奇（Karl Deutsch）结合信息论和控制论提出了政治沟通理论，认为政府或者政党与沟通系统的首要相似之处，就在于所有的政治系统都如信息通讯系统那样依赖于信息的传送，它整个就是一部"旨在最大限度提高公众福祉的人造沟通机器"——唯有借助于信息的接收、传输、处理、利用和控制，唯有通过不断地获取并反馈所有影响政治系统运行的信息，方能有效地矫正自己的行为并自动地导向于目标之达成，否则，政治系统就有可能像失去神经的有机体一样陷于瘫痪。⑥ 以多伊

① 谢清果，赵士洁：《哈贝马斯交往行为理论视角下的稷下学宫》，《广西职业技术学院学报》，2019 年第 4 期。
② 朱鸿军，季诚浩：《经筵会讲：一种中国本土的政治传播仪式及其演变》，《现代传播（中国传媒大学学报）》，2016 年第 10 期。
③ 谢清果：《道家语言传播效果的求美旨趣》，《哲学动态》，2008 年第 3 期。
④ 罗映光：《道家文化及其现代价值》，《西南师范大学学报（人文社会科学版）》，2004 年第 6 期。
⑤ 费孝通：《对文化的历史性和社会性的思考》，《思想战线》，2004 年第 2 期。
⑥ 转引自胡位钧：《现代国家中的政治沟通》，博士学位论文，复旦大学，2003 年，第 17 页。

奇为代表的政治沟通强调以信息为主的工具理性，其以政府为本位的"政治沟通"充满了功能主义色彩。尽管在这种沟通系统中有公众的角色或结构，但他们不具备积极的主观能动性。同样地，议程设置、政治修辞学等理论范式亦呈现出相同的倾向。西方的政治沟通更像是政治劝服、政治宣传，未体现政府与民众双方的情感互动价值。

社交媒体的兴起使我们意识到，研究当下中国复杂而独特的传播现象，需要一整套真正契合华夏文明气质的传播理论体系。邵培仁教授指出"学术寻根意在理论建构，需要进行'创造性转化'：将古代传播思想看成一个整体，提炼核心概念和命题，重新组成具有逻辑关联的命题系统"[①]。袁靖华教授的新著《沟通：社交网络时代的政府与民众》，扎根中国社会政府传播的现实土壤，观照中国人的行为特性和思维惯习，以"社会—沟通—媒介"的三维视角，将宏观社会背景、媒介实践的中观背景和强调主体性沟通的微观过程结合，以"沟通"为桥梁理解媒介与人的关系，进而从沟通理论视角重新阐释了中国社交网络时代的政府与民众的关系，开掘了基于情感与关系的双向沟通研究。其关于沟通的情感与关系的研究视角，形成了颇具创新价值的政民沟通的情感关系观，弥补了西方传播学研究基于控制论传统的线性信息传播模式的缺陷，丰富了华夏公共传播理论。

一、透古通今：以今日中华之实，成本土传播之理

华夏传播理论赋予传受双方无主客之绝对界限的平等地位，弥补了以往二元对立的线性传递观的缺憾；华夏传播的思想观念素来倡导基于"价值共享"的传播观，涤荡偏狭的个体中心主义一元价值观，关注各主体在"传"和"受"的循环往复中形成的交流、互动，典型的譬如"'传播的接受观'是对中国古代传播现实的表征，'观''味''知'等古代传播观'体现了接受中的主体性，可以称之为'接受主体性'"[②]，将素来被西方传播学理论视为被动的受众提升到了互动的主体性地位。

在社交媒体时代，探究传播的价值共享性，还需要立足"接受观"和"传递观"两者之间的平衡，需要与现代"对话思维"衔接，进一步探寻沟通思想和情感的高效载体和流动方式，实现共感和移情，凝聚包容性的社会共识。《沟通：社交网络时代的政府与民众》在古今中外的理论对话中，考查人类社会自21世纪以

---

① 邵培仁，姚锦云：《传播辩证论：先秦辩证传播思想及其现代理论转化》，《杭州师范大学学报（社会科学版）》，2014年第2期。

② 姚锦云，邵培仁：《华夏传播理论建构试探：从"传播的传递观"到"传播的接受观"》，《浙江社会科学》，2018年第8期。

来的社交传播生态变革，分析全新的传播模式对政民沟通提出的新要求。作者指出，"手机终端及其移动社交网络所带来的社会结构变革，是对整个社会系统的神经网络的更迭。手机等智能社交媒体终端实现了前所未有的个体赋权，交谈与协商模式正越来越可能成为人类信息传播的主流模式。对传统媒体传播的社会整合模式、自上而下的训示式管理模式、传统的社会治理与官民关系模式等，都是前所未遇的挑战"①。"社交媒体时代对沟通提出了新要求。过去的以应激性、信息传递为主导的政府信息沟通工作已逐渐不适应社交媒体时代危机沟通的需要。社交媒体时代的传播特征是：关系、认同、分享、人人，讲求的是共享性与协同性、连接性和整体性。因此社交媒体时代需要建立起适应其基本传播特征的新的沟通模式，即注重：关系、长期、价值与连接。"②

作者认为，社交媒体打破了原有的社会生态，大众媒体时代传播的中心化、强制性、组织化等特点受到冲击，取而代之的是个性化、自主性、私人化，传播的关键要素、评价标准亦都发生了相应的变化。"当下社会出现的局部对峙于群体割裂，思想意识的混乱，价值判断标准的不一，这是社会治理中最深刻的危机，从深层社会心理上是价值认同的危机。不同的群体之间、不同的阶层之间，往往因为'沟通障碍'与'信任鸿沟'的复合作用，导致了社会断裂的危机后果。"③那么，如何在新的传播环境下确立一个分析政民沟通的框架，提出评价、优化的方案？作者以接受者与传播者的双主体视角，建构了沟通的"5W"框架。与拉斯韦尔强调传递观的5W不同，作者明确提出一个传播的"沟通事实"的构成要件应该包括：谁和谁（沟通双主体），通过什么渠道（沟通的媒介渠道），沟通了什么（沟通的内容与话语），取得了什么效果。"沟通"的"5W"不仅突出了"接受主体性"，而且拒绝将传者与受者二元对立化，尝试接受的主体性与传播的主体性的交互统一性，这是其后续进一步提出政民沟通的情感关系观的学理基础。

同时，作者兼具社会学的视角，将沟通的主客关系映射到社会参与的主客关系，揭示了由于传播生态的变革，公民在社会参与过程中的角色也随之变化的事实。同时，提出社交媒体沟通的评价模型、实践功能及行动策略，为社交媒体时代的社会治理指明了方向；以及从"沟通"意义维度重塑政民沟通的主体间性，强调政府需要吸纳民众合理的政治诉求并满足其社交情感需要、关系连接需求，建立民众对政府政治建设的情感认同感及意识上的主体归属感。该研究，不仅吸

① 袁靖华：《沟通：社交网络时代的政府与民众》，北京：中国社会科学出版社，2021年，第265页。
② 袁靖华：《沟通：社交网络时代的政府与民众》，第257页。
③ 袁靖华：《沟通：社交网络时代的政府与民众》，第260页。

纳了华夏传播的接受观，而且在此基础上，从政府政治传播的实践出发，基于"沟通事实"的 5W 分析框架，进一步将接受的主体性视角与传播的主体性视角加以交互性研究整合，给社交媒体时代的社会关系研究带来很大启迪。

二、洞悉传播的本质——关系的达成与维系

华夏传播研究者试图从传统文化和传播实践中抓取中国人对传播的关系特性的理解。谢清果教授以儒道释三家关系观念维度，探讨华夏文明对传播观念的形塑："道家将视线放在生命的自足之上，推崇'淡如水'的人际交往；儒家借助礼乐传播的形式谋求社会关系的和谐；佛教主张破除'我执'进而解放自我的佛性。"①三者各有侧重，却一致指向了主张和谐、自在的关系追求。"正是这些建立在通常假设意义的核心基础之上的'关系'理论，造成中国古代乃至现代华人社会信息传播的隐蔽性"。②道家主张"天人合一"的至高境界，儒家的"礼"要求传播的秩序性，佛教要求在传播中放弃偏执的自我来感知他人，这些都是注重"关系"，而超脱于单纯信息本身的中国的"关系式"传播。但是，基于生产力发展水平和落后生产关系的历史局限，过去政府固有的政治传播模式往往"科层的层级与链条过长"，"传播内容和传播渠道受到政治组织控制，中国的政治传播基本上是一个封闭的系统……也使信息传播中的失真较为严重"③。这种情形下，民众对政民关系起到的影响微乎其微，固有的政府传播模式对关系的忽视，亦导致了政府与民众之间的诸多矛盾。

中国社会的巨大变迁，互联网与数字技术带来的传播变革，都对重构政民关系提出了要求。洞悉国家"正式制度变迁的实际逻辑和方向"以及"民情变动的机理"④，是把握我国国家建设和社会治理的根本。社交媒体具有即时性、扁平化、匿名性、交互性等特征，更是对政民关系的沟通建设提出了全新的挑战。探索能够解释中国社会当下的传播实践尤其是政民沟通实践的本土理论，是解释中国政治传播现象乃至建立中国语境下的本土政治传播理论过程中的重要选题。

《沟通：社交网络时代的政府与民众》从社交网络所形成的社会传播的关系本

① 谢清果，王婕：《与时偕行：华夏文明传播的时间偏向》，《现代传播（中国传媒大学学报）》，2021 年第 3 期。
② 胡河宁，孟海华，饶睿：《中国古代人际传播思想中的关系假设》，《安徽史学》，2006 年第 3 期。
③ 潘祥辉：《去科层化：互联网在中国政治传播中的功能再考察》，《浙江社会科学》，2011 年第 1 期。
④ 肖瑛：《从"国家与社会"到"制度与生活"：中国社会变迁研究的视角转换》，《中国社会科学》，2014 年第 9 期。

质出发，开展政府的政治传播研究。作者则从传播生态的变革中洞见症结，将"关系"作为元传播，揭示出传播行动的关系本质。并认为"沟通塑造关系，而关系则对沟通提出了基础的限定性条件"①。"透过外在的实体性的信息层面，元意义上的沟通，所隐含的本质是基于关系的主观心理活动过程。"② 随着关系本质的揭示，"传播"一词已不再完全适用于中国本土研究。作者进而通过分析、对比古今中外文化思想中沟通和传播的意涵，得出"沟通"是旨在强调信息、意见等的双向交流，更接近"communication"的本义；继而从三种"沟通"理论中归结出"沟通"事实的关系本质：从人际沟通理论得出关系、意义、情境、符号与交换是关键的考察变量；从沟通行动理论得出沟通的理想愿景——"使社会达到统一并实现个人统一性与社会相统一"，进而揭示对话之于沟通的重要性；从政治沟通理论发现相关研究未能揭示政府与民众之间的信息交换关系、信息交流。在作者看来，不同情境的沟通的共同目的是关系的达成和维系，"人与人的沟通，不仅是思想的传递与反馈，以求增进理解、达成共识；而且还是情感的传递与反馈，以求感情的融洽、关系的和谐"③。沟通是"人与人之间逐渐聚合形成关系的过程"④。作者在传播研究中贯彻"关系本位"的观察视角，从关系及情感两个维度，抓住了"沟通"概念的内核，无疑与华夏本土传播的文化特性具有深刻的继承关系，而且更能够契合当下中国社会的现实问题，对华夏传播的理论研究与中国当前现实实践语境的结合具有重要的借鉴意义。

譬如，作者的研究揭示了社交媒体生态对中国社会结构的颠覆性影响，提出了"移动互联网极大地激活了个体及其嵌入的关系网络资源""需要重新审视民众聚集的移动社交'公共空间'"的洞见⑤。基于此，作者探究了新型"公共空间"下的政民关系，将其定义为"通过政府的整体组织行为、政策、取向及其成员个人行为、作风等，而与社会团体、公民以及自治性组织等之间产生的某种联系或相互作用、相互影响的状态"，并从主体能动性、服务主客体、角色功能定位、互动方向等角度归纳了四种政民关系——不对等关系、公共关系、利益相关关系、多点互动的扁平关系，构建了政府治理与民众参与的双向交互关系。"政府必须……成为能够与'信息公民'对话的、适合'信息公民'自媒体话语特性的、能够超

---

① 袁靖华：《沟通：社交网络时代的政府与民众》，北京：中国社会科学出版社，2021年，第92页。

② 袁靖华：《沟通：社交网络时代的政府与民众》，北京：中国社会科学出版社，2021年，第116页。

③ 袁靖华：《沟通：社交网络时代的政府与民众》，"前言"，第2页。

④ 袁靖华：《沟通：社交网络时代的政府与民众》，第258页。

⑤ 袁靖华：《沟通：社交网络时代的政府与民众》，第38页。

越科层制进行多点互动的扁平化传播的传播主体。基于公共利益的共享性，兼之民众权利意识与表达意识不断增强，自上而下的'替／为民做主'的'管制模式'需要进行重大调整。通过参与式协商合作建立有效沟通机制，完善基于多方利益协调的'善治'型社会治理与双主体对称关系下的平等对话，成为必要的选择。"①作者从"关系"的研究视角切入政治传播，提出具象的政民关系分析框架，对于指导政府体察民情、凝聚民心，推进社会治理，亦有切实的应用性、建设性价值。

三、道破关系的实质——情感的交融与认同

与西方传播学强调传播的工具性、信息本体性不同，《沟通：社交网络时代的政府与民众》立足传播的社会性，强调沟通的关系特性和情感特性。作者强调：情感是关系形成与维系的中介。她将"情感"这一非理性因素纳入传播关系的研究，并为正向引导良好关系的形成提出了可行的策略，这在政府与民众的关系研究和传播沟通研究中是一个重要的突破。华夏传播研究中的"风草论"虽则强调了受众主体性和价值传播，也发现了儒家对以道德情感建立和谐关系的重视，如研究者试图发掘儒家文化的"礼乐协同"的当代意义，提出要"以情感为媒介将社会各阶层凝聚在一起，传承中华文化，实现社会大众的情感共鸣，构筑稳定、和谐的社会秩序，推进华夏文明传播的实践，展现特殊的社会功能"②。但由于"儒家的道德情感极力排斥迷狂式的激情及动物性情欲的宣泄，强调其社会性、理性"③，在对现实社会的互动实践研究中，情感受到的关注是远远不够的。人们在探究沟通的理想愿景即实现沟通的理性行为时，也往往倾向于将非理性因素视为理性行为的对立面，有意无意地忽视了情感这一关键的传播与沟通要素。

《沟通：社交网络时代的政府与民众》则清晰地阐述了情感在沟通中的关键作用。作者认为："传统的大众传媒的受众正逐渐被社交媒体培育为社交优众，其行为特征不是单纯的信息接收，而是将传播活动重点放在基于信息分享的社交行为，行为变革的关键是社交——与人交往、与人分享、参与社群；核心心理驱动是个体基于社会归属感、社会存在感与自我价值实现的各类'分享'。"④"社会关系是人际关系的聚合，人际关系是社会关系的具体反映。"⑤而"人际传播本质上应该是人

① 袁靖华：《沟通：社交网络时代的政府与民众》，第102页。
② 谢清果、林凯：《礼乐协同：华夏文明传播的范式及其功能展演》，《新闻与传播评论》，2018年第6期。
③ 彭彦琴：《中国传统情感心理学中"儒道互补"的情感模式》，《心理学报》，2002年第5期。
④ 袁靖华：《沟通：社交网络时代的政府与民众》，北京：中国社会科学出版社，2021年，第62页。
⑤ 袁靖华：《沟通：社交网络时代的政府与民众》，第77页。

际沟通与心灵的交往，应该直达人们的心灵深处，直达精神领域，注重意义的创造和有意义的交往"①。因此，情感与关系密不可分，沟通是离不开情感与关系的。作者提出，我们所理解的政府与民众之间的传播或者说政府的政治传播，就是一种沟通，而本质上，"沟通是思想、情绪、感情、信息的传递、扩散与共享，并使之为群体成员共同所有的过程，是人与人之间逐渐聚合形成关系的过程。"②言下之意，情感的交汇、关系的融通是人际交往的重要因素，进而映射扩展到社会关系的形成。

理论研究结合实践考察，作者以基层公务人员和社交媒体用户中的高知民众为代表，进行了政—民沟通的实证研究，将理论照进现实、指导实践。"社交媒体平台形成的'舆论'，很大程度上反映的是公众的情感偏向与情绪聚合下的产物，并且受到人们在心理上的团体归属感的影响。"③基于此，作者调查了高知青年民众的媒体接触、媒体信任、与政府的沟通、对政府的信任等方面，通过回归分析，验证了政务社交媒体和基层工作绩效在增进民众对政府的信赖、降低社会溃败感知等方面有显著的积极效果；个人社交媒体由于私人交际性和政民区隔性，对上述方面产生显著的消极影响。作者还对基层政务工作人员的媒介接触、对基层政务媒体的评价、对政民关系的认知等方面进行了调查，得出负面情绪、消极态度对政民沟通具有显著的消极影响等结论。综合理论与实践的研究，作者从沟通的情感层面提出："社交媒体立基于圈层化交叉的人—人传播，能有效增进人与人的情感连接。"因此，基层政务社交媒体应注重采用灵活多元的沟通方式，促进政民的关系连接与情感沟通。

邵培仁教授曾指出："理想的华夏传播理论，首先应具有很强的历史解释性；其次应该具有一定的实践指导作用；再次，华夏传播理论应具有较强的包容性。"④《沟通：社交网络时代的政府与民众》的研究不仅深深扎根于中国社会的现实土壤，而且力图承继华夏传播的思想血脉，把握本民族社会的独特气质，用科学的实证研究方法，包容审慎的研究态度，在西方传播学理论和华夏传播思想的学理对话中，作者立足传播研究的本土化创新，创造性地以情感关系观所构建的沟通的"5W"理论模型，结合中国当下的社会政治实践，发展华夏传播理论研究，从沟通理论视角重新阐释了中国社交网络时代的政府与民众的关系。作者扎根政府

---

① 袁靖华：《沟通：社交网络时代的政府与民众》，第76页。
② 袁靖华：《沟通：社交网络时代的政府与民众》，北京：中国社会科学出版社，2021年，第258页。
③ 袁靖华：《沟通：社交网络时代的政府与民众》，第115页。
④ 邵培仁：《面向现在、未来和世界的华夏传播研究》，《现代视听》，2020年第6期。

传播的现实土壤，开掘了基于情感与关系的双向沟通研究，深谙中国式社会关系及非理性因素在传播中的作用机制和深层影响，形成了颇具创新价值的政民沟通的情感关系观，也从实证研究层面丰富了华夏政治传播与公共传播的相关研究，对当前中国社会的传播现象颇具有解释力和实践指导意义。

圣贤文化研究的传播考古学发微

——评《作为媒介的圣贤：中华文化理想人格的传播学研究》

董浩　江天*

Dong Hao　Jiang Tian

摘　要:《作为媒介的圣贤》是厦门大学新闻传播学院谢清果教授及其带领的学术团队出品的、又一扎根中国本土的华夏传播学力作。该书内容丰富、观点新颖，在将中国传统文化中的圣贤文化现象与传播学相对接的基础上，沿着我国传统文化中圣贤培养的内在理路：修身、齐家、治国、平天下，综合运用传播考古学、符号学等多种研究方法，从个人、家庭、社会、国家等四个维度对圣贤文化进行了专属于传播学的解读与阐释。该书通过从内向传播、人际传播、大众传播、跨文化传播、家庭传播、教育传播、政治传播以及符号、修辞、身体等层面，对圣贤文化现象进行了深度耕犁之后，建构了以"圣贤理想人格"为媒介的具有华夏特色的传播理论与范式。《作为媒介的圣贤》的出版问世，不仅极大地促进了我国传播学的本土化研究进程，加快了华夏传播学理论体系的建构，而且开辟了圣贤文化研究的新路句，架起了新闻传播学与其他人文社会科学交流、对话的桥梁，为后续的新闻传播学本土化研究提供了重要的参考与借鉴。

关键词:《作为媒介的圣贤》；圣贤；传播考古学；华夏传播学；传播学本土化

　　圣贤文化作为中国传统文化中基础性、支撑性的文化之一，历来备受学者们的重视。因此，目前，已有的关于圣贤文化的研究成果可谓是汗牛充栋、多不胜

---

　　* 作者简介：董浩，男，南京林业大学人文社会科学学院广告与传播学系讲师，主要从事新闻传播史论、媒介社会学、政治传播研究；江天，女，南京师范大学新闻与传播学院博士研究生，研究方向：媒介社会学、乡村传播。

数。但圣贤文化研究经过众多学者们长时间的耕犁，在不断丰富、深化的同时，仍存在进一步拓展的空间。正如《作为媒介的圣贤：中华文化理想人格的传播学研究》（以下简称《作为媒介的圣贤》）的作者谢清果教授在书中所言：目前，圣贤文化研究已经取得了丰硕成果，但仍有以下遗憾。①研究视角较为狭窄。目前的研究主要集中在思想史、政治史、历史等学科，使得圣贤文化的内涵得到了充分发掘，但是对于其产生的现实能量与效用的整体性考量与探讨尚有不足。②研究方法较为单一。圣贤文化在中国古代社会的传播中，不仅由于官方的主导宣传，更重要的是其传播手段的多样，而这些多样的方式并不完全通过文本研读可知，需要通过社会心理调查以及其他手段加以补充探究。③应用研究仍需扩充。目前的大部分研究属于基础理论研究，对于理清圣贤观念很有帮助，但是对于其在当代社会的价值涉及有所不足，理论应用的实效性有待进一步加强。①

鉴于此，谢清果教授及其带领的学术团队，尝试着在将中国传统文化中的圣贤文化现象与传播学相对接的基础上，综合运用传播考古学、符号学、考据学等多种研究方法，从内向传播、人际传播、大众传播、跨文化传播、家庭传播、教育传播、政治传播以及符号、修辞、身体等层面，对圣贤文化现象进行了深度的开掘与耕犁。下面，为了便于读者更好地理解这本书，笔者将从内容、特征、不足之处等三个方面对其进行评介。

一、修齐治平：透视圣贤文化的传播学之"维"

在框架设计方面，虽然，作者有着自己的考量，但从圣贤文化的内在理路来讲，事实上，该书在大致沿袭着圣贤修养路径——修身、齐家、治国、平天下——的同时，从传播考古学的视角切入，分为个人、家庭、社会、国家等四个维度对圣贤文化进行了专属于传播学的解读与阐释。

（一）个人维度：以身为"媒"，内修自我，外修礼乐

自华夏有史以来，我国就非常崇尚圣人、贤人，从三皇到五帝，从道德智能最高的"至圣"孔子（孔圣人、至圣、至圣先师、大成至圣文宣王先师）到"亚圣"孟子、"文圣"荀子，再到被称为"半个圣人"的曾国藩等，无不跃动着我国传统文化中尚贤、崇圣的文化与精神血脉，闪耀着中华文化、中华文明的动人光辉。中国社会之所以对圣贤如此追崇，究其根本，是因为圣贤们严于律己、以身作则，不断修炼自身，即通过内修自我，外修礼乐，做到了普通人所没法做到的；

---

① 谢清果：《作为媒介的圣贤：中华文化理想人格的传播学研究》，北京：九州出版社，2021年，第5页。

并以身为"媒"为世人做了垂范。因此，从此意义上来讲，圣贤的修身具有极强的榜样传播、示范效应。当然，圣贤不可以简单等同于"圣贤"，因为圣贤往往是一种去"人格化"之后，被"升格"的，甚至是可望而不可及的理想型。但正是这种"不可及性"，让圣贤文化及其言行举止更具文化魅力、感召力与道德示范效应。

经过中华文明几千年孕育所形成的圣贤修炼之道"修身、齐家、治国、平天下"，首要的一条就是修身。正如《孟子》言："天下之本在国，国之本在家，家之本在身"①。并且我国传统文化早已形成了一套君子修身的法门，如荀子在《荀子·修身》中提出的"君子养心，莫善于诚"之窍门、宋代欧阳修在《左氏辨》中提出的"君子之修身也，内正其心，外正其容"之法、王阳明在龙场顿悟之后提出的"正心""诚意""格物致知"之道、道家提出的"心斋""坐忘"之术法等。而《作为媒介的圣贤》一书正是从圣贤个人修身维度出发，从传播学的视角切入，深度挖掘圣贤们是如何通过内向传播、身体传播来锤炼、提升自己的门径。

在内向传播方面，该书的第一部分通过对庄子《逍遥游》、阳明后学的修身日记、晚明文人自撰的墓志铭等个案的考察，以散点透视的方式，在与西方传播学理论——内向传播理论——对话的基础上，对华夏内向传播进行了发掘性的探讨。第一章通过对《逍遥游》的考察，在借鉴拉斯韦尔 5w 传播模式的基础上，探究了庄子的圣贤内向传播过程，提出了庄子的圣贤"自取之辨，物化之境"的内向传播观，并在比较了中西方内向传播观点异同之后，提炼出"分与物化，不待他者"的学术观点，从而"指明华夏内向传播、中国的入圣之道最后要回归到没有他者只有自我的环节才算结束"②。第二章以阳明后学成为圣贤的实践路径——修身日记作为切入点，在参考媒介中介化理论的基础上，探索了修身日记所折射的"省察改过以成圣"的内向传播智慧，提炼出阳明后学通过修身日记建立的内向传播模式"抽身离体自审"的特点：延伸性、程序性、序列性等，并指出心学的义理思想与修身日记实践之间所具有的现实张力与意义"知行相冲以重建"。第三章沿着内向传播理论的理路，在将晚明文人自撰的墓志铭作为文人士大夫超凡入圣媒介的基础上，对自撰的墓志铭文本进行了深入的剖析，挖掘了自撰的墓志铭作为媒介的功能、作为评价依据的分野功能、作为书写载体的愈合功能以及作为记忆媒介的传承功能是如何帮助文人士大夫通往圣贤之路的，并提炼出了一条不同于儒家、道家、佛家的超凡入圣之路，即"他们通过推崇真我、张扬个性、陶冶性灵、

---

① 孟轲：《孟子全书》，北京：中国长安出版社，2009 年，第 106 页。
② 谢清果：《作为媒介的圣贤：中华文化理想人格的传播学研究》，第 13 页。

追求自由的独特方式，转向了一条介于官场与山林之间的中庸之道，在自我审思中逐渐实现个体的自我认知和自我超越，从而在历史中留下圣贤之悠悠余韵，达到向死而生之深刻价值"①。

在身体传播方面，该书的第五讲在扎根中国传统文化、与身体传播理论对话的基础上，通过对先秦儒家圣贤身体传播观、华夏圣贤中庸型身体交往观的考察，试图培育出华夏身体传播的理论胚胎。该书的第五讲第十三章在基于传统的"在场"概念的基础上，以梅洛·庞蒂的知觉场为理论脚手架，搭建出适合中国语境的"在场—离场—空场"的理论分析框架，对先秦儒家身体传播观——克己复礼、蹈火赴死、不巧之名等的分析，在很大程度上弥补了已有研究的不足，推进了目前学界关于身体传播的研究。该书的第五讲第十四章，通过深入剖析中国本土传统文化礼乐制度、文化，提炼出了具有中国特色的东方身体交往观"以礼制情"，进而建构出一种中庸型的身体交往观。这种中庸型的身体交往观，在西方身体交往理论着重强调身体快感、欲念、精神高潮的情况下，对于引导人们树立正确的身体交往观，有着重要的启发与指导意义。

（二）家庭维度：耕与读，诗与书，圣贤"传"守之家风

纵观我国圣贤的"修齐治平"修行之道可知，齐家在圣贤文化中具有承上启下的位置。因此，如何齐家，是中国历代文人士大夫追求超凡入圣之路中必须面对的问题。这与"一屋不扫，何以扫天下"的道理具有异曲同工之理。因为在中国文化与中国人的心里，个人与家庭、家庭与国家、个人与国家是密不可分的"你中有我，我中有你"的同构关系。但个人是家庭、国家中的个人，因此，中国传统的齐家是从个人修身的基础上延伸出来的一个结果。而千千万万个家聚合在一起就是国家，家是最小国，国是千万家；只有每个人做好个人修养，处理好家庭事务，国家才能兴旺。

而个人如何通过修身，进而达到"齐家"的效果呢？其中，最为重要的就是耕与读、诗与书。"管中窥豹，可见一斑"，这从"耕读之家""诗书传家远"等话语的流传最广就可以看出，耕读、诗书在一个家庭中，尤其是家风的形成中所具有的重要作用。基于此，《作为媒介的圣贤》一书在第十六章中从传播的角度对圣贤的家风传播与效果进行了考察。研究认为，"圣贤家风作为中华民族家风传承的独特载体，是本土家庭特殊的家庭传播形式，其肇端久远、内容丰富，既蕴含深刻的圣贤理念，又具有独特的传播特色。圣贤家风在传播过程中建构意义、认同

① 谢清果：《作为媒介的圣贤：中华文化理想人格的传播学研究》，第38—39页。

与关系，界定主体的身份认同与家庭关系，形塑着中华民族对社会历史的认知与情感"①。

与此同时，该书在第十二章中还对儒家的"夫为妻纲"进行了批判与重构。正所谓"家和万事兴"，因此，家庭的和谐、团结十分重要。但一个家庭兴旺与否，不是其他社会单元那样运转，而是有着自己独特的运行逻辑。简言之，一个家庭兴旺的关键在于：这个家庭的夫妻关系是否和谐、融洽。故夫妻之间的关系就成为圣贤养成过程，尤其是"齐家"环节，必须理顺的重要关系之一。但由于当时"父权主义"观念盛行，因此，在夫妻关系方面，形成了"夫为妻纲"的夫妻关系。这种基于特定的时代所形成的"夫妻关系"，在今天这个"男女平等"的时代看来，十分不利于夫妻关系和谐与文人士大夫完成圣贤修炼过程中齐家的阶段性目标。针对这种情况，该书在结合传播的互动性和双向性以及福柯的权力话语理论的基础上，在比较、分析了封建时代家庭的夫妻关系与当今时代家庭中的夫妻关系之后认为，"在传统家庭中，夫妻关系的交流更多的是单向传播，在现代社会中，女性收到话语体系的监视，更多处于'被看视角'"，并提出要用"道家的'重视女性''阴阳并重'等观念、思想来弥补儒家夫妻关系体系之不足"②。

（三）社会维度：圣贤之风，以身为范，"教""化"万民

文人、士大夫们在完成修身、齐家等修习环节之后，若想一展自己的才情，实现自己从政报国的理想抱负，还需要一定的社会环境、社会条件。这种环境、条件的形成，除了时代、个人才能、机缘等原因之外，还与圣贤群体通过以身为范，所引领的社会风气有着紧密的关系。宋代张载那句"为天地立心，为生民立命，为往圣继绝学，为万世开太平"最能体现圣贤之风范对中国社会的教化、引领作用。

首先，作为媒介的圣人、先贤们所具有的教化作用表现在其对自我及本群体的教化作用上。文人士大夫阶层作为中国传统社会中知识阶层，有着高度的政治、文化自觉。这种政治、文化自觉对内表现为这个群体精神觉醒之后，在当时的时代背景下，开始拥有自我的独立意识与共同体意识。虽然这个时候，还存在着一定的封建糟粕思想，如将忠君等同于爱国等；对外则表现为这个群体积极、主动承担起担任社会的道统、政统、学统等秩序的建设者、改造者的职责。而在实现这些理想、目标的过程中，文人士大夫"以思成贤"的自我教育、自我想象及其

---

① 谢清果：《作为媒介的圣贤：中华文化理想人格的传播学研究》，第 203 页。
② 谢清果：《作为媒介的圣贤：中华文化理想人格的传播学研究》，第 193 页。

产生的社会效应发挥着重要的作用。虽然，对于一般文人士大夫来讲，成贤、成圣是一件遥不可及的事情，但其所发挥的社会教化作用却不容低估。故鉴于此，《作为媒介的圣贤》一书通过第十讲的第二十五章与第二十六章分别对圣贤文化中的自我教育逻辑与圣贤教化的时空平衡特性进行了深入的剖析。详而言之，第二十五章通过充分挖掘华夏先贤哲思有关自我教育的丰富传播思想，立足于人与媒介关系视角下的生命理性，分析了思想媒介里"赤子之心""浩然正气"的内涵，阐释了自我道德情感如何在礼乐协同的仪式传播机制中受到激发，以思为媒与万物共处，从而进一步调配身心关系，使其最终到达圣贤君子所具备的慎独自在精神境界。① 第二十六章从圣贤教化偏向性的角度，探讨了作为中国传统社会中的重要"意见领袖群体"儒家圣贤们在国家教化模式中的作用。研究认为，儒家圣贤们作为一个重要的"意见领袖群体"承担着将王化信息转化为化民信息，并将之传播给广大臣民的责任，且这种传播方式具有时空平衡性。②

其次，作为媒介的圣人、先贤们表现为圣贤们经过长期的修身、养性所形成的独特的个人魅力与社会影响方面。这种中国独特的圣贤传播方式具有"春风化雨""润物细无声"的效果。而《作为媒介的圣贤》一书的第二讲、第三讲就是分别从人际传播、大众传播的角度，对圣贤们独特的个人魅力与社会影响所进行的具有学术拓荒性质的发掘。在人际传播方面，《作为媒介的圣贤》一书的第二讲研究发现，中国圣贤文化不仅形成了具有中国气质、中国特色的人际交往观"民胞物与"，而且形成了由"礼尚往来"观念所形成的具有中国智慧的"贤者之识"的人际传播理念与文化交往，"守正如贤"的人际传播角色观，在孝文化影响下的"行成于内"的人际传播理念等。在大众传播方面，《作为媒介的圣贤》一书的第三讲通过对孔子圣贤形象的历史变迁、闽南地区关帝信仰的传播仪式观的考察、端午节等具有中国文化特色的个案研究之后发现，作为媒介的圣贤在中国人精神世界、日常生活世界中的传播与变迁有着多重的社会效应，如重构圣贤形象、塑造文化认同、增加生活仪式感等大众传播作用。

（四）国家维度：以"言"兴邦，礼乐建制，传播治国

中国古代文人、士大夫经过修身、齐家之后，最终要实现的目的是觉民、行道、治国、平天下。虽然，后来有人指责明末理学家"以明心见性之空言，代修己治人之实学"，但事实上，儒学自始至终均是以培养治天下、重建道统、学统、

① 谢清果：《作为媒介的圣贤：中华文化理想人格的传播学研究》，第307页。
② 谢清果：《作为媒介的圣贤：中华文化理想人格的传播学研究》，第320页。

政统的人才为最终目标。① 但这种人才不是直接面向普罗大众的，而是面向经过一整套儒家经典熏染的文人士大夫。尽管，儒家有"人人可以成为尧舜"之说，但我们不能误认为"人人皆可成圣成贤"。程颐曾明白指出，"人皆可以为尧舜知识圣人所愿而已，事实上是不可能的"，周敦颐更是直接指出，"圣希天，贤希圣，士希贤"②。因此，处于晋升为圣贤第一"顺位"的文人士大夫阶层事实上承担着建设传统中国社会秩序的重任。文人士大夫阶层建设传统中国社会秩序的方式，不仅有为官从政之一途，更有他们通过著书立说、广收门徒，建设礼乐制度，以"言"治国、兴邦之门径。

正是基于此，《作为媒介的圣贤》一书通过第七讲、第八讲、第九讲、第四讲分别从政治传播、修辞传播、符号传播、跨文化传播等角度对圣贤实现自己治国抱负的方式进行了深度的开掘。在政治传播方面，圣贤们实现自己治国抱负的方式着重表现为通过"无我无他""礼乐教化"来对舆论的治理与说服、宣传方式的探究上。在修辞传播方面，圣贤们在长期的治学与从政过程中，不仅发展出"行人"文化传播群体，而且还形成了以"无定有定""比兴手法""纵横捭阖"等修辞手段来传播、扩大自己的治国思想、理念。在符号传播方面，圣贤们还通过"衣以载道"的方式建构出圣贤文化的深衣符号与以生肖文化为核心建构出体现圣贤理念的生肖符号，从而融入中国人民的日常生活中，传播自己的治国思想与理念。在跨文化传播方面，圣贤们还提出了兼爱立命、同异取舍等治国理念，来助推社会秩序的建设。

二、视角与创新：新路径育圣贤文化研究新知于旧学之中

学术创新的标准有很多，如新材料、新观点、新方法、新视角等，其中，新视角就是一非常重要的方面。对此，李金铨老师在《传播纵横：历史脉络与全球视野》中这样讲到，"我常觉得社会理论很少有绝对的是非，通常是角度变化，观点自然不同"③。而《作为媒介的圣贤》的创新之处，就是这样一个以视角创新来带动观点创新的优秀示例。

（一）路径的开掘：圣贤文化研究的传播考古学透视

传播学视角的透视，尤其是传播考古学方法的引入，之所以能够开辟圣贤研

---

① 余英时：《宋明理学与政治文化》，桂林：广西师范大学出版社，2014年，第7页。
② 余英时：《宋明理学与政治文化》，第6—7页。
③ 李金铨：《传播纵横：历史脉络与全球视野》，台湾：联经出版事业股份有限公司，2019年，第181页。

究的新路径，是因为圣贤文化在我国的传续本身就是一个非常重要的传播、嬗变的过程性现象。只是由于现代学术分科治学所造成的学术壁垒，圣贤文化研究长期是思想史、政治史、历史等学科的研究主题，而新闻传播学科的出现又比较晚近，直到 20 世纪初才建立。因此，在圣贤文化研究中，十分缺乏从传播学视角切入对其进行探照。

从学术理路的角度来讲，传播学视角的引入，虽然有给圣贤文化研究带来知识增量、打开学术新视界的可能。但接下来，如何选择合适的研究方法来剖析圣贤文化，进而上升到概念、理论，甚至是理论体系的高度，就成为传播学区别于其他学科，做出自己本学科学术贡献的关键之所在。恰如骆正林教授所言，一个年轻学科的成长需要多种力量来推动，其中两种力量必不可少：一是具有关注现实的创新勇气，能够在推动社会进步的过程中，不断创新理论体系；二是具有回望历史的反思精神，能够从人类思想的矿脉中寻找、积淀学科的内涵。①

为此，谢清果教授在《作为媒介的圣贤》中，采取了近年来从华夏传播学长期的学术探索、实践中发展出来的方法——传播考古学——这种方法，总的来讲，是由以谢清果、潘祥辉等为代表的学者，在将中国传统学术中的考据学方法移植到传播学，同时结合了符号学、社会学、历史学等多科学的方法资源，发展出来的一种具有中国本土特色的传播学研究方法。这种方法明显区别于以福柯的知识考古学为基础的传播考古学、基特勒等学者提出的媒介考古学，②并有逐渐成为华夏传播学研究的方法论基础的趋势。

（二）旧学发新知：华夏传学开启圣贤文化研究的新路向

《作为媒介的圣贤》沿着圣贤文化研究的学术发展脉络，从传播学的视角切入，采取媒介考古学的研究方法，对圣贤文化的钩沉抉隐，在一定程度上开启了圣贤文化研究的新路向。

在研究特色上，该书内容丰富、论证严谨、观点新颖、思想深刻、微观与宏观相结合，在将中国传统文化中的圣贤文化现象与传播学相对接的基础上，综合运用传播考古学、符号学等多种研究方法，从内向传播、人际传播、大众传播、跨文化传播、家庭传播、教育传播、政治传播以及符号、修辞、身体等层面，对圣贤文化现象进行了深度的开掘与耕犁。具体而言，该书探讨了"圣贤作为媒介

---

① 骆正林：《传播学术史研究的方法与路径——兼评〈传播学科的奠定（1922—1949）〉》，《中国地质大学学报》（社会科学版），2014 年第 3 期，第 117 页。

② ［美］埃尔基·胡塔莫、［芬］尤西·帕里卡编：《媒介考古学》，唐海江主译，上海：复旦大学出版社，2018 年，第 49—50 页。

何以可能"，刻画了以圣贤为媒介的传播范式，建构了以"圣贤理想人格"为媒介的、具有华夏特色的传播理论与范式。①

在理论维度上，该书建构的以"圣贤理想人格"为媒介的、具有华夏特色的传播理论与范式，不仅极大的促进了我国传播学的本土化研究进程，加快了华夏传播学理论体系的建构，而且开辟了圣贤文化研究的新路向，架起了新闻传播学与其他人文社会科学交流、对话的桥梁，为后续的新闻传播学本土化研究提供了重要的参考与借鉴。

三、新知培养待深沉：传播学视角下圣贤文化研究未尽的才情

该书的作者厦门大学新闻传播学院谢清果教授及其带领的学术团队，长期扎根中国本土悠久的历史文化与丰富多彩的社会会实践，以创建具有中国特色的、与传播学中的"美国学派""欧洲学派"相媲美的"中国学派"为志业，深耕华夏传播学领域多年，为我国传播学研究的本土化做出了重要的贡献。近年来，华夏传播学不仅培养了一批致力于从事华夏传播研究的学人，还产出了一系列重量级的学术作品。而《作为媒介的圣贤》就是其中的力作之一。

"谢家宝树，偶有黄叶；青骢俊骑，小疵难免"。客观地讲，尽管《作为媒介的圣贤》存在一定的不足，如章节之间是什么样的逻辑关系？全书各讲的篇幅大小不一，有的部分四个章节，有的部分二个章节；由于该书是团队合作的产物所导致的文章的文风不统一；西方理论与中国本土的结合及其阐释尺度的把握问题；该书探讨的更多是圣贤"达"时"兼济天下"的样貌，而相对缺乏对圣贤"穷"时"独善其身"的另一种状态进行研究，如"得君行道"的抱负在宋代理学家身上是找不到任何痕迹时是如何修身养性、安放自己的理想与抱负的等。②但瑕不掩瑜，该书作为一部扎根中国本土的华夏传播学力作，必将在与学界已有的圣贤文化研究商量之后培育出的"新知"的基础上，大大向前推进华夏传播学的发展进程。

---

① 谢清果：《作为媒介的圣贤：中华文化理想人格的传播学研究》。
② 余英时：《宋明理学与政治文化》，第 29 页。

《华夏传播研究》征稿函

中国拥有五千年的文明,拥有丰富的传播实践、传播思想,拥有巨大的学术研究空间。前辈学者余也鲁、徐佳士、郑学檬、孙旭培等首倡"华夏传播",随后黄星民教授在《华夏传播研究刍议》一文中将"华夏传播研究"界定为"是对中国传统社会中的传播活动和传播观念的发掘、整理、研究和扬弃"。华夏传播研究的终极指向是构建系统化的华夏传播学理论。该理论立足于中国历史与现实,能够阐释中华文明传播现象,解决中国社会传播问题,运用中华术语建构起来的具有中国风格、中国气派的理论体系。其使命在于整理中国传统的传播理念、传播理论、传播制度,这不仅是理解当下中国诸社会现象的重要依据,也是反思中国传统、构建未来和谐社会所需要的传播资源,还是丰富世界传播理论的必由之路。总之,华夏传播学作为华夏传播研究领域的理论成就,为促进作为传播学"中华学派"理论表征的"中华传播学"的最终形成奠定了基础。

华夏传播研究具有推动与深化中国传播学研究,回应传播学基本问题的理论特质,未来必将成为研究热点。当前,在中国注重国家形象传播,追求提升自身文化话语权与软实力的大好形势下,传播学主体性凸显的学术界在华夏传播研究方面的热情正在不断被激发,一批青年学者涌现,一批有分量的成果出现,使这一领域大有兴起新高潮之势。21世纪的第二个十年以来,华夏传播研究获得迅猛发展。

传承与发展中华优秀传统文化是时代的使命,也是学者的责任。为不断发扬光大华夏传播研究事业,我们在广大热爱中华文化、关注中华文化研究与传播的众多学者和社会贤达的大力支持下,将以"厦门大学传播研究所"这一校级机构为组织者,以两岸关系和平发展协同创新中心为联合主办单位,以新闻传播学院为依托,以广大中华文化研究学者和新闻传播学研究学者为强大的后盾,搭建文史哲与新闻传播对话交流的平台,以嘉惠学林。为此,厦门大学传播研究所在学院领导、前辈学者和众多同仁的关心与支持下,决定再创办一本具有鲜明领域特色和专业性、严肃性的学术辑刊——《华夏传播研究》。我们希望以此刊为平台,继续集聚海内外有志于传播华夏文明、展现中华博大精深的沟通智慧的各方人士,分享研究成果,提供学术动态,推进中华文化的社会传播与国际传播,同时兼及新闻学与传播学各领域的新成果,以便更深入地发掘中华文化中的传播智慧,提炼中华传播观念,锻造中华传播理论,推动传播学"中华学派"的早日形成。

稿件方向:

(1)基础理论,研究中华文化的传播思想、传播制度与传播方法等;

(2)历史发展,研究中华文明不同时代的传播观念与传播技术等方面的变迁,探索中华传统文化对于弥合大陆和台湾民众心灵距离、增强文化共有空间的重要意义；

（3）民俗传播，探讨中华大地上民间社会生活中依然鲜活传承的民俗传播形态及其文化传承方式，也包括大陆和台湾民俗交融研究，特别是妈祖文化、闽南文化、客家文化、族谱文化的交流与传承等；

（4）传播观照，包括从健康传播、公共传播、政治传播、科技传播、跨文化传播、情感传播、新媒体传播等各领域来探讨中华文化的传播问题；

（5）古今融通，注重中外传播智慧的比较研究和中国传播观念的古今传承；

（6）经典发微，注重挖掘中华文化经典作品中的传播智慧；

（7）传播实践，着重推介那些致力于国学当代运用的新观点和新做法，积极探讨中华文化海外传播的路径，传扬中华文化传承与发展的实践经验，当然也包括大陆和台湾如何协作共同传承好、发展好中华优秀传统文化的问题；

（8）学术动态，通过译介、摘编、撰写著作提要等方式来介绍海内外学者华夏传播研究的新成果，同时也刊发相关的学术会议综述和重要研究著作的书评。

来稿规范：

论文题目、内容提要、英文摘要、关键词、作者简介、通讯地址（含邮箱和手机号码）、参考文献等内容均应书写清楚，论文字数以控制在 20000—30000 字以内为宜，优秀稿件可以不受此限制。引文务必核对原书。格式为自动生成的脚注，以①②为标记，每页重新编号。若有"参考文献"，可放于文末，以［1］［2］为序号，格式同引文。引文中已有的，不再罗列。具体注解格式请参照《中国社会科学》。

截稿时间：

本刊为半年刊，上半年截稿时间为当年 5 月 1 日；下半年截稿时间为当年 10 月 1日。欢迎各位同仁提前联系，探讨相关选题，以保证推出高质量的学术论文，进而推进传播学中国化的进程，以无愧于这个中华传统文化勃兴的时代。

稿件一经刊用，酌付稿酬，并赠送样刊两本。

赐稿方式：

来稿请通过电子邮件发送 word 文稿。

本刊编辑部联系地址：福建省厦门市思明区思明南路 422 号厦门大学传播研究所（新闻传播学院内）；

邮政编码：361005；

联系人：若水先生；

赐稿邮箱：hxcs2018a@163.com。

厦门大学传播研究所

《华夏传播研究》编辑部

2022 年 6 月 1 日